南开文学教材系列丛书

大学写作教程

（文体卷）

林超然　主编

南开大学出版社

图书在版编目(CIP)数据

大学写作教程.文体卷/林超然主编.—天津:南开大学出版社,2009.6(2023.2重印)
　ISBN 978-7-310-03162-7

Ⅰ.大… Ⅱ.林… Ⅲ.汉语-写作-高等学校-教材
Ⅳ.H15

中国版本图书馆 CIP 数据核字(2009)第 076030 号

版权所有　侵权必究

大学写作教程(文体卷)
DAXUE XIEZUO JIAOCHENG (WENTI JUAN)

南开大学出版社出版发行
出版人:陈　敬
地址:天津市南开区卫津路94号　　邮政编码:300071
营销部电话:(022)23508339　营销部传真:(022)23508542
https://nkup.nankai.edu.cn

天津市蓟县宏图印务有限公司印刷　全国各地新华书店经销
2009年6月第1版　2023年2月第4次印刷
880×1230毫米　32开本　13.375印张　383千字
定价:38.00元

如遇图书印装质量问题,请与本社营销部联系调换,电话:(022)23508339

目 录

第一编 文学文体

第一章 诗歌写作 …………………………………………（3）
  第一节 诗歌范畴 ……………………………………（3）
  第二节 诗歌的审美维度 ……………………………（12）
  第三节 诗歌写作要津 ………………………………（23）
    自测训练 ……………………………………………（33）
    名篇赏析 ……………………………………………（35）

第二章 散文写作 …………………………………………（38）
  第一节 散文概念 ……………………………………（38）
  第二节 散文的个性特点 ……………………………（42）
  第三节 散文写作技巧 ………………………………（46）
    自测训练 ……………………………………………（60）
    名篇赏析 ……………………………………………（60）

第三章 小说写作 …………………………………………（64）
  第一节 小说内涵 ……………………………………（64）
  第二节 小说的艺术属性 ……………………………（67）
  第三节 小说写作门径 ………………………………（77）
    自测训练 ……………………………………………（90）
    名篇赏析 ……………………………………………（90）

第二编　议论文体

第一章　文学评论写作 …………………………………………（97）
　　第一节　文学评论界说 …………………………………（97）
　　第二节　文学评论的标准和职能…………………………（101）
　　第三节　文学评论写作要义………………………………（110）
　　　　自测训练……………………………………………（118）
　　　　名篇赏析……………………………………………（119）

第二章　社会评论写作…………………………………………（123）
　　第一节　社会评论范畴……………………………………（123）
　　第二节　社会评论的适用空间……………………………（127）
　　第三节　社会评论的特征与原理…………………………（131）
　　　　自测训练……………………………………………（145）
　　　　名篇赏析……………………………………………（145）

第三章　学术论文写作…………………………………………（149）
　　第一节　学术论文概念……………………………………（149）
　　第二节　学术论文的文体特征……………………………（152）
　　第三节　学术论文写作要点………………………………（155）
　　　　自测训练……………………………………………（171）
　　　　名篇赏析……………………………………………（172）

第三编　新闻文体

第一章　消息写作………………………………………………（179）
　　第一节　消息内涵…………………………………………（179）
　　第二节　消息的体式特性…………………………………（183）
　　第三节　消息写作规程……………………………………（186）
　　　　自测训练……………………………………………（206）
　　　　名篇赏析……………………………………………（207）

第二章　通讯写作………………………………………………（210）
　　第一节　通讯范畴…………………………………………（210）

第二节　通讯的文体特征……………………………………（212）
　第三节　通讯写作要领……………………………………（217）
　　自测训练…………………………………………………（233）
　　名篇赏析…………………………………………………（235）

第四编　应用文体

第一章　计划写作……………………………………………（243）
　第一节　计划内涵…………………………………………（243）
　第二节　计划的文体特色…………………………………（247）
　第三节　计划写作指南……………………………………（252）
　　自测训练…………………………………………………（260）
　　名篇赏析…………………………………………………（260）
第二章　总结写作……………………………………………（267）
　第一节　总结概说…………………………………………（267）
　第二节　总结的文体形式…………………………………（274）
　第三节　总结写作引导……………………………………（278）
　　自测训练…………………………………………………（289）
　　名篇赏析…………………………………………………（289）
第三章　调查报告写作………………………………………（294）
　第一节　调查报告含义……………………………………（294）
　第二节　调查报告的结构规范……………………………（298）
　第三节　调查报告写作过程………………………………（304）
　　自测训练…………………………………………………（308）
　　名篇赏析…………………………………………………（310）
第四章　演讲稿写作…………………………………………（316）
　第一节　演讲稿范畴………………………………………（316）
　第二节　演讲稿的文体特色………………………………（323）
　第三节　演讲稿写作指要…………………………………（327）
　　自测训练…………………………………………………（340）
　　名篇赏析…………………………………………………（341）

第五章　事迹材料写作 (344)

第一节　事迹材料的含义及应用 (344)

第二节　事迹材料的结构特征 (347)

第三节　事迹材料写作流程 (353)

自测训练 (357)

名篇赏析 (359)

第六章　讲话稿写作 (364)

第一节　讲话稿界定 (364)

第二节　讲话稿的文体要求 (369)

第三节　讲话稿写作路径 (376)

自测训练 (388)

名篇赏析 (389)

第七章　申论写作 (393)

第一节　申论概说 (393)

第二节　申论的结构特征 (400)

第三节　申论写作指引 (404)

自测训练 (417)

名篇赏析 (417)

后　记 (420)

第一编　文学文体

第一輯　文學村

第一章　诗歌写作

【重点提示】

1. 加深对诗歌话语特性的认识和理解。
2. 从审美的角度来把握诗歌文体。
3. 在读写中探求新诗写作的基本规律。

第一节　诗歌范畴

诗歌是一种以丰富的想象、富有韵律且分行排列的语言来凝练、集中地反映社会生活和抒发思想情感的文学体裁。诗歌是文学写作中重要的文体,它发端于人类的童年。《论语》中有过这样的表述:"不学《诗》,无以言。"[1]这里的"诗"虽然指的是《诗经》,但可以看出孔子对"诗"的重视,可以看出诗在社会生活和人类文化上的重要地位。漫长的中国古代文学史主要是诗歌史,中国有唐诗、宋词的诗歌最为辉煌的时代。进入20世纪,中国新诗成为现代文学写作的主要文体,诗歌写作进入了一个全新的时代。

在写作教学中,诗歌写作的内容是新诗而不是旧诗,但是我们决不是排斥优秀的诗歌传统文化,而是有所侧重,廓清新诗的文体范畴。用现代汉语写作的新诗包含着丰富的传统文化的内容,特别是对优秀的古典诗歌中所形成的情思、意境、言辞、技巧等因素不可不吸纳其营养而使新诗走向成熟强健。在此基点上,我们的诗歌写作更应采取一种开放的心态,打通古今中外的界限,广泛阅读借鉴,丰富写作者的文化内涵,打破写作上的文体封闭状态,使诗歌真正获取现代的、文化的活力。

一、新诗的发生与发展

新诗的诞生是在 20 世纪初年,大致是以胡适的《尝试集》为标志。在此之前中国的诗歌是"旧体"的诗歌,基本上属于"文言"的体系。胡适等一批人在"五四"前后倡导白话文,主张用"白话"写诗,所以产生了"白话诗"。胡适宣称:"诗体的大解放就是把从前一切束缚自由的枷锁镣铐,一切打破:有什么话,说什么话;话怎么说,就怎么说。这样方才可有真正白话诗,方才可以表现白话的文学可能性。"[2]新诗之初是以"白话"的方式来反对"旧诗"的传统,以此不无偏激的策略性举动与中国有漫长历史的"旧诗"划清界限,形成了独立的新诗文体。

作为中国新诗的开山之作《尝试集》,所收的诗作并不全是真正意义上的"新诗",但胡适作为先驱者开新诗的风气之先,他的历史贡献是不可否认的。一种在内蕴和形体上与先前的诗歌完全不同的诗歌诞生了,它在将近一个世纪的发展中经历了几个重要阶段。

《女神》的出版是中国新诗史上的标志性建筑,从郭沫若开始,新诗的筋骨更为强壮,在自由奔放的诗体中,表现出浪漫的激情和大胆的想象,诗的语言更为现代化,新诗有了一种走向成熟的大气象。正如孙绍振先生在《论新诗第一个十年》中所说:"从他开始,中国新诗就从日常话语的粗糙毛坯进入了艺术的想象境界。正是在这一点上,他不愧是现代情感和现代艺术话语的拓荒者,开一代话语之风的大诗人。"[3]他的《凤凰涅槃》、《炉中煤》、《天狗》等诗篇,给人们留下了深刻的记忆。

在新诗的发展进程中,艾青是一个不可忽略的名字,他是新诗走向稳定并形成强劲势头时代的一位重要诗人。他的成名作品《大堰河——我的保姆》是在狱中写成,虽有高墙铁网,但诗人的胸怀大开,千里万里的想象翅膀把诗意带到了令人怀想的苦难现实的人生层面:

　　你用你厚大的手掌把我抱在怀里,抚摸我;
　　在你搭好了灶火之后,

>　　在你拍去了围裙上的炭灰之后，
>　　在你尝到饭已煮熟了之后，
>　　在你把乌黑的酱碗放到乌黑的桌子上之后，
>　　在你补好了儿子们的为山腰的荆棘挂破的衣服之后，
>　　在你把小儿被柴刀砍伤了的手包好之后，
>　　在你把夫儿们的衬衣上的虱子一颗颗的掐死之后，
>　　在你拿起了今天的第一颗鸡蛋之后，
>　　你用你厚大的手掌把我抱在怀里，抚摸我。

诗人把一些看似琐碎的细节描写放在生命的过程中，这种近于低调的抒情使我们感受到的是生活的本相，是一种铭心刻骨的爱与感恩的表白。艺术表现上，虽近于直白的抒写却个性十足，细致而不浮泛，不见大话和空话。诗人关注社会人生，关注时代和现实，"他是20世纪中国诗歌中最有力的，以现代目光重新感受和想象了中国大地的苦难与希望的诗人"[4]。

1949年以后，虽然不无精美的篇章，但因极左政治思潮的干预，中国新诗走过了一段艰难坎坷之路，特别是"文化大革命"十年，文学几乎失去了基本生存的条件。从20世纪80年代开始，以"朦胧诗"为代表的新诗潮崛起，诗歌进入了自由的天地，新诗呈现出多元发展的局面。经过三十年的发展，新诗的状态已经非常自然而平静，这是一个诗歌顺应诗人心灵意志正常发展的时代。虽受社会文化转型的影响，但诗歌的"人学"心性之属却无法改变，新诗仍以性情的抒写而长久存在下去，不会大红大紫，也不会销声匿迹。

以北岛、舒婷等诗人为代表的"朦胧诗"，标志着诗歌由公众化的表达走向个人化的表达，由生活的描写转入对内心世界的揭示。正如孙绍振教授所说："他们和我们50年代的颂歌传统和60年代战歌传统有所不同，不是直接去赞美生活，而是追求生活溶解在心灵中的秘密。"[5]即使像北岛《回答》那样的对时代进行高度概括的名篇，也是以强烈的诗人主体精神而著称：

>　　告诉你吧，世界，

> 我——不——相——信！
> 即使你脚下有一千名挑战者，
> 那就把我算做第一千零一名。
>
> 我不相信天是蓝的；
> 我不相信雷的回声；
> 我不相信梦是假的；
> 我不相信死无报应。

虽然诗人的情感与社会时代紧密相连的公众意识有关，但这种情感更多地来自于心灵的真实世界，属于诗人精神的表现。此后诗歌发展"个人化"的趋向越来越鲜明，著名诗歌理论家谢冕教授说："中国诗行进到本世纪 90 年代，使游离的诗心复归于诗人的个性，并且相当程度地拒绝了意识形态的浸漫，显然是历史性的辨正，其重大意义不容怀疑。"[6]

诗歌是寂寞的事业，中国新诗要在平静、平常的状态中发展，当每一个写作者找到真正属于自己的诗意，并用语言文字恰切地加以表现的时候，我们的生命就能够在生活中找到一种与艺术之美相伴而来的自信。

二、新诗的文体特征

对于"新诗是什么"，我们应有一个大体的了解。

新诗不是"旧诗"，不是古人或今人写的五、七言的诗词，不是对仗、押韵的格律体。新诗是一种现代汉语的说话方式，有人称之为"现代汉诗"，是一种接近日常生活口语、体式比较自由，甚至有些散文化写法的诗歌。有人把新诗叫"自由体"诗歌，这种说法也有一定道理，因为新诗的主要形式是一种自由体式，没有固定字数，分行建节都不受拘束。新诗可押韵，也可以不押韵，不是绝对的韵文，但新诗也要强化读或朗诵的效果，应当是一种富有音乐性的文体。

包括新诗在内的古今中外诗歌，从文体角度着眼，大致可概括出如下几方面特征：

(一)表意的单纯性

诗歌在文学写作中,是文字量较少的一种文体,许多诗歌不是长篇大论,而是短短几句,如火花闪耀,读来让人眼前一亮。从外在体制看,诗以"短"为主,一般的诗都是在"点"上做文章。短诗更能体现诗的本质属性,即使是长诗也是由许多短诗组成的,是由"短"而"长"的。体制的本身决定了容量,诗是小容量,适合表现单纯的内容。可以这样说,单纯是诗歌文体的一个重要属性。

诗歌诞生于人类的童年,随着历史的演进,这种文体仍然保留着人的童心,保留着率性、纯真的特点。在《童心说》一文中,明代思想家李贽说:"童子者,人之初也;童心者,心之初也。"[7]无论是"人之初"还是"心之初",都必须葆有单纯的状态,这正是诗意、诗性产生的关键所在。中国古代的许多优秀诗篇都是短制,诗意的表达快捷,不拖泥带水,不是枝节横生,在尺幅之内饱含着诗人单纯的心性。唐代贺知章的《咏柳》诗只有这样四句:

> 碧玉妆成一树高,
> 万条垂下绿丝绦。
> 不知细叶谁裁出,
> 二月春风似剪刀。

此诗就是完成了一个非常单纯的构思,为什么绿柳垂下那么多惹人喜欢的细叶?原来是春风的剪刀"裁"出来的。这个单纯的想法但却非常巧妙、非常优美,这就是诗,如果再拖沓再缠绕,太杂芜了,诗意反容易被遮蔽,没有了单纯,诗意也就没有了。卞之琳的短诗《断章》,是新诗史上的名篇,全诗也只有短短的四句:

> 你站在桥上看风景,
> 看风景人在楼上看你。
>
> 明月装饰了你的窗子,
> 你装饰了别人的梦。

诗所描写的两个场景,是生活中极为普通的现象,前一节是"看风景",后一节是"装饰",诗的情境寓含了深刻的人生哲理。任何事物离不开一定的关系而孤立存在,人生和世界永远处在联系和制约中。诗的意义是丰富而深刻的,但诗在构思和表现上却是极为单纯的,是真正的"言有尽而意无穷"。

在《人间词话》中,大学者王国维有过这样的论述:"客观之诗人,不可不多阅世。阅世愈深,则材料愈丰富,愈变化,《水浒传》《红楼梦》之作者是也。主观之诗人,不必多阅世。阅世愈浅,则性情愈真,李后主是也。"[8]王国维的"客观之诗人"是指叙事类文学的写作者,而"主观之诗人"是指抒情文学的写作者,也就是真正意义上的诗人。关于"主观之诗人,不必多阅世"的提法,是王国维深谙诗歌本质的切中要害之论,"阅世愈浅,则性情愈真"所讲就是指诗人要保持一种单纯的心性,才可能写出发自真性情的诗来。太复杂、太世故就没有诗人,也没有诗歌的。

(二)情境的灵动性

诗之"灵"者,即灵性或灵气。是诗人心性的内外通达才使诗产生一种升华和感悟,于是思路大开,智慧的能量可得以充分地发挥。灵动之气,当是艺术之美的必备元素,是诗的品位和感染力所不能缺少的。

灵性或灵气是诗歌的重要底蕴,诗是在灵动的状态中抵达高度和深度的诗意境界的,可以说没有灵动的气韵就没有诗的精神。陆机在《文赋》中的表述:"遵四时以叹逝,瞻万物而思纷;悲落叶于劲秋,喜柔条于芳春。心懔懔以怀霜,志渺渺而临云。"[9]刘勰在《文心雕龙》中的表述:"文之思也,其神远矣。故寂然凝虑,思接千载;悄焉动容,视通万里。……夫神思方运,万途竞萌。规矩虚位,刻镂无形。登山则情满于山,观海则意溢于海,我才之多少,将与风云而并驱矣。"[10]以上二位古人都以诗性的语言描述了一种诗歌极为重要的内在品性,这就是使诗歌成为真正意义上的诗歌的灵动之气。

诗人面对一个现实的、物质的世界,仅有感性是不够的,感性本身不是诗,更重要的是心灵化,现实的、物质的要进入诗人创造的范畴,要改变客观存在的形态而进入主观体验的形态,不受物质现实性的局限,充分心灵化,天马行空,随心所欲。

著名美学家宗白华先生在《中国艺术意境之诞生》一文中说:"艺术

家的心灵映射万象,代山川而立言,他所表现的是主观的生命情调与客观的自然景象交融互渗,成就一个鸢飞鱼跃,活泼玲珑,渊然而深的灵境;这灵境就是构成艺术之所以为艺术的'意境'。"[11]诗是主观的,但这种主观是以"心灵映射万象"而成的主观,自然之物为心的灵性所主观化,不再是原本的形态而是灵动的"诗"。宗白华先生所说的"灵境"在诸多艺术中其实主要是诗的因素在起作用。任何意境或境界对于诗来说,如果没有灵动性,那就不能称其为诗的。

其实,诗的灵动是对美的一种提炼,去掉杂芜,使美更清晰地得以显现。而诗意之美是诗人内在情感、体验的寄托式表达,在表达中找到一种微妙的东西,以显出话语的迥然不同。著名诗人顾城的《给我的尊师安徒生》一诗有这样两节:

> 你推动木刨
> 像驾驶着独木舟
> 在那平滑的海上
> 缓缓漂流……
>
> 刨花像浪花散开
> 消逝在海天尽头
> 木纹像波动的诗行
> 带来岁月的问候

诗人把"木刨"比做"独木舟",一下子进入了纯美的童话境界,把"刨花"比做"浪花",大海开阔,"木纹像波动的诗行"直入情感的深处,诗句在灵动中生长着一种独特的魅力。以童话名世的大师安徒生,又是木匠出身,这两节诗把二者轻巧地联结在一起,创造出了美好的情境,在意义的表达上又十分到位。

情境的灵动性也与表意的单纯性不无关系,诗之所以为诗,也在于保持一定的"空"的状态,留有空白,也可说即是"空灵","空"是回旋的空间,没有"空"就无法灵动。庄子在《人间世》中讲"虚室生白","虚"是空的意思,屋子装东西太多,就不亮堂,不能"生白"。[12]诗不能填得太满,灵动之气就来自"空"。顾城写安徒生抓住"木刨",只轻轻点染,便于灵动中生出无穷的美感来。情境的灵动是一种飞翔的姿态,减去许多负重和壅塞之物才能展开翅膀。

(三)语言的跳跃性

从外在形式上看,诗歌与小说散文的不同之处是分行排列,由此诗歌语言产生了非线性特点,这就是跳跃性。

文学语言可分为诗歌语言和散文语言两大类,二者比较,散文语言是一线贯穿,能够自然地连接起来,有头有尾,因果性较强。

诗歌语言的跳跃性,主要是指在语言表达过程中,语言序列中所出现的"断裂"或留有空白,往往表现为意义的并列或转折。

人们习惯于把诗分行排列,这在视觉上可以产生一种空间效果,分行排列是诗歌跳跃性的形式上的标志,这对诗歌的艺术表现来说也是很重要的。很多时候,诗歌语言的跳跃性表现在一种并列式的形式中,这与分行排列有一定的关系 司空曙在《喜外弟卢纶见宿》有这样两句:

> 雨中黄叶树,
> 灯下白头人。

一句写树,一句写人,直观看二者没有必然联系,而作为分行排列的诗,两句形成了一种比照中的喻指关系,这是诗的特殊的表意空间。杜甫的《绝句》一诗也是这样:

> 两个黄鹂鸣翠柳,
> 一行白鹭上青天。
> 窗含西岭千秋雪,
> 门泊东吴万里船。

这四行诗写的是四种物象,不是线性的发展,而呈不同方向的立体状态,以并列构成整体。跳跃性是"遵循想象和情感的逻辑,常常由这一端一跃而到另一端,或由过去一跃而到未来,超越了时间的樊篱、空间的鸿沟。诗的跳跃多由两个或两个以上的动作构成,动作之间没有持续性,只被同一个情感线索维系着"[13]。关于跳跃的"动作"可作宽泛的理解,《绝句》是由"鸣翠柳"、"上青天"、"窗含"、"门泊"四个动作构成,各动作之间呈大跳跃,是典型的诗歌语言方式。

与旧体诗相比,新诗的语言从基本形态上看很接近散文,这是新诗语言自身的弱点。艾青在《诗的形式问题》一文中说:"在散文里,长篇的叙述是被容许的,但在诗里,就要有节制得多。在散文里,对一个观念可以加上不厌烦絮的解释,而在诗里,这种解释就会显得累赘。在散文里,出现一些理智的分析的章段,并不足奇怪,这在诗里就会使人感到很不习惯。"[14]新诗在发展的过程中,要想提升自身的品格,就必须在语言上多做强化诗性的工作,加大跳跃的幅度,真正建立起有别于散文的新诗语言系统。女诗人李琦《我与海之一》有这样两节:

看见海只一次也足够了
懂得它却需一生
我第一次发现自己的心事如海
我第一次相信
我其实也很深沉了

用望海的眼睛望人世
再用望人世的眼睛望海
你就这样试几次吧
你就会笑了
你就会哭了

第一节中由"海"及"我",头两句以"一次"和"一生"自身体验的对比,来揭示人生的复杂性。第二节是在"眼睛"上做文章,把"望海"和"望人世"相对相生。从诗的情感表达看,"海"与"我"虽是一线相通地连贯着,但语言之间却留有很大的空白,比如说"我第一次发现自己的心事如海"与"我第一次相信/我其实也很深沉了"都是意在表现内在世界,但"心事如海"重点落在"海"上,是由内向外的一种展开,而"也很深沉"则是由外向内的一种收敛,二者有很强的独立性。"用望海的眼睛望人世"与"再用望人世的眼睛望海",虽然两个句子关联较紧,一个是"用",一个是"再用",但只是两种行为一颠倒,使含义不同而各自独立,是一种并列式的,二者之间是断裂的,不是那种顺藤取瓜式的,"望海"望到了什么,"望人世"望到了什么,没有接着说下去。后面的"你就会哭了"、

"你就会笑了"也是如此,不是线性的语言。

诗歌语言的跳跃性也是一种化繁为简的方式,是一种艺术的概括和简化。这种精简的语言特性对于诗歌来说是极为重要的。叙述过程简化,句子成分简化,以少代多,以部分代整体,不求其完整。甚至以词的独立性来取代句子,略去复句性质的关联词语,有时故意残缺,不让句子以完成的形式存在。这反而成为诗歌的一种文体特性,是诗歌语言所不能缺少的。

我们把诗歌的文体特性概括为以上三个方面,单纯、灵动、跳跃,三者互为作用而使诗歌具有了鲜明的艺术个性而独立于其他文体。

第二节　诗歌的审美维度

诗歌是人类在精神领域的一种美的创造,无论写什么,无论怎么写,诗意的表现过程都只能在审美的维度中实现其艺术创造的目标。中国新诗是一种新式的诗歌文体,其艺术规范不同于传统的诗歌,是在一种更自由的追求中确立了诗的表达话语。从审美的角度看,新诗的写作必须树立一种意识,就是自觉地与旧体诗区别开来,这可以说是新诗写作的一种最基本的策略。

在《新世纪的太阳》一书中,谢冕说过:"一种前所未有的思想和艺术的解放,促进着新诗人们进行前所未见的创造。坚决和彻底地甩掉旧诗的缠绕和羁绊,离它越远,越是不像人们崇拜的那种诗,就越是尝试的成功。"[15]新诗开创之初,人们为了造出一种新体诗歌,采取了与旧诗的决裂态度,虽不无偏激的因素,但它对于新诗的独立门户,快速地建立了自己的文体规范却是意义重大的。"白话"的话语方式对于新诗的写作来说,无论如何不可忽略,虽然其中不无问题。新诗说的是贴近生活、贴近现实人生的话,说的是与"口语"接近的话,是对人内在的生命、情感以及生存真实情状的直觉式表述,是一种更具"现场"意义的艺术化呈现,是真性情的抒写。但是,随着新诗发展的不断深入,只是这样简单武断地处理与中国传统诗歌的关系,肯定要失去许多宝贵的东西,影响新诗的深度及艺术化的走向。

一、"白话"与文言

"白话"是一种接近于口语的、表意平易的语言,在新诗写作中,它也是一种书面语,所以与口语是有区别的。谓之"白话"是与文言相对而言,白话不像文言那么端庄,表述时有更大的自由度,好理解,无太多障碍。白话贴近生活现实,口语的因素较多。大学者张中行说过:"这样的书面白话,定义不难,是文言渐渐离开口语,定了形,并且在书面上占优势甚至占压倒优势的时候,照当时的口语写的文字是白话。"[16]但是我们今天的新诗话语并非是完全意义上的白话,而是一种可以称之为"现代汉语"方式的诗歌话语,现代汉语是以"白话"为主体,吸收了文言的一些积极因素的书面语言。

在新诗写作中,我们今天强调"白话"的结果是口语化,但口语化不是新诗写作的唯一选择,新诗的话语方式也可以是多样化的,当然不排除合理地吸收某些文言的因素,这对新诗表现的丰富性有利,也符合现代汉语的规范。诗人王鸣久的《诗人》一诗开头有这样两节:

> 款款轻悬的白月亮,
> 静静飞翔的白月亮,
> 母亲河边,
> 那伸出手掌想握住一缕月光的是谁?
> ——默默伫立
> 如清癯的词牌子,
> 平平仄仄的形象,
> 漂着流水的目光……
>
> 怀抱一腔情恋,
> 饮惯百年苍凉。
> 一粒名字,注定是千年一碗清水,
> 滴指上血啼心头血,
> 为那轮美月且行且唱。

这样的诗不是文言的,但在语言表述方式上,又不无文言的典雅风度。无论从遣词造句看,还是从风格意蕴看,都有足够的文言之品位。要说这样的诗是白话诗,也未必十分妥当,因为诗中口语的因素太弱。但却可以说这是用规范的现代汉语写的诗,是把白话与文言融于一处而形成的一种语言体式。

在新诗的写作中,白话和文言都不是绝对的,二者之间有一个宽阔的空间,可以游刃有余地发展诗的话语。当然,是现代汉语而不是古代汉语,这是一个大原则。新诗与古诗之所以不同,主要是话语方式的不同。虽然都是诗歌,但新诗已是文学中一种独立的文体,与旧诗有了非常鲜明的界限。像《诗人》一诗虽有"款款轻悬"、"饮惯百年苍凉"或"且行且唱"等近似文言的表述,但从本质上已不是那种半文半白的话语,而是纯正的现代汉语,当然有别于日常生活的口语,是文气十足、非常典雅的书面语。

如果强调"白话",就要注重生活的实在性,追求亲切自然的效果,力戒生硬刻板,让诗的字句真正走进人的心灵中。在《人间词话》中,王国维讲过"隔"与"不隔"的道理,新诗的写作要力求不隔,贴近人生、贴近生命、贴近心灵。诗人李琦写过一首《这是萧红住过的地方》,全诗如下:

> 这是萧红住过的地方
> 三十年代,这里叫做
> 欧罗巴旅馆
>
> 在这里住的时候
> 她贫穷、瘦弱
> 岁月拮据,好在
> 她那时还有爱情
>
> 如今,这里变成了茶座
> 风雅的人们在这里
> 一边喝茶,一边随意评说
> 从前和现在的事情

　　　　萧红听不到这些了
　　　　就像,我走近她住过的房间
　　　　再听不到当年,那轻轻的
　　　　哭声

　　这是一首语言非常朴素的诗,娓娓道来,让人如听深情的家常话。当年萧红曾住过的欧罗巴旅馆,在诗人李琦的笔下焕发出一缕感伤而悲悯的光彩,让人深切地怀想着过去的岁月,在感叹中拓展着心灵中悠远的诗意空间。诗人把简单、平易的生活话语提炼得多么纯粹而有意味:"在这里住的时候/她贫穷、瘦弱/岁月拮据,好在/她那时还有爱情"。这样的"白话"决不是随意和松散的口语,而是明晰但不乏含量,是有余韵的语言。

　　新诗初始阶段对于"白话"的选择,实际上是一种散文化的道路,为了与旧诗划界而采取的一种反向极端的方式,但这只能是初创的权宜之计,而不能作为长期坚持的规则。新诗虽与传统的旧诗不同,但它毕竟是诗而不是散文。如"白话"一样随意说开去,就必然要丧失诗的特质。诗歌理论家王光明说:"诗对语言的运用,跟日常交流是不一样的。我们在日常生活中使用语言,是表情达意,而诗歌使用语言,是要'托物言志',因而必须'引譬连类'、欲彰还盖。""无论胡适强调'须讲究文法',还是郭沫若强调'自我'的主体性,实际上都倾向于散文的修辞方式,走的是'以文为诗'的偏锋。"[17]语言对于诗人来说,不是像取料加工一样,而是自我创造机制的引入,是你所创造的诗的语言,不可能是现成的你拿来就用。"白话"或"文言"只是外在的形态,诗人的选择只能是"诗化",不能"以文为诗"。走凝炼之路,除却杂质,升华诗意,显现出诗与散文绝然不同的文体本质来。

　　"白话"进入新诗,是诗化之后的现代汉语,它是对文言传统的一种发展和吸收,成为具有更丰富文化含量和深厚生命底蕴的书面语言,与口语不同,与"白话"不同。在白话与文言的对抗中,新诗选择了一种不同于古代诗歌的语言方式,确立了一种新的诗歌文体的独立性,具有重要的诗歌美学价值。

二、外物的心灵化

唐代大诗人王昌龄在《诗格》中说:"夫置意作诗,即须凝心,目击其物,便以心击之,深穿其境。"[18]诗人写诗,面对的是外物,于是有所感悟,这就是直觉。"凝心"者,即心神凝聚,集中地进入"物"中,是"以心击之,深穿其境"。此时的外物被主观之"心"所改变,被纳入诗人的创造程序中来,这就是所谓的"心灵化"。

即使要有足够的写实的因素,但诗歌的本质不是写实的,而是写意的,诗意境界的创造实质是一种写意空间的创造,是对物象实在性的一种心灵化的创造过程。

美国著名哲学家 N. 沃尔特斯托夫在《艺术与宗教》一书中引录了保尔·高更1868年一封信中的一段话:"一条忠告:对自然不要描绘太多。艺术是一种抽象;在对自然进行想象时即可从中提炼这种抽象,要多思考的是产生结果的创作而不是自然。像上帝那样去创造就是通向上帝的唯一道路。"[19]虽然高更在这里讲的是绘画,但他阐述的确实是写意的过程。面对"自然"的对象时,诗歌也应当受到这种相邻艺术的启发,摆脱"自然"的束缚,"像上帝那样去创造"。在艺术的抽象过程中,应当引起我们注意的还有想象的因素。在超越写实层面的艺术升华阶段,想象几乎是一种动力,它可以通过切割、调动来重新对表象进行组合,进而实现"自然"本质内核的高度凝聚。女诗人李南写过一首题为《我的诗只写给……》的诗:

水仙——多么骄傲! 蝴蝶——多么自信!
远山的沉默让人类羞愧。

我的诗只写给亲人、挚友、同道
和早年的恋人。

他们沿着文字穿行
总能把红艳艳的果实找出。

有时他们也发出疑惑:
天呐! 一道彩虹怎么能让人昏迷?

更多时候,他们深信诗歌描述的就是
张开翅膀却飞不到的地方。

一看便知,诗人不是在进行客观的描述,诗中的事物被赋予一种强烈的主观精神,水仙、蝴蝶以及远山都被染上了情感的色彩。那些"沿着文字穿行"的人被置于一种真切的童话世界里,虚幻而颇具色彩的"彩虹"令人在"疑惑"中有无限遐想。那些"张开翅膀""飞不到的地方"却在诗人的笔下存在着。是想象加大了诗歌的张力,诗人的写意的方式把现实的世界改变了形态。诗人以心灵的方式加大了表达过程中主观性的力度,但这种主观性是一种写意空间形成的主观性,读来没有任何抽象的东西。

诗人要把外在的事物经过心灵化的处理,才能成为真正意义上的诗。写意空间的形成就是心灵的主观性对外物客观性的重构,诗人通过意象的创造来提纯诗意,使诗的本身对现实的实在性进行根本的超越。

在诗歌创作中,缺少意象的提炼就很难形成写意空间,而缺少意象的诗往往多是流于超越性不足、拘泥于写实的叙事性平面,造成了诗歌空间维度的局限。在这一点上,诗人深度的体验和感悟所形成的理性精神对生活表象的穿透是极为重要的,这也正是艺术化的抽象过程对生活自然表象的创造性体现。

风说:忘记她吧!
我已用尘土,
把罪恶埋葬!
雨说:忘记她吧!
我已用泪水,
把耻辱洗光!

这是新时期著名诗人雷抒雁《小草在歌唱》一诗的开头一节,这里的"风""雨"已不是自然界的事物,其中已注入了人性本质的憎爱因素,是由主体意识构拟而成,具有高度理性精神的意象。

以上两例比较,其差别是显而易见的。前例只反映了生活实在的一般性状,虽然未必是生活的事实,但诗的本质是写实的。后例则是超越了生活表象的实在性,充分调动了想象的心理驱动力,大跳跃、大概括地实现了现实生活实在中不可能存在的诗歌写意空间。

从诗的创作过程看,创造写意空间的方式是多种多样的,但从总体来概括可分为两类,一类是简笔法,一类是变形法。

所谓简笔法,就是尽可能减削写实的复杂性,造成简笔传神的写意效果.这种方式讲究词与词在搭配上的简单干净,尽量淡化意象间关联的确指性,以此来增加艺术空间的"宽"度。古体诗中"五言"的字数较少,这本身对词与词搭配的简化就是一种天然条件,由于字数少的限制,诗人往往必须略去许多修饰成分,使表述处于一种白描状态。意象的"脱节"现象也是简笔法的一种类型,即把意象并列起来,完全取消了标示语法关系的中介词,造成意象间的空白地带,有了多义性的可能,使诗能够潜伏更多的象征和暗示的因素。马致远小令《天净沙·秋思》中的"枯藤老树昏鸦/小桥流水人家/古道西风瘦马",每句中只是三个独立的意象,呈并列脱节式,并列而又关联性较弱,它们之间的关系便更其微妙复杂,其空间场域更为广阔了。每句中三个并列的事物,我们之所以称其为意象,是因为:一是修饰语所起的作用,看第一句主要意象性因素是"藤"、"树"、"鸦",前边分别加上一字作为修饰,使自然的事物具有了相当浓重的情绪色彩。二是其并列关系又强化了一种共同的意义趋向性,创造者的主体精神寓含其间是不言自明的,这种脱节现象也是诗歌写意空间削减写实的复杂性的典型手段,曾对现代派诗歌产生过极为重要的影响。其实,简笔传神所形成的写意空间不仅并未完全排斥写实的因素,反而在一定程度上反映了写实写意二者的血肉联系。写实与写意有其反向性动势,但也相反又相成。当代诗人车前子写过一首《三原色》:"我,在白纸上/白纸——什么也没有/用三支铅笔/一支画一条/画了三条线//没有尺子/线歪歪扭扭的//大人说(他很大了):红黄蓝/是三原色/三条直线/象征三条道路//——我听不懂/(讲些什么呵?)/又照着自己的:喜欢/画了三只圆圈//我要画得最圆最圆"。从诗的表面看,几乎没有任何悖离写实的迹象,只是简要叙述,富于装饰性的词语全被淡化而去。但这——简却简得接近于象征和暗示,在一定程度上扩大了表意的活性,反而形成了一种是事实又不似事实的写意空间效果。

所谓变形法,就是充分调动诗人的想象力,大幅度改变事物的现存秩序,以变形的方式攫取诗意的深度内涵。有时甚至以荒诞和魔幻的面目出现,从超常的意象中揭示诗人对世界的理解。在论及诗的变形问题时,著名文艺理论家孙绍振曾说过:

> 光会写"心事数茎白发",而不敢写"白发三千丈",诗歌艺术的本质还不能充分显示出来。光会描难写之景如在目前,而不善于将形象变幻,使之含不尽之意尽在言外,诗歌想象的优越性还不能充分发挥。同样一个对象用纯白描的方式描绘出来,和以想象的变形手法抒写出来,二者艺术效果是并不一样的。[20]

"变形"是诗歌艺术表现与其他文学体裁区别的重要之点,是具有鲜明文体意义的特征。诗歌与散文相比,"变形"是一种本质的差别。在散文中像"白发三千丈"、"风说:忘记她吧!"这样的表述很难接受,而在诗中不仅合理,而且是"绝妙好辞",这是文体之不同决定的。变形是对诗歌艺术空间的一种"重构",在其"变"的过程中,诗人可以将主体创造性更大可能地发挥出来,把理性精神与直觉表象内容充分地融汇在一处。

诗人北岛在一首题目为《古寺》的诗中这样写道:

> 逝去的钟声
> 结成蛛网,在柱子的裂缝里
> 扩散成一圈圈年轮

由"钟声"到"蛛网",由"蛛网"到"年轮",这种传递关系是微妙的,像影视中的"蒙太奇";正是这样的大幅度变形才打破了词语关系的惯常搭配,突破了语言的习惯性僵化局面,形成了诗意传达的奇崛效果,诗中表现的历史演进过程的苍凉感确有"变形"的优势在起作用,言简意深,"含不尽之意尽在言外"。我们可以看到,这种变形所形成的写意空间,其含量、其警策、其新异等方面都是写实所不能相比的。

台湾著名诗人罗门曾说过:"诗绝非是第一层次现实的复写,而是将之透过联想力,导入潜在的经验世界,予以观照、交感与转化为内心中和第二层次的现实,使其获得更为富足的内涵,而存在于更为庞大且永恒的生命结构与形态之中,使外在有限的表象世界,变为内在无限的心象世界。"[21]不管现实的层面是多么丰富多彩、复杂纷繁,如果不能同诗人主体的精神内涵达成高度的统一,也难以传达富于立体感的深刻诗意境界。诗人"潜在的经验世界"是使"外在有限的表象世界"进入艺术范畴的最重要条件,对于读者来说,仅仅停留在写实空间的层面是远远不够的。罗门所说的"第二层次的现实"和"心象世界",就是诗人的创造,是诗人主体对感性世界客观性表象的一种超越,这是诗人从实践中总结的极有见地的看法。那么,从"外在有限的表象世界"到"内在无限的心象世界"的过程其实是一个艺术概括的过程,是由写实到写意的过程。

三、真性情的抒写

诗歌是抒情文体,即使是叙事诗也须不失抒情的本色,方能成为优秀之作。在《与元九书》一文中,白居易说:"感人心者,莫先乎情,莫始乎言,莫切乎声,莫深乎义。诗者,根情、苗言、华声、实义。"[22]情乃诗之先导,情乃诗之"根",是诗所不可缺少的元素。

诗的审美本身就是一种情感活动,发自"我"心,是一种真性情的抒写。《毛诗序》所讲的"情动于中而形于言"正是强调的情之来路,是发自写作者内心的东西,是生命的直觉的动态反应。

诗人艾青说:"诗人要忠于自己的感受。所谓感受,就是对客观世界的反映。//并不是每首诗都在写自己。但是,每首诗都由自己去写——就是通过自己的心去写。"[23]诗人要以真话、真情去打动读者,诗的抒情要具有发自内心的真实性。诗人的良知是什么?那就是敞开自己的心,用生命的真实去感知世界和人生,不矫情,不说假话。

对于抒发真情实感来说,诗人能够准确而敏锐地抓住自己的体验和感受并体现出个性特色来是至关重要的。大家所熟知的余光中的《乡愁》[24]是以真情动人的诗作:

> 小时候
> 乡愁是一枚小小的邮票

我在这头
母亲在那头

长大后
乡愁是一张窄窄的船票
我在这头
新娘在那头

后来啊
乡愁是一方矮矮的坟墓
我在外头
母亲在里头

而现在
乡愁是一湾浅浅的海峡
我在这头
大陆在那头

　　这里诗人的"乡愁"就是一种切身的体验。《乡愁》就是由诸多的感受如"小时候"在外读书、"长大后"在外做事、"后来啊"的生死别离、"而现在"的国家民族难于统一等不同的片断形成了一个较为完整的"乡愁"情感过程,诗的语言极为朴素,诗的选材也相当单纯,但诗的情感抒发却是强烈感人的;关键就在于诗人能够抓住自身体验和感受中最为真实的东西,只有从"心"出发才能产生震撼人心的效果。

　　在诗歌抒情的方面,有人常常提到有关抒情主人公的问题,它也与抒情的真实性有一定关系。什么是抒情主人公呢?抒情主人公就是指抒情诗中能够直接代表诗人说话、在诗歌抒情中占主体位置的言说形象。为什么说是言说形象呢?这主要是指诗歌抒情过程中,诗人说话不一定都是直抒胸臆,而有时只是借景抒情或借物抒情。所以有时诗人以第一人称形式出现,有时没有这种人称形式。

　　另外,多年来在抒情主人公问题上,经常有人提起"大我"和"小我"的关系。多年来,很多刻意为政治服务的抒情诗就是以"大我"自居,而实质上则是脱离了诗人个体生命的体验和感受,空喊一些政治口号,这与抒发真情实感是不能同日而语的。从根本上说来,不论题材大小,只要是来自诗人的心灵深处,只要能够体现时代和历史的深度精神内涵,"我"的形态如何则是无关紧要的。

著名诗人公刘曾写过一首题为《长城砖》[25]的短诗:

> 拆了长城的砖,
> 砌了自家的墙,
> 你们的新房,
> 我们的悲伤。
>
> "还要走远路呢,
> 别抽我的脊梁!"
> 民族之魂抗辩着,
> 在西北风中踉跄……

此诗抒发了对民族之魂的戕害的愤慨之情,由拆长城的砖去砌自家的墙这种现象入手,引申到"民族之魂"的抗辩,诗情一下子升华起来,揭示了一个具有时代性和社会性的大主题。无疑这是一种"大我"的方式,这远不是个人的私事,但我们从诗的情境中可以看出诗人的忧患意识来自作为一个个体的人对社会现实中诸多损人利己、损公肥私现象的体验,这种"大我"的情感是从"小我"的体验中产生的。关键是真性情的问题,只要有了真性情,即使是"小我",也可以表现大境界。

四川诗人流沙河曾写过一首题为《我家》[26]的短诗:

> 荒园有谁来!
> 点点斑斑,小路起青苔。
> 金风派遣落叶,
> 飘到窗前,纷纷如催债。
> 失学的娇女牧鹅归,
> 苦命的乖儿摘野菜。
> 檐下坐贤妻,
> 一针一针为我补破鞋。
> 秋花红艳无心赏,

贫贱夫妻百事哀。

　　此诗所写均为个人的家事,诗中的情感也是对于个人家庭命运的咏叹。从抒情的题材看无疑属于"小我"的方式,你看,写的是"荒园"、"小路",写的是"窗前"的"落叶",写娇女牧鹅、乖儿摘菜,写贤妻补鞋等生活琐事,不是"小我"又是什么?但我们看到的个人命运的不幸是与特定的时代联系起来的,诗人通过对于身家命运的抒写,使我们看到了一个大时代和大社会的基本状态,你说这其中没有"大我"的情怀么?优秀的文学作品历来都是以小见大的,这正反映了文学创作的规律。

　　只有抒写了真性情,诗意的表现才能充分体现人生和世界的本真之美,缺少性情之真的诗,很难产生持久的审美效应。诗人必须抒真情,在写作中追求感受和体验的直觉性和独特性,这是诗歌品位提升的关键。

第三节　诗歌写作要津

　　从"写作"的角度说诗歌,这是一个复杂的问题。写诗本无定法,尤其新诗是一种自由的体式,千变万化才构成了文体的丰富。体式的自由与诗人的心性放达有关,不同方向、不同角度都可以说出自己的道理,可说是条条大道通罗马。我们为了把握基本的写作规范,只能择其关键讲几个问题。

一、强化瞬间性效果

　　诗歌创作往往强调灵感,这主要是因为一般诗作篇幅短小,像流星的光芒,只是灵感的快速闪动,你若抓住了这个机会,诗也就成了。要是错过了机会,尽管可以长时间冥思苦想,但完全有可能是事倍功半,费力气却不讨好。

　　诗的写作过程就像短跑一样,无论起跑还是冲刺,都需要一种爆发力,把一种猝然而成的快感,在短时间内固定下来。诗是短平快的艺术,要在创作中强化瞬间性效果,以更新颖更警策的语言力度感染读者。

新诗中的一些"小诗"在创作上就受到绝句的很大影响,注意集中笔墨突破一点,往往给人留下极深的印象。抗战时期田间曾写过一首题为《假使我们不去打仗》的"小诗",一看题目很大,好像无从下手,但诗人却只写了这样几句:

　　假使我们不去打仗,
　　敌人用刺刀
　　杀死了我们
　　还要用手指着我们的骨头说:
　　"看,
　　这是奴隶!"

诗人不拖不绕,把感情的内涵压缩再压缩,最后只留下一个镜头式的景象,文字量很小,甚至显得有些单薄。但是简短的文字含量极大,让人毛骨悚然,让人刻骨铭心,读后有一种深沉的内在的感动。多么突然,多么短促,只是闪亮于一个瞬间,但这个瞬间却是强烈的,足可以撼动灵魂,足可以引导读者进入更深层的诗意中去。

粉碎"四人帮"以后,韩瀚的《重量》也是这样一首很有代表性的"小诗":"他把带血的头颅/放在生命的天平上,/让所有的苟活者,/都失去了/——重量!"全诗也是突破一点,造成了强烈的瞬间性效果。这么短的小诗,居然以其强烈的诗意强度获得了全国新诗大奖,与那些篇幅较长的诗作相比并不逊色。像这样的诗都深得绝句的奥妙,体制虽小,却能以极其强烈的情感含量取胜,即所谓"以少少许胜多多许"。

当然,我们所说的强化瞬间性效果并不仅仅是指这类"小诗",即使篇幅较长的诗作也必须注意这一点,这也是诗歌文体比较突出的一个特性。女诗人荣荣的《识字课本距真正的春天几米……》[27]就是一首节奏快捷、诗意表现特别集中的典型:

　　识字课本距真正的春天几米
　　最先的绿萌动在模糊的词汇里
　　概念的风无知觉地吹着
　　抬眼间　一只蝴蝶惊起

花已谢却无数
现在轮到你询问了 儿子
春天究竟是什么
是憋不住的草
如你一样飞速地长大？
是斜斜的雨轻叩窗户
像困扰你的一些最初的思想？
是花枝 哦 那就像你
深入花园
让天空忍不住按下云头亲吻
还有你朗朗的笑
那是雨后的阳光
孩子般哗地跑来相见
与湿漉漉的我撞个满怀
儿子 我如何告诉你
春天就是有关你的一切
春天就是与你同在的日子
就是你从识字课本跑向初晴的林子
像一朵绿火苗
在喜悦的风中迅疾地蔓延……

这首诗的构思有很突出的特色,诗人写母爱写孩子,却能从一个不经意的具体事物开始,抓住了与孩子内在精神息息相关,而作为父母的大人们往往又特别看重的"识字课本",然后由"识字课本"把诗的触角伸向"春天"。孩子的美好的人生世界,孩子的率真和灵性,被置放在充满生机和活力的季节里,诗人抓住了最为重要的一个亮点"春天就是有关你的一切",母性的诗意感觉鲜活灵动,十分自然地构成了全诗的整体情境氛围。"儿子"与"春天"的融合是贯通全诗首尾的主线,诗意充盈但又相当单纯,情感表现及写作方式与孩子的天性是一致的。

与那些"小诗"相比,荣荣的《识字课本距真正的春天几米……》虽然多了一些渲染的内容,但其整体构思却也是快节奏的,诗人采取的问答方式的结构分外紧凑,情感的表达集中有力,确实也像"小诗"一样体现了短平快的特点。

所谓瞬间性效果并非否定诗的表达的曲折,不是不要任何起伏地让诗的情感抒写直通通地从起点到达终点,我们主要是强调诗意的集中和强度,强调一种快捷的效果。其实曲折也是一种达成强度的手段和方式,与快捷并不矛盾。《识字课本距真正的春天几米……》中的母性情感体验正是靠了起伏和曲折造成了强烈的诗意冲动,诗人从"识字课本"中的"词汇"和"概念"引出儿子"询问"的期望以及一系列关于"春天"的联想,由"花枝"到"花园",充分展示了孩子纯情欢愉的毕肖之态。这种方式使诗意形成了足够的波澜,与"小诗"的表现方式有了明显的区别,"小诗"不事渲染,点到即止,但二者都注重诗意节奏的快捷,都注重强化诗意的瞬间性效果。

强化瞬间性效果是诗歌创作思维方式的一个特性,不论短诗还是长诗都应当注意这一点,要抓住灵感的火花,要进行爆发性突破。从文体的角度看,即使是长诗也要体现局部的瞬间性效果,这就像一条项链是由一颗颗珠子组成的,长诗也是由许多片断的"珠子"建构起的整体,那么在不同的片断中都要讲究"点"的突破,而不可因其长而散漫起来,让过多的过程性内容破坏诗意的集中。

瞬间性效果要靠诗人长久的修炼和深厚的内功方能得以实现,决不是冲动,决不是侥幸可遇的。这就像短跑,距离短反而更见功力。对那些神志麻木、不学无术的人来说,若只期望于灵感的到来,实在无异于竹篮打水。

二、善于化实为虚

诗是抒情的文体,在诗歌作品中许多生活的实在性内容都要被情感的心理形态所虚化,这样可以在写作的过程中实现写意的目标。诗歌与小说两种文体比较,诗歌重写意,以写意的方式来传达诗人的主体精神。而小说的"叙事"虽不能以写实来取代,但却是以写实为主体的。诗人要加大写意的力度,这是强化抒情创造诗意境界的必要途径,是诗歌所特有的文体要求。

写意是一种情志化的方式,是以主观情感改变事物原生状态来表现主体思想意识的方式,写意的结果是使事物本身呈现出更为充分的艺术品质。诗的抒情本色以及它所钟情的写意方式,并不是绝对地排斥生活的实在性内容,离开了生活的实在性内容也就失去了虚化的机会,诗与艺术也就无法存在了。

如何表现现实生活是诗歌创作的一个重要课题,是每一个写诗的人都不能回避的。诗人生活在现实之中,反映现实是一种责任和义务,但现实本身又不等于诗,如果只是把生活的实在内容简单地表现出来,就容易犯过于泥实的毛病而缺少诗意的灵性。诗人的创造往往在于表现,在于把人们司空见惯的内容表现得不同凡响,这就要求诗人有独到的眼光,有深入的思考。真正把生活的内容纳入诗化的程序,做到既有生活的血肉感,又不机械地照搬生活,这是问题的关键。从如何表现生活的角度看,张执浩有一首题为《野花开放》[28]的诗堪称佳品:

> 请在纸面上指示出春天的位置,在
> 这些错字和别字中间,少年
> 正经历着难堪的变声期,失去了
> 朗诵和歌唱的权利,却依然不肯放弃
> 拈花惹草的机会
> 依然是少年,但少年老成
> 泪水抬举着尘埃中的蚂蚁;依然是
> 衰败的庭院,盲目的琴师
> 请求你们为他赶做一架天梯,并安排好
> 一朵幻象的白云
> 野花在开放。在半夜,在郊外的鸡鸣中
> 野花鲜为人知,但天知地知
> "没想到美有这么偏僻",他嘀咕着
> 随手撕下一张作文纸,折叠成
> 一架飞机。少年像正午的蜻蜓
> 逃避着时光的教育,在错字和别字中间
> 缓慢地发育,旋转,飘离我们的视野

而野花使大地轻轻荡漾

　　此诗写的是一个"失去了/朗诵和歌唱的权利"的失学少年,只能在"这些错字和别字中间",只能在"郊外的鸡鸣中""缓慢地发育"。但诗人把这种人生的悲剧境遇放在一种自然之美的诗意之中,用"野花在开放"一点,就把现实生活的严峻化入了幽秘的氛围里。作为诗题的"野花开放"在诗中两次出现,其内在的象征性是显而易见的,它与这个寂寞人生中的"少年"有着深度的内在联系。"野花"是一种写意方式,它带着一种形而上的精神性品质,在诗意创造的过程中极大地软化了生活实在内容的硬度。也只有在这种"野花开放"的情境中,诗人许多细节性处理才显出了足够的匠心,才具有了相当的深度,像"泪水抬举着尘埃中的蚂蚁",像"请求你们为他赶做一架天梯,并安排好/一朵幻象的白云",像"随手撕下一张作文纸,折叠成/一架飞机"这些负载着诗人沉重情感内容的卓越描述具有了一种独特的"背景",这无疑拓展了读者对于悲剧意义的思考空间。

　　从《野花开放》的诗化处理过程中,我们可以领略到化实为虚对于诗歌的重要意义。当然这种做法并不是让生活的实在性因素在诗中消失殆尽,而是把生活中的实在性因素向美的方向提升,让它走向诗的本质。用纸折叠"一架飞机"是具有生活实在性的事物,其本身确实含有充足的诗意精神,但如何以想象去开掘,如何用思想的内力去引领它则是成败的关键。诗人由这纸飞机移向"蜻蜓",从而进入了对"少年"人生的悲剧性状写,从而由"飞机"和"蜻蜓"引出了"逃避"和"旋转""飘离"的意义。可以说没有虚化,没有诸多想象的加入,诗意的内涵就不会如此丰富。一方面,化实为虚可以在生活实在性事性的基础上生发出更多的诗意内容,可以使诗的境界更为鲜明和强烈起来。面对"衰败的庭院,盲目的琴师"这并不美好的物象,诗人却创造出了"一架天梯""一朵幻象的白云"这样优雅而富有神性的境界来。这种虚化无疑使诗意获得了远比生活实在性内容更为鲜明和强烈的境界,因此而产生的艺术效应实在不可小视。在诗歌创作中,生活的实在性因素只是一种起点而不是终点,是由它引领进入诗的境界,并在超越中进入更高的艺术哲学层面。

　　另一方面,化实为虚本身就是一种意象化的努力,这样才可使诗的内容涵纳更丰富的寓意。相对于生活的实在内容,"野花"是写意的,是一种虚化方式。"野花"对于整体诗意情境来说,应当是一种远距离的映照,它表现了卓然不群的姿态,但就是这种在超现实意义道路上的行走使"野花"成为了诗的真正意象,而意象就应当具有这种孤高的特性。特别这两句:"野花在开放。在半夜,在郊外的鸡鸣中/野花鲜为人知,但天知地知",好像游离于整体的诗意之外,实质是以"野花"的意象开启了整体诗意的"眼",是一种哲学的大境,是形而上的天地,它的思想性的包容是有着震撼灵魂的力量的。

一个优秀的诗人,应当具有很强的化实为虚的能力,应当力求处理好实与虚的关系。尤其在反映现实生活的写作中,能否把生活的实在性内容化而为诗,这一点可以说是十分关键的。照搬生活内容不是诗,诗人的工作是创造,是把生活的实在形态改变为诗的艺术形态,这个过程的重要环节就是化实为虚,通过化实为虚使诗的品质得到提高。

三、发挥象征优势

诗忌直露,它不像散文那样率性说开去,正如人们常说的那样"诗贵曲"。这"曲"是诗意表达的一个大范畴,其中极为重要的一方面就是象征,象征是诗歌的大情结,是诗歌文体的一个重要的支撑性因素,应当受到诗人特殊的重视。

从文体需要的必然性看问题,象征进入诗歌并非强求,而是极其自然的事,在诗歌诞生的初级阶段,象征似乎不是诗人刻意而为之,而是不知不觉就来了。你看《诗经》的首篇《关雎》就是,"关关雎鸠,在河之洲。窈窕淑女,君子好逑"。这几句是何其自然地描述了一个美好的生活景致,诗人先写鸟在自由的风景中鸣啭,为后面的男女爱情预设了一个理想的"背景",但是从诗的语言现状看问题,又可看到其跳跃中潜伏着一种可能性,这就是前两句的景物与后两句的人事相互独立又相互映照,构成了内在的喻指关系。其实这种"兴"的方式就是象征,诗的情境因此而具有了深度。

面对眼前的景物,诗人思考的是人生世界,不论是艺术直觉还是经验内容,都必然以其内涵的丰富性超越景物本身的原始状态而具有一定哲学思辨的可能。诗人的创作就是把这种客观的景物和主观的情思统一在诗的结构之中,于是意象的产生就是顺理成章的事了。意象是象征的重要因素,诗人是借助意象来实现象征的目标,以这种具象的方式来完成诗人主观情感的艺术表达。

象征是"通过特定的形象以表现某种概念、思想和感情",是"利用象征物与被象征物之间的某种类似或心理对应,使被象征物的某一内容得到含蓄而形象的表现。德国哲学家卡西尔认为,象征就是在知觉符号和某种意义之间建立起隐秘的联系,并把这种联系显现于我们的意识当中"[29]。这里所讲的"特定的形象"、"象征物"或"知觉符号"都是一种具象的内容,诗人正是在这种具象的内容中以自己的主观方式创造出意象来,任何内在的情思,任何"隐秘的联系"都必然通过意象才能得以"显现"。

很多时候,诗人写什么和怎么写的一个关键问题是能否确立好主要意象,意象本身即是由事物的一般性状态自觉进入象征的层面,有了意象和象征,诗意的含量就大了,思维场域才可能在情境中被拓展开来,这才是真正意义上的诗。请看柳沄的短诗《1990年 一种过程》[30],这是一首相当优秀的象征诗:

> 一只肥大的桃子
> 一只光芒四射的桃子
> 从枝头上宁静地落下来
> 就像梵高割掉的耳朵,那么沉重
>
> 一只富贵的桃子
> 一只被风雨诅咒过的桃子
> 从那个高度上掉下来
> 并且像落日那样,弹了几下
>
> 一位美丽的少女匆匆走来
> 弯腰去拾那枚桃子
> 当她抬起头时
> 已成老妇

得意的事情大概都会这样
——这种念头在我心中一闪
那桃子和女人
就突然腐烂了
世界说，嘘
别出声……

对于像"1990年"这样的事物如何在诗中表现，应当是诗歌成败的关键。这样抽象的内容必然要求诗人以强化具象的方式，选择了"桃子"这个意象来作为对光阴流逝的象征，其中充满了生命意识的汁液和对人生命运的感叹。"桃子"在诗中并非一种确切的意义所指，而是一个宽广的能指的艺术空间，它既包容了像"梵高割掉的耳朵"那样"宁静"地落下来的"肥大"的生命之果，也包容了像"落日"那样从辉煌的"高度"上掉下来的"富贵"之果，一切成败得失都将在时光的流水中进入历史，而一切又都是那么从容那么悄然无声。

诗是"静"的艺术，象征又使"静"走向了深度，《1990年 一种过程》营造了高远而宁静的艺术氛围，是象征在抒情的过程中达成了思辨的效应，于是诗歌具有了深度。诗人把诗赋予了形而上的哲学内涵，在不动声色的冷静中一下子展示出时间的残酷和岁月的无情，"拾那枚桃子"的人被置于从"少女"成为"老妇"的过程之中，而刚刚有了"这种念头"时"桃子和女人""就突然腐烂了"，都是一个瞬间，许多人在这种"得意"中灰飞烟灭，而世界依然是不动声色。此诗的诗意空间极为开阔，具象和理性浑然天成，真正可以让人进入一种境界中去，同时又不乏启迪灵性的力量。虽是十几行的短诗，却是内蕴深厚，颇具大手笔的艺术风范，这与成功运用了象征手法关系极大。

一首象征的诗，创造出制导全诗的意象来当然是至关重要的，但是怎样把这个意象放在和谐的情境之中释放出应有的能量则是更为重要的。诗人柳沄把"桃子"这一意象与"1990年"这一时间概念融通在"人事"的象征程序之中，于是"桃子"才真正地获得了博大的内涵，才具有了深刻的艺术生命。如果仅仅把"桃子"停留在比喻阶段，那么诗意就将失之于简单，就难以形成涵纳万千的哲学维度。许多诗歌的弱点也在于只构成了意象的基本形态,就浅尝辄止了,其实诗意还没有真正地展开,停止下来也就失去了走向深度的机会。《1990年 一种过程》的前两节,正是一种比喻的完成,是意象的初级阶段,而后边两节的"女人"拾"桃子"和"腐烂"诸内容,则是象征的完成阶段。其实,象征是一个复杂的思维过程,诗人要把握好诗意可能实现的微妙性,否则就不能比较完美地构建富有生命意味的诗意空间。

当然,在象征的过程中,诗人要不断地揭示意象的内涵,以使读者对于象征之境能够有迹可寻。诗人是引领者,通过创造意象而进入灵异的悟性天地。如果只满足于"迷宫"的制造,那在很大程度上是误解了象征。象征既可以走向深度,又可以走向一片澄明的天地。象征对于诗歌文体来说具有某种决定性的意义。诗人应当给予足够的重视,在创作中不断地强化象征,发挥这种优势,使诗歌的艺术表现不断走向哲学和生命的深度。

---

[1] 《论语通译》,徐志刚译注,人民文学出版社,2000年7月,第217页。

[2] 《尝试集》,胡适,人民文学出版社,1984年2月,第149页。

[3] 《文艺争鸣》,2008年第1期,第91页。

[4] 《现代汉语的百年演变》,王光明,河北人民出版社,2003年9月,第303页。

[5] 《新的美学原则在崛起》,孙绍振,《诗刊》,1981年第3期。

[6] 《诗歌告别八十年代》,《西郊夜话》,谢冕,福建教育出版社,2000年6月,第179页。

[7] 《中国历代文论精品》,张少康编,时代文艺出版社,2000年6月,第552页。

[8] 《人间词话》,王国维,吉林文史出版社,2000年2月,第27页。

[9] 《中国历代文论选》,郭绍虞编,上海古籍出版社,1983年1月,第170页。

[10] 《文心雕龙译注》,王运熙、周锋,上海古籍出版社,2000年11月,第245页。

[11] 《美学散步》,宗白华,上海人民出版社,2006年1月,第70页。

[12] 《南华经》,庄子,周苏平、高彦平注,安徽人民出版社,2001年10月,第39页。

[13] 《文学理论教程》,童庆炳,高等教育出版社,2004年6月,第198页。

[14] 《诗论》,艾青,人民文学出版社,1983年9月,第111页。

[15] 《新世纪的太阳》,谢冕,时代文艺出版社,1993年6月,第45页。

[16] 《文言和白话》,张中行,黑龙江人民出版社,1988年4月,第156页。

[17]《现代汉诗的百年演变》,王光明,河北人民出版社,2003年9月,第111、112页。
[18]《中国历代文论精品》,张少康编,时代文艺出版社,2000年6月,第262页。
[19]《艺术与宗教》,N.沃尔特斯托夫著,建平等译,工人出版社,1988年8月,第75页。
[20]《美的结构》,孙绍振,人民文学出版社,1988年版,第222—223页。
[21]《太阳与月亮·序》,罗门、蓉子编著,花城出版社,1992年。
[22]《中国历代文论精品》,张少康编,时代文艺出版社,2000年6月,第313页。
[23]《诗论》,艾青,人民文学出版社,1983年9月,第4页。
[24]《当代抒情诗拔萃》,漓江出版社,1987年,第182页。
[25]《仙人掌》,公刘,四川人民出版社,1980年,第120页。
[26]《流沙河诗集》,流沙河,上海文艺出版社,1984年,第131页。
[27]《诗刊》,1996年第3期。
[28]《诗刊》,1996年第9期。
[29]《文艺美学辞典》,王向峰,辽宁大学出版社,1987年,第278页。
[30]《作家》,1996年第8期。

【自测训练】

1. 概述中国新诗发生与发展的基本情况。
2. 谈谈你对新诗文体特征的理解。
3. 简述诗的跳跃性。
4. 新诗写作如何对待"白话"与文言?
5. 在诗意的表现中,"外物"是如何心灵化的?
6. 抒情主人公在诗中的作用是什么?
7. 诗的灵魂如何去触摸事物的本质?
8. 谈谈"瞬间性效果"在诗歌写作中的重要性。
9. 如何处理好实与虚的关系?
10. 象征在诗歌创作中的作用是什么?
11. 读下面的诗,分析在写作中写实与写意的关系。

草人神灵

王立宪

扎草人的是谁

谁的心依偎在草上

那虔诚的目光

像交出了自己的一生

最卑微的草

最崇高的神

当我们走在大地上

是谁吻着我们的脚底

给了我们绿色的坚定

就让我们跪拜神灵之草

像一条痴情的蛇

把沙沙的歌唱

交给岁月的草丛

【名篇赏析】

神 女 峰

舒婷

在向你挥舞的各色花帕中

是谁的手突然收回

紧紧捂住自己的眼睛

当人们四散离去,谁

还站在船尾

衣裙漫飞,如翻涌不息的云

江涛

高一声

低一声

美丽的梦留下的忧伤

人间天上,代代相传

但是,心

真能变成石头吗

为眺望远天的杳鹤

而错过无数次春江月明

沿着江岸

金光菊和女贞子的洪流

正煽动新的背叛

与其在悬崖上展览千年

不如在爱人肩头痛哭一晚

毫无疑问,舒婷成为新时期以来中国新诗最重要的诗人之一,不仅是因为她在艺术表现上的标新立异,更重要的一个方面是她凭借着坚实的传统文化底蕴,实现了一次高水准的诗歌话语重建,进而形成了来自心灵源泉的个性化的诗歌艺术特色。

舒婷曾这样说过:"我从未想到我是诗人。我知道我永远也成不了思想家(哪怕我多么愿意)。我通过我自己深深意识到:今天,人们迫切需要尊重、信任和温暖。我愿意尽可能用诗来表现我对'人'的一种关切。"(《诗刊》,1980年10月)

《神女峰》应当属于理想、人性的母题范畴,舒婷温婉的抒情表达了对于"人"的善良、尊严的呼唤,她的这一类诗歌赢得了极为广泛的读者,并在一个独特的历史时段创造了作为一个诗人的高度。正如著名诗歌理论家王光明教授所说的那样:"她的诗富于真情实感,和她的性格完全一致:温柔而又执拗,激烈而又软弱。"(王光明,《艰难的指向》,时代文艺出版社,1993年6月,第128页)《神女峰》一诗中女性特有的忧伤掩饰不住诗人"执拗"和"激烈"的个性锋芒,让人感受到一种生命的穿透力。

诗人展现情景现实,来反衬内在情感波澜的激荡,内与外的统一形成了让人沉思的诗意境界:长江逝水滔滔,神女高矗于悬崖之上,天上人间,无法说尽的苍茫景象。诗人设疑于描述之中,"紧紧捂住自己的眼睛"的人"是谁"? "站在船尾/衣裙漫飞"的人是"谁"? 一问又一问的方式使情绪起伏的力度加大,后边则以"江涛"的音响效果来回应,在一唱三叹的"不言"之中引人去回味,并像影视中的空镜头一样使诗意延展开去。值得注意的是,"江涛/高一声/低一声"采取了层降式的排列方式,强化了情感表现的视觉效果,由强而渐弱,留下了不绝的余韵。

诗的第二节加重了理性思考的色彩,在遐想中展开了具有幻化渲染的艺术天地。"神女"是巫山的一个"美丽的梦",但诗人却透过传说缥缈的面纱看到了悲剧性的血泪,冲出"忧伤"的漩涡而进入了对于人生命运的反思。舒婷在善意和同情的基础之上在"人间天上"的大时空中,发出了人性本质的追问,有灵有性的人为什么变成了僵硬的"神女",有血有肉的"心"为什么变成了永远沉重的"石头"?"杳鹤"已远,"眺望"无期,而大好时光,"春江月明"的佳期被轻易"错过",你的等待,你的期盼会有结果么? 到此,诗人的"温柔"中含着"执拗","软弱"中见出"激烈",诗的意境透出足够的理性,由抒情的世界进入思辨的天地。此时的舒婷虽不是"思想家",但她的诗中却有了足够的思想含量。舒婷的理性表达不是概念化的演绎,不是直陈思想,而是情境托举,哲思弥漫,是先以美征服了读者,她的理性内涵是诗歌走向深度的标志,是情感与思想互融的结果。对于舒婷的情感表现特征,著名诗评家陈仲义教授曾作过这样的概括:"舒婷的情感思维是以情感情绪为其主要内趋力,诱导引领激发其他心理要素参与而形成显在与潜在交混的心理流程,具有较强的感染性、互渗性和复合性。"(陈仲义,《中国朦胧诗人论》,江苏文艺出版社,1996年9月,第64页)这种情感与思想"交混的心理流程"是诗人舒婷走向博大走向成熟的必要条件,这一点在《神女峰》中的表现也是极为突出的。

诗人以强烈的主观性张扬了一种个性解放的精神,思想的力度达到了非常显豁的程度,诗的理性一下子接近了"悬崖"的临界状态,"金光菊和女贞子的洪流"是一种抗拒世俗的思维流向,是对传统意识和道德规范的一种挑战,诗人在逆向的"背叛"中找到了诗的归结点,最后两句警策透辟,就像在历史的高处发一声绝响,声震林木,响遏行云。在

20世纪80年代初,舒婷之诗名席卷华夏,大概与这力度十足的两句诗不无关系。"与其在悬崖上展览千年/不如在爱人肩头痛哭一晚",可谓惊世骇俗,在一个人心大面积封闭的时代就像一声炸雷,引起众人注目是必然的。

第二章 散文写作

【重点提示】

1. 了解散文的概念与文体流变的历程。
2. 领会散文的艺术属性与审美特征。
3. 掌握散文写作的通用技法。

第一节 散文概念

在一切社会现象和自然现象中,只有语言和遗传代码是人类从祖先传给后代的两种最基本的信息。在今天的已经被细化了的中文研究当中,汉语应属于理性的语言学范畴,而散文则是文学队伍中的一个主要类别,是感性认识的一种具体体现方式。"文学是用艺术语言为手段,以构成形象来反映社会生活并表达作者思想感情的语言艺术。"[1]散文当然也不例外。当人们决意走近散文时,就是决意走近自己,端详自己的人生现场和自己曾经流连、抚摸过的处处景观,而这些现场和景观可能是物质的也可能是精神的。

一、汉语散文的文体流变

虽然许多人一直持有"诗歌的产生先于散文"的观点,但根据汉语的特性和人们的语言习惯,我们可以确切地猜到,人类开口说的第一句

话不会是一行诗而只能是一句散文。最早出现在甲骨文中的记载当然也不是抒情诗,而是散文:

  戊辰卜,及今夕雨? 弗及今夕雨?

  癸卯卜,今日雨。其自西来雨? 其自东来雨? 其自北来雨? 其自南来雨?

  这则卜辞原文有时间,有事件,也有隐含在其背后的行为发生的地点和发生行为的人物。它记载了我们祖先某一次进行"天气预报"的情形,虽然句式整齐却是不折不扣的散文形式。

  殷周时的甲骨卜辞、铜器铭文,以及《周易》中的筮辞继续走在散文的道路上,但其仍处于散文的萌芽和形成阶段,直到《尚书》的出现才标志着中国古代散文的形成。中国古代散文的发展历程中,人们印象深刻的主要是先秦两汉时期、唐宋时期和明清时期。先秦两汉时期,诸子散文和史传散文以其创作数量和创作水平创造了中国散文空前的繁荣,司马迁的《史记》更是被誉为"史家之绝唱,无韵之离骚";唐宋时期的散文发展始于韩愈和柳宗元大力倡导的"古文运动",但文学史上赫赫有名的"唐宋八大家"却有六家出现在宋代;明清时期,散文流派迭起,作家辈出,作品丰富,散文的章法、结构和所反映的内容也有了极大的进步,虽然被鲁迅先生称为"脍炙人口的虐政"的清代"文字狱"以其深广和罕见的危害影响了作家的创作,其散文创作的实绩也是不可忽视的。

  直到1919年新文化运动以前,中国的书面语言一直采用的是文言系统。虽然文言书面语"给了我们表达我们思想的巨大力量",但白话中无疑有更生动的人生和世界。历史和文学发展的必然趋势是,伴随着轰轰烈烈的新文化运动,汉语最终选择了我们这个民族的口语传统,文学随之从文言步入了白话。出乎人们意料的是,白话散文创作竟在短短的十几二十年间呈现出成熟的风姿,鲁迅、周作人、胡适、梁实秋、冰心、茅盾、朱自清等大家的名字在今天仍被我们牢记着,他们的作品仍是我们心中的高标与典范。对白话文的脱胎,语言学家钱玄同认为:"现在用白话做散文,是有两层缘故:1.用今语达今人的情感,最为自然;不比那用古语的,无论做得怎样好,终不免有雕琢硬砌的毛病。2.为除旧布新计,非把旧文学的腔套全数删除不可。于各人所用的白话不能相同,方言不能尽祛,这一层在文学上没有什么妨碍的;并且有时候非用方言不能传神;不但方言,就是外来语,也可采用。"这些都表明了新文化运动的领袖们除旧布新的文化立场,也催生了崭新的白话文书面系统。也正因为有了他们的努力,才有了我们今天散文写作的繁荣风貌。

散文这种文体不断地凝结和创造着我们关于文化的记忆和情感、思考和想象,它记录着我们民族细碎的足印,书写着我们民族壮美的历史,同时,其中也浸润着一代又一代述说者和记录者不屈的性格与追求。其确切性、稳定性又是以抒情为主的诗歌所不具备的。到任何时候,它都不会像诗歌一样被人无意地误会或有意地曲解。汉语散文从古代到现代、从文言到白话一路行来的印迹,奔赴的是人生化、私己化的方向,凸显的是情感、理性,是写作者的文化意识和他们所能体验到的人格精神,而此四者恰是散文的四条命脉,散文因之才得以存在和流传,也才有了其作为"人生笔记"的独特意义。

二、散文的概念和分类

现今通行的《辞海》对散文所作的解释涵盖了古今,也让我们能够从中得见散文概念演变幅度之剧:散文是"文学的一大样式。中国六朝以来,为区别于韵文和骈文,把凡不押韵、不重排偶的散体文章,包括经传史书在内,概称'散文'。后又泛指除诗歌以外的所有文学体裁。'五四'以后,现代散文与小说、诗歌、戏剧等并称为最重要的文体。其中又有广义和狭义之分。广义的包括杂文、小品文、随笔、报告文学等;狭义的专指表现作者情思的叙事、抒情散文。散文以情见长,形式自由,结构灵活,手法丰富多样,抒情、叙事、议论各主其事,也可兼而有之"[2]。

一般认为汉语的"散文"一词是直到宋代才出现的。宋代罗大经在《鹤林玉露》中有引用周益公"四六特拘对耳,其立意措辞贵浑融有味,与散文同"之语,又有杨东山论及"山谷诗骚妙天下,而散文颇觉琐碎局促"之言。宋代曾经专门开展过对散文等文体的研究,因此确定"散文"这个名称并非出于偶然。宋代散文创作的数量、质量和积累的创作经验都相当可观,所以清代批评家王若虚甚至说:"散文至宋人始是真文字。"(《滹南遗老集·文辨》卷三十七)只是这散文的概念同我们今天所说的文学范畴内的"散文"是大不相同的。

虽然散文也同中国文学一样经历了从文言到白话的变迁,但蹒跚的步履中,汉语散文的性灵与气质并没有太多的变化,只是在文体澄清的流程中有一个"吹尽狂沙始到金"的过程,也就是有一个从广义散文走向狭义散文的扬弃的过程。在这个过程中,一些从内容到形式的东西都在发生着本质性的变化,但我们同样可以肯定地说,纯粹意义上的文学散文的思维特质并没有太大的改变。在引入西方文体概念的同时,我们已渐渐从杂沓的古代散体文的足印中分辨出哪些是文学散文一路行来的留痕,找出了它明确的文学属性,寻到了属于散文的山山水水和枝枝叶叶。

在古代,散文泛指韵文和骈文以外的一切散体文章,即不讲究押韵和对偶的文体,包括了具备文学性的文学作品和具备应用性的非文学作品。朱自清曾说:"散文的意思不止一个。对骈文说,是不用对偶的单笔,所谓散行的文字。唐以来的'古文'便是这东西……对韵文来说,散文无韵。"[3]作家艾煊曾撰文说:"现代的汉语散文,品种繁多,缭乱纷纭。远缘杂交,物种变异。散文,和小说联姻。散文,和白话诗结伴。散文,和新闻交友。散文,又委婉地进入了电影电视的奇异世界。辽阔的白话散文世界,诞生了多种多样的,金发碧眼和柳眉削肩兼具的散文混血儿。"[4]虽然艾煊所说的散文概念比较宽泛,但也的确表现了白话散文的存在状况。

也正是因为散文的涵盖范围较广,人们便经常对其进行各种形式的分类,但散文的分类标准并不一致。有的按叙述主人公或抒情主人公使用的人称分,频频说"我"如何的就是第一人称散文,频频说"你"如何的就是第二人称散文,但遇到"你""我""他"混用的就束手无策了;有的按发生区域分,分为乡土散文、都市散文、校园散文等,但至少乡村和城市里都有校园;有的按创作者的身份分,分为学者散文、诗人散文、小说家散文等等,这样分类的好处是作者身份一目了然,但本身却是一个无穷大的分法,我们还可以按照经济学家三百六十个行当逐个分下去;有的按题材类别分,有历史散文、文化散文、军事散文、爱情散文等各种名目,同样永无止境;有的干脆按作者性别分,男性散文、女性散文,"小女人散文"、"小男人散文",界限倒是清晰极了,但不知究竟意义何在。

如果硬要对散文进行一个眉目清楚的分类研究,按表达手法进行划分的方式不但是最常见也是较其他方法更为科学的。这种方法把散文分成记叙散文、抒情散文和说理散文三个大类,每一类都有自己相对独立的写作特征和行文原则。记叙散文以写人记事为主,采用记叙作为最主要的表达手法;抒情散文以写景抒情为主,采用抒情作为最主要的表达手法;说理散文以叙事说理为主,采用议论作为最主要的表达手法。值得注意的是,每一类散文又都是多种表达手法共用的结果,连描写手法也不无用武之地。

第二节 散文的个性特点

在所有的文体中,人们公认散文是一种基础文体。路德庆认为:"散文是基础,大学生必须学会写散文。学会写散文,对写应用文章、文学作品,都有帮助。"[5]毛志成也说:"无论是致力于写什么——如写小说、写诗、写戏、写评论(当然也包括写散文),最好都先以写好散文为基础,而基础的基础是精读较多的中国散文。"[6]此外,散文还是从事文学写作的一个至为便利的角度,从素材的抓取到语言的运用都是至为便捷的思维训练,我们理应对其刮目相看,它甚至完全可以成为我们的一种生活方式,因为散文时时刻刻都在逼近我们的心灵。

中国的散文传统极为悠长和深厚,虽然在整个汉语散文的文言阶段,文学与非文学的界线一直模糊不清,但这并不能从根本上阻碍散文的成长,人世的晴云暖雪、镜破钗分、去国怀乡都可以长驱直入而进散文的世界,成为作者心境的剖白。上文取诸《辞海》的词条说:"散文以情见长,形式自由,结构灵活,手法丰富多样,抒情、叙事、议论各主其事,也可兼而有之。"恰切而精当地概括了散文独具个性的文体特点,下面我们仅就散文写作观念和写作实践中的几个具体问题析而言之。

（一）关于"形散神不散"

"形散神不散"最初是萧云儒在1961年5月12日《人民日报》"笔谈散文"专栏的一篇名为《形散神不散》的短文中提出来的，此后流传甚广，但早在20世纪80年代就已引起广泛争论。正面观点一般认为，所谓"神"就是指文章的主旨、主题、立意，"神不散"就是要求用明确的主旨统帅全篇。但对"形散"却莫衷一是，有的说指散文的题材丰富驳杂，有的说指构思上的散而不乱收放自如，有的说指散文运笔自如不拘成法，因此可以说"散文贵散"（主要指题材），又可以说"散文忌散"（指主题、结构）。

反面观点则认为，文学创作中形和神的关系是由哲学上形和神的关系发展而来的，如荀况《天论》曰"形具而神生"，刘勰《文心雕龙·神思篇》曰"神与物游"，"散文"之"散"并非指选材上及风格上的散，而是指语言的灵活性。"有些论者认为'形散神不散'是散文结构的特点，是散文写作的普遍性的原则。我们认为这是一种以偏概全的片面观点，不符合散文写作的实际。"[7]"对于以抒情为主导美学性格的散文，'形散神不散'是极其不正确的论断。文学的主要特点是形象美，纯散文以描绘形象抒发感情为特点。对于一个整体的形象，神与形是不能分离的，否则形象就是僵死的或不完整的，或者是根本不存在的。六十年代初'形散神不散'的理论主张，是在文学为政治服务、作家必须写中心、配合现实斗争的大文化背景下提出来的，它是对当时创作状况的理论总结，符合我们民族的文化心理结构，'集中为美，散者不美'。没想到作家在企图打破一种格套之时，又使散文步入了新的格套之中，构成了散文观念上的新矛盾，成为散文之拘禁，实在有些荒谬。"[8]

我们认为，强调"形散"是轻视散文的文体形式，大有化散文语言于无"形"之势，弱化了散文的语感，这是一种不公正、不严肃的行为；强调"神不散"，是过分倚重"中心思想"、"主线"，使写作束手束脚，缺少应有的张力，容易把"活"散文写"死"了。

（二）关于结构

散文家余秋雨说："我重视散文'自然流泻'的性质，而不赞成首先在形式结构上研讨过多。"[9]但也许是出于理论家命名的需要，散文的结构可谓名目繁多,诸如串连式、对比式、辐射式,或是线式纵向式、横式横向式、纵横交叉式,或是层进式、流动式、结构对比式、特写式,或是链条式、曲径式、蛛网式、交叉式、归类分层式、双水并流式的名称让人不知所以,目不暇接。客观地讲,散文就该是一种顺其自然的文体,任何对散文结构指手划脚的做法都是徒劳的,有关散文结构的种种归纳也必是以偏概全、挂一漏万的。

真正从事创作和研究的人都知道,只有当一篇散文放到我们面前的时候,我们才可以用所谓写作理论去判定它的结构。而当我们把散文写作当成既定目标,也就是一篇文章还不存在的时候,"结构"二字是无从谈起的。从散文的创作规律出发,我们可以设定一个线索或是理顺一种思路,以情、以理、以物或是时间次第、空间位置作为行文的依据,打造流畅的文气、优美的意境。我们坚信作家们欣然命笔之时,大有信马由缰之意,他们只记得自己的感受、自己的心灵,而不是在口中或是心中念念有词曰"内敛式"或是"散射式",否则我们就不会看到一篇篇浑然天成、一派从容的文字。

(三)关于真实性

写真纪实是散文的一个基本特点,也是散文区别于小说的显著特点之一。散文崇尚、讲究的就是作者表现的真人真事、实情实感、真知灼见。作家周立波曾极其明确地指出:"描述真人真事是散文的首要特征。"建国之初我们对散文的真实性就有了这样的认识,是令人兴奋的。只是限于当时的社会政治背景,散文的真实性自是打了许多折扣,许多话讲得言不由衷,有失语之状。今天我们沐浴在一种比较自由的空气里,大可坦然面对"真实"了。但是许多散文理论对"真实性"都有强调太过之嫌,为了捍卫"全真"不遗余力,其心可感,但稍显蛮横。

散文写作的实际情形中既有"完全写真纪实的散文",也有"在整体纪实的前提下,于细节或细部有所虚构的散文"。后者如冰心的《小橘灯》中小孩的一家以及作者同他们的接触,包括小孩父亲的姓氏都是确凿的,是实有其人、实有其事的。但文章中的次要人物"我的朋友"却是虚构的人物。又如峻青的《秋色赋》、杨朔的《雪浪花》、韩少华的《序曲》,也在细节或细部上有所虚构。这引起虚构的目的只有一个:增强作品的艺术表现力。

散文是最接近生活真实的文学样式。记人叙事、状物写景,"有感而发","有为而作",散文中写的是实人、实事、实物、实情。散文表现出作者对现实生活的真实的切身的感受,抒发真挚的情怀。但纵使把生活照搬到散文里,有一种真实性也会流失,因为作家的视角本身就是一种片面的形式。真实的境遇与真实的感受是散文艺术表现的核心。散文的写实并非对生活机械的摹写,它也要运用剪裁、取舍、提炼和比喻、拟人、象征等方法,只要是建立在描写真情实感的基础上,我们不提倡却应该允许散文的真实性有偶尔转转身踢踢腿换换姿势的权利。

(四)关于参照体系

学习写作的人有必要认识时下真正的和优秀的散文,为自己寻找与时代相适宜的参照体系。但太多教材的选文大致不出于三个范围:中国现代文学时期、中国当代文学十七年时期和20世纪80年代前半期。而这三个时期作品的局限性都是相当明显的:前者是汉语白话的尝试期,加之社会及意识形态的不稳定,不可避免地造成了散文的潦草;在讨厌甚至仇恨抒写个人心绪的时代,散文的花和叶都会凋零;后者正是我们这个民族刚刚舔舐完自己的伤口,胸中仍鼓荡着悲愤情绪的时候,这种情绪冲淡了创作中理应坚守的冷静。

20世纪80年代中期以后才真正是中国文学的高峰期,散文从没有这样心平气和过,散文的成色从来没有这么好过,汪曾祺、王蒙、余秋雨、张承志、周涛、贾平凹、张晓风、赵丽宏、林清玄、斯妤、张丽钧、简媜……一长串光彩照人的名字让我们欢欣鼓舞。在时代和作家们的努力下,散文创作回到审美创造的自身,重新整合"意在表现自己"的美学原则。从散文所表现的题材、内容看,作家们开拓审美视野,发掘审美意蕴,作品中开始出现深广的文化、哲学的主题,并呈现出艺术表现的多元化,基本达成了与"五四"散文传统的承续和链接。"举凡国际国内的大事,社会家庭的细胞,掀天之浪,一物之微,自己的一段经历,一丝感触,一撮悲欢,一星冥想,往日的凄惶,今朝的欢乐,都可以移于纸上,贡献读者。"[10]周立波于近半个世纪前所幻想的壮观的散文场面终于在今天全部实现了,散文也为自己寻到了那处叫做心灵的故乡。

第三节　散文写作技巧

一、解决构思问题

在创作行为真正发生之前，我们讲求的是构思，即所谓"打腹稿"。在这一阶段，人们是动"心"不动"手"的，开动自己的脑筋使之高速运转，首先从相关的生活体验中提炼出一个自己看好也可能为读者看好的主题，然后为之选材、布局，为之调遣语言。作家在构思时要做到胸怀全局，注意主题鲜明、层次清楚、材料翔实，以便在提笔后能够做到文气贯通。

（一）提炼主题

作品题旨的提炼，思想意蕴的开掘，是构思和创作的中心环节。作家王汶石说："艺术构思的目的，是对现实生活作艺术概括的过程中，为高度的思想内容寻找尽量完美的艺术形式，把高度的思想性和尽可能高的艺术性结合起来，把政治倾向性和强大的艺术感染力结合起来。艺术构思要解决主题思想、人物性格、生活背景、矛盾冲突、事件选择、情节安排等等一系列问题；而提炼主题则是艺术构思的中心环节，是中枢神经，是从内部联系各方面的纽带。只要抓住主题思想这一环，其他许多方面，就会依着它的要求，合乎生活逻辑地被提起来，明确起来；主题思想的每一次深化、变动，其他那些方面，也必然会跟着变动和深化起来。"[11]

主题思想的确立是和思维主体的思想能力及思想角度密切相关的。朱光潜先生曾以三个人对一棵古松的态度为例来进行说明："假如你是一位木商，我是一位植物学家，另外一位朋友是画家，三人同时来看这棵古松。我们三人可以说同时都'知觉'到这一棵树，可是三人所'知觉'到的却是三种不同的东西。你脱离不了你的木商的心习，你所知觉到的只是一棵做某事用值几多钱的木料。我也脱离不了我的植物学家的心习，我所知觉到的只是一棵叶为针状、果为球状、四季常青的显花植物。我的朋友——画家——什么事都不管,只管审美,他所知觉到的只是一棵苍翠劲拔的古树。我们三人的反应态度也不一致。你心里盘算它是宜于架屋或是制器,思量怎样去买它,砍它,运它。我把它归到某类某科里去,注意它和其它松树的异点,思量它何以活得这样老。我们的朋友却不这样东想西想,他只在聚精会神地观赏它的苍翠的颜色,它的盘曲如龙蛇的线纹以及它的昂然高举、不受屈挠的气概。……有审美的眼睛才能见到美。这棵古松对于我们的画画的朋友是美的,因为他去看它时就抱了美感的态度。你和我如果也想见到它的美,你必须得把你那种木商的实用的态度丢开,我须得把植物学家的科学的态度丢开,专持美感的态度去看它。"这里,朱光潜先生是说审美关系中主体与客体之间的关系,即客体是否具有美感直接取决于主体的欣赏态度和欣赏能力。对于写作行为而言,一个写作者眼中是否有广泛的素材,是否有合宜的主题都和他对客观生活所持的审美态度密不可分,即主体是否具有主观的审美意愿,以及他是否具有相应的认知能力。

(二)整理思路

散文是一种具有一定通俗性的文体,之所以这样说是因为许多人喜欢读散文,又有许多人可以并不沉重地尝试写作散文。但不少人对散文的"散"也一直存在着误会,以为散文有了结构自由灵活的特点就可以丝毫不讲究章法,就可以随意地一路写下去。但事实上,无论散文的篇幅有多长,它都要靠统一的线索和明晰的思路来维系,它所依赖的有感性的体悟,也有理性的逻辑。

思路的确立或云理顺关涉到材料和布局两个方面。受了生活中某个事件甚至细节的触动作者才会有创作的冲动和愿望,但俗话说"巧妇难为无米之炊",没有为主题服务的材料就不会有脍炙人口的散文作品。生活中亲身感受和体验的第一手材料是最为直接和具体的,来自电视、书本、网络等各种媒体的第二手材料也是至关重要的。因为一个人的阅历再丰富也是有限的,而媒体上的信息会将我们带入更加广阔的天地,从而使我们的头脑受到更多的启发。

关于布局的逻辑性,我们可以从鲁迅的文章《死》中得到一点启示。在这篇文章中鲁迅写到了七条"给亲属的遗嘱",前四条是这样的:

一、不得因为丧事,收受任何人的一文钱。——但老朋友的,不在此例。

二、赶快收殓,埋掉,拉倒。

三、不要做任何关于纪念的事情。

四、忘记我,管自己的生活。——倘不,那就是糊涂虫。

如果拿去对照鲁迅手稿,我们就会发现,在初稿里第二条和第三条的顺序是颠倒的。那为什么在修改稿中要作出这样调整呢?显然是从两者之间的逻辑关系上考虑的,这样一改,不但表现了鲁迅先生思维的严密,也使文章本身更加严谨了。

因为散文写作有"自由灵活"的特点,所以整理思路时也不必面面俱到甚至胶柱鼓瑟地敲定每一处细节。好的散文写作状态是行云流水般的自然状态,到哪里需要略作停留并不是事先设计好的,每一种低回或是高亢到了该发生的时候自然就发生了。思路只是写作的一个依据,不是束缚我们的条框,更不是不可逾越的雷池。

(三)确定语言风格

人们常说"文有文风"。文风是一篇文章展示在人们面前的风格、气质、格调,它相关于文章的主题,相关于文章的选材,更相关于作者所使用的语言。

汉语散文的成长经历了一个由"向外转"到"向内转"的过程。所谓"向外转"即指一味观照客观外物,而忽略了写作者的主体地位和主体思想。而在散文的言语组织、语段转换及整体结构方式等方面,"向内转"的散文往往因为心灵的占据主导地位而显得随意、开放,表现为散漫性、非逻辑性和非完整性,许多语段或意象在外在形式上根本连接不起来,而靠流贯于其中的意绪来串接。而由于追求与心灵更为对应接近的言语形式,往往通篇都由流利灵动、相对完整独立的散句构成。有时甚至一句话或一个词就是一个自然段。

此外,打破惯常语法规则,非常规的词语组合、词性转换、褒贬颠倒的修辞方式,都绝不鲜见。在结构上,这些散文大多以主体人为中心,以心灵世界为基点,以人的情感流动和情绪的宣泄为隐约线索,心理时间取代了线性物理时间,因而经常表现为无所谓开头无所谓结尾的首尾全开放式的特点,往往开头即波澜乍起、先声夺人,结束则戛然而止、余韵悠悠。

当代新潮散文更是在主题上把过去充满政治教谕作用的宏阔高远的散文降为平民化、世俗化的文化产品,着重揭示了崇高的失落和人对生存的困惑。在结构模式上,它突破传统散文形散而神不散的理论,转向对人的心态、精神、意识的表现,感觉、情绪偏重纷乱跳跃。在题材上,它择取的大多是身边零散而无深度的俗物,消解了精英文学与通俗文学的界限。在语言上,一扫过去以刻板严谨为主的语体风格而显示出了散漫性、非逻辑性。

不同的文章需要运用不同风格的语言,简单地说就是写作散文时要使用与题材与主旨相适合的语言。比如说,题材庄重语言就要典雅稳重,题材轻松语言就要清新活泼,题材朴实语言就要自然朴素等等。再比如,同是朱自清的散文,《春》的语言就清丽明快,《背影》的语言就深沉含蓄。只有适宜的语言风格才能更好地体现散文作者的创作意图和审美品位。

二、开掘运笔角度

鲁迅在1935年11月25日《致叶紫》的信中说:"先前那样十步九回头的作文法,是很不对的,这就是在不断的不相信自己——结果一定做不成。以后应该立定格局之后,一直写下去,不管修辞,也不要回头看。等到成后,搁它几天,然后再来复看,删去若干,改换几字。在创作的途中,一面炼字,真要把感觉打断的。我翻译时,倘想不到适当的字,就把这字空起来,仍旧译下去,这字待稍暇时再想。否则,能够因为一个字,停到大半天。"果戈理也说,要在激情来临的时候"不假思索地写出来"。

对于初学写作的人来说,一般所写的文章篇幅不会太长,而这样的文章采用一气呵成的方法是最为适宜的。如果遇到起草长文或是因为有什么事情而不得不停下来的情形,就要选择一个容易续下去的地方暂时停笔,这样下次再接下去写的时候才能自然顺畅,没有断裂感,修改时也才有顺畅的道路可走。那么散文写作究竟可以从哪些角度落笔呢？我们从大量的作品中发现，散文写作中让人们时刻挂怀的是情感方式、理性视野、文化表达和人格求证，离开了这些因素散文将不复存在。

（一）以情感方式再现生活

郭沫若说："文学的本质是始于情感终于情感的。文学家把自己的感情表现出来，而他的目的——不管是有意识的或是无意识的——总是要在读者的心中引起同样的感情作用的。"同其他文体相比较，散文创作侧重于抒发主观的心灵世界，即无时无刻不在表现作者最真实的想法，因此作者容易在作品中同广大读者进行亲切的对话，使散文成为一种适应现代文明生活的文学样式。

作为万物之灵长，人是一种有着极其丰富的情感的动物，而散文又是人所公认的"情文"，所以无论是写景的还是叙事的散文都必然流淌着作者的思想感情，从这一点上看，我们其实不应该在散文文体中单列一类抒情散文，因为离开了"情"散文就不复存在。"情"字其实并不难理解，每个人与生俱来就拥有的是任何力量都无法割断的血脉亲情，慢慢长大以后会同接触到的某些人生出亲密的友情，到了青春期更会有朦胧的初恋和如火如荼的爱情，而邻里情、师生情、战友情等等更是多得不胜枚举。每一种感情都会自始至终地在散文中涌动，有时它会是一股汹涌的浪潮，有时它会是一支脉脉的潜流。总之，情感空间里有无限的宝藏在等待人们去发掘。

情感在审美活动中要发挥其动力作用，就必须具备一定的强度、复杂度、紧张度、激动度和快感度。这些功能特点和艺术形象的情感性的各种因素分别形成对应的关系，即情感表现的深沉与读者情绪的强度相对应，情感表现的丰富性与读者情绪的复杂度相对应，情感表现的辩证与读者情绪的紧张度相对应，情感表现的凝聚与读者情绪的激动度相对应，情景的交融与读者情绪的快感度相对应。

构成散文动情性的各种因素与读者的审美情感的各种功能特点存在着对应关系，也即散文的动情性对应着读者审美情感的动力性。这种对应使散文审美的主客体在阅读欣赏实践中过渡到第三类的契合，即作品的内容因素与读者的审美情感的功能特征相契合。也就是说，饱含感情的作品具有一种感染力，这种感染力使读者产生不由自主的情感陶醉,从而发生移情的快感,使其对作品的接受上到更高的层次。

巴金是粉碎"四人帮"后老作家焕发青春的有力实证,其晚年之作《随想录》曾被称为"一部代表当代文学最高成就的散文作品"。在《随想录》中,作家奉行"讲真话"的原则,没有局限于自己的生活只倒自己的苦水,而是以广阔的视野真实地反映了历史与现实的本来面目,如《怀念萧珊》、《小狗包弟》等作品,不乏对"文革"中奇怪而丑恶现象的批判和对故往苦难的追怀,在表情上可谓深沉动人。

孙犁的文笔一向是淡淡的,在并不浓烈的感情和并不浓艳的词句中给人以淡中有味的回想。这是孙犁的特色,也是孙犁胜人一筹的高妙之处。就是在大多数人都高声唱着昂扬的颂歌的时候,孙犁仍旧能够让自己笔下的爱像小溪流一样温和地抚过每一寸土地。在回顾来路的时候,他的笔墨仍是饱含深情、平淡而古朴的,与巴金的热情峻急、直言爱憎有着明显的不同,这也使孙犁的散文以超然、平静的姿态出现在世人面前。

史铁生的许多散文和他的小说一样有着浓重的"自叙"色彩,而散文更是心灵最真实的体现。他的散文代表作《我与地坛》通常被视为20世纪90年代散文的发端之作,其间流露的对母亲的深情在《合欢树》中有着更为明确的表述,但史铁生没有用浓情去渲染伟大的母爱,而是用一种含蓄、深邃,充满自责的感情引领我们走进他和母亲那个独特的世界。

李渔说:"予谓总其大纲,则不出'情'、'景'二字。景书所睹,情发欲言。情自中生,景由外得。"[12]总之,在散文创作中,作家的情感有着多种多样的体现和渗透:有时是一种明确无误的或炽烈或深沉的情感的传达,让人在置身其间时不可遏止地受到濡染和同化;有时又只体现为一种被冲淡了的情绪,就像画家晕染开的朱砂,让原本的一点浓艳化作了一抹薄薄的绯红,作家也仅靠这种主观的情绪,而不是客观的诱导使读者走上分析、评价的道路;更有甚者,一篇作品烘托、渲染的只是一种气氛,作家只是不动声色地"造境",目的是给我们展现一个思维和想象的空间,而不刻意指引我们前进的方向。这三者之间有区别有联系,可以是不同作家擅长的不同方式,也可以是同一作家在不同篇章中采用的不同技法，而它们彼此之间又大可以组合成一个由浓渐淡、由显向隐的链条。

(二)以理性视野展现智慧

"言之有理"、"文以载道"是汉语传统对优秀作品的一贯要求，足见"道理"早就成了中国文学得以留存的命脉。理论界习惯于把散文分为叙事散文、抒情散文和说理散文三种。当然，这只是缘于作品对表达方式的侧重，而事实上，无论是哪一类散文都时常有理性的光芒在其中闪闪烁烁——叙事散文中所叙之"事"绝不是随随便便拿来的，即使只是生活小事大多也一定带有某种理性内核，能够通过事件告诉我们一个浅显的或是深奥的道理；抒情散文中所抒之"情"是作者直接或间接的胸臆表达，平素蕴藏于肺腑，也只有在理性的指引之下才能得以喷发和迸射；说理散文就更不用说了，所说者无非一个"理"字而已。

散文不可避免地要在一定幅度和一定程度上显现理性，但理性也绝不是凭空掉下来的。散文中的理性是主观和客观的磨合统一。首先，从形成过程来看，理性产生于作者对客观事物的认识，它是生活材料反映在人的头脑中所产生的某种观念、情感等，材料的客观性决定了理性的客观性。其次，理性不会自动从生活和材料中跳出来，它必然要经由作者的头脑，加入作者的立场、观点和情感，相同的材料在不同的作者笔下流淌出来就会带上不同的创作意图和审美情趣，自然也因之使理性带上极为鲜明的主观色彩。再次，散文的理性在通过主客观相关因素的影响后是通过作品表现出来的，为了实现作品的阅读价值和社会价值，其中的理性不但要能够充分表现作者的创作意图，而且要得到最广泛读者的认同，否则这"理"就成了一种讲不通的理，没有意义的理。此外，我们还应该明确的一点就是，由于世界观的发展水平所决定，不同时代的作者所生发出的理性认识也都打着鲜明的时代烙印，这是不为外物所局限，也不以人的主观意志为转移的。十七年时期社会主义赞歌的合唱，新时期伊始"伤痕文学"的集体控诉，20世纪90年代以后散文写作的百花齐放，这些都是实实在在的证明。

理性认识是在人们对客观事物和生活进行观察和透视中产生的，它是在感性的基础之上产生的更高级也是更深层次的认识。它把感性认识中所获得的材料，经过思考、分析，加以去粗取精、去伪存真、由此及彼、由表及里的整理和改造，形成概念、判断、推理，反映事物的全体、本质和内部联系。散文中理性的显现大多不在直接高谈阔论，而是借助形象对其进行重新整合，让读者从事件和情感中去"会意"。作家的创作一方面是为了满足自身的宣泄的欲望，一方面又要极力使读者的阅读期待得到满足。

传统的民族心理和文化心理使很多人对理性产生了极大的偏爱，而散文中的"理"无非是两类——立于高处关注人类的大哲理和由一己之身生发而出的小道理。前者如王蒙、周涛的部分散文，后者如刘墉、张小娴的绝大多数作品。哲理文学的魅力在于它的生动感人、神采飞扬的意境和能够使读者感受、领悟、再创造的朦胧的哲理。换句话说，以直白的语言解说过于枯燥的道理，直接表现为生活守则式的理性文学是不大容易为人接受的。一篇蕴含理性的文章，只有当它诚挚、精巧又不高高在上的时候才会拥有最多的读者。我们所提倡的理性，除了用富于形象的文字表现那些人人都懂却并非人人都能说得出的"硬道理"之外，还要敢于表现个人的特性，勇于暴露自己的思想，发出自己的声音，用自己的文字为社会作出有责任心的真实的记录，张承志、史铁生的声音当是个中翘楚。

毕淑敏有一篇散文题为《家是有生命的精灵》。"家"是一个既抽象又具体的概念，在一些人的眼里家是温暖的港湾，在一些人的眼里家是痛苦的发源地，而在毕淑敏的眼中家是有生命的精灵。毕淑敏的文章从柳树切入，写可以治好的柳枝骨折，写可以引领人找到家园的柳树。她在记下了柳树如家的时候，也从朋友那里听说了藕断丝连的家，但记得最清楚的是教授告诉她"斧刃最难劈入的树瘤，恰是当年树木折断后愈合的地方"。也正是这时断时续的故事告诉我们：对于有生命也有缺憾的家来说，学会修补是第一位的。选择一个负重力极强的意象载体，再深邃的道理也说得清。

如果说情感是贯串人生始终的一条线，是与生俱来的，那么理性思维就是后天培养的，而且对于那些涉世未深的、人生阅历也还并不丰富的年轻人来说，理性有时更像一朵火花，是会稍纵即逝的。所以，我们要想写散文、要想写好散文,就一定要把握住理性的火花,留住它那一瞬间耀眼的光芒。而这理性的火花就是属于我们每一个人的一点点独到的思考和见解。这是一种写散文的人不可缺少的文学理念。

(三)以文化表达熔铸古今

文化是人类在社会发展过程中所创造的物质财富和精神财富的总和,自然也包括文学和艺术。一提到文化这个词可能就有人觉得玄而又玄,再说起文化表达,可能会有人愈发排斥。但如果将抽象的文化具体化,你就会发现它与我们的生活息息相关。"爆竹声中一岁除"、"去年元夕灯如昼"、"遥知兄弟登高处,遍插茱萸少一人",以及那些此地不同于彼地的民间习俗都是文化,此外还有诸如饮食文化、中医药文化、旅游文化、服饰文化等大家耳熟能详的种种说法。总之,文化在我们的生存空间中无处不在。而且,人们看文化也各有角度,鲁迅写《魏晋风度及文章与药及酒之关系》是横断一个时代从大处着眼,季羡林写《清塘荷韵》关涉以荷为喻的君子人格就是从小处落笔。

我们今天的文化分化比较明显,其中相对典型的一种观点是把文化分为三种形态,即主流文化(又称国家意识形态文化、官方文化、正统文化)、知识分子文化(又称高雅文化)和大众文化(又称流行文化、通俗文化、非主流文化)。这一时期大众文化得到了最为长足的发展,散文文体对各种文化的包容也进一步加强,并形成了类型和内容相对独立的文化散文。

说到文化散文我们就不能不提到余秋雨。20世纪90年代初,学者身份的余秋雨以其纵横捭阖的大气势带来了散文界的极大震动。余秋雨的学问广博而深厚,文字质朴而生动,感情丰富而深沉,这一切都使他的文化议论具有不容置疑的感染力和说服力。相信凡读过《文明的碎片》或《文化苦旅》的人,对此都有同感。余秋雨的散文常着眼于古远的带有文化意蕴的背景,这背景上的一草一木、一石一鸟都负载着几千年前的风霜和云色,让我们能够望见古人飘飘的衣袖和眉宇间的一丝欣喜或是愁容。余秋雨说他自己就是站立在那些古人一定站立过的方位上,去看,去听,去想,"结果就在这看似平常的伫立瞬间,人、历史、自然浑沌地交融在一起了,于是有了写文章的冲动"。《阳关雪》中,因了王维的诗余秋雨竟一个人去探访阳关,漫天的飞雪中他终无所见却又似有所见,结尾一句"回去罢,时间已经不早。怕还要下雪"有多少未尽的余音!余秋雨的文化审美是建立在中华文化体系的大基础之上的,他的散文意味着知识分子在民族文化的大背景下,以个体的生命体验来询问中国文化的命运。无论人们怎样评价,余秋雨都是中国当代散文史上的一座高峰,他创造了新的文学审美形态,使散文的河流改变了走向。由小到大,由浅至深,由个体灵魂的张扬到整体精神的反思,使余氏散文跨越了文学、艺术走向了大文化的天地。

而深负古典精神、能书善画的贾平凹也喜欢以文化笔墨来点染自己的深邃情怀。贾氏的《残佛》说自己在粉碎机下"救"起了一尊只剩一手一脚的残佛,并满怀虔诚地供奉了起来。供奉的同时他开始了自己的思想:"或说,佛是完美的,此佛残成这样,还算佛吗?人如果没头身,残骸是可恶的,佛残缺了却依然美丽。我看着它的时候,香火袅袅,那头和身似乎在烟雾中幻化而去,而端庄和善的面容就在空中,那低垂的微微含笑的目光在注视着我。'佛,'我说,'佛的手也是佛,佛的脚也是佛。'光明的玻璃粉碎了还是光明的。瞧这一手一脚呀,放在那里是多么安详!"宗教的灵光就在那一刻化成了作家心头充满文化意味的怀想。贾平凹的散文在不少时候总是要透露一点文化的意味,比如《丑石》,比如《月迹》,只是他的做法较为隐秘、婉曲和含蓄,但其魅力和诱惑是显而易见的。

贾平凹对这世界的感触是细微而灵敏的,这绝不是生着感觉器官的人就能有的。他的多才多艺,他的对恒久艺术和崭新审美的追求决定着这一切。贾平凹散文的韵味来自于两条路,一条是中国古典文艺深厚的美学精神,另一条是他善于开拓和吸收的现代意识。这也是同他年龄仿佛、造诣伯仲的散文家身上共同的特征。

文化不是口口相传就可以完整保留的东西,它需要一种实实在在的承载,而文学就是载体中一种相当不错的形式。若干年后,当我们的子孙后代读到那些颇有文化含量的散文时,他们会感激先祖的创造和我们的馈赠。

(四)以人格求证张扬个性

汉语中的人格有三层含义:一是人的性格、气质、能力等特征的总和,二是指个人的道德品质,三是人的能作为权利、义务的主体的资格。从语言学的角度讲,人格是一个典型的抽象名词,是必须借助一些形象的事物才能得以表现和使人感受得到的;从伦理学角度说,人格是指人们在自己的社会化活动中所取得的具有内在统一性和相对稳定性的个人特质结构,是人的思想品德、内在心理和行为的综合体现。而我们所说的人格应该涵盖上述一切,并且有一个最为明确的高标,即孟子所说的"富贵不能淫,贫贱不能移,威武不能屈"。

十七年文学时期,作品中的人格形象较为单一和纯粹,人们把对人和社会有益的人格作为理想的人格。这些人格是高大完美和光芒四射的,但同时也是单一和缺少变化的,因为某些属于"人"的思想感情本应是人人共有的,但这部分本该同样存在于他们身上的、属于"个人"的合理情感都在作品中遭到了不应有的贬抑,群体意识代替了一切。

在文学进入新时期以后,整个社会发生了深切的变化。经济上单一的计划经济变成了社会主义市场经济;政治上强化了民主意识的开发,将真正的民主纳入到国家治理的大方案;思想文化上在以马克思主义为指导的前提下,可以接受、吸取人类其他的先进思想文化成果。与此相适应,这个社会的人格特征也发生了深刻的变化,这种变化的最重要方面是商品经济对人格的影响和渗透。人为他人或社会作出贡献,社会与他人则要对他付出报酬,这就是商品经济的原则。这样的人格的好处是增强了自我意识,自我不再只是为别人活着的无所谓的东西,而是应该争取实现自己的幸福,争取实现自己的人生价值,使自己的生命得到自由全面的发展。而其坏处则是很可能将自我膨胀起来,不能正确处理自我与社会和他人之间的关系,变成个人至上的自我中心主义者。

20世纪90年代以来,散文作者不但注意选取客观的社会生活题材,而且注意表现"人的个性",表现人的内心世界,如内心的感觉体验、内心的瞬间深思、内心的情感意绪。他们用心灵观照客观事物,使之具有感觉色彩,增强了表情达意的立体感和穿透力,审美因素得到了强化。王小波的名篇《我的精神家园》以平易亲切的叙事将我们引入他的家庭：一个盛怒的父亲，两个鬼头鬼脑的孩子，因为被哥哥怂恿偷父亲的书读挨了很多揍也有了很多收获的王小波说"人有兄长是好的"。最初的爱好成了王小波人生之路的奠基石，让他走近知识，产生智慧，潜心思索。王小波说过："一个人只拥有此生此世是不够的，他还应该拥有诗意的世界。"这是他对自己人格的了解和对未来人格的期待，他为有这样诗意的世界而感到快乐。

　　台湾散文家龙应台同样善于观照人格形象，也曾经发现过别人身上的光彩或是污垢，可在回望自己之时，她总能意外地发现，原来别人并没有给自己以应有的独立的人格地位，这一切只因为她是女性。在《小姐什么？》中，学术会议的会客室里，男性均被称作主任、教授、博士，同样有着教授职称、博士学位的龙应台却被叫做"小姐"，而同一场合，倒茶的小妹竟与她有着同样的称呼，于是龙应台感到懊恼和激愤，只因为她突然间发现了这份学术人格上的不平等。

　　一个人的人格精神来源于民族的、历史的、宗教的、道德的很多东西，也源于自己的人生经历。一个人的人格精神在张扬个性的同时也对身边的人产生着形形色色的影响，而社会的群体人格也正是由这样的一个个个体组成的。散文创作中的情感、理性和文化本身都包含着作者的人格精神，而人格精神本身也是散文的源头活水之一，只不过，由于这个词语本身的抽象性和虚幻性使一部分人更容易忽视它的存在和它存在的意义。总之，可以成为我们创作财富的人格精神，不仅指作者能够融会到散文中去的自身的人格精神，也指可以使作者受到感动，从而产生创作冲动的来自于他人和群体的人格精神。

三、修改润色全文

　　修改是指改正散文的缺点和错误，使之趋于尽善尽美；润色则是指修饰文字，使之更有文采。从表面上看，修改是在文章的初稿完成之后才开始的一种行为，但事实上它却贯穿整个创作过程，伴随文章始终。因为人的思维带有一定的瞬息性、灵活性和非序列性，不会是一成不变的，有时作者会或多或少地修改自己的选材、布局、语言，甚至是早就设定好的主题思想。到初稿拟定之后，这道工序至少还要再重复一遍。散

文定稿前要先修改后润色,否则很容易出现精心改过的细节最后却要被完全删除的可能,其要点和程序大致如下:

(一)修正观点,理顺思路

一篇文章可以完成初稿后立即修改,也可以冷却一段时间以后再改。但有一条必须注意,即应该从大处着眼,本着先"大"后"小"的原则,采取先全局后局部的方式来修改。大前提、大方向正确了,落笔的角度选准了,再进行细部的整改,这样不但不会做无用功,还更容易使改过的文章珠圆玉润。文章的修改是和作者的主观创作意图息息相关的,改自己的文章要有一个通盘的考虑,改别人的文章更要慎而又慎,免得犯辞不达意的毛病。修正观点,理顺思路可以使散文指向明确、脉络清晰,它决定着一篇散文最终能否趋于完善。

(二)增删材料,服务主题

选材是作家按照自己的审美理想和审美追求,去发现、捕捉、把握生活中那些闪光的片断,而后调动自己的生活积累和感情积累,加以开发和深入,使之成为有一定思想意蕴、有较高审美价值和强烈艺术魅力的文学作品的基本过程。

鲁迅告诫作家说:"选材要严。"茅盾则说:"他'选择'的结果是否确当,乃是另一问题,然而他必须'选择'!世间当然也有不耐烦去'选择'而碰到什么就写什么的作家。但这样的作家结果会成为'小说匠',他和真正的'艺术家'之分别就好像是照相馆的老板跟美术的摄影家之分别。"其实,如此强调选材的意义无非就在于强调一个作家的创造性思维,没有了创造性思维,作家是无法启动自己的创作程序的。

材料的选择应该是构思的基本环节,但并不是说有了认真的构思,材料方面就不会再出现问题。当文章的初稿写成后,主题的明晰和深化是要靠材料的使用来体现的,文章不够丰满的时候我们要增添材料,文章过于芜杂的时候我们就要删除那些过于旁逸的材料。总之一切以服务主题为要。

(三)锤炼语言,润色文字

当我们面对一篇散文的时候,总会有或华丽或朴素或清新或沉郁的气息扑面而来。而这些主要是由文章的字句形式决定的,也即由作者的语言感觉和语言能力决定的。

鲁迅先生在《我怎么做起小说来》一文中说:"我做完之后,总要看两遍,自己觉得拗口的,就增删几个字,一定要使它读得顺口;没有相宜的白话,宁可引古诗,希望总有人会懂。只有自己懂得或自己也不懂的生造出来的字句,是不大用的。"在回答"创作要怎样才好"这个问题时,他说:"写完之后至少看两遍,竭力将可有可无的字、句、段删去,毫不可惜。"[13]鲁迅先生这段话的意义不但在于告诉我们应该怎样修改自己的文章,而且告诉我们:想在创作上出精品还要要解决观念上的问题,即不要养成"敝帚自珍"的坏毛病。

对文章细节的修改首先要注意行款格式及标点符号的使用是否正确,其次段落的划分也要适当,要不影响文意贯通,不造成阅读疲劳。至于对语言的具体修改,主要是从删、增、理、换四个方面入手,使散文语言的表述更为准确生动。"删"是将无用的词汇删除,使文意更加简洁明晰;"增"是添加相应词汇,使文意更准确,使句子更富于表现力;"理"是调理词句顺序,使之更符合事物的逻辑性;"换"则是把不合适的词换成合适的词,把不理想的句式换成理想的句式,为文句找到更贴切的感觉。

"新诗改罢自长吟"、"语不惊人死不休"、"吟安一个字,捻断数茎须"、"披阅十载,增删五次",这些语句中所包容的众人耳熟能详的故事都是作家坚韧不拔潜心修改润色作品的例证。作家的职责就是把一块浑金璞玉变成自己想要的,也是读者想要的精美的艺术品。对普通作者而言,用文字的彩线串连起生活的片断和思想的珠玉,展现给世人一点阳光下属于且仅属于自己的耀眼的人生光彩也是一件无比美好的事情。

---

[1] 《简明社会科学词典》,上海辞书出版社,1985年,第176页。
[2] 《辞海》,上海辞书出版社,1999年普及本,第4185页。
[3] 《什么是散文》,《中国现代散文理论》,广西人民出版社,1964年,第120页。
[4] 《散文研究》,贾平凹主编,河北大学出版社,2001年1月,第285页。
[5] 《普通写作学教程·修订版前言》,路德庆主编,高等教育出版社,2001年5月。

[6] 《中国何时才能重新成为散文大国？》,毛志成,《文学自由谈》,1999 年第 6 期。
[7] 《普通写作学教程》,路德庆,高等教育出版社,2001 年 5 月,第 382 页。
[8] 《新时期散文的困惑和出路》,陈圣乐,《学术界》,1989 年第 4 期。
[9] 《中国作家访谈录》,沈苇、武红编,新疆青少年出版社,1997 年 8 月,第 58 页。
[10] 《散文特写选·序》,周立波,人民文学出版社,1963 年,第 3 页。
[11] 《漫谈构思》,王汶石,《延河》,1961 年第 4—5 期。
[12] 《闲情偶寄》,李渔,天津古籍出版社,1996 年,第 45 页。
[13] 《我怎么做起小说来》,《鲁迅选集》第三卷,人民文学出版社,1983 年 12 月,第 172—173 页。

【自测训练】

1. 谈谈你最喜欢的散文和散文作家,并说明喜欢的原因。
2. 中国哪个时期的散文给你留下的印象最为深刻？为什么？
3. 你怎样看待散文的"真实性"问题？
4. 写一篇 1500 字左右的散文,修改后对照初稿和定稿看看有哪些具体变化,并回忆一下什么地方与最初的构思不尽相同。想一想这些变化发生的原因。

【名篇赏析】

不 朽 的 失 眠
——写给没考好的考生
张晓风

他落榜了！一千二百年前。榜纸那么大那么长,然而,就是没有他的名字。啊！竟单单容不下他的名字"张继"那两个字。

考中的人,姓名一笔一划写在榜单上,天下皆知。奇怪的是,在他的感觉里,考不上,才更是天下皆知,这件事,令他羞惭沮丧。

离开京城吧！议好了价,他踏上小舟。本来预期的情节不是这样的,本来也许有插花游街、马蹄轻疾的风流,有衣锦还乡袍笏加身的荣耀。

然而,寒窗十年,虽有他的悬梁刺股,琼林宴上,却并没有他的一角席次。

船行似风。

江枫如水,在岸上举着冷冷的燐焰,这天黄昏,船,来到了苏州。但,这美丽的古城,对张继而言,也无非是另一个触动愁情的地方。

如果说白天有什么该做的事,对一个读书人而言,就是读书吧!夜晚呢?夜晚睡觉以便养足精神第二天再读。然而,今夜是一个忧伤的夜晚。今夜,在异乡,在江畔,在秋高雁冷的季节,容许一个落魄的士子放肆他的忧伤。江水,可以无限度地收纳古往今来一切不顺遂之人的泪水。

这样的夜晚,残酷地坐着,亲自听自己的心正被什么东西啮食而一分一分消失的声音。并且眼睁睁地看自己的生命如劲风中的残灯,所有的力气都花在抗拒上,油快尽了,微火每一刹那都可能熄灭。然而可恨的是,终其一生,它都不曾华美灿烂过啊!

江水睡了,船睡了,船家睡了,岸上的人也睡了。惟有他,张继,醒着,夜愈深,愈清醒,清醒如败叶落余的枯树,似梁燕飞去的空巢。

起先,是睡眠排拒了他。(也罢,这半生,不是处处都遭排拒吗?)而后,是他在赌气,好,无眠就无眠,长夜独醒,就干脆彻底来为自己验伤,有何不可?

月亮西斜了,一副意兴阑珊的样子。有鸟啼,粗嘎嘶哑,是乌鸦。那月亮被它一声声叫得更黯淡了。江岸上,想已霜结千草。夜空里,星子亦如清霜,一粒粒零绝凄绝。在须角在眉梢,似乎也森然生凉,那阴阴不怀好意的凉气啊,正等待凝成早秋的霜花,来贴缀他惨绿少年的容颜。

江上渔火二三,他们在干什么?在捕鱼吧?或者,虾?他们也会有撒空网的时候吗?世路艰辛啊!即使潇洒的捕鱼人,也不免投身在风波里吧?

然而,能辛苦工作,也是一项幸福吧!今夜,月自光其光,霜自冷其冷,安心的人在安眠,工作的人去工作。只有我张继,是天不管地不收的一个,是既没有权利去工作,也没有福气去睡眠的一个……

钟声响了,这奇怪的深夜的寒山寺钟声。一般寺庙,都是暮鼓晨钟,寒山寺庙敲"夜半钟",用以惊世。钟声贴着水面传来,在别人,那声音只是睡梦中模糊的衬底音乐。在他,却一记一记都撞击在心坎上,正中要害。钟声那么美丽,但钟自己到底是痛还是不痛呢?

既然无眠,他推枕而起,摸黑写下"枫桥夜泊"四字。然后,就把其余二十八个字照抄下来。我说"照抄",是因为那二十八个字在他心底像白墙上的黑字一样分明凸显:

> 月落乌啼霜满天,
> 江枫渔火对愁眠。
> 姑苏城外寒山寺,
> 夜半钟声到客船。

感谢上苍,如果没有落第的张继,诗的历史上便少了一首好诗,我们的某一种心情,就没有人来为我们一语道破。

一千二百年过去了,那张长长的榜单上(就是张继挤不进去的那纸金榜)曾经出现过的状元是谁?哈!谁管他是谁?真正被记得名字的是"落第者张继"。有人会记得那一届状元披红游街的盛景吗?不!我们只记得秋夜的客船上那个失意的人,以及他那场不朽的失眠。

张晓风(1941—)是海峡彼岸第三代散文家中的风云人物,也是较早为大陆读者长久迷恋的一位台湾散文家,有《春之怀古》、《玉想》、《地毯的那一端》、《一个女人的爱情观》、《眼神四则》、《高处何所有》等等太多的名篇令人乐道和沉醉。

《不朽的失眠》的副题一语道破文章的主旨——"写给没考好的考生",用一篇语重心长、词采斐然的散文,来劝导学子正视生命中他们初遇的落败,无疑要比"榜上无名,脚下有路"的简单说教更亲切更贴心也更富于实效,一千二百年前落第者张继的"失"与"得",写满了历史和人生的颜色,耐得住细致的咀嚼和深味。

作家用历史再现、情境摹拟的笔法,带领我们重返那个曾经炫赫的朝代,时空不再成为一种阻隔,一切都变得了了分明。借助作家并未着色的文字,那群人围观榜单的议论,张继渐失光彩渐多羞愧的眼神如在目前,我们读到的是一种惊人的真实,所有这些仿佛都是来自一个亲历者的讲述。这得益于作家对一个落榜生心灵的深切体量,记录的是一个张作家对另一个张作家物伤其类的震颤。

张晓风在文化的背景里为张继作传。她依托千古绝唱《枫桥夜泊》的节奏,用"月落"、"江枫渔火"写所见,用"乌啼"、"钟声"写所闻,用"霜满天"、"对愁眠"写所感,化原诗入散文,再加进张继的遭际以及张晓风的诗化理解,最终各以来往古今,熔铸古今,而臻于天成。

从"惊悉落第"至"失眠苏州",再至"题诗咏怀",作家并不回避对人物苦闷的描述,这是以心问心的感人方式。落榜后,谁都有理由伤心,但这种伤心却只可以是暂时的,更不可就此沉沦。"失之东隅,收之桑榆",这一处失败,恰是留下了另一处获胜的机会。那长长榜单上的一长串名字都在时间的洪流里沉没了,而历久弥香的却是张继。正如曹丕在他的《典论·论文》中所说的:"年寿有时而尽,荣乐止乎其身,二者必至之常期,未若文章之无穷。"我们要感谢张继那场"不朽的失眠",也感谢张晓风对文学的崇敬和充满母性文字表达。

第三章 小说写作

【重点提示】

1. 了解小说的概念与文体演变的历程。
2. 领会小说的艺术属性与审美特征。
3. 掌握小说写作的通用技法。

第一节 小说内涵

在各类文学体裁中,小说是最受读者喜爱的,因为小说中有引人入胜的故事。不错,写小说就要写故事,"故事"这个词在汉语中是"过去的事",英语中"故事"的古义是"历史"、"史话",也是"过去的事"。因此,从某种程度上说,所有的叙事都是"过去时"。这样看来,其实,每个人都可以写出小说,因为每个人都拥有可以写成小说的故事。但是,并非拥有了故事就能创作出优秀的小说,进行小说创作还是需要了解一些常识和写作技巧。

一、中国小说的文体演变

从后汉至唐代以前,是中国小说的萌芽期。"小说"一词就出现在汉朝后期,班固的《汉书·艺文志》上说:"小说者,街谈巷语之说也。"先秦两汉时期的神话、寓言、史传等都可以说是小说艺术的萌芽,但这一时期的小说与历史传记混为一体。南朝的刘勰在《文心雕龙》中首次将"小说"作为一种文学体裁进行了论述。

唐朝以前的小说还不够成熟,内容过于写实。这一时期小说的代表作有刘义庆的《世说新语》及干宝的《搜神记》等,为唐后小说创作的发展奠定了基础。

唐朝"传奇"的产生使小说创作有了质的飞跃。《太平广记》一书收录的传奇及志怪小说约有千篇。唐朝的《长恨歌传》、《柳毅传》等文言小说都产生了一定影响。

宋代话本的产生使小说开始逐渐向白话小说发展,并使"小说"真正成为故事性文体的专称,小说的内容也由描写封建士子的生活转向了平民生活,这既增强了小说的可读性,又扩大了读者群。鲁迅认为这"实在是中国小说史上的一大变迁"。

明代,白话小说繁荣起来,出现了大量的拟话本,代表作有冯梦龙编的《喻世明言》、《警世通言》、《醒世恒言》及凌濛初的《初刻拍案惊奇》、《二刻拍案惊奇》。明初,《三国演义》、《水浒传》、《西游记》相继问世,由此,中国小说创作由以短篇为主转为以长篇为主,对后来的小说创作产生了深远的影响。

清代,《儒林外史》与《红楼梦》问世,前者"婉而多讽",对晚清谴责小说影响较大,后者则无论是思想性还是艺术性都可谓是中国小说的巅峰之作。晚清的《官场现形记》、《老残游记》等作品使小说创作又出现了一个小高潮,但与前代相比已显衰落之势。

20世纪初,中国小说开始了现代转型,在短短几十年里,涌现出了许多杰出的小说家,鲁迅、茅盾、巴金、老舍等成为白话小说创作的主力军,他们使中国小说进入了一个前所未有的繁荣时期。这一时期,受西方文学思潮的影响,先后出现了现实主义、浪漫主义、古典主义、现代主义等十多个小说流派。

解放后,由于社会历史的巨大变动,50-60年代出现了长篇小说创作的一个高峰期,《三里湾》、《红日》、《林海雪原》等作品给人们留下了深刻的印象。"文革"期间,在"思想第一"、"内容至上"的"为政治服务"的尺度下,小说创作走上了"形式主义"之路。

"文革"结束后,随着西方现代派文学及流派被译介到中国,文坛上出现了"伤痕文学"、"反思文学"、"寻根文学"等,《班主任》、《伤痕》、《夜的眼》、《爸爸爸》、《小鲍庄》等为代表作品。80年代中期"实验和先锋小说"亮相文坛,莫言、刘索拉、残雪、马原等作家进行了超越写实主义的创作实验,但这种惟"新"主义的实验也使小说失去了读者的认同。

90年代前后,"新写实小说"出现,刘恒、池莉等为代表作家,他们的创作重又激发起读者对小说阅读的兴趣。90年代初,一批60年代出生的新生代作家也非常活跃,徐坤、邱华栋、刘继明等为代表作家,他们追求个人化与欲望化叙述,改变了我国小说创作的许多艺术准则。90年代中期,"女性主义文学"异军突起,陈染、林白等作家的创作改变了男性中心话语的局面。90年代后期,随着文学创作的市场化与商品化,"80后"作家创作群体、网络文学等逐渐发出了他们的强势声音,但他们的创作并未获得评论界的认可。

限于文字,我们不能详尽地阐述我国小说创作发展的情况,具体细节可参考鲁迅的《中国小说史略》、李洁非的《中国当代小说文体史论》等著作。

二、小说的概念及分类

小说是作者对社会生活进行艺术概括,通过叙述人的语言来描绘生活事件,塑造人物形象,展开作品主题,表达作者思想感情,从而艺术地反映和表现社会生活的一种文学体裁。

小说可以从不同角度划分类别,如根据语体,可以分为文言小说与白话小说;根据内容,可以分为历史小说、战争小说、科幻小说、推理小说、武打小说、言情小说、校园小说、奇幻小说、官场小说、幽默小说、恐怖小说等;随着社会的发展,又不断产生新的小说类型,如网络小说等。

我们较熟悉的是根据小说篇幅长短进行分类,可分为长篇、中篇、短篇及微型小说。长篇小说一般字数在十万字以上,大都以巨大的社会事件作题材,反映的生活面较广,往往围绕一个主要矛盾,多方面地表现错综复杂的社会关系,人物较多。中篇小说字数在三万至十万之间,它的容量较长篇小说小,多选取重大历史事件的几个片段或一两个人物的人生历程进行描述。短篇小说大多在三千字以上，二万字以内，多选取现实生活中某一富有典型意义的事件或个人生活侧面作为描写对象，情节较单纯，只是集中写一两件事，着重刻画一两个人物。微型小说字数多为千字左右，情节较单一，往往着眼于生活中的小事件，截取某一生活片断，以反映社会生活的某一个侧面为主。

在我国，上述小说类别有许多发展还不够完善，如推理小说、奇幻小说等，作品数量少，质量也不高，评论界也少有关注，但这也恰好说明小说创作的市场还有很大的发展空间。

第二节　小说的艺术属性

虽然小说可以划分为许多种类型，每种类型的小说在内容与写法上都有一些独特的要求，但是，它们还是存在着一些共同的艺术属性与审美特征的。一般认为，人物、情节、环境是小说的三要素，这是小说与诗歌、散文等文学体裁最明显的区别。在三要素中，人物塑造是小说艺术的核心。小说的人物都是虚构的，但由于作者充分发挥了想象，并进行了巧妙组织，读者会觉得比现实生活中的事件还要真实可信。当然，发挥想象构思故事绝对不是毫无根据地胡编瞎造，而是以现实生活中的细节作为构成作品情节的基础，从错综复杂的矛盾冲突和形形色色的生活事件中选取最能展示人物性格的细节事件，经过提炼加工改造，构成富有表现力的情节。

一、人物是负载小说家审美意识的主要载体

（一）人物是共性与个性相统一的审美实体

人物是小说整个形象体系的核心，小说中的一切细节、场面、故事、背景、气氛、情绪、意念等，都无法游离人物而孤立存在，人物是负载小说家审美意识的主要载体。

我们通常所说的人的性格，是一个心理学概念。心理学把表现在人的态度和行为方面的比较稳定的心理特征叫做性格，它更多的是指人

的个性化特征。典型性格,是构成典型人物审美内核的具有深刻社会概括和鲜明个性特征的相对稳定的态度和行为方式,是一个体现着作家审美评价和人物审美价值的审美实体,是共性与个性相统一的美学范畴。共性即人物性格必须蕴含一定的社会概括,个性即人物性格存在或表现的独特形式,二者是辩证的统一。

传统现实主义认为小说人物应该是典型化的人物,典型人物的特征,依照别林斯基的解释,就是他们对于读者是"似曾相识的不相识者",因为典型人物既具有高度的概括性,又具有充分性格化的个别性。传统现实主义小说的虚构性,主要表现在运用典型化的方法来塑造人物、描写环境和叙述情节,它是在同一类原型人物和同类事件的前提下,采用集中概括同类人的特征而塑造出一个典型形象的虚构方法。但这不是说人物是小说作者某种观念的图解,构成典型人物内核的不是概念,而是具有典型意义的人物性格。

贾大山的微型小说《游戏》[1]中的北院老袁就是生活中某类有官瘾的当官者的高度概括。读完这篇小说,读者一定会感到北院老袁确实似曾相识。作者高度准确地从北院老袁的语言、行为、心理、思想几方面概括出了某些有官瘾的当官者共同存在的精神弱点,他们读文件、做批示、写同意、批下属、被众人讨好、簇拥着……这一切已成了瘾,一旦这一切从生活中消失,他们就像丢了魂一样难以忍受,坐卧难宁。读者能从这个人物身上照出生活中很多类似的某些人的影像来。当然,从个别性来看,北院老袁的言谈举止等,在任何一个具体的人那里又都找不到,对于读者来说,他又是个"不相识者"。可见,小说写作要进行艺术概括,运用虚构、想象的典型化方法刻画人物性格,从而创造出既具有个性又能体现时代精神、社会性特征的典型形象。

现代主义小说与传统现实主义小说不同,它偏重于人物的内心世界,即意识、观念和感觉的描写,即超越现实的具体性来表现主观的真实和象征意义,它加重了作家主观视觉和主体感受的表现,因而他们的虚构更彻底。如王蒙的《来劲》,主人公并不是一个具体的人,而是一个抽象名字:向明项民相萌……通篇描写的就是这个不定性的人的意识的流动。

(二)人物是众多性格向性指数构成的复杂体

人的性格形成,受环境条件、历史传统以及个人的智力结构和心理态势等等因素的制约,随着这些制约条件的变化,人的性格也随之变化,以往的历史条件下形成的性格特征作为一定的心理积淀影响着性格发展的趋向,这种变化,不管是否突破原有的性格态势的制约,都使性格结构呈现一种多维性,因而就表现出一种复杂性,或称为丰富性。因此可以说人物性格是由众多的性格向性指数构成的复杂体,人物性格之所以富有魅力,主要由于它是复杂的多维构成。

李治邦的《关于我爹和鸟》[2]是一篇颇有幽默意味的小说,幽默得令人发笑,并让人于笑中感叹、思考、肃然。试看小说中的两个片断:

> 隔壁,住着我同班同学嘎子。他可以毫无顾忌地去挠他父亲的痒痒肉,令我羡慕不已。于是,我动过几回念头,想挠挠父亲的痒痒肉,看他乐不乐。我把念头告诉了大哥,他把我拉到黑暗处,脸色惨白地说:"你别瞎闹,咱爹没有痒痒肉。"

> 我家墙上挂着两幅照片。大的,是毛主席的。小的,是我父亲的。他挎着盒子枪,挺着胸,昂着脑袋。我家合过两次影,哪回父亲都那个样子,跟地下党员赴刑场一样。我们陪他就了一次义又就了一次义。

小说生动地刻画了一个具有时代内涵的人物形象。这位曾对孩子养鸟深恶痛绝的爹,后来自己不仅热衷此道,而且对鸟是那样有情有意;这位曾迷恋工作对家庭从来漠不关心的家长,老来竟非常渴望家庭温暖、天伦之乐;这位曾一贯板着脸不苟言笑的局长,退休后居然在联欢会上主动上台唱起情歌来。这种前后判若两人的非常有趣的现象,显示了人物性格复杂的多维构成。作家把特定的历史、特定的环境、特定的经历所造就的一代人的典型特征充分地表现出来,离休后的爹所表现出的那种令人惊愕的浓烈的人伦色彩,丰富细腻的柔情,以及童稚般的欢乐追求,正是作家刻画人物、使之丰满的淋漓尽致的精彩之笔,它给读者的审美感受是多方面的。

二、情节是激活读者阅读兴趣的主要手段

（一）一波三折的戏剧性情节

情节是小说对一个或一组具有因果关系的事件的完整叙述，是小说对所表现的事件如何处理的一种方法。从某种意义上讲，一位小说家往往是靠对情节节奏的巧妙把握来激活读者阅读兴趣的。

曹文轩在《时间之马》一文中论述了小说叙述的节奏，他认为与节奏相关的概念是速度——加速与减速。它们以前的称呼叫"概述"与"描写"，或者叫"简叙"与"繁叙"，[3]或者叫"疏淡"与"绵密"。前者为加速，后者则为减速。任何一篇小说都不能只使用一种叙述速度。由速度带来的节奏，其功能之神奇是出乎人意料的。比如"空白"就是加速的一种极端行为，它采用"粗暴"的却是必要的直接切割时段的方式，造成跳空，把速度陡然加快。"几年以后"，这是小说的惯用句式。它代表着一段空白。中国古典小说中经常说一句"一夜无话"，也是留一段空白。空白带来的是节省，使总体时间长度得到了缩短，使小说在篇幅上控制在一定的、理想的规模成为可能，同时，带来了节奏上的不匀称，出现了激活阅读兴趣的弹性。

小说的的叙述节奏及情节设置有许多技巧，例如陡转、巧合、悬念、误会、伏笔、蓄势、断续、空白、留余韵等。一篇小说中，有时只用一种技巧，有时几种技巧综合使用。

张继的《杀羊》[4]综合用了几种叙述速度及情节设置的技巧，把一个短篇写得波澜迭起。

小说开篇就给读者设下了一个悬念：村长四平为召集村民都来参加计划生育学习会（上面要在三天之内来检查学习人数）决定杀羊，让参加学习的人会后喝羊肉汤。文书王才说村里没钱买羊，不料四平却笑说："要看怎么个喝法了，弄好了一只羊也不用呢。"小说到此叙述加速，用了"空白"的手法，没有明说四平如何能一只羊不杀却让大家来开会。但正是这个巧妙的悬念设置吸引读者读下去。之后，作者用了蓄势、陡转、曲转、反转、伏笔、巧合等技艺，把一幕杀羊戏写得一波三折，时急时缓，扑朔迷离，把一位处境尴尬但心计颇多的村长形象淋漓尽致地表现

出来。张继说,他喜欢有故事,有很强的情节性,以此为载体,表达想表达的东西,写一些符合中国人欣赏习惯的东西。他要求自己写的东西首先要好看。看来,小说的情节设置使作家在创作时很有几分游戏的心情,他得设法把很简单的情节动机在叙述上用隐蔽和迂回的手法弄得复杂些,就好像故意在跟读者兜圈子,以唤起读者某种瞬间的惊异、新奇和趣味感。

(二)自然随意的诗化情节

传统小说的审美观念还是非常注重情节安排技巧的,总是力求变化多姿。当代小说却出现了淡化情节的现象,有人称之为诗化或散文化。中国最具代表性的作家是汪曾祺,他的大多数小说情节性都不强。关于情节,汪曾祺是有自己的看法的。他说他要对小说这个概念进行一次冲击:小说是谈生活,不是编故事。生活哪来那么些曲折的情节、尖锐的冲突?故事性过强就不真实,就像是在演戏。时代变了,读者的审美情趣也会随之改变,"现代读者不能容忍编造",他们鄙夷虚假。所以,"现代的小说要真诚,不能耍花招"。

基于这种认识,汪曾祺的小说大多呈现出极为强烈的散文化倾向,其小说《珠子灯》的结构如行云流水,自然随意,颇有散文的风味。这也是汪曾祺一贯的创作风格。初读觉其松散,细细品味,方能悟出其中也贯穿着非常紧密的逻辑线索。珠子灯和它的光与影创造了一种淡雅、朦胧的意境,使孙小姐在读者心目中先有了一种如诗如画的印象。小说的开头与结尾,以送灯到灯零落,构成了大跨度对比。小说的中心事件是孙小姐不幸的遭遇及其悲剧性结局,作者却在开头安排一段给出嫁女儿送灯的喜庆场面,写得有声有色。表面上看拉拉杂杂,但正是通过这种对比,喜与悲、希望与幻灭,于首尾呼应之中造成强烈反差,引人深思。小说的中间部分在珠子灯由光而声的转化中构成一次短距离对比。珠子灯吉祥的希望之光烘托着新婚后孙小姐的宁静幸福。珠子灯凄凉的零落之声渲染了丧夫后孙小姐心境的孤寂绝望。以物写人,物与人相融,共荣共衰,物为人设,人以物显。珠子灯确实不是简单的道具,它是这篇小说中充满活力的部分。珠子灯的光与声都是孙小姐的一部分,它们共同在读者心目中塑造了孙小姐美好、灵慧、不幸的完整的艺术形象,并在它的光与声的嬗变中有层次地推出了主人公由美满而零落的悲剧一生。

《珠子灯》在似乎平静的叙述中,流露出了作者对于美好人性被摧残被毁灭的深沉痛惜和感伤之情。小说平淡中蕴含着深刻,从容中浸润着哀怨。积淀在人们意识深层的封建贞操观就这样在一串滴滴答答声中零落了。这种叙述方式是汪曾祺式的,舒缓从容地写出了历史的真实。从一而终的封建贞操观不过是人殉制度的更虚伪、更富迷惑性的改头换面,它使孙小姐别无选择地成为人肉宴席上一道精致的菜肴,被封建礼教无情地吞噬了。

(三)丰富生动的细节描摹

沙汀曾提出写小说的八个字:"故事好编,零件难找。"零件即细节。的确,在小说创作中,细节就好比建筑师手中的建筑材料,有了它便可以建成高楼大厦;也好比是小说家手中的人物肌肉、人物神经,有了它才可能塑造出血肉丰满的人物。细节无论对于刻画人物、发展情节,还是渲染气氛、开掘主题都有重要作用。有论者认为"一个选择得准确而生动的细节,往往可以收到写一叶而知秋意,绘一目尽传精神的妙用"。运用得好,一个绝妙的细节甚至可以构成一篇短篇小说的灵魂。小说人物的个性特征需要通过真实的细节描写体现出来。真实的典型的细节可以是行动方面的,也可以是语言方面的,或者是心理活动方面的。

冯骥才的《三寸金莲》[5]这篇小说中就有一个很典型的细节描写,即香莲奶奶为香莲裹脚,作者详尽地描写了这一让人看了头皮发麻的细节,就是因为它在香莲痛苦、坎坷的一生中起着极为重要的作用。因为裹脚,香莲嫁到了富有的佟家;因为裹脚,香莲在佟家站稳了脚跟;因为裹脚,香莲成了传统文化的帮凶,最后愧疚而死……可见,香莲既是缠足的受害者,又是缠足的受益者,因此她在佟老爷子临终前让家族里的女孩都缠足时,偷偷地放走了自己的孩子,不希望她受到伤害。同时,她又公开反对放足运动,或在报纸上撰文,或帮助已缠足的女性,这种矛盾使这个形象更引人深思。显然,《三寸金莲》中细致入微的细节描写不仅丰富了情节,也深化了主题。《三寸金莲》不仅描写了我国女性缠足的历史及男性小脚崇拜、文人雅士赏析小脚文化的历史,而且真实而深刻地反映了封建社会中国妇女饱受摧残的历史以及新旧文化观念的碰撞。作者希望通过对"三寸金莲"的描写,"给中国文化中最隐秘、最闭锁、最黑暗的死角以雪亮的曝光"。显然,《三寸金莲》不仅仅是一部关于小脚的传奇故事,它更是一种文化反思与追根,是对中国文化劣根性的反思。

可见,小说反映社会生活,是小处着眼,细处着手。如果没有具体细微的描写,小说再现的生活就会显得抽象而单调。正如老子在《道德经》中所说:"为大于其细。"

一些小说干巴枯燥,缺乏生活气息,难以给读者留下形象的印象,其原因往往是由于缺少甚至没有生动、准确的细节描写。但细节必须具有真实性,细节不真实,如与人物的性格思想感情相矛盾,背离情节发展的逻辑,服饰、道具不合时代和人物身份,季节、景物的描写不合自然规律等,都会影响作品的可信性,当然也就使作品失却了艺术感染力。

(四)精于首尾

小说的开头不仅是个结构的问题,它实际上是小说如何截取生活片断、恰当"切入"的问题,是小说总体构思的问题。尽量用一个精彩的场面作开头,是小说至关重要的一环,因为小说开头常要向读者交代背景、介绍人物,这些极易由"说明性材料"构成。故形象化的描述在消除枯燥乏味方面是不可缺少的,这样才能引起读者的阅读兴趣。

有的小说开篇就推出主人公,或让读者看到人物形象,或向读者展现主人公富有个性的言行。如史铁生《命若琴弦》的开篇:"莽莽苍苍的群山之中走着两个瞎子,一老一少,一前一后,两顶发了黑的草帽起伏蹿动,匆匆忙忙,像是随着一条不安静的河水在漂流。无所谓从哪儿来,也无所谓到哪儿去,每人带一把三弦琴,说书为生。"这匆匆行走在苍莽群山之中一老一少两个盲人的独特形象在开篇一出现,自然就紧紧地抓住了读者的心。

也有的小说开篇就引发冲突,点燃矛盾冲突的导火线,开篇就有诱使读者读下去的魅力。阎连科的短篇《生死老小》的开头就推出了一个矛盾冲突:没爹没娘的鸟孩摔伤了,与鸟孩同村的老人恰巧遇见把他送到了医院,可是,需预交一千元钱的医疗费让老人犯了难,因为老人数年卖菜种的全部积蓄只有三百多元。上哪儿去弄这一千元钱呢?这个开头既确定了具体环境,推出了主要人物,又以设置悬念的方式,引出小说的基本矛盾。

有的小说开篇先描写环境,把人物活动的空间、事件发生的场所详尽地描摹出来,当然,这样开篇的前提是环境在文中的作用非常大。如铁凝的短篇《秀色》的开头:"沿太行山西麓一直向上,向上吧你就一直,是这个名叫秀色的村子。秀色山高路陡,树木也欠繁茂,只聚集着几十户人家,可秀色有名。"作者以描写秀色的环境,推出秀色因缺水而有名开篇,至秀色因水养身又养颜而名声更远结尾,在结构的设置上应说是浑然天成。

开头难,结尾也不易。俗话说:"编筐编篓,全靠收口。"好的结尾可以提高和深化作品的思想意义、加强作品的感染力和艺术效果。优秀小说的结尾,或给人以人生哲理的思索,或给人以希望和鼓舞,或使人掩卷深思。小说结局的写法没有定规,作者应根据小说内容,止其当止,力求别开生面,不可千篇一律。

戛然收笔,余音绕梁。这种结尾的方法是在情节最精彩处紧急"刹车",留下空白,让读者根据生活的逻辑和艺术描写所展现的内容回味琢磨,自己去想象、丰富作品的意蕴。

毕淑敏的小说《女人之约》结尾这样写道:"三枚像围棋子一样润泽的扣子,有着黑色的大理石样的纹路。"作品在此突然收尾,没有对郁容秋和女厂长做出任何评价,但每个读者读到此,心灵上都会受到极大的震撼。一个在生活中人人都尊敬的人背弃了诺言,而一个在生活中人人都鄙弃的人却信守了诺言!这就是作品所展示给我们的人性中复杂的一面。

随情顺势,自然天成。这种结尾的方法是作者把自己要写的东西写到不须再写的地步,情节的头绪终了,人物的命运显露,被描写的生活片断本身的终了给作品收了尾。这类结尾,虽不奇巧,但在有限的文字中已蕴含无限情趣和意义。如池莉的《以沙漠为背景的人与狼》的结尾:

这也是一个晚霞漫天的黄昏,狼籍满地的战场突然十分静寂。芎和江安是在长久的对视之后猛然扑向对方的。紧接着,那柄雪亮的电工刀飞出驾驶室,闪电一样划破了沙漠红色的天空。

江安的生命终结了,小说也截止了。被两三百只狼围困了十来天的江安终于弹尽粮绝,然而就是在他困顿不堪、饥渴交加、神志恍惚的情况下,他依然紧握着电工刀,勇猛地与精力充沛的狼头领苦做最后一搏,江安的生之勇烈与死之辉煌给读者留下了不可磨灭的印象。

陡转骤折,意外奇笔。这种小说总是在结尾来一个突转,给读者一个意外。比如我们假设情节发展为 A,到结尾时情节突变为 −A,给读者以极大的阅读快感。前面提到的《女人之约》的结尾就是一种陡转,读者对郁容秋的印象因结尾这一意外奇笔而来了一个突转,郁容秋的形象也因这一陡转而变得丰厚、复杂、立体化了。

三、环境是增强小说厚重感与历史感的必备要素

(一)富有时代和地域特征的环境描写

一个优秀的小说作家能在小说中有机地融入历史文化等大环境要素,如社会潮流、政治运动、战争等,就会使作品的厚重感和历史感非一般作品所能比。汪曾祺的小说《三列马》不到两千字,却蕴含着极大的文化信息,小说围绕"耿四喜"这个人物,不仅让读者了解到戏班子中"打通堂"的典故,更让读者看到了"文化大革命"中各种名目的"战斗队"的荒唐可笑,"耿四喜"这个记忆力极好的人物,本应成为真正的"大学问"的人物,却在"文化大革命"这样荒唐的环境中由"人"变为了"兽"。社会大环境与小人物的生活境遇及性格展现的有机融合,正可以看出汪曾祺这位大家组构素材的游刃有余。

小说中的人物总要在一定的自然和社会环境中发生各种联系,环境不仅是人物生长的土壤和表演、活动的舞台,而且是人物创造的对象和结果。人创造了环境,反过来环境也创造人。它是由人物及其相互关系构成的生动的艺术画面,含着非常丰富的内容。

优秀的小说总是少不了富有时代和地域特征的风俗画和风景画。鲁迅认为:"有地方色彩的,倒容易成为世界的,即为别国所注意。"自然,写有时代和地域特色和风味的背景,不单纯是为了显示作品的民族性,更不单纯是为了猎奇,归根结底,还是为了更真切地反映生活。当

然,小说中的风俗画和风景画注入了小说家的想象和生活积累,是生活实景实情的提纯,有着令人流连忘返的迷人魅力,能提升小说的审美价值。此外,小说中的风俗画和风景画还有提供场合、暗示时间、渲染气氛和创造意境等多种功能。

风景画应和风俗画联璧,否则难得传神。画风俗画要抓住地域特色,写白洋淀不能不写编席,写旧北京不能不写茶馆和沿街的叫卖声。

汪曾祺的小说《珠子灯》就从当地独具韵味的风俗写起,开篇便展示一幅色彩鲜明的风俗画:送灯女佣头戴双喜字大红绒花、吹鼓手吹奏着细乐、姑娘媳妇倚门看灯时指指点点……详细而不琐碎,把当地为出嫁女儿送灯的风俗写得形、声、色毕现。正是这样的风俗,这样的社会环境造就了"这一个"人。这就是所谓的典型环境,它包括一定的自然和社会环境,也包括"特定的种族环境、地域环境、历史文化环境等各种稳态的以及动态的大环境要素。一个具有永恒意义的艺术典型,正是诸种直接的现实环境以及全部的民族、历史、文化等深度环境和综合环境所共同培育而成的"[6]。风俗描写使小说在展开中超越了纯心理分析的局限,把人物的心态、性格与时代、社会、历史联系起来,从而使人物的心理性格具有一种历史的纵深感和认识价值。

(二)虚实相生的环境描写

短篇或微型小说限于篇幅,环境描写不能太长,否则会引起读者的反感,往往作者以为事件的环境非常重要,而读者却几乎很少注意到事件的环境因素,这个分寸感极难把握。海明威在一篇小说中的环境描写角度值得我们学习,文中有这么一段话:

> 我们住在村庄上一幢房子里,望得见隔着河流和平原的那些高山。河床里有圆石子和漂砾,在阳光下又干又白,清蓝明净的河水在河道里流得好快。

他要描写一下环境,但他怕会使读者厌倦,就说——在某一个位置"望得见"什么什么,这真是一种巧妙的写法。如果他说那里有些什么就有点强加于人的味道,他说在那个位置上"望得见"什么时就温和得多了,这里面有一种随读者兴趣的意愿。这是一场心理战。读者读到这样的部分时,通常有兴趣知道下面的内容。海明威的委婉使他取得了预想的效果。

有的作家还很注意环境描写的虚实相生。阿成《二儿童》中的《小宇》,用了相当多的笔墨描写小宇生活的自然环境与人文环境。清明街上,过去是"奶牛房子","到处是弄牛的,到处是奶牛,到处都是腐烂的牛屎,到处都是饱含尿骚味儿的味道,到处是丁当乱响的铝制牛奶桶,到处都有泼妇骂街和丈夫打老婆"。小宇的家里,父母"几乎天天像斯巴达克斯角斗士那么厮打",母亲又风流成性,打完架就又"擦脂抹粉地走了"。这篇小说虽写的是小宇,但真正落笔到小宇身上的文字却不足全文的五分之一,其余的文字都是环境描写,而这些环境描写烘托出了小说整体的艺术氛围,"写意传达出的是整体的艺术氛围,人物性格描写的具体性、集中性受整体艺术氛围的裹挟,人物的精神个性在这种环境之中可以悟出。善良单纯的美质在污泥之中也会变得堕落污浊"[7]。

阿成《年关六赋》中"赋二"写老三父亲的家,"凭栏望去,一任江天浩浩荡荡,爽着肺腑。其住房几经修缮已楚楚动人。庭院里植着一簇丁香,一簇樱桃,一簇迎春,另有两株高杨,任鸟啁啾,任风肆意。栅栏上爬着翠翠柔柔的喇叭,蒺藜,精精巧巧,缀着各色彩朵,十分享眼。院里犁开几垄,植豆角、茄子、黄瓜、土豆。栅栏上勾悬着几条铁丝,晒着鱼干,有白鱼,有三花,亦有江鲤、草根一类,哗哗啦啦,干干透透,浮着精盐。雾日里,放油锅一烹,脆香!"这段文字把"老三"父亲的家描绘得的确"楚楚动人",但写景并不是作者的本意,作者的本意是以此来衬托家的主人——"老三"父母勤劳质朴的生活习性,以及他们那滋润、遂心、有板有眼的生活。

第三节　小说写作门径

作家林希谈自己的小说创作时说:"我写小说,就是把事情'叙'透,我把这种'叙'法,叫做'扯'。把事情扯开了说,把人物扯起来叙,换一句天津话,就是抡起来'吹','吹'到火候,一收,就算吹圆了,也算是扯

'满'了,把'包袱'一抖,收篇。借用一句梨园行的话,'活儿'就算是做到家了。""当然,这里要有一个前提,那就是你要有这么多的事好'叙',你也得有这么多的事好'扯',没有这么多的事,硬编,那就不好扯了。我'扯'了这么多的故事,为什么我没'扯'农村、没'扯'工厂?就因为对于那里边的事,我不甚了了。所以,我的'扯',就是只选择自己熟悉的事'扯',只'扯'那些我了解的人,摸不透的,我不敢'扯',我怕'扯'出来'穿帮',露'怯'。"[8]

看来,我们要想像林希那样把小说写得轻松,随意就能"扯"出故事来,就得挖掘自身的创作擅长与生活记忆,巧妙运用小说创作的技法,否则就会"扯穿帮"。

一、挖掘自身的生活记忆

(一)每个人都拥有可以写成小说的故事

林斤澜曾提到,和短篇小说相关的最早的八个字是:"街谈巷语,道听途说。"[9]认为这是小说的起源。可见小说创作需要生活,对生活不熟悉,就无法反映和表现生活。茅盾在谈小说创作时说:"好管闲事是我们做小说的人最要紧的事,你要去听,要去问。"

作家林希从幼小时就跟着放浪形骸的父亲出酒楼进饭庄逛外面的世界,见了吃喝嫖赌抽各种世面,懂得了什么是花天酒地、什么是胡吃海花。天津卫的正史、野史,民风、俗情、码头规矩、江湖暗话他都懂。因此他才能把相士、丐帮、报业、赌局、偷儿、娼儿,写得头头是道,栩栩如生。而且林希不写别的,就写家事,写陈芝麻、烂谷子。

当代作家阿成也说过:"作为一个写小说的人,我喜欢下去走一走……我下去走的时候,没有确定的目的地,到长途汽车站那儿现决定。打听这车是去双城县的。行。买票就走。所有的花费,是可以从稿费上挣出来的。坐上车,你只管听就行了。或许,这趟车是丰富你语言能力的最好课堂。一位乘客讲:秃子,老四和刘大埋汰在小馆儿喝醉了。秃子说,嘻,真么?真!后来他们没钱买菜了,俩人儿就劲儿上了,掰小瓷碟吃,嚼得嘎吧嘎吧的,吃的哥儿俩直流泪,满嘴丫子都是他妈的血……这时候,你再看车窗外牛耕地的原始风景,看看远处渐渐变得模糊起来的现代化城市,你自然就会有许多感受。或许正是这一点,激活了你所有的生活与情感的储存,于是一切都变得鲜活起来了。到了县城,你要聪明就别说自己是作家,也别找当地的文化馆、文联,或者与之有关的什么部门。就你老哥一个,找个便宜的小店儿住下就是了。下晚儿在小旅馆的火炕上,或者去曲艺茶社,听听人生的闲话,看看野味十足,有板有眼的二人转。感受多得你直想抽自己的耳光。"[10]

看来,家世、身世、世事,都可构成小说深厚的乌金矿藏般的积累。如果留心的话,我们每个人身边都有可以写成小说的故事,例如"80后"作家韩寒的《三重门》、孙睿的《草样年华》等小说都取材于我们熟悉的校园生活,而且孙睿的《草样年华》还运用了第一人称手法进行叙事,给人一种较强的生活真实感,很受校园学生的喜爱,这也是我们初学小说写作的学生们可以涉足的领域,我们可以充分挖掘自身独特的生活记忆,袒露心灵的隐秘,诉说真切的经历,如果我们的生活记忆很丰厚,并能在此基础上学会提炼,那样,写起任何作品都会游刃有余。

(二)叙写普通人世俗生活的原生态

现如今有不少小说无情地消解了我们许多作品中所描绘的诗意人生,它们尽可能真实地描摹出普通人的日常生存状态,展示出我们每个人身边都存在的一些普通人的人生情境。作者真正站在普通人的立场上来叙写他们的喜怒哀乐,写他们的生生死死;真正能用普通人的视角来看待生活、社会和人生;真正能自然、随意地叙写普通人世俗生活的原生态。

在20世纪80年代末、90年代初,以池莉等为代表的新写实主义作家将叙事的内容转移到了平民生活,担当民间话语的转述者,描写中国当代城市普通市民生活的世俗情怀,使得大众看到了新的层面上的叙事。这类作品的主人公就如同我们身边的每个人,平凡,甚至平庸。《烦恼人生》就通过对一个普通工人印家厚一天之内的生活琐事的描绘,勾勒了现代人的生存状况与内心世界,使读者对现代人的生存意义、价值及人生态度有了更深刻的审视。

《烦恼人生》聚焦于钢板厂操作工印家厚一天的生活,琐屑地记录了主人公印家厚一天平淡而烦心的生活经历:半夜孩子跌下床的慌乱,晨起洗漱解手排队的无奈,带儿子挤月票的拥挤争吵,评奖金只得了个三等奖的恼怒,对徒弟雅丽一往情深表白的恍惚,食堂吃饭吃到青虫的愤懑,为父亲祝寿准备礼物的奔波,住房的拥挤,经济的拮据……小说展现了日常生活、婚姻及现实人生中的困窘、艰辛和苦恼,最大限度地凸现了印家厚烦恼的生存状态和生命形式。对于这些平常的人生、普通的日常生活,每一个读者都可以感同身受。小说的结尾就是印家厚上床睡觉,而他所遇到的问题几乎没有一个得以解决,他也不知如何解决,他阿Q式的语言就是小说的结语:"你现在所经历的这一切都是梦,你在做一个很长的梦,醒来之后其实一切都不是这样的。"显然这是在告知我们,他的明天、后天以及大后天都是这个样子,这就是一个普通人的平凡生活。

作品采用了"还原生活"的平民叙事的写实手法,与英雄叙事相对,它将实实在在的生活轨迹艺术地呈现在我们眼前。作家就像是一个冷静客观的观察者、体验者、叙事者,她的视点关注着普通人,关注着现实生活,这种日常生活叙事关注的就是平民百姓市井布衣的故事,从衣食住行到家长里短,从细微处入手展现人生的本真状态,关注普通人更细微的转变以及内心的活动。这种小说选材上更为随意,有时原汁原味的日常生活就可以成为最好的写作素材。

二、寻找"点石成金"的魔杖

(一)善于对生活进行艺术聚焦

并不是有了丰富的生活积累就一定能写出优秀的作品,它还需要作者善于对生活进行艺术聚焦,也就是选择一个"支点",正如王蒙在《谈短篇小说的创作技巧》中说的:即使那些长篇幅的短篇,往往也有一个核心,一个聚光点。这一点,其实就是这个短篇的支点,没有这个支点,就没有你的短篇。这里所说的"支点",不是创作过程中作者抽象的写作意图,它是用一两句话就可以归纳出的思想与形象初步结合的意象实体,它可能是一个故事中最精彩的高潮情节,也可能是人物性格中最富有特征的闪光点。

这一"支点"的形成,离不开丰富的生活积累,同时还需要特定"契机"的刺激,它可能是一个细节的刺激,也可能是一个人物个性的刺激,它可能来自对生活中某个故事的联想,也可能来自对生活中某种奇事的改造,甚至还可能出现在作者某种奇妙的想象中。在"契机刺激"下,作者对某个人、事、物、景产生了独特的感受,许多原来互不相关的素材在这种特定的感受下发生碰撞建立了新的联系。这时,作者的这些感受和体验可能还比较庞杂,"支点"还不够清晰,于是,作者便开始了分解和组合的工作,把一些相当突出、独特的素材组合到这个"支点"上来。

选择一个好支点,既有利于主题的深化,也有利于题材的开掘,否则,把握一大堆生活材料,却不易写出成功的作品,即使勉强写出来,也不能使作品达到一定的力度。

史铁生的《命若琴弦》在创作上就能给我们以启示,这是一部反映残疾人命运的寓言式短篇小说,一老一少两个瞎子,每人一把三弦琴,走乡串户、说书为生。老瞎子最大目标就是弹断一千根琴弦,因为在他的琴槽里,师父为他封着一张药方,在他弹断一千根琴弦时,就可以取出药方抓药治病,眼睛复明。然而,当老瞎子坚持五十载,终于弹断了最后两根琴弦之后,却被人告知那张珍贵的药方居然只是一张无字白纸。

追求了一生的目标成了虚设,老瞎子遭到了沉重的打击,但他也终于明白了"他的一辈子都被那虚设的目的拉紧,于是生活中丁丁当当才有了生气"。之后,老瞎子郑重地把那张无字白纸封进了小瞎子的琴槽,对他说:"记住,得弹断一千二百根。"虽然这只是一个谎言,但这是一个善意的、美丽的谎言。琴槽里的药方永远只是虚设的目的,然而,这是人的精神支柱。小说揭示了一个深刻的生命哲理:生命过程大于一切,希望铸就永恒。"目的只是虚设的,可非得有不行",它是凝聚全文材料的一个"支点",失去了这个"支点",全文的情节就会变得散漫而无依托,可见这个"支点"的重要。

(二)善于借助想象拓展创作空间

我们常说"生活是创作的源泉",不错,但在许多创作实践中,想象也在不断地开发着我们的思路,可以说想象也是创作的源泉。离开想象,平凡普通的生活就变成了一潭死水,而有了想象,那潭死水才开始流动,才开始澎湃,才有了生命。

迟子建的长篇小说《越过云层的晴朗》就充满了想象的色彩,小说用第一人称生动地讲述了一条大黄狗所经历的人间世事,通过狗的眼睛去观察人生百态,寓重大时代变迁于日常生活之中,展现了东北小镇的风土人情。小说中写的是一只极通人性的狗,这只狗聪明幽默、有灵性、爱联想,在它18年的生命历程中,共跟随过六个平凡而奇特的主人:在人前从不说话却喜欢与狗说话的勤杂工小哑巴,年复一年含泪给陌生男人生孩子的上海女子梅红,只身从大城市躲到偏僻的大烟坡擅长做变相术的文医生,对水性杨花的母亲恨之入骨的酒馆女老板赵李红……一条狗的悲剧与狗的几个主人的悲剧互为映照,让我们充分领略了人生、现实与历史的残酷,但是小说却是以抒情与感伤的口吻去叙述"残酷",通过日常化的世俗生活去反思与批判"文革"这样的历史灾难。这体现了迟子建一种独特的美学追求,她说:"其实'伤痕'完全可以不必'声嘶力竭'地来呐喊和展览才能显示其'痛楚',完全可以用很轻灵的笔调来化解。当然,我并不是想抹杀历史的沉重和压抑,不想让很多人为之付出生命代价的'文革'在我笔下悄然隐去其残酷性。我只是想说,如果把每一个'不平'的历史事件当做对生命的一种'考验'来理解,我们会获得生命上的真正'涅槃'。"可以说,正是动物视角赋予了这部小说奇异的艺术品格,在人类社会生活中,动物处于话语的边缘位置,它们虽与人类共同生活在这个世界上,但由于它们自身先天条件的限制,它们对社会的观察和理解与人类有着很大的隔膜和差距。迟子建借一只狗的眼光看世界,通过大胆的想象,不仅在艺术的探索上很有新意,而且引起人们对自己所处的这个世界、对人类自我的重新审视。

我们应善于通过想象扩展小说的取材空间,毕竟我们不能事事都亲身经历,而小说写作的内容可能涉及生活中的方方面面,没有想象力是很难营造出一篇出色的小说的。

(三)善于创造陌生化效果

写散文往往讲求一个"真"字,即"真事"、"真情"、"真理",写小说也讲求一个"真"字,但这个"真",却是经过艺术加工之后的真了。原原本本地把生活的原样写成小说,常常写不出理想的作品,有的还给人浅直平庸之感。所以,小说作者通常要把生活真实加以艺术的加工,使生活的自然形态集中、充分、完备、典型地成为文学的形象。这种艺术加工的过程可借助一些现代写作技法，如意识流、黑色幽默、象征、变形、蒙太奇、反讽、荒诞等，运用这些技法可造成一种令人惊异的陌生化的效果，给读者一种别样的震撼。

　　从刘以鬯《打错了》这篇微型小说中就可以窥见其特异的叙述姿态，这篇小说构思非常巧妙。全文分两个部分，而这两部分的前五分之三篇幅文字一字都不差。完全相同的两段文字，写的是一位刚从美国回来，正在找工作的青年陈熙，一天4点50分他应未婚妻之约出门去看电影。之后，第一节写的是他准时出门，按他正常的步行速度"怀着轻松的心情朝巴士站走去"，结果被一辆疾驶而来不能控制的巴士"压成肉酱"，成为三个遇难者之一。第二节写的是他临出门时因接听一个打错了的电话耽搁了数十秒的时间，然后出门"怀着轻松的心情朝巴士站走去"，结果他在离巴士站不足50码的地方看到一个老妇人和一个女童被"疾驶而来"的巴士"压成肉酱"，遇难者少了一人。一个纯属偶然的"打错了"的电话使一个正踌躇满志的青年幸免死于非命。

　　显然，《打错了》采用的是一种复式的叙述方式。作者叙事上的这种重复呈现出一定的哲理性。对于读者来讲，如此大的重复显然对他们的耐心是个考验，当然同时又激发了他们对小说本身的关注。反复阅读后才豁然开朗：重复的部分恰恰反映了平常人生中的平常故事，而在小说的结尾中却映衬出偶然因素影响下人生的无常。一个打错了的电话使陈熙由车祸的罹难者变成车祸的目击者。而刘以鬯恰恰借文本叙事上的这种重复与变化暗示时空错位中人生命运的偶然性。

　　现代小说常常是现实与非现实、合理与荒诞、真实与奇幻的结合，作家们善于把现实生活中那些偶然的、超常规的、不可捉摸的事件和行为夸大、变形，达到陌生化的效果，这无形中扩张了作品的艺术张力，使作品的主旨具有了多重性、多质性的特点。

三、多方位透视生活

（一）对生活进行多层次挖掘

　　作家们往往不对生活作直线、浅显、表面的因果反映，而是在对生活进行总体把握的前提下，对生活进行多层次挖掘、多方位透视、广角度展开，力求使小说具有丰富、深邃的人生哲理，而又不直露，能耐人寻味。

王蒙的短篇《调试》[11]具有多层含蕴。作品写一对夫妻花了多年的积蓄买了一台彩电后，两人每天评头品足地看电视节目。有一天，妻子发现别人家的电视画面比自己家的清晰，故回到家就怨丈夫调试不清，她开始动手调试，好几套室内、室外天线系统都被她"拉长缩短、左转右转"地折腾了无数遍，画面也没有比以前更清晰，而丈夫还在一边说些真真假假的风凉话，妻子终于泄气了，不管图像怎么糟糕，她也一动不动，丈夫却心痒痒，开始重复他妻子的一套调试动作，夫妻俩在调试期间互相迁就、猜疑、挖苦、争吵，最终电视被丈夫"断送"了，后来妻子中彩，买了一台电脑自动调控的电视，两人言归于好。

初读，似觉荒诞，细品，意味无穷。它运用象征手法，通过夫妻间看电视、调电视的诸多矛盾冲突和行为暗示了生活中的许多道理，如调电视的过程暴露了夫妻俩各自的愚昧、偏执、不切实际的个性，也表现了他们互相迁就、体贴、支持的情感，这大概就是人类生活的一种常态，人性的优劣在这里被淋漓尽致地刻画出来；文中说"万恶自'比'始"，妻子因为发现别人家电视画面比自家清晰才引发了一场调试风波，而类似的不管原因和条件的"比"所引起的生存波动在我们现实生活中正如春草一样地生长，由此引起的思索该不是单一的吧？另外，我们从这篇小说中还能感受到人们生活内容的变化、某些电视节目的粗劣、电视文化对人们精神生活的影响等多种含义。这种立意颇具多义性的小说能开拓读者的思维空间，使其在一种深邃的艺术氛围中去体味作品涵盖广阔生活内容的丰富思想，从而得到审美需求上的满足。

每一位作家都是在一个特定的现实社会中生存的，故作品的主题常常体现出作家对现实生活的深刻思考，通过它人们可以观照和感受到现实生活中人们的生活状态和情感取向。作家对生活的态度绝对不可能"中立"，他必须做出哲学判断（即使未必准确），并要充满激情地、真诚地向读者表明自己的人生观。当然，这种表现应是含蓄的。

其实，生活中的许多事物都不是单一的，而是多元或多种基因的复合体，彼此之间有着千丝万缕的关系，因此，作家们常常赋予特定艺术形象以较多层次的社会内涵来完成对形象多维空间的艺术开拓，从而使读者能从多种价值角度对其作出思考，感悟出丰富的内蕴。

（二）追求小说意旨的深刻性与模糊性

小说立意的深刻性就是汪曾祺所说的汲出生活的底蕴吧，它能揭示客观事物的本质，阐明事物发展的规律，给人以强有力的震撼。优秀的小说都能使读者获得这种强烈的审美感应力，它们通过生活中一系列看似偶然、个别的现象，揭示了生活发展的必然规律，挖掘出人性深层隐含着的复杂的审美意蕴，给读者以回味无穷的艺术感染力。

刘以鬯的微型小说《打错了》显然是作家见"报载太古城巴士站发生死亡车祸"后所发的奇想，陈熙不过是作家一个意念的化身。前一种设想是一种偶然，后一种设想则是偶然中又有偶然，像数学中负负相乘得正，多了一个偶然事件，后果就完全两样。这是作家对偶然性在人生命运中的作用说不清所以然的思考，他通过一种客观事象巧妙地表现出来，使人读后回味无穷，可谓手笔不凡。作品题材虽小，但经作家准确捕捉、发现，犹如聚光点，反映出了生活本身的深邃。可见，只要重视开掘题材内在的潜能，哪怕是"微不足道"的小，哪怕是一栏一木、一鳞一爪，也能"以少少许胜多多许"。

如何开掘出题材的内在意义？这就要作者对自己所映现的生活十分熟悉和理解。要有一双敏锐的、善于寻觅的眼睛，在审视生活时，能由表及里，透过生活的现象看到其本质，上升到理性高度。衡量一篇小说的美学价值，重要的并不是看题材本身，而是看作者对于题材所开掘的思想的深度。

也有的小说主题非常模糊，你很难概括出它的主题是什么，不像以往有些小说用几句话就可以把主旨概括出来，有的小说通过作者的议论、主人公的口就把主题点出来了。而立意模糊的小说缺乏确定性，你很难说它赞成什么，反对什么，褒扬什么，贬斥什么，它的意旨在一个模糊的范围内摆荡，不便明确限制它的价值范围，读完小说常常令人感到抓不到主题，但正因如此，它也给读者留下了更大的思考空间。

苏童的《棚车》[12]是一篇立意模糊的小说。作品写的是姐姐坐火车陪祖母回老家给祖母的爹娘上坟的情节,文中只写了在车上发生的事,如祖母把火车叫棚车,她跟邻座的人讲她在战争年代坐棚车的遭罪历史,祖母对现在的火车非常满意,她对没座的乘客非常友善,让他们坐自己旁边,和他们聊老家、聊上坟的事等,可姐姐却与这种环境格格不入,她觉得拥挤不堪,觉得周围人迷信、庸俗等,最后,没到站呢,姐姐就说到站了,把祖母骗下了车。

这篇小说的主题就非常隐蔽、模糊,很难做出准确的概括。说是反映两代人思想、行为的冲突吧,乘客中又不全是如祖母一样年纪的人,可他们却被姐姐当成了"对立面",说是讽刺迷信吧,又似乎不能包容小说的总体内蕴……小说通过特定的场面、人物关系和对话,给你各种暗示,让你思索,让你体味,各人可以根据自己的理解,根据自己的生活经验去领会其中的诸多思想蕴涵,这样的作品也许可读性不是很强,可是它传递给读者的信息量却是极大的。

有经验的小说家在创作小说时总是善于"截取"、"选择",虽写人生中的一角、一段,却可以窥见整个人生。从而做到以少少许胜多多许,以一斑而窥全豹。

四、创造性地运用语言

(一)词语的新奇组合

阿成在一篇题为《江边纪事》[13]文章中对小说的语言有一段颇为精彩的论述,他"对用规范的语言能写出优美作品一事,一直表示异议"。他认为:"语法修辞不必成为一张网,把语言这尾活蹦乱跳的鱼死死地罩住。"

的确,小说的语言应该是极富创造性的语言,它不应受语法修辞的限制,正如但丁说的:"文学语言是从作家摹仿自己的保姆而学到的俗语中派生出来的。"[14]可见小说的语言与书面语不同,它应来源于生活,是应有极强生活气息的鲜活的语言。

1.打破词语搭配常规,给读者以新异感。

>主持人的话讲得太好了,都是一些了不起的话,特大气,很元首,很总统,也很外交部长。(阿成《火锅》)

> 金虎说:"娘,回吧。"娘又用眼光,去雪里饿饿地掏了一阵。(阿成《梁家平话》)

阿成喜欢把副词与名词直接搭配,如"很元首","饿饿地掏了一阵",虽在词语搭配上不合语法规范,但其口语化、情趣化又给人以新异之感。阿成在很多小说中写到脸时,常写"哀着脸"、"福着脸"、"柔着脸"、"慈着脸"、"脸钢着"等,对人物表情的捕捉,可谓形象而文雅,生动而具体,这种搭配形式,给读者的感觉极为鲜活。

2."集装"语汇,使语意得到淋漓尽致的表达。

利用汉语词汇丰富和灵活的特点,在一句话或一个段落中,罗列同义、近义词或铺张异义、歧义词反复强调,发挥词汇的规模效应,使语意得到淋漓尽致的表达,给读者以鲜明的印象。王朔在《你不是一个俗人》中写的一个专门以"捧人"为职业的公司,他们逮谁捧谁,不看事实,把人捧得天花乱堕,直至黑白不分。如他们这样捧一个文人客户:"您,风华正茂,英姿飒爽,一表人才,加上才华横溢才气逼人才大志疏合成一个才貌双全怎么能不说超群绝伦超凡脱俗超然屹立一万年才出一个!"作者一连串用了十几个溢美之词,活化出极尽夸张吹捧之能事的"捧者"的嘴脸,调侃了泛滥于现实社会中的吹捧之风。当然,这种写法也不能太过,应以烘托主题、推动情节发展、塑造人物为目的,否则会给人以故意"贫嘴"的感觉,失去了语言上的美感。

3.有意不合理地堆砌词语。

> 三天以前,也就是五天前一年以前两个月以后,他也就是她它得了颈椎病也就是脊椎病、龋齿病、拉痢疾、白癜风、乳腺癌也就是身体健康益寿延年什么病也没有。(王蒙《来劲》)

王蒙小说《来劲》的独特之处是处处不确定的特征:不确定的人物,不确定的病症,一次不确定的旅行及其感想等等,而作品中谐谑的夸张、怪诞的连结突出了庞杂中的不协调、不平衡,体现了一种探索精神,但结构的随意性以及作品中不停顿的即兴发挥又妨碍了读者对作品的深入领悟。

上述各种对叙述语言陌生化的追求形式,如果运用得好,确实能为小说营造出一种特定的情绪氛围,但如果运用得不好,就会起到阻碍阅读的反作用。

(二)妙用修辞格

修辞是作家创作最有力的武器,恰当的修辞可以使抽象的变为具体,单调的变为多彩,呆板的变为生动。修辞用得是否巧妙,也是一个作家创造力和想象力是否强大的表征。修辞运用得巧妙,表现在想象新奇,不拾人牙慧。

钱钟书的《围城》就运用了大量的奇妙譬喻、高超的讽刺幽默手法。钱钟书先生认为"比喻正是文学语言的根本"。《围城》的语言特色就当推比喻艺术,其比喻的诡奇新鲜、丰富多彩已达到一种出神入化的境界。钱钟书深得比喻的奥妙,认为本体和喻体"不同处愈多愈大,则相同处愈有烘托;分得愈远,则合得愈出人意料,比喻就愈新颖"。他能准确把握好本体和喻体二者的异同之间的"度",且善于突破常规的思维模式,将彼此没有关联的事物放在一起进行比较,表面看风马牛不相及,可又十分恰切,给人耳目一新的感觉。

比如:"她(唐晓芙)眼睛并不顶大,可是灵活温柔,反衬得许多女人的大眼睛只像政治家讲的大话,大而无当。"女人的眼睛和政治家的大话二者似乎毫无联系,可是作者就是善于在看来毫不相干的事物中找出相同点:大而无当。匠心独具,出奇制胜,叫人产生丰富的联想。

钱钟书先生知识渊博,他常常用中西方文化打比喻,如作者在调侃方鸿渐购买假文凭时,就引用《圣经》里的故事作比:"这一张文凭,仿佛有亚当夏娃下身那片树叶的功用,可以遮羞包丑。"在嘲讽他的自我解嘲时,又拉来了中西古代哲人柏拉图和孔子作陪衬:"撒谎欺骗有时并非不道德,柏拉图《理想国》里就说士兵对敌人,医生对病人,官吏对民众都应该哄骗。圣如孔子,还假装生病,哄走了儒悲。孟子甚至对齐宣王也撒谎装病。父亲和丈人希望自己是个博士,做儿子女婿的好意思教他们失望么?买张文凭去哄他们,好比前清时代花钱捐个官或英国殖民地商人向帝国府库报效几万镑换个爵士头衔,光耀门楣,也是孝子贤婿应有的承欢养志,反正自己将来找事时,履历是决不开这个学位。"如此调侃,活画出主人公自欺欺人的阿Q相。

钱钟书先生以非凡的想象力和广博的知识把喻体和本体巧妙地结合起来,使《围城》闪烁着智慧的火花,成为我们学习的经典。

(三)语言的俗化

语言的俗化是指小说语言的生活化和口语化。小说语言一定要靠拢生活,尽量避免使读者产生某种距离感。小说是反映现实生活的,语言应符合人物生活的时代和环境,具有当代性、大众性特点。不过,群众口语固然生动,但嫌啰嗦冗杂,如不提炼,必然使作品语言杂芜,故应对大众口语、地方性语言进行提炼、加工、去粗取精,使之成为规范的语言。

生活化的小说语言要求表现某种地方色彩。描写特定地域的人物和事件必然也理应使这种语言体现出当地群众的语言习惯和特点,即要适当采用当地的口语即方言土话,这可以补充普通话语汇的不足,更能充分地发挥小说叙述人语言的描摹功能。阿成的小说基本上是用经过提纯的东北方言写成的,因而不但东北的读者倍感亲切,而且别处的读者也能看得懂,并觉得生动、活泼、新鲜。试看阿成《小酒馆》中的一段语言描写:

粗瓷茶杯的碗口,硴硴巴巴的,狼啃过似的。一品,茶叶太次,就是锯末子!好在热得很,转着碗,一层一层地揭皮儿喝,舒服。

这些来自于生活的原汁原味的语言,就像唠家常,但人物的动作、表情等却如同绘画和电影般活现在读者面前,用一句老话来说,便是如见其人,如临其境,浓厚的生活气息扑面而来。所以有的作家认为小说语言应像浮雕一样富有表现力和传染性。要使小说语言逼真、形象,作者需要有丰富的词汇储备,并有较纯熟的驾驭语言的技巧和能力,但最根本的,还是要善于在生活中观察、体验和积累。

---

[1] 《游戏》,贾大山,《小说月报》,1995年5月。
[2] 《关于我爹和鸟》,李治邦,《小说月报》,1991年4月。
[3] 《时间之马》,曹文轩,《小说选刊》,2001年10月。
[4] 《杀羊》,张继,《小说选刊》,1995年11月。
[5] 《三寸金莲》,冯骥才,作家出版社,2004年。
[6] 《在典型创造上用力》,郝雨,《文艺报》1997年10月14日。

[7]　《胡地天籁——阿成论》,刘绍信,黑龙江人民出版社,2002年,第121页。
[8]　《唯有小说无可说》,林希,《小说选刊》,1997年3月。
[9]　《短篇短篇》,林斤澜,《新华文摘》,1998年1月。
[10]　《江边纪事》,阿成,《小说选刊》,1997年9月。
[11]　《调试》,王蒙,《北方文学》,1992年8月。
[12]　《棚车》,苏童,《小说月报》,1995年11月。
[13]　《江边纪事》,阿成,《小说选刊》,1997年9月,第121—123页。
[14]　转引自《西方古典作家谈文艺创作》,段宝林编,春风文艺出版社,1980年,第69页。

【自测训练】

1. 你最喜欢哪位小说作家?结合作品谈谈其创作的特点。
2. 你读过"80后"作家的作品吗?请谈谈你对他们作品的看法。
3. 请读几本获得诺贝尔文学奖的作家的作品,并运用学过的小说理论评析其中一部作品。
4. 请阅读近两年的《小说月报》、《中篇小说选刊》、《微型小说选刊》等刊物,对当代小说创作的现状谈谈自己的看法。
5. 结合自己的校园生活,运用本章学习的小说创作技巧写一篇小说。

【名篇赏析】

给 S 夫人的报告
星新一

大门铃响了。靠在长椅上心不在焉地看着电视的 S 夫人踌躇地站了起来,顺手关掉电视机开关,出去迎接来客。

"我是接到您的电话后从信用所来的。"一个手拿提包、看上去颇为诚实的青年彬彬有礼地说道。

"蒙你立即赶来,真是过意不去。请进吧。"

青年跟着夫人走进客厅,四下环顾,禁不住感叹道:"真是间考究的屋子啊!"

宽敞的屋子里样样齐备。进口的大型电炉向各个角落递送着舒适的暖气,壁上挂着一幅重彩浓抹的抽象派油画,地上铺着一张厚厚的大地毯,边上静静地躺着一只暹逻猫。

"丈夫外出挣钱,所以才……"

她做了个恰如暹逻猫似的漂亮的手势,示意青年坐下。

"我真羡慕您的丈夫,能和像夫人这样年轻美貌的女人结婚,过着如此美满舒适的生活。我不知道什么时候才有这份福气。"

他靠在椅背上,显出一副羡慕的神情。但马上转入正题:"夫人到底委托我去调查什么事呢?"

"我是想麻烦你调查一下丈夫的品行。"

一听这话,青年颇觉意外:"什么?难道你丈夫不爱夫人了吗?"

"他非常爱我,我喜欢的他都给我买。向他要钱时,他决无二话,也从不问用途。我晓得他是真正爱我。"

"那,还要调查什么呢?"

"可是,女人只有在丈夫只爱着自己一个人的时候才会感到心满意足。"

"您已经发现了什么没有?"

"就是他常常回家很晚。"

"可能是因为工作什么的脱不开身吧?"

"但究竟是什么样的工作呢?这可不清楚。问他吧,只回答说是重要工作,闪烁其词,支支吾吾。看来他肚里好像有什么见不得人的东西。我一直非常担心。"

"这倒也是。"

"我想他也许另有新欢了吧!像我丈夫那样挥金如土的人,是会干出这等事情来的。"

"但我难以理解,家里有像夫人这样的女人,他还会去寻花问柳?"

"可我就是担心。我不愿让丈夫内心深处存有半点隐私,得让阳光将他的内心世界的每个角落都照个透亮。因此,我想请你来彻底调查一下。"

"这是我们的工作,只要有委托就办理。"

"那么就劳驾了。"

两个星期后,信用所的青年给S夫人带来了调查报告。

"让您久等了,总算调查清楚了。"

"可真花了不少时间哪!那么,我丈夫到底在外面和什么样的女人乱搞呢?"

他从皮包里取出调查册:"看了这报告,一切就会清楚了。不是什么男女情事!"

"那是什么呢?快让我瞧瞧。噢,先得付钱!"

"不,没关系,先看吧!"

夫人接过报告看着,美丽的脸颊上呈现出一丝复杂的表情。

"您的丈夫,确实是在干重要工作!"

青年说得不错,但她丈夫所干的实在难以称之为体面工作。这"工作"就是看准了别人的要害处进行要挟,每月定期地敲诈一定的金钱。

"这种事情,还是不知道的好。"夫人自言自语道。

"为了填补对夫人的爱情,您的丈夫正在干这种'工作'呢!"

"是啊,真不该怀疑他。我不知道为了我他竟在干这种事!"

"这钱……"

"我付。"

"怎么样,以后能否每月定期向您要!"

"你说什么?!"她惊叫了起来。

"迄今我还不知道世上有这么好的活计呢!我自己也得试试,因此我想先在您这儿开个头。"

"真是岂有此理!"

"可是您丈夫之事要是在社会上宣扬开去,就不怎么体面了。不但警察,便是税务局也不会袖手旁观,无动于衷的。所以,为了保守这一秘密,夫人您不管付多少钱也不会在意吧?"

"无论你怎样说,我总得……"

"我不会硬要您付许多的。我全调查了,夫人向您丈夫要多少钱都会如愿以偿,您只要将其中一部分让与我便行了。这样,一切将会平安无事。反之,要是您认为即使现在这美满殷实的生活彻底崩溃也在所不惜的话……"

S夫人斜靠在椅子上,向屋内环视了一眼。回答是不言而喻的:不能同优裕的生活告别,更不能同深深地爱着自己的丈夫告别。

"没法子,就按你说的办吧!"

看到S夫人无可奈何地点了点头,青年高兴地提高了嗓门:"托您的福,这下我也可以结婚了,娶像夫人一样出色的女人。"

(选自《诱骗》,星新一著,李有宽等译,安徽少年儿童出版社,1992年)

星新一的微型小说就像日本社会的一个个特写镜头,展示出了日本社会的发展足迹、人情世俗、社会风貌等。其作品手法高超,曲折离奇,内蕴又极为丰富。他一针见血地痛砭时弊,深刻犀利地揭露黑暗现实,对善良的人寄予满腔的同情,而对恶人则总是尽力嘲弄。他广猎博取,博采众长,把一分钟小说推到了一个前所未有的高峰。

《给S夫人的报告》这篇小说以女主人与私人侦探之间的交涉为主线,逐渐将读者引入另一层关系中。年轻美貌的S夫人因怀疑丈夫不忠,故而雇了一名私人侦探暗中察访。不料,侦探在完成S夫人所托之后,以其人之道还治其人之身:仿效她丈夫的做法,向她进行敲诈。以毒攻毒,以恶治恶——也许正是这种观念促使作者写下了这篇带有讽刺色彩的作品,反映了社会生活阴暗的一面。在丈夫与妻子之间,私人侦探的作用是很微妙的。他既是丈夫丑行的知情者,又是S夫人的威胁者,此外,在某种意义上说,他还是S夫人与丈夫代表的那种优裕生活秩序的挑战者与渴慕者。

同许多微型小说一样,作者在这篇小说结尾也设计了一个出人意料的艺术陡转,给读者以阅读上的刺激。微型小说作家沙黾农说:"我做过统计,百分之八十以上的小小说的结尾都使人感到意外,即使是像《永远的蝴蝶》、《客厅里的爆炸》这类较为空灵的作品的结尾也是如此。好些国内小小说作家经常想突破'突变'这一框框,但往往劳而无功。"的确,中外微型小说作家都不约而同地把"意外结局"作为微型小说艺术变化特殊规律。正如刘海涛教授在《微型小说规律与技法》中所说的："微型小说要想在有限的阅读时间里给读者提供速率审美刺激,制造作品的意外结局是相当奏效的手段,而意外结局的产生实际上正是微型小说的艺术变化发展为艺术突变的结果。"因而,微型小说作家常常有意识地增加情节突变的幅度,使读者在阅读的过程中不断产生"吃惊"和"震动"的审美快感。相反如果读者的阅读期待和艺术突变发展的轨迹一致,那么,读者在阅读之初就可能猜出故事的结局,那样结尾对于读者来说就没有什么意外可言了。

当然,无论结局如何突变,都要与作品的主旨相吻合,起到深化主题的作用,否则,这样的突变会因完全脱离了必然性而使微型小说的艺术真实性无从体现。

第二编 议论文体

第二編　古代文学

第一章 文学评论写作

【重点提示】

1. 了解文学评论的概念与文体特征。
2. 领会文学评论美学标准与社会职能。
3. 掌握文学评论写作的通用技法。

第一节 文学评论界说

清人陈衍在《与邓彰甫》中说:"所谓批评者,一则能抉古人胸中欲吐之妙,以剖千古不决之疑;一则援引商略,判然详尽,以自见其赅博。"[1]西方文论指出:"批评最后可能创造出一种使有创造才华的人能够充分利用的精神局面。批评可以确立思想秩序,还可能使最好的思想占据优势。正是在这个基础上,伟大的文学创作才能繁荣。"[2]可能东西方对文学评论的职能在看取角度、思想认识和具体表述上都存在差异,但是对于它的关键地位是不吝赞词的。文学评论作为文学活动中的重要环节,担承着引导欣赏、指点审美和优劣评断等诸多使命,自文学产生之日就伴随左右,它的寿命会比文学更长久,纵使文学停步其仍可前行。文学评论是一种独立的文体,是一门独立的学科,对其相关文体知识和写作技法的熟络,几乎是对现代人的基本要求。

一、文学评论的文体追溯

(一)中国传统

中国传统的文学评论大概不出"儒家的工具主义"、"道、释的非功利主义"和"以文本为核心的评价"三个文论系统。在主流批评中,从先秦的诗论,到后世的文论、诗论,大多强调文学的教化作用,强调批评的社会实用功能。而依托道、释两家的非功利主义思想,也形成一种文学评论样式,"滋味说"、"妙悟说"、"微言大义说"以及"意境说"等都是这种思维机制的典型产物。另一种体式强调的是文本接受,略过读者和作品—作家之间时空、社会、文化等因素的隔阂,直接透过语言层面寻求一种直觉感悟。

严羽在《沧浪诗话·诗辨》中说:

> 夫诗有别材,非关书也;诗有别趣,非关理也。而古人未尝不读书,不穷理。所谓不涉理路、不落言筌者,上也。诗者,吟咏情性也。盛唐诗人惟在兴趣,羚羊挂角,无迹可求,故其妙处莹彻玲珑,不可凑泊,如空中之音,相中之色,水中之月,镜中之象,言有尽而义无穷。近代诸公作奇特解会,遂以文字为诗,以议论为诗,以才学为诗。以是为诗,夫岂不工,终非古人之诗也。盖于一唱三叹之音,有所歉焉。且其作多务使事,不问兴致;用字必有来历,押韵必有出处,读之终篇,不知着到何在。其末流甚者,叫噪怒张,殊乖忠厚之风,殆以骂詈为诗。诗而至此,可谓一厄也,可谓不幸也。

严羽提出"诗有别材,非关书也;诗有别趣,非关理也"的说法,意在批评宋诗"以文字为诗,以议论为诗,以才学为诗"的现象,进而提出"盛唐诗人惟在兴趣"的"兴趣"说。所谓"别材",就是说作诗不靠学问,靠的是诗人的特别的才能;所谓"别趣",就是作诗不要议论说理,即使议论说理也要有理趣,这样的诗才能有"兴趣",即有兴味、情趣的审美感受。严羽的理论虽有可推敲之处,但他的理论综合了中国传统文学评论三种类型的诸多元素,可以使我们对中国古典文学评论有所认识。

(二)西方传统

西方文论主要表现为论者站在民间的立场上对社会进行言说,突出的是一种独立意识,一种个性主义,这条主线至少从文艺复兴之后我们看得很清楚。作家不是国家的统治阶层,而是属于民间的、新兴的资产阶级知识分子。文学基本上是对这个社会的某种现象发表一种意见。评论家与作家的立场、角度相似,他们的言说追求相对独立的姿态。我们看一下美国作家奥茨《卡夫卡的天堂》中的一段:

> 卡夫卡指什么呢?难道他是想说生活里各种人绝望的难题说到底只是语言的游戏而已?而人们因为害怕下地狱,永无休止地折磨自己,难道这也仅仅是任意编造寓言折磨自己而已?卡夫卡与塞缪尔·贝克特不一样,后者的作品所反映绝望情绪可能源出他的信念,他认为世上除了诗歌,除了人类发明的语言之外,别无其他,就连人性也是不存在的。卡夫卡则大胆断言,在"实际"上,我们始终是赢家,我们有把握得胜。只是在寓言的意义上,或者说只有在头脑里作各种有自觉意识的思考时,失败才成为一种可能;必须先相信"失败"这个词,然后失败才可能成为事实。卡夫卡笔下的主人公越是为胜利而搏斗进取,他们的理智就越是暴烈地要求解释,而失败的结局也就变得无可避免。关于这个真相,主人公屡屡得到暗示,可是这些人迷恋于自己的口才,结果都陷在自己的诡辩中或者自我的深渊中,无法自拔。看起来,这些人全失败了;不过,正如卡夫卡所说,他们只是在寓言的意义上输了,实际上,亦即事实上,他们是真正的得救者。

这是一节持论新鲜的文字,西方特有的思想文化意识流灌其中。奥茨的这篇别具慧眼的论文被视为对卡夫卡的一次权威解读。论文以《城堡》、《审判》等为例,论证了卡夫卡的创作思想、艺术成就与哲学高度,对相关研究者极具启迪意义,对我们了解西方文学评论的面貌也极具启迪意义。

二、文学评论的共识范畴

(一)**文学评论概念**

文学评论又称文学批评,是对文学活动现象进行探讨、分析、研究、评价的论述文章。任何有关文学的论述的文章都属于文学批评的范畴。文学评论研究的对象包括文学作品、作家、文学思想、文学流派、文学理论、文学史、读者鉴赏接受等一切文学活动现象，其中以作家的作品创作为主要论述对象的文学批评是此种文体的最重要、最基本的样式。

钟嵘《诗品》中也有一段谈论陶令的文字：

宋征士陶潜

其源出于应璩，又协左思风力。文体省净，殆无长语。笃意真古，辞兴婉惬。每观其文，想其人德。世叹其质直。至如"欢言醉春酒"、"日暮天无云"、风华清靡，岂直为田家语邪？古今隐逸诗人之宗也。

钟嵘的评析，大致还是中肯的，既敬重陶渊明的为人，也指出了作家风格的奇特，真是做到"文体省净"，检视与判定都在，自不失为一篇极上乘的文学批评。至于列陶诗于中品，后世因之耿耿于怀；断言"其源出于应璩"，后世多觉此论无端，似也不便追究钟嵘有何大过，文学批评并不排拒一家之言，他就是这种见解，我们也奈何不得。要说他的这篇文学批评因为"文体省净"失去广角观照的可能而失之厚重，倒也是中肯之语。

（二）文学评论的常见体式

文学评论是一个成员众多的家族，一般按照表现形式划分则有以下几种：

1. 论文式。这是最常见的形式。它是比较系统地阐述某种文学观点、评价分析某些文学现象或作家作品的文章。这类评论内容全面、中心鲜明、思想深刻、论证周密，理论性和学术性较强。

2. 随笔式。这种文章构思精巧、行文自由、语言生动活泼。它通常避免从正面系统地论述问题，往往通过联想、类比、例证、推理等，以生动形象的语言将道理说得令人信服、发人深省。它深入浅出，雅俗共赏，短小精悍，无不涉笔成趣，娱人耳目，使读者扩大知识面，增长学问。

3. 短论式。这是一种篇幅短小，内容比较单一、集中，专门议论有关文学问题的小文章。写这种短论，要求切入视角要新，有独到之处，抓住一点，深入开掘，对所谈的问题要有自己的深切感受，将深刻的认识与丰富的思想内容"浓缩"为精练的语言表达出来,将道理说清,不旁征博引,做到少而精,短而美。

4. 书信式。借用书信的形式,对文学作品某些方面的问题进行答疑辩论,或者就作家在某一时期创作中出现的问题进行探讨、分析或作出批评的文章。这种为探讨或批评而写的书信,是以平等对话和磋商的方式进行的,不仅文章的内容厚实,而且态度亲切感人。

5. 序跋式。这是一种用前言或后记的方式,对一本书或一个集子所作的比较全面的评价的文章。它不仅介绍文学作品本身的思想内容和艺术形式,有时常常涉及对作者"全人"的评介。其写法不拘一格,灵活多样,有主要评论文学作品的,也有主要评论作者本人的,还有评论有关社会问题和文学问题的,更有借为他人作序跋而言自己心曲的。

6. 札记式。这是一种记心得体会式的读书笔记,常用于品评文学作品,其内容多种多样,篇幅可长可短。

7. 点评式。又称"评点"。它是中国独特的、传统的评论样式,即在被评作品的首部以"序言"、"读法"或"总论"的方式对对象作总体的简洁评说,在作品正文中则以经济的笔墨作"夹批"、"眉批"。这种文学评论样式主要流行于明清时期。

8. 诗体式。用诗或词的形式写成的一种文学评论。它具有情理交融、诗味浓郁、简括凝练等特点。

9. 对话式。又称问答式。即用一问一答的对话形式,就文学现象进行评价和判断。它的特点是在不断揭露矛盾、解决矛盾的过程中,树立自己的观点。

第二节　文学评论的标准和职能

一、文学评论的文体特征

(一)**理论性**

文学评论是探讨创作理论及创作实践的一种专业文体。没有理论性的文学评论是没有筋骨的"残品"、"废品",其价值会大打折扣,或者干脆了无价值。理论性是对文学真相的揭示,对于作品内在规律、本质特征的阐发。文学评论自然要通过概念、判断、推理等方式展开证明,还要站在历史、时代和文化高度就事论理,透过文学现象寻出精神实质,但文学评论终究是一种审美活动。

钱谷融的《"夏天里一个春梦"——谈周冲》中有这样的文字:

> 在《雷雨》里,周冲是一个奇异的存在,一个"不调和的谐音"。然而这一个奇异的、不调和的音符的出现,却使得整个乐曲更加起伏跌宕,更加惊心动魄了。……作者说:"周冲是这烦躁多事的夏天里一个春梦","他是在美的梦里活着的"。像我们这些从旧社会生活过来的人,在孩子时代,谁没有做过周冲式的美梦呢?谁没有尝受过梦景破灭后的悲哀呢?然而,我们的睡眠并不怎样酣甜,入梦也并不太深沉,只要一点略大的声响,一丝意外的惊扰,就会使我们觉醒过来。因而梦醒后的失望、悲哀,也就并不是怎样的不能忍受的了。周冲却是整个地生活在美丽的梦想中的人,一般的声响,普通的惊扰,轻易不能使他觉醒。他像作者所说,需要现实的铁锤来一次一次敲醒他的梦。而且,暂时的觉醒虽给了他以刺心的痛楚,却仍不妨碍他继续入梦。可见他的睡意之浓,入梦之深;可见他对现实是如何的隔膜!像这样一个对现实彻底隔膜的人,在现实生活里是不存在的。周冲完全是曹禺的充满诗意的幻想的创造。在这个人物身上,寄寓着青年曹禺的最纯真的理想,最深挚的憧憬;寄寓着他对真善美的乌托邦世界的无限的渴望和对丑恶的现实社会的极端憎恶;寄寓着他的欢喜和失望;寄寓着他稚弱多感的灵魂所尝味到的一切愤懑和痛苦。作者正是通过这一人物的创造来表达他对当时社会的最沉痛的控诉和最严正的抗议的。所以这一人物的性格,看来尽管是那么简单,似乎是一目了然,极易理解的,其实,在他的心头却有着非一般人所能忍受的负荷。他的灵魂的深度,也不是一般人所能充分地感知和把握的。

钱谷融的分析显然是让人信服的。文学评论中的理论性首先表现为观点正确。即文章的观点符合唯物辩证法,符合客观事物的发展轨迹,对读者有启发和教育作用。要做到观点正确并不是那么轻而易举的,作者必须用辩证唯物主义和历史唯物主义的观点观察问题、分析问题、解决问题,提出合乎客观实际的结论。其次是材料真实。即文章的材料不是弄虚作假,更不是无中生有,否则,就会产生严重的后果,害人害己。再次,是论述中肯。文学评论要对客观事物进行阐释、说明、议论,一般不应带主观色彩,而应以冷静的、客观的、公正的态度,对待一切人,对待一切艺术成果。

(二)创造性

文学评论的形态尽管彼此的样貌有异,但它们的精神实质却趋于整一性,即所有的文学评论除了具有理论性,还必然具有创造性。文学评论的创造性,是指在评论研究的范围内,要有自己的真知灼见,有自己的独立看法。绝不能人云亦云,单纯重复前人的发现。

创造性主要表现在三个方面:

首先,在自己所研究的论题范围内,前人未曾发现、未曾接触的问题,或者虽有接触而语焉未详,评论者经过研究、探讨,提出新的看法,能做到论据确凿、论据清楚或谓言之成理、持之有故,这样的评论就是有新意,有创见的。

其次,自己所研究的论题,前人已经进行过大量研究,在吸收前人成果的基础上,以新的材料、新的高度,继续进行探索,提出自己的见解,也属该领域中的创见。

再次,在旧说或通说的商榷中体现出来。如果我们在对某个论题的研究中,从客观事实或实际材料出发,经过深入研究得出了与已有结论不同然而又是科学的结论,这也不失为批评领域中的一种创造。

王晓明写过一篇《另外一种散文——读周作人的乌篷船》,可谓新见迭出:

> 周作人并不是真正的田园诗人,他对那种恬淡闲适的心境的追求不过表明了他的惶惑,他的无可奈何,就像一个被乱兵破了宅门的新派秀才,他只好学着去当隐士。《乌篷船》也不是真正的田园诗,说得夸张一点,它不过标示着作者的一条自救之道。倘若从那

些平平淡淡的文句中,你已经感受到一种平和恬静的清洒态度,那就不妨再把眼光放开一点,看看这篇散文的作者和他置身的时代,你也许还能从这种特别的人生态度背后窥见一丝逃避哲学的影子呢。可悲的是,那个动荡的时代并没有给隐士划出一块静地,周作人终究未能避开世事的纷扰。而从知其不可为就不为的消极立场上,是很容易滑进无可无不可的深渊的,四十年代他在民族大义上的严重失节,就是明证。

王蒙曾说过:"希望学问家多一点灵气。希望创作家多一点学识,却不要因学识而'戕宝钗之仙姿'又'灰黛玉之灵窍'。学问家也不要因灵气而想当然地信口开河,随意指点,甚至一口一个当然,就像王善保家的论搜检方案,一口一个'自然'其实远不自然当然一样。知之为知之不知为不知,是知也。我们的学问,我们的创造力,究竟涵盖了多少对象,又有多少(不应是多少而应是多得多)的对象,还处在我们的理性、我们的悟性灵性所远远没有达到的黑洞里啊,谁又可以高高在上地摆出全知全能的架式来呢!"[3]应该说这是非常重要的提醒,其中也涉及了文学评论要把握好创造性的问题。

(三)诗意性

若把文学评论单纯看成一般意义上的艺术显然是不当的,但想把这种文体同艺术彻底划清界线却也是万万不能的。文学评论到底是文章,一提文章我们就肃然起敬,正如对自己的生命肃然起敬一样,人们对于著述的看重简直令人吃惊。曹丕说:"盖文章,经国之大业,不朽之盛事。年寿有时而尽,荣乐止乎其身,二者必至之常期,未若文章之无穷。"我们在谈论文章修辞的时候,究其实也是在润色、增饰某个生命,一个人的生命就是一篇文章,如果讲究修辞就会活得有声有色、有滋有味。这并不是一个简单的类比,生命与文章只是同一事物的两个不同的称谓。对于一个批评家则更是如此,文字是他的生活现实,修辞是他对自身的一种文学润色,他的生命注定要与文字相始终。对于生命我们自会有多向度的追求,而其中必少不下一个艺术标准,文章亦是如此。

汪曾祺的《又读〈边城〉》可为这方面的代表:

"我平常最会想像好景致,且会描写好景致"(《湘行集·泊缆子湾》)。沈从文对写景可算是一个圣手。《边城》写景处皆十分精彩,使人如同目遇。小说里为什么要写景?景是人物所在的环境,是人物的外化,人物的一部分。景即人。且不说沈从文如何善于写景,只举一例,说明他如何善于写声音、气味:"天快夜了,别的雀子似乎都在休息了,只杜鹃叫个不息。石头泥土为白日晒了一整天,到这时节皆放散一种热气。空气中有泥土气味,有草木气味,且有甲虫气味。翠翠看着天上的红云,听着渡口飘来生意人的杂乱的声音,心中有些儿薄薄的凄凉。"有哪一个诗人曾经写过甲虫的气味?

《边城》的结构异常完美。二十一节,一气呵成;而各节又自成起讫,是一首一首圆满的散文诗。这不是长卷,是二十一开连续性的册页。

《边城》的语言是沈从文盛年的语言,最好的语言。既不似初期那样的放笔横扫,不加节制;也不似后期那样过事雕琢,流于晦涩。这时期的语言,每一句都"鼓立"饱满,充满水分,酸甜合度,像一篮新摘的烟台玛瑙樱桃。

《边城》,沈从文的小说,究竟应该在文学史上占一个什么地位?金介甫在《沈从文传》的引言中说:"可以设想,非西方国家的评论家包括中国的在内,总有一天会对沈从文作出公正的评价:把沈从文、福楼拜、斯特恩、普鲁斯特看成成就相等的作家。"总有一天,这一天什么时候来?

这样的评论文字本身就像抒情诗。因为文学评论的研究对象是文学现象,它不可能不受文学特性的影响,这使文学评论不可避免地披挂艺术性。用形象、生动的语式来介入可视可听的意象,这是文学评论的必由之路,若只用干巴巴的理论来说教,那就会令人大倒胃口。作家对意义并不去作抽象的构思:他不曾去构思意义,而是感到了意义。而作品被阅读时就已由批评家变为一种艺术对象了,每一次阅读都是对作品意义丰富的过程。批评家不是用自己来补充作品,而是用作品补充作品自身。那么文学评论就是这一补充轨迹的文字结果,如果它不能充分照顾到作品的艺术特质、用一种艺术口吻来陈述,则必然会伤害作品的美学品性。

二、文学评论的美学标准

文学评论必然奉行思想和艺术两种标准。思想标准就是要根据具体的作品及其表现的思想内容、思想倾向来进行分析、评价；艺术标准与思想标准同等重要，是对作家及其作品的艺术形式、艺术手法、艺术效果等方面进行分析和评价。作为评论的半边天，艺术标准首先强调对作品的形象性进行衡量，找出它的美学意义；其次要对作品的艺术形式的完美性和独特价值进行论证；再次应对文学作品所使用的语言材料进行甄别，看其是否应用恰切。艺术性是文学评论探讨的主体内容，以文学评论的艺术性来表达文学作品的艺术性才能做到妥贴，才能使文学评论因有了艺术品性而更加深入人心。

（一）**思想深邃，客观公允**

评论者要遵循美的规律去探讨作品的美和丑，通过美学分析对作品进行审美评价。文学评论既有评论者的理性判断，又有评论者的审美感受。在审美感受的基础上对作品进行审美分析，是文学本质、特点决定的。文学作品是通过审美的形象性去传递审美情感、体现作品的主题思想的。艺术思想蕴含在艺术形象之中，其思想性越深刻、越丰富，作品就越有感染力和生命力。要深刻把握并挖掘作品的意蕴及思想意义，只有通过审美分析才能完成。从思维形式看，文学批评是以形象为基础、以理性思维为主的认识活动，是审美感受的升华。因此，反映在文学批评文体上，其语言词句也大都显得生动形象，既能给读者以启迪，又能唤起读者对美的渴求，使读者和作者得到精神上的愉悦和艺术上的享受。

王国维把《红楼梦》放在中国传统文化的大背景中考查，宏观上正是遵循了一种艺术挖掘的规律，从而展示《红楼梦》的独特意义；而在细部上又进行微雕，深刻地指出："故吾国之文学中，其具厌世解脱之精神者，仅有《桃花扇》与《红楼梦》耳。而桃花扇之解脱，非真解脱也；沧桑之变，目击之而身历之，不能自悟，而悟于张道士之一言；且以历数千里，冒不测之险，投缧绁之中，所索之女子，才得一面，而以道士之言，一朝而舍之,自非三尺童子,其谁信之哉?故《桃花扇》之解脱,他律的也;而《红楼梦》之解脱,自律的也。"王国维这一结论显然是充满智性、卓立古今的,让我们得见一代鸿儒的超拔。

(二)遵从规律,用美求证

文学批评是审美批评,而审美批评首先是一种情感性评价,它着眼于作品以什么样的情感并在多大程度上得到了成功的表现和引起了读者的心灵震荡与情感波动。《毛诗序》中说:"诗者,志之所之也,在心为志,发言为诗。情动于中而形于言……"文学作为一门艺术显然是作家的一种情感表达,情感也居于作品的核心位置,这就决定了批评家也要用情用心灵来求证。批评家只有对评论的对象充满感情,写出的文章才会神采飞扬,淋漓尽致,把批评家的人格、性情写进评论文字,使它做到情理辉映,而不是用完全客观的所谓的零度感情来对待作家、对待作品,不是冷冷冰冰、不痛不痒地说教,不是惯于兜头泼凉水使人望而却步,而是对作家、作品都能做到满腔热忱。

安妮·居里安是法国首席汉文学批评家,她曾写过一篇《笔下浸透了水意——沈从文的〈边城〉和汪曾祺的〈大淖记事〉》(陈丰译),文章条分缕析、从容恬淡,是一篇极有特色的评论文字。她觉得水对翠翠来说是犹豫的象征,对顺顺的两个儿子来说是生命的象征。水也就成为《边城》中的深渊。一切都自然然,一切都顺理成章。通过批评家丝丝入扣的分析,我们由衷地接受了作家的结论,即两部作品真的是由水来完成的,水不仅提供了背景,而且是故事的参加者、决定者,水已深入到人物生存的现实,左右人物的人生选择。

三、文学评论的社会职能

文学评论的社会职能不外乎四个方面:第一,对文学作品或其他文学现象作出科学评价,阐明一定的文学主张和文学观点,引导文学沿着一定的方向发展;第二,通过对文学作品的精确的艺术分析,发现和总结作家成功的艺术创作经验并上升为理论,以帮助作家提高创作水平,创作出质量更高的艺术作品来;第三,通过对文学作品的艺术分析,引导读者的接受和消费;第四,通过批评来发展和完善自己的批评理论,扶持和培养自己的批评队伍，使批评自身发挥更好的效用。具体说，文学评论的社会职能可作如下解析：

（一）检视与判定

在文学批评中，批评家必要做的最打紧的两件事便是检视与判定。检视，首先是揭示作品的意义，指引读者。批评家要充分估计到读者阅读时可能遭遇的困难，那种一般读者不易寻找的隐蔽的意义，就要由批评家来辨认，让他翻译成更清楚的语言，使之能被公众掌握，这时批评家只是讲解员。其次，批评家要把作品看作是一个文化世界的产品，在它面前批评家升格为社会科学家，他引用因果关系，认定作品是由心理过程或是由历史环境所决定的。批评家不在意人们怀疑的眼光，人们可能藐视批评家的论断，但一个高明的批评家完全能够说服大家。

判定则是更深层次的批评。文学作品有两个显在的特质，一是阅读的，二是书写的。批评家应该比一般读者多看出文学的一种特别的价值，他在阐明这种价值的时候，事实上就是在作某种判定。一个优秀的批评家应该是一个优秀的见证人，一个不偏不倚而又深思熟虑的见证人，他所作的审美判断宜具有普遍意义，他是作品中众多问题最好的回答者。对每一篇新作品，批评家都要报以一种崭新而喜悦的目光，一种绝对无保留的眼光。他必须完全存在，以便给作品最大的包容和最深刻的反响；他又应该不完全存在，以剔除作品中批评者私己的内容。判定时就是批评家在给自己打分，能否及格则看他的结论是否有所超拔。

米兰·昆德拉是饮誉全球的文学大师，他的《被背叛的遗嘱》是继《小说的艺术》之后作家用法文撰写的又一部理论巨著。全书共分为九个部分，作者旁征博引，更为深入地探讨小说的理念、技术以及小说的前途等备受瞩目的一系列重大问题，第一部分"巴奴日不再引人发笑之日"阐述的是小说中的幽默，我们从中选择了一段，以此来见证卓越的西方批评家并不煞有介事，并不故作高深：

> 什么是个体？个体的同一性寓于何处？对这问题，所有的小说都在寻求一种答案。一个自我究竟靠什么来确定？靠一个人物的所作所为？靠他的动作？但是动作的作出常常不受主体的控制，而且几乎总是反过来损及主体。那么是靠他的内心生活，靠他掩盖着

的思想和感情？然而一个人是否真的能理解自己？他被掩盖的思想可以用作弄清他的同一性的钥匙吗？或者，人是靠他的世界观，靠他的思想，靠他的 Weltanschauung 确定自身的吗？这是陀思妥耶夫斯基的美学：他的人物均深深扎根于非常具有特色的个人思想意识中，依照这意识，他们以一种不可动摇的逻辑推理行事。相反，在托尔斯泰那里，个人的思想意识远远不是个体同一性得以在其上建立基础的稳固之物。"司契潘·阿卡谛耶维奇既不选择自己的举止行为，也不选择自己的观点看法，举止行为与观点看法自动地来到他面前，就像他既不选择帽子的式样也不选择礼服的式样，别人穿戴什么他也穿戴什么"（《安娜·卡列尼娜》）。假如个人的思想不是个体同一性的基础（假如它并不比一顶帽子具有更重要的意义）的话，那么这一基础又在什么地方呢？

在这一无休无止的寻求中，托马斯·曼作出了他很重要的贡献：我们以为在想，我们以为在做，而实际上只是另一个或另一些东西在替我们想与做：远古的习惯，变成了神话的原型，经过一代又一代的延传，获得了一种巨大的引诱力，从"往昔之井"（如托马斯·曼所言）遥控着我们。

他对文学史的熟络，对作品的深度把握，都令我们拍手称奇。细看之下，我们更发觉其实他已将社会学、历史学、文化学、心理学、美学等多学科、多方面的知识渗入其中，只是因为信手拈来、不露声色，才使我们初读时并未在意。能于多门类知识间天马行空、来往自如，其越拔之处一望而知，想来没人敢指责他不会做学问。

(二)**分析与判断**

精到的概括与具体的分析也是文学批评的重要路径。精到的概括是指用简洁的语言把作品的思想内容和艺术特色概括出来，给读者以明晰的总体印象。具体的分析是指对作品本身的各种因素及其关系加以解剖、说明、比较，使读者对作品本身有透彻的了解。只有精到的概括，没有具体的分析，不能给人以具体的印象；只有具体的分析，没有精到的概括，不能很好地帮助读者加深和提高对作品的认识。好的文学批评，总会把精到的概括和具体的分析结合得天衣无缝。分析要有板有眼落到实处,概括要干净利落毫不拖泥带水,特别是概括要尽可能做到文字省洁,这一点我们要向古人学习:"时文字能于笔墨之外言所欲言者,三人而已。归太仆之长句,诸君燮之绪音,胡天一之奇想。"[4]不足四十个字便完成了对明文的一个重要的判断。

(三)评价与提升

"自从文字能被用来记录和储存作品以来,批评似乎总是陪伴着文学,有时是跟随它之后,有时是走在它之前。因为如果说作品经常引起批评的话,那么批评有时也启发作品。批评的出现丝毫不足为奇,因为批评就是判断,即使不作出判断,起码也是在锻炼自己的判断力。每一个读者都是潜在的批评家。当作家重读自己的作品时,他自己也成了批评家。然而,随着批评成为一种制度,它就想肯定它的权威并为之辩护。"[5]杜夫海纳为我们展示的是批评的自发的初始状态和批评的制度化,从中极易看出对于批评家的要求显然高于一般的读者和作家,批评家的文字必须极为特别。

我们还记得别林斯基被引用较多的一句话:"批评不是艺术和科学之间的中介者和调解者,它是理论对实际的应用,那个被艺术所创造而不是本身创造艺术的科学。"[6]其实这句话讲的并不确切,因着它的误导,许多批评家放弃了对自己更高的约定,但是文学批评完全有机会成为艺术,这是千真万确的事实,我们不可懈怠。认定文学批评不是创造艺术无疑会后患无穷,目标本身的低下,必然殃及批评家的写作热情,这是带有方向性偏差的错误,它足以使批评家不振作,实在不可等闲视之。

第三节 文学评论写作要义

从写作的主客体关系上看,文学批评是主观性与客观性的统一;从写作的心理活动方式看,文学批评是艺术直感与理性思忖的交融;从写作语言的角度看,文学批评是科学表达与艺术描述的结合。

一、文学评论的写作准备

在文学评论写作之前,作为作者是要有充分准备的。首先是经验存储。我们对某一作品的认识,通常要建立在广泛阅读基础上的,没有这样一个前提,我们是无法对作品进行纵横讨论的。其次是文论视野。我们对评论者和阅读者的要求是不同的,一个评论者不能只看到现象,不能只停留在直觉层面上,而要做到看个仔细、说个明白,就必须有深厚的东西方文论基础。再次是体悟创见。新意是一篇评论的灵魂,但是认识独到显然是长期积累、不断思考、训练有素的结果。初学者,对经典评论文章的大量学习是相当必要的。我们摘录金圣叹批第五才子书《水浒传》第十回"林教头风雪山神庙 陆虞候火烧草料场"之一节以观其妙:

> 夫文章之法,岂一端而已乎?有先事而起波者,有事过而作波者,读者于此,则恶可混然以为一事也。夫文自在此而眼光在后,则当知此文之起,自为后文,非为此文也;文自在后而眼光在前,则当知此文未尽,自为前文,非为此文也。必如此,而后读者之胸中有针有线,始信作者之腕下有经有纬。不然者,几何不见一事即以为一事,又见一事即又以为一事,于是遂取事前先起之波,与事后未尽之波,累累然与正叙之事,并列而成三事耶?

> 如酒生李小二夫妻,非真谓林冲牢城营有此一个相识,与之往来火热也,意自在阁子背后听说话一段绝妙奇文,则不得不先作此一个地步,所谓先事而起波也。

> 如庄家不肯回与酒吃,亦可别样生发,却偏用花枪挑块火柴,又把花枪炉里一揽,何至拜揖之后向火多时,而花枪犹在手中耶?凡此,皆为前文几句花枪挑着葫芦,逼出庙中挺枪杀出门来一句,其劲势犹尚未尽,故又于此处再一点两点,以杀其余怒。故凡篇中如搠两人后杀陆谦时,特地写一句把枪插在雪地下,醉倒后庄家寻着踪迹赶来时,又特地写一句花枪亦丢在半边,皆所谓事过而作波也。

> 陆谦、富安、管营、差拨四个人坐阁子中议事,不知所议何事,详之则不可得详,置之则不可得置。今但于小二夫妻眼中、耳中写

得"高太尉三字"句,"都在我身上"句,"一帕子物事,约莫是金银"句,"换汤进去,看见管营手里拿着一封书"句,忽断忽续,忽明忽灭,如古锦之文不甚可指,断碑之字不甚可读,而深心好古之家自能于意外求而得之,真所谓鬼于文、圣于文者也。

读了这样的文字我们才知道什么是丝丝入扣,什么是开阖裕如,什么是赏心悦目,什么是顿开茅塞。"导游"、"媒妁"、"磨刀石"、"清道夫"之谓,皆适用于金圣叹。读了这样的文字,我们不禁要击节赞叹了。我们读到的不仅是一篇洞幽烛微、独出机杼的批评文字,同时也读到了一件有"无限眼界、无限文心"的艺术极品。一个称职的批评家至少要通过自己创造性的劳动,把作品中所包含的美转变为比较容易欣赏、容易领会的美,批评家是美的消化的桥梁,联结美与美的探求者,批评家起着一种不可或缺的作用,无疑金圣叹充分发挥了这样的作用。他对《水浒传》的评点,指涉艺术创作和欣赏的诸多方面,如注重情节与人物性格的关系、小说语言准确性及表现力、作家的独具匠心等都有过人之处,他对其他作品的审美判定也无不有惊人之语、惊人之见。金圣叹的卓越表现实在可圈可点,他极大地丰富了"评点"这一批评方式的文化内涵,大胆将其运用于小说、戏曲、诗词、历史、哲学的解读之中,他的文字如同他的为人,在汉语文学史上可谓是至为怪异也至为生动的一段传奇。

二、文学评论的写作现场

文学评论作为一种论文,其基本的理论框架自是"提出问题——分析问题——解决问题",与其他的论文并无本质区别。但因为它的文体个性,在实际写作过程中也会遵循一种独特的路线。

(一)**选择论题**

所谓选择论题,即在阅读作品、搜集材料的基础上,选择并确定评论的话题。选择论题就是核定文章的写作方向和写作基调,所以应该选择什么人的哪一篇作品,这是有标准的。标准就是:

1. **文本价值**。所谓文本价值,指的是所选对象的思想性和艺术性要有一定的高度,或是某一种作品代表着一种值得注意的倾向,应值得评论。

2. 现实需要。一切评论都是当下评论，凡是具有现实性或现实借鉴意义的作品，都可成为论题，作为评论者，就应该负起直面时代的责任。

3. 个人能力。所选作品要根据论者的爱好、能力、专长来定。要知道作品中什么有意义应选取，什么无意义要舍弃；要弄清什么是自己的真知灼见，什么是拾人牙慧；要懂得哪些是自己评论时能够驾驭的，而哪些是偏大偏难自己力有不逮的。

总之，选择论题是在阅读文本的基础上，凭借评论者的沉思，最终从感性认识上升到理性认识的"飞跃"。

(二)介入文本

1. 内容重放。文学批评中的"叙"主要有两种方式，一是复述，一是节录。复述的目的是为了评论。复述和议论是相辅相成的，掌握了复述的艺术，又精于议论，才能写出好的文学批评。复述和评论二者之间并没有什么固定的比例，篇幅各占多少，要根据评论的需要。复述和议论结合的方式是多种多样的，可以先叙后议，可以先议后叙，也可以夹叙夹议，不管采取哪种方式，都要求做到观点鲜明，有说服力和感染力。

在文学评论中，批评家抓住问题的关键所在，用复述、节录和议论相结合的形式，进行深入阐发，复述在文章中实际起着提供事实依据的作用，不可或缺。好的复述可以使没有读过作品的读者对作品的内容一目了然。复述是对作品的浓缩和提纯。文学批评中的复述也是一种艺术的再创造。

2. 情感分析。文学批评中的"用情"至少要恪守三方面的原则：其一要"知人论世"。鲁迅曾说过："倘要论文，最好顾及全篇，并且顾及作者的全人，以及他所处的社会状态，这才较为确凿。要不然是很容易近乎说梦的。"这是批评家用情的前提，若是对作家和作品都不甚了了，自然也就谈不上什么用情了。其二要平等待人。批评家与作家并没有高下、优劣之分，他们在文字面前是比肩而立的。批评家不可粗暴行事，也不必自轻自贱，最好的尺度自然是平视作家作品，以这种朋友般的姿势对话后得出的结论才能真实。其三要客观公正。客观公正地评价是为作家为作品为一种艺术找寻公平，要躲开"爱杀"和"恨杀"这两个极端，有一说一，有二说二，只有这样，批评家在作家、作品面前才能做到以心对心,让作品和批评彼此照亮。

3. **优劣评断**。文学的力量和价值取决于它同生活的对比关系。批评家的使命就在于条分缕析地为读者解决这一问题,指明作家怎样从生活前线撷取素材,又是怎样咀嚼成篇的;判断作品是否有效地反映了人生世界的本相,程度如何,有无预见性等等。龙应台曾慨叹过"台湾没有文学批评",她的理由是:"学院门墙里的评论在学术期刊上发表,是专家与专家之间的沟通密码,对长远的文学生命固然重要,却与广大的读书人口完全隔绝。门墙外的实际批评,或者是庆贺开张大喜的文字花篮,或者是主观而情绪的个人感想,而绝大部分的新作品只是悄悄上了书摊、悄悄被人忘怀,金块与垃圾命运一同。"

(三)立论整合

1. **思想指认**。一篇优秀的文学批评是能够给人留下刻骨铭心的印象的,因为这样的批评不仅是对文学作品的判定和引导,而且标示了当时的文化走向甚至是人生世界的大前途,它具备了警策人心的意义。而更为超拔的文学批评则可在至为关键的时刻陡然站出登高而招,起到一锤定乾坤的作用。新中国成立至"文革"之前,我们的文学批评家还大都具有双重身份,那就是他们同时也是非常活跃的作家,尽管身在特定的历史时段,大多文学批评沦落为一种政治图解,但仍有一些批评在以一种热忱真心真意地讲述,在十七年文学史中印上后来者由衷感佩的脚迹。可舆论已高度自由的今天,我们的文学批评家的嗓音却有些喑哑,人们听不清他们的表白,或者干脆失去了聆听的兴致,实在是一桩咄咄怪事。四十多年前茅盾关于《百合花》的权威评价,虽然带有那个时代的印记,却于今仍有重大的启示意义。

2. **构拟提纲**。构拟提纲就是确定一篇文学评论的骨架,再加进简要的材料提示,形成全文的概要。基本思路是"序论——本论——结论",这与一般论文的写作要求一致。提纲是论文的基石与雏形,借助论文的题目和大标题、小标题,我们可以检测文章结构的逻辑性,合理地充填内容。提纲可分为简单提纲和详细提纲两种,选择哪一种,要根据作者的需要。如果考虑周到,调查详细,用简单提纲问题不是很大;如果考虑粗疏,调查不周,则必须用详细提纲,否则很难写出合格的文学评论。总之,在动手撰写文学评论之前拟好提纲,写起来就会方便得多。

(四)撰写成篇

文学评论的写作过程,一般依着下列的顺序进行:

1. 引论。引论也称引言或绪论,不同的文学评论引论的方式各异,但内容大都不出于选题的背景、理由、目的、意义之外,最好是视野开阔,又目标明晰。

2. 本论。是文章的主体部分、关键部分,作者围绕论点,充分展开论证。论点要鲜明、正确,论据要雄辩、有力,论证可以采用归纳、演绎、分析、综合、比较、反驳等多种手法

3. 结论。常是文章的结尾部分,可以是本论的延伸,即对本论进行科学、简明的概括与总结;可以是本论的附加成分,是对本论补充、"余论",往往能收到余音盘桓、引人沉思的效果。

《唐诗杂论》是闻一多唐诗研究的主要成果之一,代表了他的学术观点和学术水平。理解《宫体诗的自赎》这篇文章的关键无疑在于理解宫体诗和闻一多及闻一多的学术观点。宫体诗是中国古代文学中的一个特定称谓。"宫体"之称始于梁简文帝之时,但此前鲍照、沈约等人的艳情诗已为其作了足够的铺垫。就内容而言,宫体诗主要以宫廷生活为描写对象,以咏物和描写女性为主,多写女性的容貌、体态、服饰,并有部分色情内容。宫体诗诗人对女性的审美观照同对器物的审美观照的心理是一样的,其诗歌在情调上伤于轻艳,在风格上比较柔靡缓弱。学术研究是需要争论和进步的,我们选择《宫体诗的自赎》来作为参照不是想说它的观点一定是永恒不变的真理,而是要告诉大家,学术论文并不都是枯燥、乏味和抽象的,它也可以作得像画卷一样怀抱美好,像诗歌一样充满激情。

说理当然也要讲究艺术,不能只求"辞达而已矣"。要艺术地表达自己的主张,可以从以下几点去考虑:其一,以平视的眼神对待读者。如果批评把自己看得高高在上,就难以用平易的语言将深刻的道理解释清楚。评论作者在写作时要像在老朋友面前讲述一件有趣的新闻一样,在随意和轻松之中将道理阐释清楚。其二,使用俗常而富于表现力的语言。评论的语言切忌艰深晦涩,矫揉造作,反对空话、套话和死板生硬的

八股腔。要善于把深奥的道理用普普通通的大众语言讲解清楚。其三,要尽可能保留结论的直观性。评论在讲究逻辑性之余,还应力求把抽象的道理讲得富有形象性,这样可以增强文章的吸引力。常见的方法有:注重运用比喻;注重对评论的客观事物进行形象化的富有感染力的描写;注重寓情于理,将观点融入富有感情色彩的语言中,做到情理交融;适当运用有关修辞用法,如排比、设问、反诘等句式的使用。

三、文学评论的后期润饰

(一)修改论证

何其芳在《谈修改文章》中曾归纳过:

一般文章的毛病,根本成问题的大概不外乎观点错误,不合事实,教条主义,空洞无物等项。并不是整篇要不得,而是局部内容或表现形式有缺点,必须加以修改的却相当多。就我所能想到的缺点列举出来,就有这些:

一、抽象笼统,叙事不具体,说理不清晰。

二、根据不足,就下断语,我要怎样说就怎样说,信不信由你。

三、强调一点,不加限制,反驳别人,易走极端,没有分寸,不够周密。

四、大家都知道的事情说得很多,以为只有自己知道别人不知道。

五、别人不知道的事情说得很少,以为自己知道别人也应该知道。

六、许多事情或问题,随便放在一起,没有中心,没有层次,逐段读时还可以,读完以后一片模糊。

七、写到下句不管上句,写到后面不管前面。

八、信手写来,离题万里,偏又爱惜,舍不得割弃。

九、抄书太多,使人昏昏欲睡。

十、生造词头,乱用术语,疙里疙瘩,词不达意。

十一、没有吸取说话里面的单纯易懂,生动亲切等好处,只剩下说话里面的罗嗦重复,马虎破碎等缺点。

应该说他对文章疾患的诊断相当准确,形式和内容的诸多方面都有所涉及。在创作实践中,同时出现上面这些不足是不大可能的,我们在这里首先要说的是文风问题,这也是重中之重。在严谨的前提下追求新意,在文表现为一种学术精神,在人则为一种人生态度。一篇文学批评不一定非要剑拔弩张,但是有些棱角是必要的,如果一味做和事佬,那么你的作品必然寡淡无味,最后使一篇文学批评输掉。

(二)增删材料

后期润饰阶段材料增删、调整是极为必要的。具体取舍原则是:

1. 要有准确而鲜明的论点。
2. 要有精当、充分而有说服力的论据。
3. 要运用科学的符合逻辑推理的论证方法。
4. 要具有文学批评的现代意识,能按照文学规律和特性结合作品实际进行写作。

文学评论强调用科学的思想、方法、态度进行论述,对待研究工作,尊重客观实际,坚持实事求是。无论对历史问题还是对现实问题,对理论问题还是对实践问题,都应持之有据,言之成理,切忌主观臆断,信口雌黄;不感情用事、轻率盲从,也不故弄玄虚、任意发挥。既不把简单的问题复杂化,也不把复杂的问题简单化。要避免形而上学、绝对化、片面静止地观察事物,讨论问题。要正确地揭示科学规律,恰如其分地描述研究的成果。善于运用灵活则又严密的思维方法进行思考,准确论证自己所认识的真理,让结论建立在可靠的基础之上。文学评论的理论性要得到有效的展现,最终要靠形象的描述文字来完成。文学评论中的理论性绝不板着面孔,它是一种艺术化的提纯,它是一种写意化的表达。

(三)核对文献

参考文献是为撰写或编辑论著而引用的有关图书资料,是出版物不可缺少的重要组成部分。按照规定,凡引用前人或他人的观点、数据和材料等都要在文中出现的地方标明,并在文末或书末列出。核对文献就是把文章中涉及引用资料重新进行确认,以一种科学、谨严的态度来对待文本、作家、读者、时代,这也反映了一个持论者的职业精神。

在创作上文学观念在不断更新,因此文学评论的理论也要随之不断更新。为此，就要努力使评论的语言既准确、严密，有科学性、理论性；又要鲜明、新颖，有文学性、形象性。要通过语言的运用将评论的理、情、文三者完美地结合起来。要对作品的人物形象、故事情节、艺术描写和语言运用等方面进行深入细致的具体的分析。必须运用学过的文学理论知识、文学史知识、美学知识、语言学和修辞学知识，针对具体作品进行具体分析。有了宏阔的理论视野，有了新颖的过人洞见，有了脱俗的诗性表达，这样的文学评论才是精品，才可以服人。

---

[1]　转引自《文学理论批评术语汇释》，王先霈、王又平主编，高等教育出版社，2006年，第32页。

[2]　《英国作家论文学》，汪培基等主编，三联书店，1985年，第204页。

[3]　《中国当代名人随笔·王蒙卷》，陕西人民出版社，1993年，第365页。

[4]　《闲雅小品集观·王季重序》，黄卓越辑著，百花洲文艺出版社，1995年，第5页。

[5]　《美学与哲学》，[法]杜夫海纳著，孙非译，中国社会科学出版社，1987年，第137页。

[6]　《别林斯基选集》第一卷，满涛译，上海译文出版社，1979年，第348页。

【自测训练】

1. 文学评论是怎样一种文体？结合你的阅读经验谈谈体会。
2. 文学评论的美学标准和社会职能是什么？
3. 文学评论写作应注意哪些要义？你以前的练笔有哪些缺失？
4. 你如何评价"学院派"文学批评？
5. 运用你掌握的文学评论知识与技法，为下例写一篇2000字左右的短论。

爱
张爱玲

这是真的。

有个村庄的小康之家的女孩子，生得美，有许多人来作媒，但都没有说成。那年她不过十五、六岁吧，是春天的晚上，她立在后门口，手扶着桃树。她记得她穿的是一件月白的衫子。对门住的年轻人同她见过面，可是从来没有打过招呼的，他走了过来，离得不远，站定了，轻轻地说了声："噢，你也在这里吗？"

她没有说什么，他也没有再说什么，站了一会儿，各自走开了。

就这样完了。

后来这女子被亲眷拐了卖到他乡外县去做妾，又几次三番地被转卖，经过无数的惊险的风波，老了的时候她还记得以前的那一回事，常常说起，在那个春天的晚上，在后门口的桃树下，那年轻人。

于千万人中遇见你所遇见的人，于千万年之中，时间的无涯的荒野里，没有早一步，也没有晚一步，刚巧赶上了，那也没有别的话好说，惟有轻轻地问一声："噢，你也在这里吗？"

【名篇赏析】

做了女人真倒楣？（节选）
——丁玲的"霞村"经验
王德威

谈论现代中国女作家的创作及早期女性主义者的活动，丁玲（1904—1986）每每是不可或缺的要角。纯就文字艺术的试炼而言，丁玲的小说或流于煽情造作，或偏向政治宣传，笔锋粗糙，不如同期或稍后的女作家如凌叔华、萧红、张爱玲等多矣。但自当年《莎菲女士的日记》（1927），到文革后发表的《杜晚香》（1979），丁玲半世纪的写作经验每随感情、政治际会屡起屡仆。她的作品与生命两相纠结，辗转曲折，自有其扣人心弦之处。而她对女性身体、社会地位及意识的体验，尤其是有心人探讨（女）性与政治时的绝佳素材。……

是神女，还是女神？贞贞角色定位的问题是《霞村》情节的张力所在，也是日后批丁或拥丁者各执一词的根源。如果《霞村》确有异于一般样板小说的动人力量，我们可以说丁玲不愿囿于一端，简化小说内蕴的道德、政治与性问题的错综关系，应是首要原因。这个表面看来头头是道的小说,其实深具女性主义讯息。它的挑衅性不在于美化了妓女或丑化了民族正气,而在于根本摇撼了传统文化论述所视为当然的那套女性神话。透过贞贞的痛苦经历,《霞村》点出了她的压力原来来自于"敌"、"我"双方;而掩藏在爱国爱党前提下的,是她甘对自身肉体的无尽忽视与摧毁。无怪陪伴小说叙述者同到霞村的阿桂,听了贞贞的故事后要长叹:"做了女人真倒楣!"……

比照赛金花的传奇,丁玲很可以把贞贞也写成个小号的、无产阶级的孽海"向阳花"。但是《我在霞村的时候》在彰扬贞贞的杰出表现同时,也悄悄夹带了不少弦外(题外?)之音。丁玲的问题包括了:在以"解放"为号召的政权下,妇女的地位如何才算是解放?两性间的不平等关系,可以用民族意识(中对日)或阶级斗争论来轻轻化解么?女性身体如何成为男性权力放纵或禁抑的对象?还有女作家如何在男性中心叙述传统下,突破障碍,发出独特的声音?对于左派乌托邦主义者而言,这些问题只要随着"革命"的成功,自可迎刃而解。但是丁玲似乎不作如是观。小说也许没有提出明确的答案;我们所见的,是叙述者游移于各类角色所代表的立场间,企图包容彼此的矛盾,却终究更无奈地泄露其破绽间隙。曾有评者甚至注意到,一反当时教条小说的单一叙述声音或姿态,《我在霞村的时候》至少含有贞贞、叙述者及多数村人三种声音,相互冲击。而随着故事进行,这三种声音并未如预期般地合而为"一",以预示一乌托邦式叙事(及意识形态)论式的完成。贞贞始终是与"广大的人民"站在对立的地位上,而所谓拥护她的年轻人,除了痴心的夏大宝外,并不多见。

另一方面我们也要注意,小说除了凸显贞贞进退两难的处境外,叙述者"我"亦是一重要关键。"我"到底是谁呢?故事开始就说,"因为政治部太嘈杂","我"被"送到邻村去暂住",虽然"我的身体已经复原了"。是什么样的噪音迫使"我"离开"政治部"?邻近的霞村岂真比政治部清静?至少我们又碰到贞贞与村人所带来的难题。小说将结,贞贞满怀希望地要服从组织安排,继续"学习"。而叙述者"我"是否已隐隐感觉"政治部"的"嘈杂",将对贞贞构成另一威胁呢?藉着"我"所引出的外围叙事框架,我们隐隐发觉"我"与贞贞间竟有一休戚与共的关系。丁玲的

"我"满怀郁闷思绪,并不因为"休养"完毕而结束。贞贞的出现俨然具象化了她"身为女性"所特有的期盼与恐惧、希望与挫折。女性革命者的道路走得要比男性更为艰苦。故事最后,丁玲的"我"期许和贞贞"好一阵时日""不会分离了"。她们的"有志一同",岂只是在于政治理想上的奉献?在其之上,她们还必须对自身的地位,再作一番挣扎。

丁玲的"霞村"去来,因此不只是一个表扬"好人好事"的教条故事,它同时代表了丁玲对女性问题的沉思探索。一念及此,小说前半部侦探故事似的架构也就更有意义。"我"先是听得风声,再辗转深入事件核心,终于得见当事人。而令人惊奇的是,贞贞虽已重病在身,却"一点病征也没有,她的脸色红润、声音清晰,不显得拘束,也不觉得粗野"。这一高潮(或反高潮)其实颇有文章:贞贞的健康表象,当然暗示其人的精神高贵,以及共产主义的护身符法力无边;就丁玲的女性主义立场而言,这当然也多少投射她自矜与同情的心理。但我要强调,贞贞的毛病正是在于她的"表里不一"。不论外表如何"红润健康",她毕竟有"暗疾",得就医兼学习。由贞贞所代表的谜题表面上是解决了,但作为一个多思多虑的侦探,丁玲的"我"显然觉得整个事件另有蹊跷,却不得(不敢得?)其解。《霞村》因有一紧急煞车的侦探叙述结构,使事件不了了之。也因此,丁玲的迷惑反更凸显出来。

不论丁玲的文字如何简单粗糙,政治意图如何直截了当,《我在霞村的时候》很意外地透露了她对妇女问题的深切体验。尤其在连锁政治、道德与性别的畛域时,丁玲揭发了革命的阶级斗争或前进的意识形态,依然有男女之别,而女性的遭遇亦无法化约为"人民"或"国家"的境况。"霞村"在丁玲的笔下,很可以看作是各种左右女性前途的权力交锋场所。尽管故事并未提出什么惊人见解,我们还是可以揣摩丁玲的深沉感触。《霞村》发表于1941年,次年毛泽东即发表了著名的延安文艺讲话。比诸将要发生的种种,《我在霞村的时候》居然成为丁玲充满乡愁感触的最后冒险,一个向过去的"我"的无奈告别手势。

(选自《中华文学评论百年精华》,人民文学出版社,2002年)

王德威是汉语言文学批评海外军团少壮派的领军人物,他的见解每道人未道，所以极受推崇。丁玲1941的作品《我在霞村的时候》在大陆大致经历了始遭批判、作家不久惹文祸上身，到作家被平反而作品亦获得正名的轨迹，这样的遭际是中国当代文学早期，甚至包括更早的解放区一部分文学的相似经历，这显然是中国某一时段被贬抑文学鲜明的命运写照。

王德威因用的不是我们久已习惯的思想符码，所以从一开始就显出了眼神的新异。他先置丁玲于相关作家群中判定高下："丁玲的小说或流于煽情造作，或偏向政治宣传，笔锋粗糙，不如同期或稍后的女作家如凌叔华、萧红、张爱玲等多矣。"但话锋一转，"她的作品与生命两相纠结，辗转曲折，自有其扣人心弦之处。而她对女性身体、社会地位及意识的体验，尤其是有心人探讨（女）性与政治时的绝佳素材"。这样率性的见地干净、痛快，让我们眼前一亮。

向时我们每每纠缠于《我在霞村的时候》"鲜花"和"毒草"的二值争论，"政治用意"、"思想格调"的辨认企图始终挥之难去。而王德威却认为它很意外地透露了作家对妇女问题的深切体验，特别是在政治、道德、文化与性别的敏感期，女性更为沉重的人生遭遇。他觉得"霞村"在丁玲的笔下，很可以看作是各种左右女性前途的权力交锋场所。"比诸将要发生的种种，《我在霞村的时候》居然成为丁玲充满乡愁感触的最后冒险，一个向过去的'我'的无奈告别手势。"这样的认识可谓高屋建瓴，实在令人刮目相看、挑指服膺。

第二章　社会评论写作

【重点提示】

1. 领会社会评论的概念与文体类型。
2. 了解社会评论的媒体空间。
3. 掌握社会评论写作的基础知识。

第一节　社会评论范畴

一、社会评论的文体发展

社会评论是最古老的文体之一。在世界和我国文学发展史上，社会评论这个文体形式都有着悠久的传统。古希腊古罗马的文学和哲学著作中都具有社会评论性的成分。在我国先秦诸子的作品中，有许多篇章将叙事与说理紧密结合，用形象的方法来阐明观点，如孟子的一些论辩文、韩非的一些寓言性质的议论文等。以后，在两汉、隋、唐、宋、元、明、清等各个历史时期，社会评论都占有一定的地位，如写作《捕蛇者说》的唐代文学家柳宗元，以及明代的刘基、宋濂，清代的顾炎武、龚自珍等，都是当时这类文章写作的代表人物。

到了19世纪与20世纪之交，梁启超先生在其主办的报刊中，发表了一种评论文字。梁氏的新文体文章以"新民"为政治目标，是重造"中国魂"的"觉世之文";在写法上,摈弃"义法",呼唤"灵感","笔锋常带感情"。这种"诗与政论结合",语言介于半文半白之间的文体形式,被称作"新文体",成为中国现代社会评论的先声

从1918年4月开始,《新青年》杂志开辟"随感录"专栏,专门发表针对社会现实的议论性短文。这些短论内容尖锐泼辣,语言俏皮风趣,颇受读者欢迎。紧跟着《新青年》杂志,当时及以后的报刊,纷纷开辟类似的言论专栏,其名目有随感录、杂感、杂文、杂评、乱弹、评谈、批评、寸铁、小品文,等等,它们正是严格的科学意义上的社会评论滥觞。

二、社会评论的概念

社会评论是写作者对于现实社会中的一些事件做出自己的评价的文章体式。

(一)社会评论是评论社会

社会生活在不断向前发展,人们的思想也在不断发生变化,精神需求在日益提高。当今社会上层出不穷的新情况、新问题、新现象,需要加以评判、分析和解决。社会评论的切入点要涉及政治、经济、军事、文化、科学、技术等各个层面,内容触及社会生活的各个领域,思想、伦理、心理、风俗无所不谈,它是全社会的"观天仪"。从题材上看,社会生活事件可大可小,上至社会之大,下到苍蝇之小,都是社会评论的内容。

(二)社会评论是社会性的评论

社会评论重在展示观点和思想。从观念上看,社会评论所反映的都应该是关乎当下的重大的并与社会全体成员有所关联的社会问题。它在对性质上具重大意义的事件或人民群众关心的重大问题为对象进行分析、议论、评判,并且阐明作者的观点、立场、态度;同时,在面世时在一定程度上也表达媒体主持人的意图和大众的看法。因而,社会评论所展示的思想不应为自叙状,也不能是灵魂隐秘般的密函和情书,而是面向全社会的共同心声。评论者的根本任务,是根据这些新情况、新问题、新现象,进行科学形象的分析,通过逻辑推理的方式,加以有理有据的论述或评判,来表明自己的观点与态度,以回答人们普遍关心和迫切需要解决的问题,从而提高人们认识社会现象的能力和审美评判能力,影

响人们的思想与行动,完善人们的精神生活。

(三)社会评论是全社会都能参与的评论

社会评论是面向社会的文体形式,因此,它是开放性的评论,选题范围极为广泛,形式风格不拘一格。它以精粹的语言,将深邃的哲理、丰富的知识熔于一炉,因而显得蕴含丰富。虽侧重于议论说理,以理服人,但由于各种材料的灵活运用,多种表现方法的综合使用,笔调的风趣幽默,能够熔事、理、情、趣于一炉,因此,它又具有一定的文艺色彩,能给读者以具体、形象的感受。社会评论在各种报刊、广播、电视、网络、手机等媒体中都有用武之地,如中央电视台的"焦点访谈"、"社会经纬",《人民日报》的"人民时评",《南方周末》的"方舟评论",南方网的"南方时评",搜狐网"日月谈"中的"社会评论"等等,都是社会评论的园地。社会评论是现代社会人人都能够参与的话语方式,在当代社会生活中具有广泛性、实用性,对社会各种思想观念有着交流沟通作用。

(四)社会评论与其他评论形式的区分

社会评论与社论有别。社论是社会评论中的"阳春白雪",是对重大的、全局性的社会事件甚至事变发表立场性、指导性的意见,其性质更为严肃,立足点更高,政策性更强。

社会评论不同于新闻评论,新闻评论意在一事一议,注重有理有据、有建设性,更强调新闻性和时效性。这是新闻传媒的功能、作用所致。

社会评论也不同于杂文。二者有不少相同之处,如:都以明事、说理、针砭时弊为己任,因而具有评论性、论辩性和针对性;取材广泛,写作手法多样,形式不拘一格;针对某些事物有感而发。社会评论相对于杂文时效性更强,评论的对象往往比较具体实在;杂文则可以抽象空泛一些。社会评论的文体风格相对平实、严谨;杂文则比较活泼、尖刻。社会评论的形象性、文学性略逊于杂文。

三、社会评论的类型

(一)批评性社会评论

批评性社会评论的基调,是揭露批判假恶丑的东西。批评的对象,是那些陈旧、腐朽、反动的东西,以及旧的制度、文化与思想的残留,特别是那些不利于社会主义建设和人民生产生活的现象、事件、问题。批评性社会评论的任务,当是唤醒读者的良知,提高读者认识,调动读者感情,去清除一切损害人民群众根本利益的事物,一切阻碍社会发展和历史前进的事物。由于社会评论是以评论和推动社会问题的解决为主的,所以批评性社会评论在整个社会评论中所占的比例很大。例如2006年7月18日发表于中新网的文章《山西不想再见李毅中》,对于山西矿难问题的评论一针见血:出事的地方政府不想看见李毅中,因为失职、渎职和管理不善让他们随时都有下岗的可能;于是,一些参股的官员和执法者不想看见李毅中,因为他是"克星",一旦查清真相,后果将不堪设想;于是,煤老板不想看见李毅中,出事的绝对要倒霉,没事的损失惨重;于是,矿工不想看见李毅中,因为关停了所有的小煤窑,今后将无法谋生。作者最后说:"因此,李毅中的出现让很多人忧心忡忡。李毅中的出现也让很多人心神不安。苍天有眼,愿山西矿难再少一些发生。愿李毅中局长少一些来山西现场办公。但愿如此!"又如针对腐败问题的《小官大贪现象为我们敲响了警钟》、针对三聚氰胺奶粉事件的一系列评论,都是社会评论中的警世之言、破空之论。

(二)评议性社会评论

评议性社会评论的基调,是对社会问题进行评价分析并发表意见。有些社会问题,是非界限不一定很分明,应当如何解决,也可能会有各种不同见解。对这些问题,评论作者可以发表自己的观点看法,可以提出赞成或反对意见。如2007年年底,打工仔许霆利用ATM机的故障获取17.5万元,被广州一家法院判处无期徒刑。此事公布之后,见诸媒体的意见截然对立:媒体与网络舆论几乎一边倒地认定判决过重,而一些法学专家、律师则强调判决并无不当。针对这一事件,不同的评论作者都纷纷撰文发表了自己的观点、看法,有赞成有反对,由于社会反响太大,最终导致了该案件的重新审理,从而也增加了判案中的"人性化"因素。

(三)赞颂性社会评论

赞颂性社会评论的基调,是称颂、褒扬、赞美先进的事物。凡对社会发展起推动作用,有利于广大人民群众的人物、事件、思想、行为、作风、习俗等,都可以作为赞颂的对象。赞颂性社会评论除了指出赞颂的事物外,还应该分析赞颂的原因。如问世于一千多年前的《陋室铭》:"山不在高,有仙则名。水不在深,有龙则灵。斯是陋室,唯吾德馨。苔痕上阶绿,草色入帘青。谈笑有鸿儒,往来无白丁。可以调素琴,阅金经。无丝竹之乱耳,无案牍之劳形。南阳诸葛庐,西蜀子云亭。孔子云:何陋之有?"刘禹锡赞美了一种"德"行,即中国文人中的"君子之儒"所秉持的道德修养与人格精神。居室虽然狭小而简陋,但由于它的主人有着芳香馥郁的"德",有着富于诗意的审美化的生活情趣,高雅而颇具文化意味的人际交往,清静而自由的心灵世界,所以,它就不再狭小而简陋,竟有了无比的广阔与丰厚。此文已问世一千多年,其所赞美的东西,到现在还有现实意义。再如《南方周末》1999年元旦的编辑部文章《总有一种力量让我们泪流满面》,热情讴歌团结的力量、正义的力量,评论充满了使命感、正义感与人情味。又如《中国最美女记者曹爱文》。2006年7月12日,大河论坛版主寒江雪在网闻天下板块发布了题为"河南电视台都市频道女记者曹爱文那流泪伤心的模样(图)"帖子,女记者曹爱文在医生赶到之前为落水女孩做人工呼吸的画面立刻引起了强烈反响,网友纷纷称赞她放弃采访先救人的崇高精神,称其为"最美记者,最好榜样"。

第二节 社会评论的适用空间

一、报刊

报刊是文字印刷形式的大众传播媒介。随着现代传播媒体的进步和发展,报刊社会评论的地位虽有减弱,但在社会传播中,报刊发行一直是强势的传播媒介,其影响力一直占先,主导地位仍旧不能动摇。因此,一个报刊的言论水平的高低直接决定一个报刊的社会影响,一个媒体的发展前景。

进入新世纪以来,随着新媒体技术的广泛普及,随着我国政治文明和民主言论环境的改观，国人干预社会政治、经济、文化等事业的热情的提高，个人表达欲望的进一步强烈，社会评论在国内各种媒体上所占份额急速上升。特别是新闻报刊上的言论，对于办好报刊的作用更加明显，差不多与新闻文体并立，形成报刊文体的两翼。目前，我国发行的报刊中无论大报抑或小报，评论的分量不断增大，不仅有以文字形式呈现的评论版面和专栏形式，还有以漫画、来信等形式出现的社会评论内容，影响力越来越大。如《南方都市报》、《广州日报》、《羊城晚报》、《中国青年报》等报刊，均辟有评论专版，其丰富多彩的评论文字，受到读者的广泛好评。

报纸杂志这种传统媒介的优势是可读性强，没有附加条件，受限最少；便于携带和保存，可反复阅读。缺点是直观性不强，不如影视媒体具象可感；且因版面所限，信息量也比不上网络评论。

二、广播

广播作为一种媒体，其传播方式、方法与报纸及其他媒体有着极大区别，因此，在广播上刊载的社会评论自有其个性。广播评论的优势是靠声音传播，播音员能创造出丰富的声音形象，生动灵活，循循善诱，对听众的说服力极强。广播比电视少了图像的元素，既是劣势，也是优势。电视播音中图像带来的局限性，如：特定的播音员个人形象的外部条件、社会影响等元素都可能在观众中产生的影响，其临场表演效果也具有很多不确定因素；而广播播音依靠单纯的声音，则可避免诸如此类的消极因素。广播社会评论依赖这种声音的纯一性对观众的征服，是别的媒体无法具备的优势。在传播速度快、范围广、受众多等方面占优势。

由于对象的广泛性，广播评论的选题应切合大众关心的"热点"，具有吸引力；立论应单一、具体、集中、简洁明了；语言通俗，明白易懂，亲切宜人；发挥广播优势，采用多种形式，增强评论效果。

三、电视

电视评论是"口语评论"和"形象评论"的统一。既有广播的口播优势，还可利用其屏幕优势，运用多种传播符号，如字幕、照片、图表、图像等,作为评论的论据或手段,充分显示"形象化评论"的特色。因此,电视评论是"声画统一"的评论。

从报道规律看,电视评论有以下几个特点:一是"形象"说明抽象道理;二是打破时空限制,富有立体感、纵深感;三是评论主体多元化。

我国电视评论起步较晚,1994年4月1日《焦点访谈》节目的问世,标志着我国电视评论走向成熟。《焦点访谈》作为典型的电视评论,它的独特优势还表现在它能使画面内容、同期采访、记者议论融为一体。如在《透视"校中校"》和《竞相上马只为钱——透视"校中校"之二》节目中,对以公办名校打着民办学校的名义,逃避《义务教育法》的法律规定,架空义务教育进行"高收费"的做法,进行了报道,在全国引起极大的反响。该节目制作者到达万州,先采访了当地基层群众,了解到了实情。后以关注"民办教育"的名义,找到万州高级中学、万州二中两所省重点学校的校长及当地教委主任等相关人员。采访中问及"校中校"问题时,学校及教委领导起初有些紧张。他们强调"校中校"全国各地都有,他们也是刚开始学而已。采访者将此情此景制作成电视节目,通过在场的事件当事人、主持人及后期制作加入的声音及影像材料,使这个中国当代教育界的一个非正常现象的抽样公布于世,引起全社会的品评,对扭转这个不正当的做法作用很大。

四、网络

当今时代最强大最广泛最深入人心的是网络。CNNIC发布《第十六次中国互联网络发展状况统计报告》,报告显示,截至2005年6月30日,中国上网用户总数首次突破1亿,其中宽带上网用户首次超过网民总数的一半,网民数和宽带上网人数均仅次于美国。网络是个比较自由的言论场,它为社会评论提供了广阔的空间。因此,当代的网络评论是最强大的社会评论形式。

网络评论是来自全社会的真实声音,它最具有全社会性的话语方式。随着网络媒介越来越广泛、深入地影响到我们的社会生活,网络评论必然成为网络媒体的旗帜和灵魂,成为评判一个网络媒体能否把握正确舆论导向的标尺。好的网络评论,不光能开掘新闻事件的内涵,还是强化舆论引导功能的重要手段,能引导网民对新闻事件和社会问题的认知与理解。

网络评论按评论的形式来说,有论坛上的评论、新闻跟帖、专家或网民的专栏评论、编辑导语、视频中的评说、博客中的一些文章等等。按评论的内容来说,有政论、经济评论、思想评论、文化评论等等。影响比较大的有:人民网"强国社区"、南方网"南方时评"、东方网"东方评论"等等。

五、手机

手机几乎成为人们日常生活的必需品。在手机上发布对社会问题的评论,形式多种多样,内容千差万别,信息发射与信息接受方式与其他媒介有区别,影响却不比其他媒介小。根据信息产业部统计,截至2008年3月我国内地手机用户人数突破5亿大关,成为世界第一手机大国。其中移动用户占70%,大概3亿5千万,联通用户占30%,1亿5千万。这么多手机,每天发布的信息数量将无法想象,足见手机评论的社会效益之大。

手机评论最具个人化特征。发出评论者与接受评论者范围比较狭窄,但频率却无比大。手机评论有随机性,但它是社会最基本的声音,因而最真实。手机评论的影响幅面从个为的角度看极小,但总体上看最大。它比其他社会评论形式受限程度都小,作用却很深远和广泛。例如厦门PX事件:2007年,一家台湾公司计划在厦门海沧开发区投资"对二甲苯(PX)"项目,如果投产成功将使厦门市获得有史以来罕见的几百亿产值,要占整个厦门市GDP的2/3。PX是高致癌物,对胎儿有极高的致畸率;这种有毒且易爆的化工产品在离厦门本岛仅十几公里处生产,从GPI的角度思考,就有谨慎的必要。而地方政府对厦门GDP增长也得负责任。因此,旅游城市的定位、居民的诉求和经济增长点三者形成冲突。最后,政府做出引进项目的决策,从而引发了社会上极大的争议。最后结果是,由于厦门市广大市民以手机短信的方式对此事进行广泛而深入的评议,从而得到了政府部门的认可,使这个项目最后迁址。这个事件表明,手机评论这个社会评论形式的价值是不可忽视的,其前途不可限量。

手机社会评论的缺点是个人化倾向过于严重。评论者很具随机性，思考不够成熟就发言，对事件的认识会有某种偏见，甚至谬见，从而会产生一些不好的社会效果。但是，一个成熟的社会会容纳这种现象发生，并且也会将其带来的效果融化于无形的。

第三节　社会评论的特征与原理

一、文体特征

（一）强烈的针对性

"文章合为时而著"，社会评论是作者对社会现象的一种见解或评判，它需要强烈的针对性，做到言之有物，言之有理，言之有节，言之有用。评论者从现实生活中选取关系到全社会的重大问题以及人民最关心的具有现实意义的问题，怀着良好的愿望、纯良的目的去剖析之、抨击之、赞颂之；对消极面的问题指出问题的症结，本着对社会有利的原则，无情揭露；对积极健康的事物，则满腔热情鼓吹，使之大力流布。社会评论作者的写作目的是健康向上的，就是要通过他的评论来提高人们的理智力、判断力和道德伦理及审美品位，促进民族振兴和社会进步。

当前报刊、网络上的评论文章，都是与现实生活紧密相连的。有人说："评论针对现实中迫切需要解决的问题，加以褒贬，及时引导……它或者针对社会上某种倾向，提醒人们注意；或者针对工作中的种种弊端，要求加以克服；或者针对大家关心的问题，给予正确回答；或者针对陈旧落后的观念，冀人弃旧图新；或者揭示腐败现象，使之无处遁形。"如第十七届中国新闻奖网络评论金奖作品《爆炸、矿难，山西为何黑色新闻不断？》，作者针对近年来山西煤矿屡禁不止的恶性矿难事件，有针对性地分析了煤矿事故产生的一系列原因，并最终将其归结为"煤老板的贪婪和愚昧"；作者还提出了解决这一问题的办法，即"推进煤矿产业规模化、集约化发展"。同样是第十七届新闻奖金奖作品的《恶意欠薪——谁的"不能承受之重"?》则是针砭当今社会普遍存在的拖欠农民工工资的社会问题,作者在文中提出"完善立法,为农民工讨回公道,是解决这一问题的根本出路"的意见,直指问题核心。

(二)较高的理论性

社会评论是论说文体,它不像文学作品那样,重形象塑造,也不像某些纯理论文章那样,重抽象的思辨。它有理论的成分,但理论色彩并不浓重。社会评论有叙事,也有议论,也允许少许的抒情;但其重点在于评论,着重表达作者意见,表明其立场和观点,理论和实践相结合。通过对具体问题的评述和判断,去探求事物的本质或价值,讲出蕴含于其中的道理,以点带面,把某一事物或现象的精神本质提供给读者,使其能举一反三地认识和处理同类事物,提高自己的精神品格和实际生活能力,实现从感性认识到理性认识的飞跃。刘勰在《文心雕龙·论说》中写道:"论也者,弥纶群言,而研精一理者也。"接着又说:"原夫论之为体,所以辨正然否;穷于有数,追于无形,迹坚求通,钩深取极。"意思是说,写评论要研究各种主张,经过缜密的研究得出一个正确的结论;要正确辨明是非,要透过现象揭示本质。由于社会评论以说理为其行文基本要求,所以社会评论写作突破了对某一评论对象的局限,通过具体事件的分析论释,抽绎出具有普遍指导意义的思想观点。毛泽东同志的很多作品都可归于社会评论。如早期的《中国社会各阶级的分析》,虽然写于1926年,但是,由于其浓厚的马克思主义理论水平,加上对中国社会问题的高度审视,使得这篇不足万字的小文章的影响至今不息。

(三)鲜明的时效性

社会评论是对现实生活的直接反应,因此社会评论写作一般都以迅速反映现实社会生活为指归。写作者对现实社会生活中的各种现象、问题、倾向,或揭露,或评述,或表彰,"激扬文字","指点江山"。鲁迅说过:"现在是多么切迫的时候,作者的任务,是在对于有害的事物,立刻给以反响或抗争,是感应的神经,是攻守的手足。……失掉了现在,也就没有了未来。"因此,他的许多名篇都是对当时社会现象的即时反映与批判。如《论雷峰塔的倒掉》、《记念刘和珍君》、《战士和苍蝇》等。当代社会评论也不乏好作品,如 2005 年、2006 年、2007 年的《南方都市报》,几乎每天都有两三个版面,刊出针对刚刚发生的关乎国计民生的大小事件的社会评论。有时还发生一天有两条社论见诸报端。这家报纸以"评论立报"的宗旨,成为全国社会评论的"排头兵",引领出了中国传媒的"观点时代"。

由于网络这一新兴媒体的广泛普及,对社会现象的即出即评已成了网络媒介相对传统媒介的最大优势。可以断定,网络社会评论以其及物性、共时性的优势,将会赢得越来越多的读者。

(四)严密的逻辑性

社会评论应具有极严密的逻辑性,它和叙事文体通过描叙具体的人物、事件,运用形象化的表现方法来揭示或反映客观事物的本质,表达作者的思想感情是完全不同的。社会评论写作是直接提出论点,进行分析和说理,以揭示事物的本质。它要求论点正确鲜明,材料真实、典型、全面,论点统帅材料,材料支持论点,达到论点与材料的统一。为此,社会评论具有严密的逻辑性。

社会评论的写作,不仅要求符合形式逻辑,还要求运用辩证逻辑。形式逻辑是思维形式的规律,要求说理符合思维的法则。辩证逻辑是思维内容的规律,要求反映出事物内在的联系。具体来说,是要求社会评论写作者客观地、全面地看问题,从事物的发展变化中,对具体事物作具体分折,把握它的全部基本要素,并指出其中什么是占主导地位的,事物发展前途的可能性,怎样创设条件来促使或防止这种可能性转化为现实。将形式逻辑和辩证逻辑有机地结合起来运用于评论的写作之中,社会评论才会具足无懈可击、无可辩驳、使人心悦诚服的论辩力量。如果视宋玉《登徒子好色赋》为社会评论的话,该作的力量多在于论说之逻辑性强,思维周至严密,语势疾利逼人。

(五)对象的大众性

社会评论是发表在大众传播媒介上的,而大众传播媒介又是社会的公器,因此社会评论必然面向广大读者,在论述方式上符合大众的口味。其次,社会评论所论述的问题,总是与大众的生活息息相关,必然是人民群众迫切需要解决的问题,以及人民群众感兴趣的问题。只有这样,才能起到评论所应起的作用。这就使得社会评论一方面要使思想内容与读者的意志接近,评论大家当前关心的问题;另一方面注意知识性和趣味性,在写作形式上实现生动活泼、丰富多彩、通俗易懂的审美效果,做到为大众所喜爱。《南方都市报》"个论"、"街谈"等栏目文章都是站在群众的立场;《广州日报》"来论"的民间立场,《羊城晚报》的"热点快评"、"民生关注"的栏目等,表现得尤为明显。"南方网"的"南方时评"中有"世象民生"的栏目,评论人民群众所关心并与其生活密切相关的问题。如2008年9月19日的《这个社会还有多少"三鹿奶粉"?》,2008年11月的《农民工返乡潮,政府做好准备了吗?》等等,都是大众阅读、大众写作的优秀社会评论作品。

二、写作要求

(一)确定评论对象

1. 选题是基础

由于社会评论立足于"社会",因此社会评论的写作之初就是要选择有议论价值的问题。要求作者必须关注社会,关心和国计民生有关的问题,从中选取有普遍性、代表性和有议论价值的事情发表意见。

第一,关注社会首先表现为热心获取各种社会信息。现代社会信息来源的途径很多。一是直接的采集。作者亲自参与的参观访问、调查研究、实践体验等等。二是间接的采集。作者从报纸杂志、广播电视、书籍资料、电脑网络、道听途说、街谈巷议等等渠道了解到的。社会评论作者应当通过这些途径,尽可能多地掌握社会信息,来做社会评论写作的素材。

确立上述选题时应该注意的问题是:一是如果以新闻为评论对象,必须选择有评论价值的新闻;此外,据以立论的新闻必须真实。二是如果以社会事件与现象为评论对象,要选择党和国家的有关方针政策或重大行动进行评议,这有利于宣传党的路线、方针、政策,有利于推动社会主义建设。三是选择具有典型意义的社会热点进行评论。只有选择那些突出的亟待解决的问题,才能产生较大影响,在读者中产生共鸣。如三农问题、反腐败问题、金融危机问题等等。

第二,关注社会,还表现为勇于提出问题,勇于发表自己的意见。撰写社会评论必须具有社会责任感,一个真正关心社会进步的评论作者,就应当有追求真理的坚定信念,摒弃对个人得失的考虑,勇于提出问题和发表意见,为了寻求真理虽九死而不悔。有了这种信念,才能够写出为全社会立言的社会评论,而不是为一己谋利营私伪文。

至于评论价值的大小,则是相对而言。要坚持实事求是的态度,在力所能及的范围内,选择有评论价值的问题。评论作者亦不必为求大文章而盲目追求评论大问题,要根据自己掌握材料的多少,根据自己对问题研究的深度,考虑自己能否就某个问题发表较有价值的见解。如果泛泛而谈,说的都是空话、套话,即使谈的都是极为重要的大问题,也于事无补,解决不了什么问题。而从小处着手,向大处观照,效果也许会更好。如南方网"社会评论"中的《还有多少"优质水"在忽悠我们?》、《铁路的5元手续费就是"铁定"的?》、《假币频从银行出,为何总"无责"?》等文字,看上去都是小话题,作者从这些小话题联系到关乎着人民群众切身利益的大局,议论横生,恣肆汪洋,切中时弊,文章读起来真的很痛快。因而,这种小选题比起那些大而无当的选题更有力道。

总之,社会评论的选题应该做到以下四点:有的放矢、寓意新奇、准确无误、高瞻远瞩。只有这样,我们的选题才会有生命力。

2. 立意是关键

立意,就是"立"一篇社会评论的中心思想和主题"意"义。这是衡量一篇社会评论写作水平的关键。社会评论是评论,凡评论性的文字都得在论点上有引人之处,就是文章的精气神,而文字是文章的衣服。有了好的立意,整篇文章就有了精气神,就取得了百分之五十的成功,文章就会神采流动。没有好的立意,文章就会黯然失色。

主题思想不仅是文章的灵魂,而且是文章的统帅,就是说,它制约着材料的取舍、结构的安排、语言的遣用。古人的论文写作就很讲究"立意"。《后汉书》的作者范晔在总结自己的写作经验时说:"常谓情态所托,古当以意为主,以文传意。以意为主,则其旨必见;以文传意,则其旨不流……"苏轼对立意的作用讲得比范晔更明白,他说:"天下之事,散在经、子、史中,不可徒使,必以一物摄之,然后为己用。所谓一物者,意是也。"可见,对"立意"之重视,自古已然。发表在《西安晚报》2009年3月8日的《教授拒做"乡愿"学术才能清流》,就是一篇立意上乘的社会评论文章。作者抓住古代词语"乡愿"和"清流"来表现当前学术界存在的不正之风,将前者与后者联系起来,说明"学术造假"需要坚持真理的人出来对抗,否则愿望再好也于事无补。这是表面意义,再深入发掘,作者附诸文章之中还有一种深意,即:这个学术造假后面的中国文化和社会习俗中的历史文化原因,是此社会现象屡禁不止的原因。将一个现实问题放在历史文化结构中进行审视,主题的深刻度便立刻凸显。由此可见,好的立意对于文章写作至关重要。

3. 炼题很重要

一篇好的社会评论,好标题的作用很大。社会评论的题目往往是文章的主题,主题"鲜明"往往也表现在标题意义的鲜明。读者接受社会评论的目的是了解社会问题,并不像在小说诗歌散文中那样寻找纯粹的艺术美感。在大量的文字中,首先接触到的是标题,在标题的显示中触摸着问题线索。因此,标题对文章主题观点的提示将起到相当重要的作用。这种作用,有人们比喻为"眼睛"作用,即标题是社会评论的眼睛。它凝聚着文章的主要思想,透视出作者的感情,以其神情合一来吸引读者。为此,刊布社会评论的媒体都很注意社会评论的标题,也出现了不少有特色的好标题:如《宁喝三鹿奶,不开丰田车》、《父女"裸体油画"还请坦然以对》、《商家要真唱,传媒可假唱,牛 》、《靠"二尺红头绳"咋过年?》等等,都是脍炙人口的好标题。

好的社会评论标题首先应该准确。标题所表达的观点能准确揭示文章中心思想。好的社会评论标题还应鲜明。抓住文章中本质的、重要的思想、观点,鲜明地呈示出来,切忌含糊,必须明确。如《多数公务员对"灰色收入"很陌生》、《火车票不能实名缘于人口太多吗?》等。好的社会评论标题还应生动,具备一定的艺术感染力,给人以美感,吸引读者。如《一部书摇撼四分之一世纪》、《一碗热粥暖人心》等。

(二)展开分析论述

1. 从事着手,以事说理

(1)社会评论写作常用的手法是从事着手,以事说理。从事着手,就是从具体事件出发,把一个人物、一件事情、一条口号、一个民谚、一段历史传说等,作为评论的引子,议论的原因,问题的出处,从此点出发,去寻找问题的根源。以事说理,就是从这些事件着手,通过对比联想的手段,生发开来,揭出隐藏在事件背后的价值与意义,发现其中所隐含的甚深道理。这样,道理与具体事实结合,并辅之以文艺文体的元素,将一个关乎全社会的问题公布出来,让全社会去评价,或赞颂、或针砭,推动社会生活的健康化运行。例如,2009年春运期间,各种媒体都对火车票问题进行评论,其中南方网发表的社会评论文章《治倒票黄牛不能只打苍蝇不打老虎》、《一票难求,春运列车为何却空空荡荡》等文章,这些评论并不就事论事,对这种"一票难求"的现象的原因深入分析,一针见血,指出铁路部门在售票环节上的管理出了问题。在胡锦涛同志对春运工作的批示发表之后,网络媒体也做出了反应,又有大量的评论发表,有一篇题为《大家一起来帮铁路部门动脑筋》的文章,由事入理,发人深思。这样的社会评论,反映了广大人民群众的意愿,在社会上引起较强烈的反响,对此问题的解决起到较好的促进作用。

(2)社会评论写作在选材上不宜贪大,应是以小见大。"以小见大"就是强调评论写作选材不必刻意去寻找重大社会事件,一般来说,成功的评论作品大多都是从一些平常的具体事物出发,通过分析找出其中所蕴含的有重大社会意义的问题,这样做也能表现重大和深刻的社会主题。

第一,不宜贪大。社会评论的评论对象是全社会,社会生活的广泛性决定着社会评论取材的广泛性。由于社会评论的篇幅一般较小,因而在选材上也不宜贪大,写作中就应该集中、凝练。不能把大问题生硬地压缩,也不能舍大求小,作者应该站点高,政治觉悟高,观察力强,以大局为重,从全局出发,从社会生活海洋中选取一朵浪花,放到阳光下,照出其中所包含的个别事物的特性来,社会生活本质来。

第二,以小见大。社会评论的立意要深,才能以小见大。社会评论写作最忌夸夸其谈,卖弄虚文,而是要求作者从日常生活中的平凡现象着笔,触类旁通,引申扩展,深刻尖锐地揭示出事件的本质来。这里的小与大是辩证关系,小中有大,大中含小。庄子说:"大知闲闲,小知间间;

大言炎炎，小言詹詹。"意思是说：最有智慧的人，总会表现出豁达大度之态；小有才气的人，总爱为微小的是非而斤斤计较。合乎大道的言论，其势如燎原烈火，既美好又盛大，让人听了心悦诚服。那些耍小聪明的言论，琐琐碎碎，废话连篇。社会评论作者对于自己笔下的小事中的大道理，大事中的小细节，都应该有所把握，论释起来，小处也见"炎炎"，大处更避免"詹詹"。

第三，有机结合。社会评论写作的成功，取决于观点和材料不偏离，叙述和评论有机结合。要有述有评，事理交织，不可只叙事而不论理，也不能只论理不叙事；或者前面叙此事，后面论他理，造成事理脱节，风马牛不相及。社会评论写作既要掌握大量材料，又能在这些材料的基础上进行深入思考，从中抽绎出独特的观点，做为自己论述的中心。然后才可以夹叙夹议，清晰地传达、阐明道理。如《农民伯伯答应拉动内需了吗》，文章对"家电下乡"拉动内需的问题提出自己的看法，既论述了这个问题的重要性，也叙述了这个事件的发生过程和原因，同时又提出这个做法面临的种种困难和矛盾，还对从前类似事件加以回顾，最后提出冷静而深刻的评议：这么一个覆盖全国的活动，出现一些问题应该是正常的，而且只有问题暴露出来了，各地才能举一反三，惩前毖后。不知道此次家电下乡活动结束之后，能否有一个实事求是、客观全面的总结？整篇文章观点明确，态度积极，对党中央在国际金融危机中实施的积极举措，做出了清醒而诚恳、冷静而积极的回应，不失为一篇上好的社会评论。

2.精巧构思，灵活运笔

首先，构思要精巧。社会评论篇幅短小，尤其要在构思上功夫。在写作之初，应该想好第一句，这是好的开篇，也是找到合适的语调。写下来，得把握住最重要的东西在哪说，这是安置好"文眼"。然后，才能奔向一个"豹尾"。同时，还要考虑引用形象材料和运用各种表现手法。如引用故事、典故、新闻消息、名言警句等多种材料，谈天说地，道古论今，将所要说的话题在轻松的言谈中不由自主地释放出来。优秀的社会评论可以呈现出恣肆汪洋、纵横捭阖、嬉笑怒骂皆成文章的品质，这既是对作者文化底蕴的考验，也是对这个文体品质的展示。鲁迅、周作人兄弟的文章至今拥有大量读者,与他们几十本文集里引用的数千种中外典籍以及其"活学活用"的文学、史学、哲学、佛学、性心理学、文化人类学等有直接关系。周作人的《谈酒》,开篇从自己及身边人的"酒事"写起,然后说到酒的种类、酒具,接着说到家乡的"酒事",和国内外的"酒事",下面引出"喝酒的趣味在什么地方?"的话题,在含糊其词几句之后,他把读者带入了大家能够关心的社会问题:

> 昏迷,梦魇,呓语,或是忘却现世忧患之一法门;其实这也是有限的,倒还不如把宇宙性命都投在一口美酒里的耽溺之力还要强大。我喝着酒,一面也怀着"杞天之虑",生恐强硬的礼教反动之后将引起颓废的风气,结果是借醇酒妇人以避礼教的迫害,沙宁(Sanin)时代的出现不是不可能的。但是,或者在中国什么运动都未必彻底成功,青年的反拨力也未必怎么强盛,那么杞天终于只是杞天,仍旧能够让我们喝一口非耽溺的酒也未可知。倘若如此,那时喝酒又一定另外觉得很有意思了吧?

周作人在这里用了一个轻松的词:"意思",而这个轻松的词在此时却分外沉重,它能把作者心中郁积的苦闷"砉"地一声泼在地上,溅湿了读者的心灵。

3. 结构精致,布局合理

社会评论的结构,就是社会评论写作过程中的布局谋篇问题。也就是说先写什么,后写什么,哪里轻描,哪里重涂,哪里穿插,哪里平叙,哪里讲理,哪里说事。社会评论作为评论文体的一种,它的布局谋篇要按照一般议论文写作要求来做。精心布局就是要围绕中心论点组织材料、安排层次,这是我们谋篇布局的出发点和落脚点。所谓中心论点就是评论的主题思想,是评论的灵魂。在写作中,所有的论据都得围绕这个中心点来进行组织。以使读者、听众或观众在最短的时间内认识它、接受它。细致组织就是在立意完成后,围绕总论点安排分论点。总论点和分论点是纲目、主从关系。在安排层次时,应该纲目明确,主从适当。既不可以纲夺目,喧宾夺主,也不可有纲无目、保主弃从。作者在行文中应该既要考虑到事物内在联系,又要考虑到人们认识事物的习惯,处理好纲目与主从关系。做到张弛有度,疏密相宜。好的社会评论应该出新,避免程式化,做到丰富生动,富于变化。

社会评论的结构形式大致有:一是解剖式。将手中材料按照主题表现的需要,进行缜密安排,分成若干层次,写作过程就是对这些层次的解剖过程。这种结构形式的方法论基础是分析法,即由表及里,由此及彼,由浅到深,步步深入,层层解剖。分析的结果是直达问题的核心,推出总论点,得出坚定的结论。有人也称这种结构形式为纵式结构。它的优势在于:逻辑严密,论辩性很强,能够引导和启发读者的思考步步深入,从而进入评论者的观点。这种结构方式适用于驳论性和理论性强的社会评论写作。网络文章《"背妻男"的真相可以让媒体长大吗?》就是这种结构形式。作者首先提出有些媒体的"思维、意识和习惯似乎不仅还没有过去,反而有自我矮化趋势"的主题;然后援引事实,媒体最初对"最有情意丈夫"事件的正面报道,包括背亡妻回家及半年后再婚;后来对这位"背妻男"的负面报道,包括不孝不悌、与妻不和、背妻是被逼所为等事实。而后,得出一个新闻学论断:"现象不等于真相,真相不等于真理。"接着,又用此论断对"背妻男"进行解析,指出在这个事件中媒体的戏剧性运作及其时代性原因。最后得出结论,对制造"令人感动的假新闻"的批评。文章立论坚实,论说细致,层层展开,理由充分,令人读后心生感慨,得到很多深刻的启示。

二是递进式。这种结构形式更强调逻辑性,属于横向的逻辑思维方式,重在对问题作横的剖析。在安排内容层次时依空间秩序排列组合,各层次之间的关系是一种平列的关系。它的特点是,围绕中心论点多侧面的展开论述,层层推衍、步步迫进,"一放一收"地向各个侧面展开,讲完一个问题之后就收,再展开第二个问题,再收。这样一放一收,逐步向四处扩展,就有如波浪一样,最后实现有力的结论。有人称这种结构为横式结构。它的优势在于:能拓宽思维,有利于对事物进行分析和综合,使纷繁的客观事物显得清晰条理。这种结构方式适用于分析型的夹叙夹议为主社会评论。网文《余秋雨与韩寒:两种不同版本的"普世价值"》即此种结构形式。文章先是引一段余秋雨的文字,指出该文是"三虚"文字。接着,又引出韩寒的网文,大加赞誉。再下来,将二人加以比较,先比二人的观念,次比二人的身份,再比二人的社会形象,又比二人的文章情致,最后得出结论:"余秋雨代表'文化精英',韩寒代表普通老百姓。这就是余秋雨与韩寒两种不同版本的'普世价值'。"文字犀利尖刻,论述精辟雄辩,结论的笔触更是气势逼人。

三是点睛式。这种结构方式与上述两种有所不同。解剖、递进二式都有中心论点和分论点,对各个分论点的阐释的整体是文章的主体,它们赖于逻辑思维的优势。点睛式结构与前二式不同,其文中的论释层次不是分论点,有的文章甚至连分论点的形式都不出现,而是通篇叙述事实,最后揭出主题。这种文章中的论说内容,既不受时空限制,又不受制于形式逻辑方法,而是信赖事实本身所蕴含的哲理。有人将此类结构方式称之为点睛式。这种结构没有固定格式,从布局谋篇上看,遵循"画龙点睛"的规则:先"画龙",后"点睛",即开头部分一般不提出中心论点,只列举事实。文章结构形象既不像两头小、中间大的橄榄球,也不像所谓"一点两面三结论"的"菱"块,倒是与"叙事多于理论的倒金字塔"相仿佛。这种结构的优势是灵活生动,不拘一格。很适合一些杂文式的社会评论采用。2009年春节联欢晚会后,有一篇网上文章《〈不差钱〉,还是差钱?》就是这种点睛式结构。文章先是介绍小品演员×××的出身,接着说他"让东北的父老乡亲越来越失望"。"演技、艺术水准、小品本身的内容及思想性都大不比从前。《××》、《××××》是很不错的,卖完'拐'、卖完'车',连同灵魂也一齐卖掉了。""×××越来越火了,越来越有名气了,跟老百姓的距离也就越来越远了。""《××××》,里面的写书、签书、售书,哪一项和'面朝黄土背朝天'的农民,下岗的工人,街头的小贩有关?《×××》亦如是,×××的'下蛋公鸡,公鸡中的战斗机',哪个百姓笑得出来?谁又晓得'练签名'是怎么回事?""《不差钱》更等而下之。×××为了'孙女'去走后门,搞不正之风,也就是去行贿去腐败了。130块钱就把服务员收买了,可见服务员的职业道德之低下。……从'××'系列,到2007年创造了流行语'你太有才了',再到今年的《不差钱》,无一不在倡导欺骗,歌颂欺骗。"这些事件的罗列结束之后,作者开始点题:"一切为了钱,差的就是钱,还口口声声说'不差钱'","脱离了人民大众,早晚会被人民大众所厌恶所唾弃所抛弃"。这篇社会评论只有一千一百字,一路叙事,把一个小品演员全部作品差不多都提到,最后,集中说理,一再诘问,把隐藏在小品演员后面的社会原因揭示出来,完成了对文章中心论点的论说:不差钱,就是为了钱。文章中叙事成分远超论理成分。但文章并不因叙事偏多而显得累赘,论理虽短,却一语中的。这就是点睛式结构的妙用。

4. 讲究逻辑,以理服人

第一,社会评论写作形式要生动。要以平等的态度对待读者,同广大群众交流看法,沟通思想。社会评论要写得生动,作者首先要有群众观点。有一些评论口气非常生硬,动辄教训指责,这样的评论即使主题再重要,论述的道理再精妙,读者也不愿意接受。而一旦形成逆反心理,再想改变读者的看法就更难。因此,社会评论一定要平易近人,以情感人,以理动人,多些诱导和启发,少些教训和斥责,多些"民间"色彩,少点"官方"气息。力戒说大道理、空道理。

一直以来,社会评论由于长时间脱离民间,脱离百姓语言,同时由于过去时期过于注重评论的权威、严谨,带来了枯燥、呆板、可读性差等通病。这就使其一方面难以与市民话语达到很好的共通的效果;另一方面,也失去了一大批民间读者。为此,广州报纸在评论版上下足了功夫,通过各种栏目的设置、漫画配文、读者来论等形式,大大改进评论文风和表现方式。如《南方都市报》的栏目设置中,除"社论",还有"街谈"、"众论(来论)"、"BBS"、"BOLG"等;《广州日报》有"来论"等,还有"张滨漫画",打破评论版面的一贯沉闷和枯燥。值得一提的是这些报纸都不定期地配发漫画评论,对于增强评论版的可读性都是大有帮助的。尤其是《羊城晚报》的"漫话漫画"栏目,配以二三百字的编辑点评、世相人情,嬉笑怒骂,轻松诙谐,很受读者欢迎。

第二,社会评论要把抽象概念与形象结合起来。形象的描写是使文章生动的一个重要方法,有时还能起到议论起不到的作用。马克思的著作中有很多形象化的描写。梅林说过,马克思在语言的惊人的形象化方面,可以和最伟大的"譬喻大师"莱辛、歌德和黑格尔媲美。恩格斯年轻时就给自己定下一种写作风格,其中要求之一是"简洁的语言同闪闪发光的形象和迸发出耀眼火花的妙语相互交织"。毛泽东写文章也很注意

形象运用,《毛泽东选集》四卷中形象的比喻,处处皆是。在《星星之火,可以燎原》中,结尾有这样一段话:

> 我所说的中国革命高潮快要到来,决不是如有些人所谓"有到来之可能"那样完全没有行动意义的、可望而不可即的一种空的东西。它是站在海岸遥望海中已经看得见桅杆尖头了的一只航船,它是立于高山之巅远看东方已见光芒四射喷薄欲出的一轮朝日,它是躁动于母腹中的快要成熟了的一个婴儿。

第三,社会评论要把深奥的道理进行通俗化处理。评论作者对所要评论的内容有真正深刻的理解。写作社会评论时要层次分明,条理清楚,文字流畅、通俗,多用群众语言,多用新鲜语言。切忌艰深晦涩、矫揉造作,反对空话、套话和死板生硬的八股腔。如《〈不差钱〉,还是差钱?》中,作者用的差不多都是东北的口语,生动鲜活灵动:"我是东北那疙瘩的,也许拥有一些发言权。×××穷苦出身,是东北那疙瘩的百姓把他捧起来的。东北那疙瘩的百姓做了水,载起了×××这只船,×××应永远不能忘记东北那疙瘩的百姓。即使做了'鬼',也要'报答'才对啊。""你能说《不差钱》吗?反正我不信,打死我也不信。"

第四,富于感情、充满激情。梁启超先生说过,笔锋要常带情感。好的社会评论应当充满激情,不仅是以理服人,还要以情动人。如《爆炸、矿难,山西为何黑色新闻不断?》一文,就山西矿难不断的现象进行深刻的评论,文章抱含对矿工的同情,对黑矿主的憎恶,形成了强烈的震撼力和感染力。

5. 语言通俗,讲究技巧

第一,基于社会评论的大众性特点,要求它的语言必须通俗化、大众化。语言要通俗易懂,富于生动性,就要注意了解、收集人民群众当中精辟的、富有思想性的语言。作家老舍说过:"字没有高低贵贱之分,全看用的恰当与否。连用几个伟大,并不足以使文章伟大.一个很俗的字,正如一个很雅的字。用在恰当的地方就起好的作用。"例如对某些地方上的不正之风,群众将其概括为"上有政策,下有对策"。《人民日报》发表的一篇评论的题目就是《评"上有政策,下有对策"》。

第二,社会评论写作还应注意对话生动。社会评论一般是以第一人称论述,偶尔穿插一些对话,可以调节气氛,让文章的风格轻松活泼一些。也有人写作对话体的社会评论。这就要求作者掌握对话的技巧,行文灵活顺畅,语气生动,富于变化。要语言生动,还可引用一些切题的诗句。这些诗句,可以是名篇中的,可以是无名氏的,可以是古代的,也可以是现代的,还可以是打油诗,只要能贴切地说明主题思想就行,如《羌笛何须怨杨柳》等。

第三,社会评论写作要讲究修辞技巧。好的社会评论作品都离不开比喻、对比等修辞手法的运用。比喻手法,就是将抽象难懂的事理化作具体易懂的最常用的形象化手法。它也是我国古代评论文本写作中常用的手法。如清代龚自珍的《病梅馆记》,通过对"病梅"的描写,抒发了自己对时事的疾愤与不得志的思想感情。2009年2月《楚天都市报》发表了一篇题名为《大师、奶粉、矿井与苹果》的社会评论文章,对造假行为的批判比较深刻有力。文章中对这个现象的整体描述用一句俗语来形容:"远看西洋画,近看鬼打架。"具体细节又用了一些精妙的修辞技巧,如讽刺医疗部门的处方是"大的多",比喻有害蔬菜水果是"用激素'拔苗助长'",对这种病态的社会现象用了一个生动的比喻:苹果。对目前社会对此现象的态度的描述,用了两个恰切的比喻:相互比烂的坏苹果,公众用脚投票。最后,作者表达自己的愿望又用了一个美好的比喻:眼前出现鲜红透亮的好苹果。

对比手法,是通过两种事物相对比较,如古与今、新与旧、正与反等等,使事物的性质和特征更加鲜明、突出,给读者留下深刻的印象。对比的方法是多种多样的,有的是全文对比,有的是部分对比。如秦牧的《青年人应该怎样选择生活道路》中就有三段是运用正反对比说理的,下面是第五自然段:

  鲁迅和周作人是同胞兄弟,两个人都出身于封建家庭,两个人都到过日本留学,后来却走上不同的道路,成为敌对营垒中的人……

文章通过对比,说明了一个人的生活道路,主要靠自己的选择。由于鲁迅和周作人之间对比强烈,作者的论点更可信了,不仅深化和丰富文章所讲的道理,还可以栩栩如生的形象激起读者的强烈爱憎,使读者留下深刻的记忆。

【自测训练】

1. 社会评论的文体特征是什么?结合阅读谈认识。
2. 社会评论的社会职能是什么?
3. 社会评论写作应注意些什么?
4. 阅读下面报道的事件,写一篇1000字左右的短论。

上海细化第四次户籍改革满足7条就能当上海人

本报从上海市有关部门核心人士处获悉,其中一个方案这样建议:凡满足七大类指标累积得分达到100分者,即可具备入沪上海的条件。这七大类条件性指标包括:1.学历;2.在沪就职;3.在沪缴纳社会保险;4.在沪缴纳个人所得税;5.外省市(海外)工作资质;6.特殊成就;7.在沪创业投资纳税。

对于此次改革的目的,方案明确指出"基于国家户籍制度改革的新趋势,以及上海所面临的人才不足和各地人才竞争形势,对上海居住证转户籍人口提出一个基本的政策设计框架"。

这是自1978年改革开放以来,上海市第四次户籍松动,此次户籍制度改革的重点是吸引人才,或许为众多持有上海居住证的人士及外地人才打开入沪之门。

(东方网2009年1月13日)

【名篇赏析】

大学生就业难是社会综合征
鄢烈山

一则新闻,成了今年两会一号提案的佐证。广东省教育厅举办的"到农村从教供需见面会"上,一位林姓女生闯到正接受媒体采访的教育厅官员面前问道：不是说农村缺教师吗，为什么对我这样的大专生一点机会也不给？这位女生，读了5年英语师范专业，英语过了六级，教师资格证也即将拿到，但一上午走了若干个摊位，没有一家愿接收她的简历，都说只要本科生。

  这个戏剧性的场景，极其真实地印证了当下就业问题特别是大学就业难的严峻性；这也是今年两会政协的一号提案，为什么是致公党中央提出的关于解决就业问题的现实背景。能否就业不仅关乎经济来源，也关系到求职者的尊严即心理感受和社会地位。一般地说，就业问题关系社会安定；而应届和往届积沉的上千万待业的大学毕业生若找不到工作，那就更可能是一个社会危机信号。致公党现任9位主席和副主席，有7位担任过大学校级领导，他们绝不是"杞国无事忧天倾"。在我看来，大学生就业难尤须重视，不仅是他们比失业的农民工更集中、能量更大因而"更可怕"，而且因为他们投资更多、期望值更高而"退路"和抗挫折经历更少。特别是穷人家苦读出来的孩子，背负着一家人"翻身"的希望和债务，又无力选择读研避过经济衰退周期，就业不成更着急。

  两会会场内外，大家都在为解决大学生就业难问题支招儿。有近期措施建议，如修改《劳动合同法》关于不得随意解雇员工的规定；有中长期措施建议，如延长大学和高职学制一年，第一年搞军训。这类建议我看很不靠谱儿：前者不愿正视劳资关系早该调整，不如搞岗前培训、见习等方式兼顾劳资又切实可行；后者采用的拖延战术，回避不了现实矛盾，反而加重贫困家庭学生的负担和怨尤。大学生就业难是社会综合征，必须找准并发的病因和症结，长短期疗效结合，用"复方"下药治疗。

  据我粗略的观察，学校的盲目扩招和专业设置、学生的就业观念、经济结构的不合理、民营企业的发展不顺利、社会权利的不公不平，都是造成大学生就业难的因素。

  林姓女生质问"为何当初要培养那么多大专生"，其实问题提得不准。是因为大学本科生扩招得太多，"盖"着了大专生，才使她想到农村基层（包括偏远小学）任教也不得。而你看只要是个大学都成立了新闻系，无非因为办学成本极低，它们的毕业生好找工作那倒不正常了。

央视的倪萍和崔永元在两会上"斗嘴",一个说大学生的就业观念有问题,应该放下身段;另一个说是社会招人有问题,例如懂四门外语的女生求职宾馆前台服务员也不可得。他们说的各有一定道理。大学生"转变"了观念又怎样?他不是想"就业",而是像李嘉诚、王永庆一样自己去创业,这就遇到两个问题:一个是中国民营经济研究会会长、原全国工商联副主席保育钧所讲的,国家为扶持中小企业出台的一系列政策,在地方上并没有取得预期的效果,政府应对这次经济危机的产业振兴策略,可能使民营经济更加边缘化。另一个是郎咸平一再讲过的,中国偏重的制造业附加值低而且不需要中高级人才,服务业大发展才能大量吸收知识型人才。歧视民企和忽视第三产业发展之外,当然还有政府工作人员从管制寻租向公共服务转型的问题。创业环境不改变,想"自雇"创业谈何容易?

大学生想到国企做个工人,比如愿意"放下身段"做个公路收费站的员工,容易吗?不必讳言,不少国企和事业单位存在"世袭"现象,本系统本单位的子女优先,底层特别是农村出来的毕业生再优秀也竞争不过人家。除了非国家统考不可的职位之外,有个有权有势的"毕姥爷",一个电话就把位置给占了,"气死你"……

医治这些阻碍大学生就业的综合征,应该从现在就着手,中长期生效的措施并不会妨碍当前的对策。否则,问题越积越多,经济危机过去了也还会有青年失业困扰,比如这次金融危机爆发前的法国和希腊。

(《中国青年报》2009 年 3 月 11 日)

这篇社会评论文章,是这类文字中的冷静理性的文字。

作者是《南方周末》的编辑,著名的社会评论作者。对于大学生就业这个尖锐的社会问题,他不是义愤性的抨击,而是冷静客观地进行深入剖析,将问题的来源、社会的反响、个案的分析、本人的认识汇集在一起,有理有据、有条不紊地展开论述。令人读来并不血脉贲张,而是深深思索;不会生出消极而盲目的否定情绪,而是生出积极而健康的解决问题的意识。这种态度本身就是"在江湖之远,则忧其民"的中国风格。

在写法上,作者的视野也较开阔,广征博引,文章气度很"综合"。先从广东省教育厅的一次见面会,到一位大专学生的质问,再到今年两会的提案,又到两会期间会上会下的广泛议题,还提到崔永元与倪萍的"斗嘴",最后点出这个问题后面有制度层面的矛盾,如不解决后果将很严重。一篇千五百字的小文,内容丰富,见解深刻,论述有力,立场鲜明,思想积极,真不愧为"名编"手笔。

第三章 学术论文写作

【重点提示】

1. 了解学术论文的概念。
2. 领会学术论文的文体特征。
3. 掌握学术论文写作的通用技法。

第一节 学术论文概念

中国科学院前院长卢嘉锡曾说过:"表达是很重要的。一个只会创造不会表达的人,不能算一个真正合格的科学工作者。"[1]著名科学家茅以升也认为:"对于科学技术的成就,如果不能用文字表达其思潮与动作,则无法推广,更无法流传后世。"[2]可见,对于科学研究人员来说,写作修养是其成为科学巨匠的重要因素之一。著名科学家法拉弟的《电学实验研究》是其研究电磁现象30年的重要成果,但由于文字能力欠佳,书中的很多表达"模糊不堪",致使该著作发表后一直面对非议。而19世纪伟大的英国物理学家、数学家麦克斯韦则具有较强的写作能力,他从法拉弟《电学实验研究》中让人感觉杂乱无章的实验记录里发现了一些简单的规律,于是写出了第一篇电磁学论文,使法拉弟的力线概念获得了精确的数学表述,发展并完善了电磁理论。麦克斯韦后来发表的《电学和磁学论》更被誉为是一部可与牛顿的《自然哲学的数学原理》、达尔文的《物种起源》相媲美的里程碑式的著作。对于这样巨大的贡献,麦克斯韦认为得益于"一支好笔"。每一位有志于科学研究的大学生都应该努力磨练笔头子,以便于更好地把自己思考与研究的成果展示出来,进而实现更大意义上的社会价值与经济价值。

一、学术论文的文体追溯

在我国,学术论文写作的历史源远流长,战国时期墨家的典籍《墨子》中的《墨经》、荀子的《天论》、东汉时期张仲景的《伤寒杂病论》等许多学术著述,都可谓是我国学术论文的先河,如《墨经》涉及了社会学、哲学、逻辑学、数学、几何学、光学、力学等方方面面的知识,被称为"微型百科全书"。清朝王引之的《经传释词》被王力先生赞为"每个虚词的解释独立出来都是一篇论文"。可见在我国古代已有许多学术论文撰写的大家。

到了近代,1919年创办的《北京大学月刊》可谓是创办较早、影响较大的学术期刊,由此我国学术论文的撰写历史掀开了新篇章。据统计,至2003年底,我国正规期刊已超过9000种,其中一半左右为科技期刊。科技期刊还分为SCI、EI源期刊,中文核心期刊,非核心期刊,全国性一般科技期刊,地方性一般科技期刊等,一般按上述难易顺序来评价论文学术价值的高低。目前,我国科技期刊的发行方式不仅有印刷本,还有光盘版、网络版等多种形式。中国知网、万方数据、维普资讯网等都可检索到我国大多数的科技期刊,并且提供全文下载服务。[3]随着我国经济的发展,科技事业的进步,学术论文的水平也不断上升。

1979年后,我国大部分高校不仅给文科大学生开设了写作课程,还给理工农医类院校的大学生开设了大学语文、科技论文写作等课程,这对学生的成长是有极为重要意义的。1981年我国实行学位制度,凡申请学位的学生都要提交学位论文。至今,不仅全国高等院校普遍实行撰写毕业论文制度,电大、函大、职大等各类高等业余教育也都要求学生提交毕业论文。

西方许多国家学术论文撰写的历史也很悠久,如古希腊亚里士多德的学术著作颇丰,内容涉及了美学、逻辑学、物理学、政治学等诸多方面,也可以称之为古代的百科全书,对人类及科学的发展产生了深远的影响。

在西方,早在1665年就出版了第一本科学技术杂志《哲学汇刊》,其后科技期刊的数量呈指数型增长,目前已达到十万多种。科技期刊的发展与科学技术的发展是密切相关的,因为科技期刊为科研人员提供了交流学术问题的空间,高水平的学术论文同时也促进了社会与经济的发展。

因此,直至今天,西方一些国家依然非常重视学术论文的撰写,许多高校开设了学术论文写作课,而且是每个学生必修的。有些大学甚至把科技写作设置为一个专业,如美国衣阿华州立大学于1905年就开设了科技写作课,至今美国已有五十余所大学设置了科技写作专业,并可以授予学士、硕士、博士学位。日本也非常重视对大学生论文写作的指导,在高校开设的论文写作课都是由各专业具有丰富经验的教授进行讲授,而且每周都要举办论文报告会,强化大学生的论文写作能力。

二、学术论文的概念及分类

人类在自然科学及社会科学的各个领域中,总是要不断地进行探索与研究,有所发明,有所创新,进而上升到理论高度进行论证,这种对某一学科领域中的问题进行较为专深而系统的研究与探讨,进而表述科学研究新进展或新成果的理论文章,也称科研论文、科学论文,或简称论文。

学术论文是一个总概念,由于研究领域、对象等的不同,学术论文可以有多种分类方法。

按研究的领域不同可分为自然科学和社会科学两大类。理工科论文属于自然科学论文,如数学论文、物理学论文、医学论文等,这些论文也被称为科技论文,科学性强,注重实验与实用;文科论文属于社会科学论文,如语言学科论文、历史学科论文等,它们研究的对象是各类社会现象、文化现象及其发展规律,注重社会性与理论性。

按学术论文的写作目的与社会功能可分为一般学术论文、学位论文两大类。一般学术论文是指自然与社会科学的研究人员或各领域的非专业人员根据自己的研究成果撰写的论文,一般发表在各类学术刊物上,或者在会议上宣读或交流。学位论文是指高校学生为获得学位而撰写的论文,主要目的是考查申请学位者的专业知识掌握的情况以及其研究能力、研究成果的情况。这类论文可分为学士论文、硕士论文、博士论文三类。学士论文的篇幅一般在八千到一万字左右,硕士论文的篇幅一般在3—5万字左右,博士论文的篇幅则要达到10万字左右。

按内容性质与研究方法可分为理论型论文、实验型论文、描述型论文、设计型论文等。理论型论文主要研究自然科学或社会科学中的一些抽象的理论问题。实验型论文是以实验为核心,通过实验及对实验结果的观察与分析来探讨事物发展的规律,进而形成自己独到的发现与见解。描述型论文主要是通过考察、观测和分析等方法来研究客观事物和现象,多采用描述与说明的表达方式。设计型论文是对新产品、新工程等设计文件的最佳方案或实物进行全面论证,阐述其在科研或生产实践中应用价值的论文。

此外,还可以按学科层次、论证方式等角度来进行分类。

第二节　学术论文的文体特征

若想学会撰写学术论文,首先需要了解学术论文与其他体裁文章的本质区别,有的作者由于对学术论文的文体特征不熟悉,弄不清学术论文与其他文章的主要差异在哪里,因此写出来的文章在内容、结构、语言等方面总是存在着这样那样的问题。学术论文的文体特征体现在科学性、创新性、平易性三个方面。

一、科学性

学术论文是对某一领域较为专门的、有系统的学问的研究与探讨,因此学术论文的"本",或者说"灵魂",应该是"科学性"。写作者应该本着严肃认真的科学态度,从探求科学真理的角度出发撰写学术论文,使学术论文具有一定的理论高度和科学价值。

首先，学术论文的观点要体现科学性与理论性，要揭示事物的本质和规律，这是学术论文是否有价值的核心条件。论文观点的阐述要有理论依据，不能简单罗列大量的材料，应认真地对事实、材料进行分析、研究，使感性认识上升到理性认识。要从客观实际出发，不得主观臆造，研究的成果要经得起实践检验。

其次，论文的结构要清晰，要经过周密的思考，体现较强的逻辑性，语言表达要准确、严谨。

再次，论文的研究方法要正确、科学。实事求是，有的放矢。在研究中，要充分地占有资料，反复推敲研究方法，运用分析与综合等科学的研究方法，进行严谨的论证。

二、创新性

学术论文的创新性体现在它必须有新观点、新成果、新发明、新发现、新方法或者新设想。也就是学术论文要"新"，要有独创性，要"道前人所未道"。有些论文虽然语言、结构都不错，但由于内容陈旧，是前人或他人已研究过的成果，这样的文章就没有什么学术价值了。

我国的《发明奖励条例》指出"新"即"前人所没有的"，或者说是国内外所没有的，或国外虽有而未公开的，反之都不能算创新。我国数学家陈景润证明"1+2"的论文发表后，立即得到了国际数学界的肯定和称赞，因为"陈氏定理"的确是前人未曾证明过的新成果，现在也仍居世界领先地位，无人能够超越。当然，创新也并非指每一篇论文都要像陈景润这篇论文那样有重大的突破，或发前人所未发，这是不现实的。一般情况下，只要研究者在某一领域内对他人的研究成果能够加以补充、修正、完善或发展，都是一种创新。而那些重复或抄袭他人研究成果的论文是与创新背道而驰的。

高等院校的学生撰写学位论文也是要有创新性的，只是由于学生的学术水平较科研人员略低一些，因此他们所写的学年论文或学位论文可能更多是自己的一点儿心得体会，但只要有独到的见解，就可以算是较成功的论文。

三、平易性

学术论文大多具有较强的专业性,阐述的都是较深刻的科学理论或客观规律,因此,对读者来说,阅读是有一定难度的,这也要求论文写作者要考虑到读者的接受能力,尽量把抽象、复杂的理论写得简洁平易、通俗易懂,有些作者为了显示自己的"学问"和"水平",总是故意大量使用一些晦涩难懂的新名词或专业术语,使文章读起来枯燥乏味,这种别人读不懂的文章等于拒人千里,反而掩盖了作者的学问和水平,使读者无法接受他的思想和观点,影响了作者与读者之间的学术交流。

其实,古今中外很多名家、大家的著述语言都是非常平易的。陶行知先生的《行是知之始》就是一个很好的典范,试读其中的两段:

> 阳明先生说:"知是行之始,行是知之成。"我以为不对。应该是"行是知之始,知是行之成"。我们先从小孩子说起,他起初必定是烫了手才知道火是热的,冰了手才知道雪是冷的,吃过糖才知道糖是甜的,碰过石头才知道石头是硬的。太阳地里晒过几回,厨房里烧饭时去过几回,夏天的生活尝过几回,才知道抽象的热。雪菩萨做过几次,霜风吹过几次,冰淇淋吃过几杯,才知道抽象的冷。白糖、红糖、芝麻糖、甘蔗、甘草吃过几回,才知道抽象的甜。碰着铁,碰着铜,碰着木头,经过好几回,才知道抽象的硬。才烫了手又冰了脸,那末,冷与热更能知道明白了。尝过甘草接着吃了黄连,那末甜与苦更能知道明白了。碰着石头之后就去拍棉花球,那末,硬与软更能知道明白了。凡此种种,我们都看得清楚"行是知之始,知是行之成"。佛兰克林放了风筝才知道电气可以由一根线从天空引到地下。瓦特烧水,看见蒸汽推动壶盖便知道蒸汽也能推动机器。加利里翁在毕撒斜塔上将轻重不同的球落下,便知道不同轻重之球是同时落地的。在这些科学发明上,我们又可以看得出"行是知之始,知是行之成"。

> "墨辩"提出三种知识:一是亲知,二是闻知,三是说知。亲知是亲身得来的,就是从"行"中得来的。闻知是从旁人那儿得来的,或由师友口传,或由书本传达,都可以归为这一类。说知是推想出来

的知识。现在一般学校里所注重的知识,只是闻知,几乎以闻知概括一切知识,亲知是几乎完全被挥于门外。说知也被忽略,最多也不过是些从闻知里推想出来的罢了。我们拿"行是知之始"来说明知识之来源,并不是否认闻知和说知,乃是承认亲知为一切知识之根本。闻知与说知必须安根于亲知里面方能发生效力。

陶行知先生不愧是个人民教育家,他教育文集中的很多篇章都是这样的文字,通俗、诙谐且易懂,他常常通过打比方或讲故事来解释抽象的教育原理,寓深奥于浅显,这确是我们应该学习的。

因此,我们写学术论文语言一定要做到文从字顺,准确、鲜明。最好能够做到深入浅出,明白如话,将学术性与可读性融为一体。

第三节 学术论文写作要点

学术论文写作是一件既难又易的事情,"难"在创新,没有创新性的论文是没有任何学术价值的,但新观点、新成果却并非轻而易举就能得到;"易"在格式,学术论文的格式是有规律可循的,只要读了一定数量的优秀论文,就能举一反三,独立构架一篇论文,但这毕竟是"形",而不是"神",若想写出优秀的形神兼备的学术论文,还需要认认真真、踏踏实实地去钻研,去探索。只有论文的内容有意义,论文才有价值,如果内容毫无创新,即使论文的结构、语言等都不错,也是毫无意义的。

一、学术论文的写作基础

(一)正确选题

学术论文写作前遇到的首要问题是"选题",即选定所要研究的论题。通过选题可以看出写作者的研究方向与学术水平。论题提得好,论文的价值也就初步显现出来了。论题不是标题,它是研究的范围。如论题是研究伍尔夫小说的结构,通过研读作品及相关资料,最后形成了自己的观点与思路,题目定为"伍尔夫小说结构的美学机制"[4]。由论题到最后题目的确定可不是一个容易的过程,它需要作者大量阅读文献,反复思考、推敲，甚至做实验、调查，不断与研究对象产生碰撞，不断地产生认识上的飞跃，直至形成自己独到的见解。题目一经确定，论文的整体框架其实也就形成了。

确定一个有研究价值的论题是非常重要的，这是论文写作的第一步，也是科学研究的开始，爱因斯坦就认为"提出问题往往比解决问题更重要"。论题选得恰当，能起到事半功倍的作用。那么，如何才能选定恰当的论题呢？

首先，选题要注重论题的学术价值与现实意义。或是急待解决的社会重大课题，或是对前人研究的纠正与补充等等。论文的学术价值体现在对学术问题的研究上，有些论题可能表面上看无多大现实意义，如对《诗经》的一些研究可能离现实生活较远，但能为我们理解古代经典作品提供参考资料，这是具有学术意义的。论文的现实意义指在现实生产生活中，总有一些亟待解决的问题，作者应针对这些问题进行深入研究，找出解决问题的办法，使自己的研究具有实用性，为社会服务。

其次，选题要注重论题的创新性。或是科学上的新发现、新成果，或是填补学科空白的新观点、新方法等，有了新颖独到的发现或见解，文章才有存在的价值。如果一篇论文从内容到形式都是新的，这当然是最好的，不仅科学价值高，社会影响也在。但这样的论文写作起来难度也是很大的，往往需要作者有非常扎实的理论功底和厚实的专业基础。初涉研究领域的作者可选用新的论据、新的角度或新的研究方法证明旧课题，从而得出自己的一得之见。也可以对他人的观点、论据或研究方法提出质疑与批驳，启发人们对该问题的思考。

再次，选题要注重论题的适中性。即选题要大小适当，适合个人的研究能力和水平。选题时应首先从自己的兴趣出发，因为自己感兴趣的研究方向必然有一定的积累，研究起来也有一定的主动性与积极性。同时，选题时还要客观地分析自身的科研能力，要量力而行，不要贪大求全求难，结果研究中抓不住重点，哪个问题也没研究透彻。超过自身研究能力的题目，往往很难完成，不仅浪费了作者的时间，还使作者失去了研究的信心。

对于初学论文写作的作者来说，小题目更容易驾驭，更容易写得充实、深入,只要有自己的一得之见,小题目同样有价值。

(二)**积累资料**

选题初步确定后,就需要占有丰富的研究资料,写一篇五六千字的论文可能要搜集并阅读几万字或几十万字的资料。没有资料,研究工作就无从展开,论文的观点也难以形成或论证。因此,在平时的学习和工作中,要善于积累资料。

以前研究人员搜集资料主要是阅读纸质学术报刊,常常需要通过抄写的方式进行积累,时效性较差,现在由于网络发达,人们多利用网络查阅资料,始建于1999年的中国知网现已成为具有国际领先水平的数字图书馆,这里拥有最丰富的信息资源和数字化学习平台,集期刊杂志、博士论文、硕士论文、会议论文、报纸、工具书、年鉴、专利、标准、国学、海外文献资源为一体,可以提供CNKI源数据库,外文类、工业类、农业类、医药卫生类、经济类和教育类等多种数据库,网站每日更新文献量达5万篇以上。而且用户可以在中国知网建立属于自己的个人数字图书馆,定制自己需要的信息。因此,中国知网现已成为研究人员首选的数字化学习平台。我们还可以通过网络查阅国外期刊,如科学引文索引("SCI")、工程索引("EI")与科学技术会议录索引("ISTP")等网站,都可以便捷地查到许多期刊信息。

有了查阅资料的来源,下一步我们就需要了解积累的主要资料有哪些。

1. 第一手资料。如与论题直接相关的原著、调查材料、实验数据等。这些是作者提出观点、得出结论的基本依据。没有这些资料,学术论文写作就成了无源之水、无本之木。搜集第一手资料一定要注意真实、准确、新颖。有些论文需要运用调查得来的一些资料,可实地调查,也可运用开会、访问、问卷或网络调查等形式,在调查中要注意原始材料的搜集与整理。自然科学论文常常需要通过实验得出结论,在实验中,要注意积累实验数据和现象。

2. 他人相关研究成果。在研究过程中,一定要大量阅读他人相关的研究成果,一是了解自己的选题是否已有前人研究,如果他人已研究过,自己再去研究就毫无意义了;二是从他人的研究中可以受到有益的启示,对自己的论文写作有一定的指导作用;三是便于发现他人研究中还未解决或解决得不够圆满的问题,可以在其基础上继续进行相关研究。在他人研究成果中,还要着重注意名人的相关研究成果,因为名人有一定的权威性,引用名人的观点更有说服力,当然,对名人的观点也要认真分析研究后加以借鉴。在不掌握他人研究情况下就开始论文写作,往往会做无用功。

搜集到的资料是很凌乱的,因此,要边搜集边整理,以便论文写作时使用。整理资料的方法有:

第一,电子资料的整理。如果拥有个人电脑,我们可以在电脑中设定某一硬盘为资料存储的专门分区,然后根据需要建立分类文件夹,如"中国当代文学"、"外国文学"等,当然,还可以下设更细致的分类文件夹。文件夹建好后,就可以把从网络上下载的资料分类存储了,这样查找起来较为方便。

第二,纸质资料的整理。可以做卡片、记笔记或剪贴报刊。读书时带着纸和笔,随时摘录一些精彩的内容,或记录下自己的心得体会,这是值得提倡的学习方法。但前两者需要用笔抄写,耗时较长,而且积累多了不便于查找,故一定要根据分类做详细的目录,然后定期整理。剪贴报刊积累资料的方式有两种,一是读后将有用的资料剪下来进行分类粘贴,二是把报刊上的资料复印下来,再进行分类剪贴。后者可以节省时间。

无论用哪种方法搜集或整理资料,都必须牢记一点,即注明出处。如作者、书(报刊)名、出版单位、发行年月、页码等,以便于论文写作时引用。

(三)分析文献

面对浩如烟海的信息,积累资料已不是难事,难的却是积累了大量资料后如何阅读分析,并从中梳理、提炼出对自己论文写作有益的一些信息。因此我们需要了解阅读、分析文献的一些方法。

1.浏览文献。当围绕某个方向积累了大量的资料后,我们需要对资料有个整体的了解和把握,因此,可集中一段时间,浏览一下资料,目的是了解此方向的相关研究有哪些,他人的观点有哪些,有哪些问题研究成果较多,还有哪些问题需要进一步地研究与探讨等等。如相关文献较多,要梳理出三种类型的文献重点浏览,一是对某一论题研究情况进行综述的文献,二是对某一论题持不同观点的文献,三是对某一论题论述角度不同的文献,四是对某一论题的最新研究成果。在浏览文献的过程中,要认真地分析与思考,有意识从文献中吸取对自己有启示的东西,这样客观、冷静地浏览了大量文献之后,相信会有所感悟,有所发现。

2. 精读文献。在浏览了所有文献后,可挑选一些重点文献进行精读。如挑选名家名刊上的文献阅读,或选择观点有分歧的及论述角度不同的文献阅读。

精读时可从以下角度进行:第一,了解作者要解决什么问题及其观点;第二,论文分为哪几个部分,每个部分之间有什么关联;第三,思考作者的论证是否充分,你是否与作者有共鸣;第四,作者还有哪些问题没有解决;第五,作者所列的参考文献是否有我们没有掌握的重要文献;第六,读完此文献后,能否用自己的语言简炼地概括该文献的观点及内容;第七,该文献对自己的论文写作有哪些启示。

精读文献时,要随时记录下自己的心得体会,相信我们对自己论文的选题或写法的思路会清晰起来,甚至会在精读过程中产生一些写作的灵感。

3. 分析比较。阅读了一定量的文献后,自己的想法逐渐增多,这时可把精读时记录下来的一些杂乱的想法整理一下,并且与读过的文献比较一下,自己的哪些观点是文献中已有的,哪些是与文献观点有分歧的,哪些是文献中没有的或部分没有的。通过比较、分析、演绎、归纳,自己论文选题的思路就会逐渐明确。

二、学术论文的结构要素

(一)前置部分

1. 标题

标题是学术论文内容的高度概括,要求简明、准确地概括论文的主要信息,既能够引起读者的注意,又便于读者阅读及文献检索。有人认为"题好文一半",的确,标题"居文之首,勾文之要",其作用是极其重要的。

与文学作品相比,学术论文的标题一般都较长,虽没有字数上的硬性规定,但最好不超过20个字,恩格斯曾说标题"愈简单,愈不费解,便愈好"。英国的科技期刊一般要求学术论文题目不多于12个词。我国的学术期刊一般规定中文题目不超过20个字,外文题目不多于10个实词。如果过长,可以配上副标题,如《艺术与真理——阿多诺与海德格尔艺术观之比较》,在一般情况下,正标题较虚,副标题较实,两者互为补充。

学术论文的标题一般由短语组成,而非陈述结论的句子。如标题不能写成《文学的本质是系统本质》,而应写成《试论文学的系统本质》。在用词上,学术论文的标题力求准确、朴实,慎用感情色彩过强的一些词汇,如进行学术争鸣,大多用"质疑"、"商榷"这类词语,而不用"驳斥"、"批判"。

学术论文标题常见问题是冗长、与内容不吻合、用词不当或产生歧义等。初学论文写作一定要反复推敲论文标题,避免出现类似问题。

2. 作者信息

作者信息包括作者署名、作者工作或学习单位的地址、作者简介。

作者姓名写在论文标题下居中的位置,如果是多位作者,姓名之间用逗号隔开。作者姓名末字后要以上标的形式加作者简介的序码。

作者工作或学习单位用括号括上,置于姓名之下,要写全称,即包括省、城市名,工作或学习单位名及邮政编码,如果是多位作者,且工作单位不一致,则要按照作者署名的先后顺序,加上序码注清相关信息。例如:

伍尔夫小说结构的美学机制[5]

程 倩

(湖南师范大学外语学院,湖南 长沙 410006)

伍尔夫在中国文坛的接受与影响[6]

罗 婷[1],李爱云[2]

(1. 湘潭大学 国际交流处,湖南 湘潭 411105;

2. 湘潭大学 文学与新闻学院，湖南 湘潭 411105）

作者简介置于论文首页地脚，主要介绍作者的姓名、出生年、性别、民族（汉族可略）、籍贯、职称、学位、研究方向等。例如：

作者简介：××（1972—），女，湖北××人，副教授，博士研究生，研究方向为粉体工程及电子显微技术。

3. 摘要

摘要也是论文写作中很重要的一部分，因为现代各类文献信息浩如烟海，读者在网上各类全文数据库进行查询、检索时，常常先通过题目和摘要来判断是否详细阅读该文献，因此论文摘要的质量关系到该论文被检索与引用的频次，是非常重要的。

摘要是全文内容的总括，一般不超过 300 字。在作者工作或学习单位之下空一行写摘要，摘要两个字要前空两格。

摘要内容一般包括论文研究的目的、方法、中心观点和结论。因为写摘要的目的是简要地概括论文的主要观点、结构框架及主要研究成果，使读者在阅读全文之前，就能了解论文的主要信息，因此不需要有评论、解释等类文字，不需要引文，不能有插图、表格，也不能出现"本文"或"我"、"作者"等字眼，尽量客观地用第三人称进行陈述。例如王一川教授的论文《两种审美主义变体及其互渗特征》[7]的摘要：

摘要：审美主义是中国审美现代性进程不可或缺的一副颜面，其双重源头即日常式审美主义和思辨式审美主义。周作人和宗白华两人可以分别视为两种主义在中国的代表。中国审美主义带着中国语境的深深印记，实际上呈现为两种变体——精英审美主义和市民审美主义。这两种审美主义变体之间不存在绝对的界限，而存在独特的互渗性关联，构成了中国现代审美主义传统的一个显著特征。

这篇论文的摘要写得简明准确，读者从中了解到作者要论述的是日常式与思辨式审美主义的变体市民审美主义和精英审美主义，作者的观点是这两种审美主义之间存在独特的互渗性关联，这是中国现代审美主义传统的显著特征之一。该摘要重点突出,语言精练,值得学习。

4. 关键词

关键词置于摘要之下,是文献检索的一种标识,它是从学术论文的题目或正文中选取出来的,借以体现论文主题概念的词或词组。一般论文可列 3—6 个关键词,各词之间要用分号隔开。

要想正确地选取论文的关键词,需要对论文进行认真分析,梳理出与论文的中心内容和主题概念一致的词或词组,然后进行适当排序。如王一川教授的论文《两种审美主义变体及其互渗特征》的关键词依次为:审美主义;精英审美主义;市民审美主义;互渗性;现代性传统。这五个词清晰地展示了该论文的主题概念,便于阅读与检索。

5. 中图分类号

凡发表的论文,在关键词之下,都标注中图分类号,以便于检索与编制索引。具体标注方法要依据《中国图书馆分类法》、《中国图书资料分类法》中的分类标准,即对文献进行主题分析,然后依照学科属性和特征进行分类,共分为 22 个大类。分类号代码由字母和阿拉伯数字组成,一个字母代表一个大类。如果一篇论文涉及多个学科,可标多个分类号,主分类号在前,分类号之间有分号间隔。[8]《中国图书馆分类法》的类目如下:

  A 马克思主义、列宁主义、毛泽东思想
  B 哲学、宗教
  C 社会科学总论
  D 政治、法律
  E 军事
  F 经济
  G 文化、科学、教育、体育
  H 语言、文字
  I 文学
  J 艺术
  K 历史、地理
  N 自然科学总论

O 数理科学和化学
P 天文学、地球科学
Q 生物科学
R 医药、卫生
S 农业科学
T 工业技术
U 交通运输
V 航空、航天
X 环境科学、劳动保护科学
Z 综合性图书

如张成渝的《从世界遗产的角度看地质遗产的价值》[9]一文的中图分类号为K901。程雪玲、胡非的《周期性扰动对湍流边界层层次结构的影响》[10]一文的中图分类号O3。

(二)正文部分

1.绪论

绪论是学术论文的开篇,主要介绍论文研究的主要问题是什么、论文写作的目的意义、国内外研究的历史与现状、作者的主要观点及论文的主要内容等,使读者对论文有一个总印象。绪论要精简,不能与摘要内容重复。例如王一川教授《两种审美主义变体及其互渗特征》一文的绪论:

> 本文尝试从现代性的颜面角度重新考察中国现代审美主义问题。"现代性"的"颜面"问题本来是美国学者马太·卡林奈斯库(Matei Calinescu)在《现代性的五副颜面》(Five Faces of Modernity,1987)中提出来的,属于有关现代性的审美艺术表现或审美现代性的具体呈现面貌的一种隐喻性表述。我这里用"颜面"而不是通常的"面孔"去翻译英文face,是想尽力贴近审美现代性所与之不可分离的颜色、形体、声音等艺术形式特征。颜面决不只是固定不变的或唯一的,而是可以时常涂抹的和变换的,在不同场合亮出不同的风韵。这部著作勾勒出西方现代性在审美表现上的五副

颜面：现代主义、先锋主义、颓废、媚俗和后现代主义。卡林奈斯库认识到，审美现代性标志着"一个重要的文化转变，即从一种由来已久的永恒性美学转变到一种瞬时性与内在性美学，前者是基于对不变的、超验的美的理想的信念，后者的核心价值观念是变化和新奇"。卡林奈斯库的研究可以启发我们思考中国现代性的颜面问题。但困难不在于能否从中国现代艺术中找出与卡氏所论述的五副颜面相对应的现象，而在于找到这些对应物后如何加以甄别：中国的相似现象与西方的原生物是否就是一回事？我不想直接套用卡林奈斯库的"五副颜面"说，而是宁愿在沿用"现代性的颜面"说并参照"五副颜面"说的同时，主要从中国现代性语境出发，着力寻找那些能够呈现中国现代性的具体状况及其微妙方面的审美现代性因素。也就是说，我将在现代性颜面名义下集中寻觅并展示现代艺术中专属于中国审美现代性的那些独特因素。我的做法是在历时态和共时态相结合的意义上寻找到属于中国现代性的那些特有的颜面。我的脑海里渐次浮现出这样几副颜面：革命主义、审美主义、文化主义、先锋主义等。这里谨对其中的审美主义作初步讨论，重点在于把握中国审美主义变体的具体情形及其独特特征。

该绪论首先明确提出自己要论述的问题及探讨此问题的原因，之后指出自己研究此问题的方法及论文的基本内容。作者思路非常清晰，语言简练，逻辑性很强。

2. 本论

本论部分是学术论文的主体，是作者展开论题，有理有据地论证研究成果的重要部分。本论部分要求内容充实，思路清晰，论据充分，论证有逻辑性。

一般情况下，学术论文的结构分为三大部分，即提出问题、分析问题、解决问题，提出问题部分即绪论部分，分析问题部分即主体论证部分，解决问题部分即结论部分。分析问题部分要根据论文的内容和作者的思路分出更多的层次，层次序号应统一采用"一、（一）、1、（1）、1）"的顺序。

本论部分的结构框架可以有多种形式，可以先亮出中心观点，然后从不同角度证明中心观点的正确性,最后总结;可以先从不同方面进行分析比较,然后得出研究的最终结论;也可以采取层层深入的论证方法,即提出问题后,经过由浅入深的剖析,一步步得出结论。由于学术论文要论述的问题大多都较复杂,因此,需要有清晰的结构框架,以便于读者梳理出论文的思路。

学术论文在段落的组构上也有一定的要求,基本是每个自然段要集中表达一个完整的意思,每段的段首应有中心句,全段围绕中心句展开论述。当然,中心句也可出现在段中,起承上启下的作用,也可出现在段尾,起归纳、总结的作用,或段首、段尾都出现,起到强调的作用。学术论文的段落大多较长,因为分段琐碎不便于进行完整、周密的论述。

学术论文在论述过程中,需要引用适量的事实论据与理论论据来证明作者的观点,引用时要讲究方法。如引用的是他人论著中的原文,需领会原文的意旨,不能断章取义,也不能无节制地大段大段地引用。引用内容一般要加引号,需仔细核对,与原文一致。如引用较长,可单独成段,用特殊字体标示。例如:

> 早在上个世纪90年代初,史铁生就曾强调:"我一向认为好的小说应该是诗,其中应渗透着诗性。什么是诗性呢?最简单的理解是:它不是对生活的临摹,它是对心灵的追踪与缉拿;它不是生活对大脑的操练,它是一些常常被智力所遮蔽所肢解但却总是被梦所发现所创造的存在。常有人把写作者比作白日梦者,这很对,这白日的梦想,是人类最可贵的品质。人间需要梦想,因而人间需要艺术。"[11]

这段文字赫然打在封底上,如一个惊悚片的广告。接下来的叙述也在一个接一个的惊悚情境中展开,男人不断地杀人,女孩不断地虐杀动物并拍照为乐。骇人的描写随处可见:

> 他们看到一个稚气未脱的美貌少女的身边堆满了肢解的动物,拧断脖子的鸡,掏干净五脏的麻雀。还有鸡血写下的字,插满骨头的雪堆。她手上还拿着巨大的铲子,铲子上有慢慢凝结的动物的血液。因为有些冷,她的脸蛋冻红了,宛如一簇愈加旺盛的小火焰。

> 她走到倒在地上的男人面前。她把男人单薄的棉衫脱掉,裤子也退去。跛脚的男人满脸参差的胡子,赤露的身体上有三个枪口,血液正从四面八方汇集。她看着,露出笑容,觉得他是绝好的模特。[12]

上述一例是段中引,二例是单独成段的引用。

在论述中作者还可能用自己的语言对他人论著中的观点或内容进行陈述,这就需作者仔细阅读原文,把握原文主旨,复述语言要准确、精简。如许钟宁的《一种高频语用变异句式——同源模拟句》[13]一文中有这样一段:

> 根据格赖斯(H. P. Grice,1975)的话语理论,维持会话秩序,制约话语交际的根本原则是"合作原则",具体有四项"准则":质的准则;量的准则;关联准则;方式准则。格赖斯指出,遵守以上准则,交际正常展开,产生常规会话含义;如果"有意违背"某项准则,也即"准则的逆用",就会产生隐含的、非常规的语用含义。

这段话是作者在陈述格赖斯著作中的观点,重点突出,语言简练、准确。

在论述中还要使用适当的方法,如在社会科学论文中常用的批评方法有:社会历史批评、道德批评、精神分析批评、审美批评、解构批评、印象主义批评、女权主义批评、新批评、神话原型批评、后殖民主义批评、文化学批评、文体学批评、新历史主义批评等。

3. 结论

结论是对学术论文内容的总结,是解决问题的部分。在此部分要进一步强调和概括论文的主要观点和结论,概括要准确明晰,使读者对论文的独到之处一目了然。

还有的学术论文在结论部分提出需进一步研讨的问题或一些遗留问题,引发读者思考。如《两种审美主义变体及其互渗特征》一文结尾就提出了一个问题:"……置身在这种新的市民审美主义的汪洋大海中,回顾以往审美主义变体及其互渗传统,想必可以产生必要的启迪。当前的市民消闲洪流中是否就潜藏着复苏的精英审美主义欲望呢?"

(三)辅文部分

1. 注释

注释是论文的一种辅助性文体,是对他人成果引用情况的一种标示,以此显示出学术研究之间的继承关系。需要注释的情况主要有三种:一是对引用资料出处的说明,二是对在正文中不便详细阐述的内容的补充、解释和说明,三是对正文中出现的生僻词句进行解释或说明。

如林幸谦在《反父权体制的祭典——张爱玲小说论》[14]一文中有这样一句话:"传统'宗法父权'社会中的英雄气概和男儿本色,不但在她的文本中消声隐迹,反而突显为猥琐无能,贼头贼脑,狂嫖烂赌,玩世不恭等形象。"作者在这句话中提出了"宗法父权"这个概念,为了使读者对此有一个正确的理解,作者在文末加了注释。

> 在中国传统男女两性秩序的文化编码中,由于儒家经典中的两性伦理观念扮演着重要的规范角色。因此,这里为了进一步区分中国的父权特质,提出"宗法父权"的概念。"宗法父权"一词在此含有双重的概念,意图结合中国宗法礼教和西方父权体制。此词相信颇能代表/讲述东方的父权文化体质,以期进一步标榜中国父权体制和儒家典籍中有关性别规范和道德礼教的特色。儒家在此因而不只是一种学说的概念,也指涉及父权为中心的文化形态。

此例注释就属于注释的第三种类型,即"对正文中出现的生僻词句进行解释或说明"。通过作者的解释说明,读者明确了这个概念的内涵,也了解了作者用此概念的意图。

注释可夹注(现已较少使用)、页末注、文末注,现多使用页末注,读者查阅较为方便。注释必须详细注明引用资料的具体出处,有的论文注释不够规范,如有的注释没有标明出版社与出版时间,有的没有标明页码,有的把转引文当作直接引文,还有的译著没有注出译者等。

注释信息一定要准确、真实,尽量引用第一手资料,如转引他人已使用的资料需标明,并且要力求避免出现误差。对正文中出现的生僻词句进行解释或说明时,语言要平实、简洁、通俗,让读者读懂。同时要注意注释的数量要适度,过多的引用会让读者感觉作者缺少自己的观点,影响论文的质量。"合理的学术引用体现了学术界对于前人成果的尊重,这将有效地减少无视前贤的无知,形成严谨与谦逊的学术风气。"[15]

注释用数字加圆圈标注,如①、②……例:

①瞿世镜.意识流小说家伍尔夫[M].上海:上海文艺出版社,1989.3

②顾海兵.高等教育仍是集权式管理[J].改革内参,1998,(19):24—26

2.参考文献

参考文献是学术论文的作者在写作中对所参考的文献的深度与广度的标示。它既能体现论文本身的价值与水平,又能给读者提供相关文献的线索,便于读者查找阅读。

参考文献与注释不同的是,参考文献是论文的必备项,因为学术研究总是有一定的承继性的,而注释则是有需要说明、解释的就加注,没有可不列注释;参考文献是对文献整体上的一种参考,同一文献只显示一次即可,不需注明页码等具体出处,而注释则可对同一文献进行多次引用并注明;参考文献多为文末注,一般按所参考文献的重要程度进行排序,注释则按需注释的内容在文中出现的先后顺序进行标注,可在页末注。注释与参考文献会出现交叉,因为学术论文中的大多数注释的资料都来自参考文献,这是正常的,可同时列出,不能省略。

在学术论文中所列出的参考文献,应是作者在写作中确实阅读过并对自己的研究有启示的论著,不能因为某些论著是权威专家或学者所著,自己根本没有阅读,仅为提升自己论文的学术价值,而把这些论著列为自己论文的参考文献。

在发表的学术论文中,多有注释和参考文献使用混乱的现象,因此,初学论文写作者要注意辨析,并学会正确使用。

参考文献序号用方括号标注,如[1]、[2]……具体示例:

(1)专著

[1]瞿世镜.意识流小说家伍尔夫[M].上海:上海文艺出版

社,1989

(2)期刊中析出的文献

[2]钟启泉.对话与文本:教学规范的转型[J].教育研究,2001(3)

(3)论文集中析出的文献

[1]季平.1999年中国高等教育发展分析[C].袁振国.中国教育政策评论集.北京:教育科学出版社,2000

(4)报纸中析出的文献

[1]谢希德.创造学习的新思路[N].人民日报,1998-12-25(10)

(5)学位论文

[1]张志祥.间断动力系统的随机扰动及其在守恒律方程中的应用[D].北京:北京大学数学学院,1998

我国对注释及参考文献的书写格式有具体规定,不同文献的字母标识分别为:专著M,论文集C,报纸文章N,期刊文章J,学位论文D,标准S,专利P,研究报告R,专著、论文集中析出文献A。近些年,文章中引用电子文献的逐渐增多,但参考文献的标注却很乱,《中国学术期刊(光盘版)检索与评价数据规范》建议电子文献类型及电子文献载体类型的标识采用双字母。电子文献类型及标识为:数据库(database)—DB,计算机程序(computer program)—CP,电子公告(electronic bulletin board)—EB;电子文献载体类型及标识为:磁带(magnetic tape)—MT,磁盘(disk)—DK,光盘(CD—ROM)—CD,联机网络(online)—OL。那么,电子文献参考文献的类型标识即为:联机网上数据库[DB/OL];磁带[DB/MT];磁盘[CP/DK];光盘图书[M/CD];网上期刊[J/OL];网上电子公告[EB/OL]。

规范的标注顺序应为:序号 主要责任者.电子文献题名[电子文献及载体类型标识].电子文献的出处或可获得地址,发表或更新日期/

引用日期。例如:

[1]王明亮.关于中国学术期刊标准化数据库系统工程的进展[EB/OL].

http://www.cajcd.edu.cn/pub/wml.txt/980810-2.html,1998-08-16/1998-10-04

3.英文题目、摘要、关键词

为了方便国际交流,有的刊物要求论文参考文献之后要附上英文题目、摘要与关键词,即把中文的论文题目、摘要与关键词译成英文。翻译时要注意英文的表达方式与语言习惯,如题目要以短语为主,一般不超过12个词,题目可以字母全部大写,也可以每个词的首字母大写(冠词、连词、介词全部小写),或者题目第一个词首字母大写,其余词全小写。英文摘要多用一般现在时和一般过去时,谓语动词尽量采用主动语态,尽量使用短句。程倩的《伍尔夫小说结构的美学机制》一文的英文题目、摘要、关键词如下:

The Aesthetic Function of the Structure of Virginia Woolf

CHENG Qian

(College of Foreign Languages, Hunan Normal University, Changsha 410006, China)

Abstract: As a great master of the modern experimental novel, Virginia Woolf invented a series of new unifying strategies to construct her fictional world, such as the natural cycle, three—dimensional expansion, multiple focalization and parallel structure, etc. These new strategies effectively reflect new themes of modern age and new experience of modern life.

Key words: natural cycle; three — dimensional expansion; multiple focalization; parallel structure

上述论文的结构要素并不是对任何学术论文写作都适用,因为不同的刊物及高等院校对论文结构的要求有时会有些差异,如有些刊物要求上述要素都齐全,有些刊物则只要求有作者的相关信息即可,不需有摘要、关键词或英文题目、摘要等。如果是学位论文,在文前还要有目录,在参考文献之后还要有"致谢"等内容。作者在写作时也要遵从刊物或学校的特定要求。当然,有些刊物或学校的要求是不规范的,应该努力使之规范。

---

[1][2] 转引自《论文写作导论》,李福林等著,海洋出版社,1993年,第3—4页。
[3] 《学术论文撰写与发表》,朱永兴等著,浙江大学出版社,2007年,第172页。
[4][5] 《伍尔夫小说结构的美学机制》,程倩,《四川外语学院学报》,2001年6月,第15页。
[6] 《伍尔夫在中国文坛的接受与影响》,罗婷等,《湘潭大学社会科学学报》,2002年5月,第89页。
[7] 《两种审美主义变体及其互渗特征》,王一川,《社会科学》,2006年5月,第178页。
[8] 《模式写作》,喻大翔等主编,上海教育出版社,2007年,第321页。
[9] 《从世界遗产的角度看地质遗产的价值》,张成渝,《北京大学学报》(自然科学版),2005年6月,第898页。
[10] 《周期性扰动对湍流边界层层次结构的影响》,程雪玲等,《北京大学学报》(自然科学版),2005年5月,第688页。
[11] 《多重文体的融会与整合》,洪治纲,《文学评论》,2007年3月,第48页。
[12] 《由"玉女忧伤"到"生冷怪酷"》,邵燕君,《南方文坛》,2005年3月,第22页。
[13] 《一种高频语用变异句式——同源模拟句》,许钟宁,《修辞学习》,2008年6月,第12页。
[14] 《反父权体制的祭典——张爱玲小说论》,林幸谦,《文学评论》,1998年4月,第34页。
[15] 《学位论文基本结构与写作规范》,于志刚,国家行政学院出版社,2006年,第29页。

【自测训练】

1. 给自己确定一个论题,然后学会利用中国知网搜索相关的文献信息。

2. 在中国知网或学术刊物上阅读本专业论文至少50篇。

3. 依据学术论文写作对题目、摘要、参考文献等的要求，请从学术刊物上找出几例不规范的题目、摘要、参考文献等。

4. 阅读至少5篇综述式的学术论文，学习其搜集、整理资料及结构文章的方法，然后结合自己的兴趣，确立一个选题，写一篇综述式的学术论文。

5. 运用教材讲的学术论文写作技巧，就自己感兴趣并有一定积累的专题进行较深入的研究，然后写一篇学术论文。

【名篇赏析】

反父权体制的祭典（节选）
——张爱玲小说论
林幸谦

一

张爱玲的女性主体意识可说自然流露于文本之中。在她的女性叙述中，女性人物的主体性和其从属性一样都和男性人物有着密切的连锁互动关系。讨论张爱玲小说的女性主体性问题，最有效的途径便是同时分析张爱玲笔下对于男性人物的书写模式。

在大量书写女性压抑主题的同时，我们其实不难在张爱玲文本中找到作家意图颠覆父权的意涵。在此双重意义的女性叙述中，张爱玲的文本既能演绎"儒家女性"的从属与压抑问题，亦具备讲述女性主体的能力。此种同时具有承载女性压抑和颠覆父权的女性书写，正是女性文本的空隙、沉默与简缺的意义所在。

本文即将探讨张爱玲文本中的女性主体如何借助去势父亲的书写策略而被突显出来。在张爱玲所提供的文本模式中，女性的内囿、焦虑、丑怪与疯狂，被安置于男性/父亲的去势、阉割的现实里，丝毫没有维护父亲权威和男性传统形象的迹象。这样的叙述布局暗藏了女性文本中的反父权意识。而这种反叛父权文本的女性书写,乃和作家的女性主体关系密切。

张爱玲对于男性家长或男性人物的描写,主要有以下两方面的特点:其一是构成"无父文本"的书写,即是把男性家长排除/放逐在文本之外,而形成女性家长当家作主的文本模式;其二,则是文本所要探讨的男性"去势"与"阉割"的书写现象。在传统"父之法"(Law—of—the—Father)下,女性主体往往遭受父权意识的压迫,而被"结构"在"他者"之中。然而,此种作为他者的沉默群体(muted group),却在张爱玲的"杀父书写"及其对于男性/父亲人物的"阉割去势"中,得到替代性的补偿。一方面,男性角色成为被阉割去势者,另一方面,女性家长则取代了男性家长的位置。传统父权的性别主体,在作家的书写中被其叙述语言所盗取。

如此一来,传统儒家女性在历史中遭受的精神迫害和文化扭曲,在张爱玲的书写中,便通过阉割去势的书写模式,反过来落在男性身上。在这种书写模式中,张爱玲企图把女性的历史创伤转移到男性角色中,并成为攻击传统父权的来源。这些在张爱玲小说中被排挤出局的男性家长,成为女性作家抗衡父权压抑的文本策略。

张爱玲小说中有关父亲的缺席,以及作为说话主体的女性家长的出现,在这里成了干扰父权象征秩序的符号。男性家长的缺席和去势父亲的书写,因而涉及女性对于父权象征秩序的反串,同时也可被视为一种反串历史、文化现象的女性书写模式。而女性家长的确立,则表明作家拒绝把女性角色永远安置在从属地位上。

张爱玲的此种书写策略,显然刻意将女性家长替代了男性家长的缺席。而在这些男性家长缺席的"无父文本"中,恰恰宣告了女性家长的主体性身份。除了"无父文本"和女性家长的确立之外,张爱玲对于父亲权威的遗弃和对于父权的反抗,更强烈的表现在文本的书写模式之中。

大体而言,张爱玲笔下的丑恶男性形象,主要表现在肢体残缺,猥琐无能,狂嫖烂赌,昏庸懦弱的遗老遗少身上,乃至丧尽父权精神人格的畸型男性人物身上。这些去势男人自然也包括了狂嫖滥赌的败家子和浮华浪人。他们充斥在张爱玲的许多作品之中。

张爱玲小说中这种充满丑陋父亲形象的描写，显然有着重要的颠覆意义。如果进一步追溯，不难发现从她的中学少作《牛》开始，其实就已经构思笔下第一个猥琐男人：禄兴。禄兴作为她对传统父亲形象的理解，可说奠下日后描写男人的一个初型。

在《牛》一文中，禄兴以一个丈夫的身份耗尽妻子的嫁妆与钱财，自己落得一穷二白，山穷水尽。这正是日后张爱玲在小说中最乐于塑造的男性形象。此类男人不事生产，专门用女人的钱，通常是妻子的钱，其中自然也有花费母亲钱财的男人。此类男人亦包括无能养家靠妻子赚钱持家的丈夫。如《花凋》中的郑先生，即是一个"哄钱用的一等好手"。其他如《创世纪》的匡霆谷，《桂花蒸 阿小悲秋》中阿小的男人，《沉香屑 第一炉香》中的乔琪，《秧歌》中月香的丈夫谭金根等。

除了哄骗妻子的钱财嫁妆外，另一些则是花母亲或女儿的钱财。前者大部分是靠祖产过活的遗少，如《金锁记》里的姜季泽和姜长白，《创世纪》的匡霆谷和匡仰彝父子，《小艾》中的席五老爷；后者如《多少恨》的虞老先生即视女儿为摇钱树。除此，张爱玲的作品从《沉香屑 第一炉香》开始，到后期的《半生缘》、《相见欢》等篇的男性角色，大部分都有堕落、猥琐男人的写照，反复嘲弄，也反复反讽现实男性/父亲的阴暗面。

事实上，张爱玲小说中的男人形象，都含有她父亲的影子，甚至可以说就是张廷重的化身或投影。身为显赫世家的末代遗少，张廷重的淫靡荒唐、强权霸道作风，对张爱玲日后反叛父权、恣肆讽嘲父亲角色和男主角的书写有着重要影响。

在此种对于男性人物的书写中，父亲形象备受张爱玲的恣肆贬抑与嘲弄。传统"宗法父权"社会中的英雄气概和男儿本色，不但在她的文本中消声隐迹，反而突显为猥琐无能，贼头贼脑，狂嫖烂赌，玩世不恭等形象。这些毫无责任感的男人充斥在她的大部分小说中，几乎无一幸免。父权文化下的腐败荒唐，都集中在他们身上。他们的人生态度和生活恶习，在张爱玲的再三强调之下，格外突显了传统父权社会的荒唐和淫靡本质。

张爱玲文本中有关父亲形象的构图，和女性主体的建构，实有密切的关系。由于这些女性家长/人物的出现,乃是在压抑现实的基础上被建构为一种文本策略,非但讲述了女性自身的压抑性质和他者处境,同时以自身的焦虑与歇斯底里去颠覆男性主体。这种反父权的书写模式,看似隐而不显,实则显而易见。

  林幸谦是香港浸会大学中国语言文学系的教授。他不仅从事学术研究,也写诗与散文,是个学者兼作家的全才。林幸谦曾在香港中文大学读哲学博士,"张爱玲论"是他博士论文的选题,他的相关研究论文先后在多家刊物上发表,并且集成专著《荒野中的女体——张爱玲女性主义批评Ⅰ》、《女性主体的祭奠——张爱玲女性主义批评Ⅱ》等。

  在众多张爱玲及其作品的研究者中,林幸谦可谓独树一帜。他以女性主义为切入点,通过性别、权力和情欲等角度,分析女性所具有的双重特质。《反父权体制的祭典——张爱玲小说论》一文分四大部分,共万余字,节选部分是其中的第一部分。在这篇论文中作者认为张爱玲小说中的男性形象在精神与肉体上都是猥琐、堕落、无能、丑陋的,揭示了传统父权社会的淫靡本质,体现了张爱玲的女性主体意识。林幸谦通过大量的文本分析来佐证张爱玲文本中意图颠覆父权的描述,借以表现张爱玲的反父权思想及其内在的焦虑、恐惧等潜意识。

  论述中,林幸谦在学理上多参照的是20世纪下半叶的欧美文论,但他又能大胆地使之与中国文论传统有机融合,前香港大学中文系教授黄继持先生对此评价得很恰切,他认为林幸谦的论文"在术语汉译基础上,酌量铸造新词。诸如'父权'上冠以'宗法','女性'、'疯女'、'她者'上冠以'儒家','政治'、'话语'、'身体'上冠以'闺阁',骤观不免使人错愕。'儒家'一词用得过度宽泛,'闺阁'一词用得略带谐拟,但这显然对张爱玲的中国女性文本,力求有所照应,以免混同于西方文本。还有'铁闺阁'形象之提出,更企图与中国现代文学发动时期'铁屋子'的象征接轨。这类新词,无论为得为失,都见出铸造者的创造思维与历史感受"。

  确实如此,林幸谦对张爱玲作品的论述不仅观点新异,资料翔实,逻辑性强,而且语言丰富,文采斐然,令人仰慕。

第三编　新闻文体

朴文師遠の旅行記

第一章　消息写作

【重点提示】

1. 了解消息的概念与分类。
2. 领会消息的体式特性和常用结构。
3. 掌握消息各部分的写作规程。

第一节　消息内涵

在学习消息写作时，首先需要分清消息与新闻这两个相关的概念。新闻有广义和狭义之分。广义的新闻，是消息、通讯、特写、新闻评论等诸种新闻文体的总称。狭义的新闻，则专指"消息"。在各种新闻文体中，消息是用得最多、最活跃的一种文体，在新闻报道中占有重要地位。可以说，消息一直是各种新闻媒介上的"领衔主演"，这一主角地位已经延续了一个半世纪以上，今后还会保持下去。在现代社会里，国际国内大事的报道，工作情况的交流，各种信息的传播，都离不开消息。其他新闻文体如通讯、新闻评论、新闻特写等，都是以消息为基础发展起来的，有着消息的一般特征，甚至可以说是消息的延伸、补充和深化。因此，了解消息内涵，掌握消息的分类，是新闻写作的第一步。

一、消息的内涵

有关消息的内涵有很多阐述。《新闻学大词典》给出的概念如下:"以最直接、最简练的方式报道新闻事实的一种新闻文体,是最经常、最大量运用的报道体裁。"[1]

无论从哪个角度阐释消息,都必须注意到,在各种新闻文体中,消息对新闻事实的报道是最为迅速、最为简洁的。它常常以最强的时效性告诉受众发生了什么,有关的通讯常常成为消息的后续报道。

现代意义上的消息是近代新闻事业发展的产物。在近代报刊创刊初期,各种新闻文体还没有完全独立出来。当时的新闻作品,与一般文章没有什么差别。1851年,美国港口新闻联合社(美联社的前身)第一次用电报传递消息,揭开了"电讯新闻"的第一页。为了抢发新闻,各报纷纷效仿,都用电报发稿。由于当时的电报技术还比较落后,经常出现故障,迫使记者把主要的新闻事实写进报道的开头部分,消息导语和倒金字塔结构的消息雏形随之诞生,消息逐渐成为独立文体。

二、消息的分类

对消息进行分类,可以有多种标准和方法。以篇幅长短作为标准,分长消息、短消息、简讯等。以新闻所反映事件的性质作为标准,分事件性新闻和非事件性新闻。以结构是否完整作为标准,分结构完备的消息和结构不完备的消息。以报道内容作为标准,分时政消息、经济消息、体育消息、文娱消息等等。现在国内通常的分类是把消息分为动态消息、综合消息、述评消息、经验消息、人物消息等。

(一)动态消息

这是最常见的消息,是就刚刚发生或正在发生的新闻事实所作的最具时效性的报道。学习新闻写作,首先要写好动态信息,这是写好其他消息的基础。写作动态消息,应当抓住动态进行报道,通过报道让受众了解某新闻的最新发展动向。例如,采访报道第24届世界大学生冬季运动会,各种媒体推出很多动态消息,从哈尔滨的申办成功到筹备进展,从开幕式到闭幕式,从各项赛事进展到大冬会引起的各方反响。为及时发布动态消息,很多新闻网站以滚动字幕的方式推出了有关大冬会的简讯。

(二)综合消息

这是一种带有综合性的报道,它往往不停留于一个厂、一家店、一个村,而是记者就某一现象或问题,在比较大的范围内进行采访后经过综合写成的消息。虽然也是从某一件具体的事或某一个具体的人切入,但这件事或者某个人只是报道的引子,从总体上体现的是宏观或中观报道。这类消息的写作必须以大量的具体材料为基础,通过对材料的分析综合,反映出具有共同性的主题。例如《昆山31万农民刷卡看病》。

(三)述评消息

一般用于报道国内外重大新闻事件或具有普遍意义的新闻事实,也称"新闻述评"。"述"是对新闻事实进行叙述,"评"是对新闻事实所做的分析评论,这是一种兼有新闻评论与消息特点的报道形式,述评消息边述边评,评述合一,能使受众知其事又晓其理,有助于人们提高对重大问题的认识。这类消息写作难度稍大,要抓住受众关注的热点难点问题进行采访写作,用事实作出回答,用精辟的议论尤其权威观点去取得受众的认同。下面这则消息,就属于述评消息,有对新闻事实的叙述,也有对新闻事实所做的分析评论,要学习作者就事论理的写法。

圣诞晚宴预定火暴　自掏腰包寥寥无几
首府"公款圣诞"令人担忧

本报乌鲁木齐12月23日讯 记者刘大为报道 圣诞节在哪儿过?记者近日在市民中调查采访时发现,一种价格不菲、被当作礼品赠送的圣诞夜消费券,使不少人在圣诞节有了去处。

一位持有消费券的小伙子在采访中告诉记者,早在十来天前,他在一家职能部门任职的父亲就开始陆续收到别人送来的各大酒店平安夜、圣诞夜的消费券,面值多在三五百元之间。记者在这位小伙子手中看到,这种消费券类似公园的门票,印刷精美,每张标价438元,副券包括餐饮券和娱乐券两部分,持票者除可享受晚餐外,还可以观看由酒店组织的歌舞表演。

记者随即走访了一些酒店后发现,不少酒店均在圣诞节期间发行了类似的消费券。一家酒店的公关部经理说,圣诞节期间餐饮和娱乐活动的收入是酒店收入的一个重要部分,所以各大酒店都非常重视圣诞节。今年该酒店发行的价格在288元至488元的500多张消费券目前已全部卖完。这位经理坦言,虽然酒店把销售重点放在市民身上,但购票仍然多为团购,一些效益好的单位、企业都愿意选择这两天来宴请宾客;市民消费能力有限,自己购消费券的只占极少数。

在另一家酒店的销售部,记者了解到,该酒店不仅消费券已销售一空,酒店的20多个包厢也早在两个星期前被全部预订。销售部的一位负责人说,包厢里的消费水平较高,一直是酒店的一个卖点,去年圣诞夜1个包厢的最高消费达到了1.8万元。

采访中,一位业内人士告诉记者,近些年,变相行贿的现象逐渐增多,特别是时近年关,请客吃饭、送代金券、消费券的现象比较多,但一般数额又够不上犯罪标准,可是对领导干部的腐蚀作用很大,应该引起有关部门的注意。

(《新疆日报》2002年12月24日)

(四)经验消息

也称"典型消息"或"典型报道",是对具有普遍意义的典型经验或新闻人物的报道。经验消息主要反映具体单位、部门、行业在某方面的成功经验,或者某人在某一领域取得新成果的典型做法。写作这类消息时,要通过分析综合,归纳出反映规律性的经验体会,以提供样板,带动全局工作。要选择既有推广价值又能引起普遍兴趣的经验,尽量写得生动具体,言之有物而不空泛,注意交代必要的背景材料,尤其要注意寻找新闻"由头",体现新闻特点,避免写成工作总结。例如《浙江贫困农民依法享用最低生活保障》、《广东着力解决农村困难家庭子女读书难》。

(五)人物消息

也称人物新闻,是用消息的形式来报道新闻人物的一种报道方式。写人物消息,第一位的是要选准报道对象,应选择那些具有时代精神、能给人以启迪的人物。写人要写事,要选好写好最有典型意义的一件新鲜事,不及其余或少及其余。人物消息《张廷璧教授成为荆楚科学家首富》,就在2000年向受众提供了一个知识与资本结合的范例,是人物消息的精品。

需要说明的是,对消息分类介绍只是为了便于学习掌握,在实际写作中不必做刻意的区分,有些消息并没有明显的界定。

第二节 消息的体式特性

消息因其篇幅短小、时效性强、信息密集,常以"快速反应部队"的面目出现。在体式上消息有自己的独特性。它的体式特性不同于新闻以外的其他文体,也不同于新闻文体的通讯,而与它在新闻报道中"快速反应部队"的身份相一致。

一、消息的体式特性

(一)简要概括

简要概括地反映新闻事实,是消息有别于其他新闻文体的本质特点。消息总是用尽可能经济的文字,简明扼要地反映新闻事实,而不是娓娓道来。即使是描写性或述评性消息,也不例外。为鼓励短消息写作,中国新闻奖评选委员会有专门规定,入选的消息不能超过1000字。

(二)更加注重用事实说话

消息这种文体一般不提倡作者直接议论或抒情。从文字上看,作者只是客观叙述他所见所闻的事实,但所述事实都是经过精心选择的。

(三)有自己的外在标志

消息的外在标志是电头或"本报讯",可总称其为"消息头"。电头,是表明电讯稿发出的单位、地点和时间的,置于稿件开头。例如"新华社黑龙江8月9日电",指新华通讯社黑龙江分社8月9日电传过来的消息。"本报讯"是报社自己的记者或通讯员通过发送来的稿件。如果是外埠采访,需标明发稿的地点、时间,写成"本报×地×月×日专讯(或专电)"。

消息头的作用在于:可以表明新闻稿的发出单位,是消息的"身份",以示"版权所有",同时承担相应的社会责任,文责自负;可以说明新闻的来源,传达某种信息;也便于受众把消息和其他新闻文体相区别。

不过,有无消息头并非消息的绝对标志,某些描写性消息不一定要加消息头。不同的国家不同的媒体做法也不尽相同。但在我国一直重视消息头。

二、消息的常见结构

(一)倒金字塔结构

这种结构把最重要的内容放在消息的最前面,把次重要的内容放在稍后,依据材料的重要性依次排列,很像倒置的金字塔。倒金字塔结构是19世纪电报时代的产物。它的好处是符合新闻的特点,把最重要的事实摆在最前面,可以避免一般事实掩盖了重要的事实,便于读者阅读和编辑处理稿件。局限性是程序固定,容易写得呆板,适宜写时效性强、事件单一的新闻。

(二)金字塔结构

这种结构是相对于倒金字塔结构而言的,也称"时序结构"。它依据事件发展的顺序来写,事件的开头便是消息的开头,事件的结尾便是消息的结尾。直到最后,才把事情的结果、最重要的材料显示出来。这种结构通常使用在一些时间因素显得极为重要的报道中,例如,灾难报道、法庭审判和某些暗访。

(三)并列结构

这是文本的几部分内容同时并行的一种结构。并行的内容可以是时间、地点,也可以是人物或者事件。一般用于大型活动的报道。

金字塔结构和并列结构往往会吸收倒金字塔结构的优点,常常采用一个概括式的导语,简要说明何时何地何人发生了什么事情,首先给受众一个概括的印象,然后按照时序结构或者并列结构的要求展开。

(四)悬念式结构

这种报道往往不在开头就直接展示事件的真相,而是先给出一个谜,然后引导受众在报道所披露的调查材料中寻找答案。一般适合于那些故事性比较强、以情节取胜的新闻,尤其适合写现场目击记。在使用这种结构进行报道时必须注意两点:一是新闻题材本身必须具有悬念效果。如果报道题材本身没有任何悬念,就不要刻意运用悬念式结构,否则,受众发现自己被愚弄会恼怒。二是在悬念的层层解读中必须及时给出每一步的关键性事实,如果没有做到这一点,就很容易让受众无所适从。

三、消息结构的独有特点

温家宝为抢救地震中受伤小女孩让路

新华社北京(2008年)5月14日电 国务院总理温家宝上午十时许来到距北川县城仅两公里的曲山镇察看灾情,公路塌方处巨石挡道,温家宝来到这里眺望县城,了解情况。此时,几名战士抬着一个小女孩从县城方向跑过来,大家赶紧让路。温家宝说,时间就是生命,要尽全力救人。

温家宝总理一行上午前往北川县察看受灾情况。北川县是本次震灾最严重的地区之一,县城人员死伤和建筑毁损尤为严重。

上面这则消息属于倒金字塔结构,消息结构的独有特点可以体现一二。

(一)重心前置,重要信息提前"亮相"

消息的重心前置是由标题和导语共同完成的。标题一般用十分简洁的语言对新闻事实做概括,导语再对新闻事实的精要部分进行具体叙述。

(二)允许不完整的消息结构存在

新闻传媒所刊播的消息作品结构往往是不完整的。有些消息没有新闻背景,版面受限时,消息的主体也会被删去。对于其他文体来说,这是不可思议的,但在消息文体中,此类现象时常可见。更有甚者,一则消息有时仅仅保留了一段导语,或者只是保留了一个标题。消息的这种残缺结构已被受众广泛认同,其原因在于,消息是一种传播新闻信息的文本,只要能达到这个目的,文本的完整性不再重要。

(三)标题和导语的重要性超过主体

消息在这方面有自己的特殊性。文体中的标题和导语,其重要性显然超过其他部分。对受众来说,看过标题和导语了解新闻事实的大致情况后,不继续阅读下文的人大有人在;对作者来说,在制作标题和提炼导语时所花费的时间、精力,常常要比撰写其他部分所花的时间、精力多得多;从文本的角度讲,离开了主体,消息的标题和导语完全可以独立存在。

第三节 消息写作规程

"没有规矩,不成方圆",作为一种独立的文体,写作消息时也有一些规程需要遵循。为了叙述方便,本节将按照消息的构成顺序,分步讲述具体写作规程。需要说明的是,随着媒体尤其是网络媒体的发展,有些规程已发生些许变化。同时,写作者各人的写作习惯差异很大,在实际写作过程中,不宜按消息的构成进行机械写作。

一、标题

标题是对内容的高度概括和浓缩,受众往往根据标题来选择阅读对象。在报纸媒体上,消息的标题比其他部分更为显眼。在广播、电视、互联网上,消息的标题和相当于标题的文字也是相当引人注意的。标题拟得好,一方面能准确揭示消息的主要内容,另一方面也能吸引受众阅读。标题拟得不好,容易使受众忽略重要新闻或可能感兴趣的新闻。

(一)消息标题的不同形态

从内容上说,消息标题有实题、虚题之分。实题是全文的内容提要,如《我省交通图五年七变》(《河北日报》2002年8月10日);虚题是对新闻事实的点评,或点明消息的主题,如消息标题《项庄舞剑 意在沛公》(《中国日报》1998年8月30日),揭示了某些国际基金公司明传人民币贬值,实为投机谋取暴利的主题。

从形式上说，消息标题有单行题、双行题和三行题之分。如果不是单行题，各行所用字体和型号大小不一样。字形最大加黑或加彩为主标题，它的任务是突出事实，点明意义；正题之上为引题，一般用于介绍背景，交代来源；正题之下为副题，一般是披露消息中重要细节，补充说明主题。

1. 单行题。其特点是：语言比较平实，用较少的文字把新闻事实凸现出来，使读者一见标题就知道新闻的大概。目前，无论是翻开报纸，还是打开网站，新闻标题中单行题占绝大多数。新华社发的新闻稿多数是用这类标题。例如《中国国家主席与艾滋病人握手》（新华社2004年11月30日播发）。

从句子成分看，单行题往往主、谓、宾齐全，个别句子缺主语或宾语，但谓语不缺。从语气上看，单行题大多属于陈述句。有时为了抒写特殊情况下的特殊感情，也用疑问句、祈使句和感叹句做消息主标题。例如《农民要看文件何罪之有？》、《请过路吧 亲爱的藏羚羊》、《三天损失二百万元！》。比较而言，陈述句首尾呼应意思连通，更有利于讲清事实。

2. 双行题。双行题有两种形式，一种是由引题和正题构成，另一种是由正题和副题构成，要讲究虚实搭配。总体上，主标题应制作成实题，引题应制作成虚题，副题介于两者之间。

    集思广益编制好"十五"计划   （引题）
    国家计委问计于民   （正题）
          （《人民日报》2000年12月17日）
    中国成为国际反倾销最大受害者   （正题）
    专家呼吁中国企业依法积极理性应诉 （副题）
         （《法制日报》2000年8月8日）

3. 三行题。由引题、正题、副题构成，相对复杂，其实是一个标题群。在报纸的版面上，这样的标题群会形成比较强烈的视觉冲击力。一般用于重大事件、重要活动的报道，或者和受众切身利益相关的新闻报道。单行题如果放到这类标题中，相当于其中的正题。

中华浩浩五千载 谁见铁龙渡大海 （引题）
今天火车登陆海南 （正题）
吴邦国出席粤海铁路通道轮渡建成庆典 （副题）
（《中国铁道建筑报》2003年1月11日）

在这种标题群中，消息主标题以实题为主和虚题为辅的关系必须分清摆正，特别在编排整版报纸时要统筹兼顾。

（二）消息标题制作的规律

1. 简洁明快。这有利于受众在短时间内抓住和理解新闻事实。要求作者制作标题时用语简练，表意明晰。

2. 形态复杂的标题各个标题应当各司其职，各尽其能，形成一个有机的整体。

3. 向精短的方向发展。面对信息的狂轰滥炸，受众有意识地抵制冗余信息进入视野，要求信息的表述形态尽可能精短。

4. 受媒体特点的制约。在报纸上刊载的消息，标题的回旋余地比较大。电视上的消息标题是通过字幕的形式表现出来的，一般采用短句的形式。网络新闻的标题不宜过于复杂，应当一目了然。广播不采用标题的方式，而采用内容提要的方式，通过相应的提示，方便听众听懂和掌握消息的内容。

（三）消息标题制作的技巧

1. 借用修辞格。恰当地使用修辞格，可使消息标题形象生动，增强表现力。一般认为，标题常用的修辞手法有比喻、比拟、对偶、排比、夸张、映衬、呼告、拈连、借代、复叠、双关、设问、感叹、回文、仿拟等，中国社科院新闻研究所研究员彭朝丞在《新闻标题学》一书中提出有40种[2]。

例如：《簰洲湾溃口"淹"出7000多人》（《长江日报》1999年2月27日），运用了拈连；《雷州市渔民出海遇难 水产局领导见死不救》（《南方日报》1996年8月5日），运用了对偶；《昆山：全球化催生"金蛋"》（《苏州日报》2002年7月3日），运用了比喻；《10名"瞎眼"评标专家被请出局》（《深圳特区报》2002年9月4日），运用了讽刺。

2. 运用群众口头语言。口语通俗易懂，运用得当可以增加消息标题的生活气息。实践证明,在标题中多用百姓语言,对争取受众很有好处。例如,某企业经理撞人后匆匆离去,被撞老太太捡到公文包,发现包内有重要证书和一万元现金,于是赶到报社寻找失主。事后该报制作了这样的标题:

  老板,你丢失的岂止是钱物
  老太,你显现的分明是良知
(《新闻晨报》2000 年 9 月 22 日)

  3.恰当使用标点符号或数字。在消息标题中,对标点符号的使用是有所控制的,为使标题更简洁,逗号、顿号、分号等尽可能不用。但这只是一般情况。在某些特定的情况下,在标题中使用一些标点符号,可以增强标题的情趣。数字的恰当使用,有时也会带来相当不错的效果。

  本想告别"游击战" 开张连连"吃罚单"
  郑州:罚单"赶"走首家擦鞋店
(《工人日报》2001 年 8 月 2 日)

  在这组标题中,使用引号后有些内容被强调了,收到了良好的表达效果。

  征地造房为啥等煞人?
  一道公文背着三十九颗印章旅行
  希望有关部门舍繁就简,多办实事,加快住宅建设步伐
(《文汇报》1980 年 9 月 19 日)

  在这组标题中,数字的使用让人过目难忘,修辞的使用也耐人寻味。要制作出好标题,需要编辑记者有较深的文字功底,还需要有"为求一个字,捻断几根须"的精神。

二、导语

  美国学者威廉·梅茨说,引起读者阅读有两种方法:一是标出引人注目的标题,二是写出一条使人非读下去不可的导语[3]。英国新闻学家赫伯特·里德甚至认为:"新闻导语,是新闻的生命所在。"[4]可见,导语

在消息写作中有着举足轻重的重要作用。在当今时代,资讯在总体上呈过量传播状态,媒体和新闻从业人员深知吸引受众眼球的重要。对于消息来说,写好导语是吸引受众眼球的主要方法。

(一)导语的发展变化

导语是消息的开头部分,它是消息这种文体所特有的。可以是一句话、几句话,也可以是一段话、两段话。它的首要目的是引起受众兴趣。有经验的记者,总是在写好导语上下功夫。有的为了写好一条导语,常常煞费苦心,精心修改,直到满意为止。

导语写作经历了三次大的变化。最早的导语要具备六个要素,即五个"W"和一个"H",它必须交代何人(Who)、何时(When)、何地(Where)、何事(What)、为何(Why)和如何(How),这被称为第一代导语或"晾衣绳式导语"。后来,新闻工作者在导语中只突出一两个最重要、最能激发受众兴趣的要素,其余的要素移到主体中去交代,这样就出现了第二代导语。近些年,为适应消息灵活多变的结构,导语的写作又有了新的发展,个性化的导语花样百出,日趋丰富,这一类导语被称作第三代导语。不过,不管导语采用什么方式来写,都万变不离其宗,导语中报道最重要的事实是最根本的一条。

(二)导语的写作要求

1. 概括内容,提供有效信息。在通常情况下,导语要对消息的内容进行精确概括,受众只要读完导语,就能大致了解消息内容。因此,导语部分就应当把整篇消息的精髓呈现在受众面前,不能把次要内容、次要细节塞进导语。提取新闻的精华,并进行准确生动的概括,这是导语写作的基本要求。

2. 展示亮点,吸引受众眼球。首先要善于发现新闻事实本身的亮点,这有赖于记者的新闻敏感。记者没有办法使不具备新闻价值的事实具备新闻价值,但是他完全可以在发现和挖掘事实的新闻价值方面做出自己的努力,这种努力应当融入在导语的写作中。其次,导语的制作要能给人带来新鲜感,从而形成某种"亮点"。切忌将一连串的数字、名词术语、人物头衔、单位名称写进导语。

3. 设置悬念,激起受众兴趣。有一部分消息导语在受众最感兴趣的地方设置悬念,形成"卖关子"之势,常常能收到意想不到的效果。

4.变换表现手法,力求优美生动。在新闻写作领域,有人进行过散文化的倡导和实践,增强了新闻作品的可读性。散文化写作体现在导语上,就是自由发挥,不受拘束。也可以从受众心理需求入手,适当运用对比、比喻、拟人等修辞手法,烘托气氛。

例如这则导语:"世界重量级拳王迈克·泰森今晚以85秒的时间,击垮挑战者卡尔·威廉斯,创造了历时最短的一场拳王卫冕战。"新华社在转发时改为:"85秒!拳王击败挑战者。85秒!历史上最短的卫冕战。85秒!1300万美元尽入腰包。"改写后的导语用更少的文字传达了更多的信息量,反复强调"85秒"的特点和价值,也能够传达出现场欢呼雀跃的气氛。

(三)常见的导语类型

从表现手法上看,常见的导语有概述式导语、描写式导语、评述式导语、提问式导语、对比式导语等。

1.概述式导语。这种导语简要概括通篇报道内容或其中的精华,把新闻中最新鲜、最主要的事实写出来,给受众一个总的印象,以便提纲挈领地阅读全文。其特点是:对整篇报道的内容进行浓缩和概括,能使受众一开始就知道整篇消息的梗概或要点。这样的导语最适合用于内容较为复杂、过程较为曲折的消息。写作时需注意:虽然是概述式,导语中也要有实质性内容,不能把概述式变成概念式。例如《我军如期完成裁减员额20万任务》的导语:

> 本报北京1月8日电 耿建国、记者苏若舟报道:截至去年12月31日,我军圆满完成军队体制编制调整改革方案确定的任务,如期裁减员额20万。新年伊始,全军已全面按新的体制编制稳健运行。
>
> (《解放军报》2006年1月9日)

2.描写式导语。也称描绘性导语。最大优点是先声夺人,消息开头即出现画面或镜头,具有可视可感的效果。其特点是:简要展示人物、事物的形象或场景,能给人以现场感,增添消息的吸引力。写作时需注意:

描写要适度，只能是漫画式的几笔就把形象勾勒出来，不能作更多更细腻的描绘，否则，就是特写或通讯了。例如《研究生蔡成龙回乡当农民》的导语：

> 本报讯（记者 吴振江）初冬时节，记者来到图们市长安镇碧水村，看到山沟里有一座砖瓦到顶的新牛舍，牛舍中20多头皮毛锃亮、体格健壮的母牛在悠闲地吃着草料。若不是村民介绍，很难想到牛舍主人蔡成龙竟是位研究生。
>
> （《延吉日报》2006年11月24日）

3. 评述式导语。从评论入手或把叙事和议论交织在一起，用夹叙夹议的方法对新闻事实进行简要评论，是新闻导语中较常用的一种表述方式。其特点是：在叙述新闻事实的同时，对事实做画龙点睛式的评价，有助于揭示新闻事实所蕴涵的因果关系或现实意义，并引导人们按记者的立场观点去理解被报道的事实。

常见的表现形式有：先叙述事实然后进行议论，或者先作评论再写出评论的根据，即事实。新闻要用事实说话，不宜滥发议论，要充分相信受众的理解力和认识水平。只有当一些新闻事实的深刻含义远非广大受众所能领悟时，才有必要采用评述式导语。具体运用时要尽量避免记者直接发表议论，而应力求让新闻中的人物出面说话。这样，既可以体现记者的观点或倾向性，其本身又是一种新闻事实，符合新闻写作的规律。例如《我在世界上首次获抗病毒转基因小麦》的导语：

> 本报讯（记者 范健 戴小枫）我国"863"高技术研究领域又传捷报：世界上第一株抗大麦黄矮病毒的转基因小麦，已由中国农科院植保所植物病虫害生物学国家重点实验室和山东大学生物系等联合培育成功。专家今日在京鉴定认为，这一成果不仅为小麦基因工程育种打下良好基础，为其他病害的抗病育种研究提供了有效方法，而且标志着我国在这一领域已跃居世界领先水平。
>
> （《科技日报》1995年11月29日）

4. 提问式导语。也称悬念式导语。将受众关注的内容以问题的方式在导语中提出，有利于激起受众的兴趣。设问是常用的提问方式。写好这类导语,提高提问的质量是关键。所设的问题,其答案应该是鲜为人知的,其内容应该是受众有兴趣知道的。例如《兖州:2亿吨大煤田不挖了》的导语:

> 本报兖州11月13日讯(记者 崔永刚)今天上午,一个出人意料的消息得到证实:兖州市顺从民意,叫停了境内已完成详勘的小孟煤田,全面封存。此举意味着兖州市损失了一个新的经济增长点——每年减少地方税收5000万元。许多人颇感诧异,兖州人哪根神经搭错了,"到嘴的肥肉"居然不吃?
>
> (《大众日报》2006年11月14日)

5. 对比式导语。俗话说:"不怕不识货,只怕货比货。"这种导语的特点是:将新闻事实跟别的事实进行纵向或横向的对比,能使新闻事实中所蕴涵的新闻价值充分地显露出来,并给受众留下较为深刻的印象。写作时需注意:相互对比的事实之间,反差要强烈,反差越大,效果就越好。例如《蜂蝶无处觅 忙煞众果农》的导语:

> 本报讯(记者 王玉华 实习生 余福灵)阳春三月,本应是鸟语花香、蝶飞蜂舞的季节。然而,当记者于梨花盛开之日前往河南省绿化造林百佳村虞城县田庙乡刘杨庄村采访时,千亩梨园内却听不到鸟儿的鸣叫,看不到蜂蝶的英姿。
>
> (《商丘日报》2000年4月13日)

(四)导语的"最近点原理"

所谓"最近点原理",包括两层意思。一是"点",即导语中的"何时"要素,应是新闻事实发生发展过程中的某一"时间点",而不是"时间段";二是"最近",即导语所选择的那一个时间"点",应尽可能是距离报道时间最近的"点"。

初学者在写作导语时,经常会忽略时间要素,违背导语的"最近点原理"。例如:

> 本报讯 今年以来,我市农业生产获得全面丰收……
>
> 本报讯 邓小平同志南巡讲话以来,广东省经济持续、稳定地

发展……

有些新闻中时间要素的"最近点"是显性的,容易发现;而有些新闻的"最近点"需要花一番力气去寻找。如何寻找呢?

1. 跟踪新闻事件的发展。当前,新闻传播速度越来越快,给记者提出的要求越来越高,必须跟踪新闻事件的发展,不间断地捕捉新闻的"最近点",把事件的最新进展写进导语。

2. 挖掘今天的新闻依据。有时因为种种原因,错过了一条新闻的最佳报道时机,而这一事件又具有相当的新闻价值,需要补报。在这种情况下就只能想办法挖掘今天的新闻依据。

比如,"邓小平同志南巡讲话以来,广东省经济持续、稳定地发展"这一事实中,应该有最新的情况和进展,这就是今天的新闻依据,可以精选其中的内容写进导语。这样的处理可使一些明显的"旧闻"重新具备时新性,把"死"的材料"激活"。

3. 披露消息来源。有些新闻事件本身已存在或发生了相当一段时间,一直未被披露,也就是说:它们虽然是客观存在,但只处于"事实状态",只是"有价值的新闻事实",而非"新闻"。可为什么到了"今天",它们能够一跃而进入"新闻状态",成为新闻被报道出去呢?这种从"事实状态"到"新闻状态"的突变,不应以记者个人意愿为转移,总需要有个充分的、恰当的、客观的理由。这就是所谓的"新闻依据"或"新闻由头"。

比如,"今年以来,我市农业生产获得全面丰收"这一事实,应该是早就存在的一种客观事实。为什么到今天它成了新闻,而不是在昨天、前天或者更早时候被报道呢?理由就在于:这一事实"今天"才刚刚披露。于是,记者通过披露消息来源,找到了导语的时间"最近点",而这一"披露"也成了新闻的由头。上面曾提到的导语就可这样改写:

  本报讯 记者今天从市政府召开的新闻发布会上获悉:我市今年农业生产获得全面丰收……

总之,导语天地虽小,却需用心经营,"像矿工从大量沙子里筛选出一点点金子那样","找出属于导语的那一块金子"[5]。只有这样,才能写出精彩的导语。

三、主体

在消息写作中,导语之后的部分称为主体。有人叫做"正文",也有人叫做"展开部分"或"消息的躯干"。消息要有一个精彩的导语,以便吸引受众;在精彩的导语之后,一般还要有一个丰满的、文字讲究的主体,否则,同样不能算是合格的消息。

(一)主体的任务

消息的主体与其他文章的主体是有区别的。一般的文章,标题和开头都可以不真正涉及核心的、重要的内容,主要的内容都在主体中展开,而消息的导语已经将最重要的事实作了表述,主体承担着自己的任务。

1. 展开导语,使之具体化。导语总是简明扼要的,它虽然叙述了主要的新闻事实,但是十分简略,不会提供事件的全部过程,不会把涉及的方方面面都一一讲到,更不会提供翔实的数据和丰富的细节。主体的最明显作用,就是展开导语中所提示的内容:补充导语还没有出现的新闻要素,将导语中高度概括的事实具体化。

2. 补充导语,让主体更丰满。主体部分肩负的另一个任务是,在导语所概括的事实之外,增补新的内容,用来扩充新闻的信息量,扩大受众的视野。补充什么内容,视情况而定。

3. 回答受众提出的问题。受众如果对某一新闻感兴趣,他就不会满足于导语所提供的那些简单介绍,作者有责任在主体中向受众提供详细的内容。这就要求记者必须体察受众的需求,在有限的时间、有限的篇幅之内,写清事实,让受众看个明白。

4. 添加"作料",令受众兴趣不减。主体部分一般比导语长,回旋余地比较大,可以采用叙述、描写、引语等多种表现方式,尽可能不断地提供兴趣点,达到曲径通幽的效果。

(二)主体展开的常见结构

1. 以事实材料的重要性程度递减为顺序展开。把重要、新鲜的事实安排在主体的最前面,次重要的东西放在稍后段落里,最次要的放到最后,依次形成一个"倒金字塔"式的结构形式。这种结构与第一代导语相伴而生。它的特点是,要头重脚轻地去搭配和排列材料,迫使记者分清楚材料的主次,出手快,写短稿。

2. 按时间顺序展开。消息主体按事物自然发展、时间先后来安排材料。一般是导语部分已简要交代了事实梗概或结果,主体部分则按照事件发展的先后顺序展开,层层推进。这样能把事情的来龙去脉、前因后果说得比较清楚,适合一般人尤其是文化水平较低者的习惯和口味,写起来也比较自然,便于掌握。不足之处是,可能篇幅较长,容易造成平铺直叙,缺乏新鲜感。

3. 按空间顺序展开。这种结构是把发生在一定时间内、不同地点的新闻事实,按横向空间顺序展开,就像电视镜头一个画面接着一个画面地扫描过来。其特点是:不受事物发展时间顺序的限制,围绕一个主题,将同一时空范围的情况有序组织起来,反映"面"的变化。综合性消息、经验性消息和反映成就、问题、未来计划的消息适合采用这种结构。

4. 按逻辑顺序展开。消息主体部分严格按照事物的内在联系和规律来组合材料。任何事物发展都有其内在的逻辑,材料与材料之间或是因果关系,或是并列关系,或是递进关系,主体结构便按这些逻辑脉络展开。

主体的结构方式绝不仅仅是以上几种。实际上,许多消息并不是采用某种单一结构,而是各种结构方式交叉使用。

(三)主体的写作要求

1. 要围绕主题选材。主体部分内容较多,要重视对材料的取舍。应紧扣导语中所确立的主题来选用材料。若与主题无关或无多大关系,即便具体、生动、感人,也应忍痛割爱。

2. 要尽量生动,有点波澜。很多人写消息,主体部分内容具体,但写得枯燥无味,或是一套板着面孔的"新闻腔"。消息主体应力求生动,写作手法应灵活多样、富于变化。

3. 要层次清楚,段落分明,连接自然。消息简明扼要,要求篇幅短小、语言简洁,有人因此把消息写得概括、抽象,导语大而无当,主体是几条干巴巴的"筋",读完了还"不知所云"。消息应使受众对新闻事实有较完整的了解,应传达出较具体的新闻信息。

4. 导语和主体不能重复。导语与主体的内容重复,是消息写作中的常见病。从技巧上来讲,出现导语与主体内容重复的原因在于,作者没有掌握"浓缩"的方法。这里所说的"浓缩",是对新闻主要内容高度的提炼与概括。在导语中,把这个核心点出来就够了,没有必要把它展开,展开则是主体的职责了。

北京正成为地铁上的城市

本报北京10月7日讯(记者朱海燕)枫红菊黄时,地铁5号线贯穿京城南北,为即将召开的党的十七大献上一份厚礼。

今天上午,在地铁5号线东单站内,刘淇和曾培炎共同为首趟列车,启动开通运营指令。命名为"建设者号"的列车,在鲜花和掌声的欢送下徐徐驶出。

这条新地铁,南起丰台区宋家庄,北至昌平区天通苑,全长27.6公里,是2008年奥运交通的主要工程。

哪里有发达的交通网络,哪里就会聚集人气商潮。随着地铁5号线的开通,沿线宋家庄至方庄商圈、天坛至崇文门商圈等5大商圈正形成规模。生活在"圈里圈外"的人,都可以钻进钻出尽情地享受准时、高效的地铁之便。

由于出行方便了,今天清晨,家住天通苑在王府井上班的李小姐比往常安心地多睡了1个小时。

北京城市学院的学生单欣,家住宋家庄。他从宋家庄站上车,30分钟就到了惠新西街北站。他说:"过去从家到学校需要2个小时,现在40分钟就够了。"

北京奥运新闻中心安排了40多家中外媒体的记者采访地铁5号线,他们端着照像机一路"嚓咔嚓咔"地拍个不停。有的用手机向媒体报道着地铁内的见闻。日本电视网广播公司的记者称赞说:"这里的一切设施都非常先进。"

一位刚从欧洲旅行回来的乘客说:"德国一张地铁票折合人民币30元,英国交通的全天通票折合人民币200元,北京地铁票2元一张,恐怕是全世界最便宜的了。"

到今晚11点,运营半日的地铁5号线,运送乘客34万人次。

这条线路,中国铁道建筑总公司承建了11公里。这支队伍的前身是铁道兵。1965年7月1日,朱德元帅在玉泉路西侧两棵大银杏树下,为北京地铁一期工程铲上第一锹土后,到1969年10月1日,这支英雄的铁军建成了从苹果园到北京站23.6公里的地铁1号线,结束了中国无地铁的历史。

1984年,建国35年时,中国仅北京有40公里地铁;到建国58年时,北京拥有地铁142公里。2008年轨道交通运营里程将达200公里,2015年,北京轨道交通将建成18条线路,总长达561公里。北京正成为一座地铁上的城市。

目前,常住人口达1800万的北京,每天有210万人乘地铁出行。1970年以来,北京地铁安全运送乘客105亿人次,为首都的繁荣做出巨大贡献。但与80%出行依靠地铁的日本首都东京相比,北京的地铁仍需进一步发展。

据悉,我国已有北京、天津、长春、上海、南京、武汉、广州、重庆、大连、深圳等10城市开通了22条城市轨道交通线,运营里程630公里,在建线路837公里,"十一五"期间将有1500公里轨道交通投入运营。

(《中国铁道建设报》2007年10月11日)

北京地铁5号线开通,这样的新闻事实如果不精心构思,很容易造成主体和导语甚至和标题的重复。这条消息标题视野开阔,导语惜墨如金,新闻主体架构层次分明,北京地铁5号线开通的经济意义和社会意义尽在其中。尤其是在主体的展开方式上,可以作为例文认真研究。

四、新闻背景

美国著名新闻学者麦尔文·曼切尔说:"不使用背景材料,几乎没有什么报道是全面的。忽视这个忠告的记者,他们决不能给读者和听众提供充分的情况。"[6]交代新闻背景,是消息写作中一个不可忽视的环节。消息,尤其是动态消息,往往是一事一报,如果不交代必要的背景,只孤立地反映事实,有时很难说明问题。

(一)新闻背景的涵义

任何事物和事件,都不是孤立存在的,都跟周围的其他事物有着千丝万缕的联系。写作一篇报道,实际上就是从大千世界中割取出来一个局部和片断,使它成为一个相对独立的新闻事件。但是,这个新闻事实往往离不开时代的、环境的、政策的、科学的、历史的、地理的种种因素制约,这些因素并不是新近发生的事实,也就是说,它们不是"新闻",但是它们有时会出现在新闻文稿之中,这是宏观意义上的新闻背景。所有的新闻报道、记者的一切采访写作活动,都不能不注意新闻事实产生与发展的客观背景。在消息写作上,狭义的新闻背景是对上述大背景有选择的反映。消息写作中所说的新闻背景,是指新闻事实之外,对新闻事实或新闻事实的某一部分进行解释、补充、烘托的材料。

(二)新闻背景的作用

1. 延伸思路,深化主题。如果我们把新闻事件看作是一个在特定时间和空间中存在着的"点",那么这个"点"必须有它引人注目的魅力,否则不能成为新闻题材。不过,如果完全局限在这个"点"上,就缺乏纵深的空间感,把人的思路限制死了。一些历史性的、原因性的背景材料,可以向中心事件发生之前的时间延伸;预测性的背景材料,可以向中心事件发生之后的时间延伸;地理的和知识性的材料,可以使思路向较大的空间中延伸。这些延伸使主题在较大的范围内得到更全面深刻的发掘和表现。

2. 注释解说,帮助理解。消息的内容必定会涉及一些一般人不懂的知识,如果不作注释,就会给受众造成阅读的障碍。应该介绍解释的不光是自然科学知识,还有各种社会科学方面的知识以及比较专业和冷僻的名词术语。

3. 丰富内容,增加趣味。有了背景材料,消息的内容比单一的事实报道要丰富一些,这是无需解说的。另外,有一些背景材料本身有较强的趣味性,这也可以增强作品的可读性。例如有一篇报道说,在南方某地发现了早已绝迹的"皇帝梨"。什么是"皇帝梨"?它为什么叫这样一个怪名字?作者除了介绍这种梨的重量、颜色、味道,还说它过去曾经是进贡给皇帝的珍稀果品,所以叫"皇帝梨"。这样的背景无疑增强了受众的阅读兴趣。

4. 巧用背景,表明观点。记者在消息中一般不直接发表评论,但任何新闻作品都无法回避其倾向性。怎样做到既客观又能体现记者的判断和媒体的倾向呢?巧妙地运用背景是一种比较好的办法。背景材料本身也是一种事实。通过事实表达自己的立场和观点,无可厚非。中外记者都在不断地利用背景的这种作用,通过选择、组合、强调等方式,将观点"藏"在背景之中。

(三) **新闻背景的类型**

按照不同的标准,背景可以划分出很多种类。通常依据写作手法的不同,把背景分为三种类型。

1. 对比性背景材料。作者在报道某一新闻事实时,为了突出其性质、特点和意义,运用今与昔、正与反相对比的思路,把新闻事实的历史形态或相反情况作一定的介绍,这些与新闻事实形成明显对照和衬托的材料,就是对比性背景材料。通过背景材料与新闻事实的对比,一些深刻的思想意义就会自然而然地显现出来。《今天火车登陆海南》运用新闻背景进行了这样的今夕对照:

> 自古以来,天涯路短,思念情长。苏东坡被贬海南时,这里的路只有1195里;洪武元年,官道仅2230里。苏东坡、海瑞一批千古功臣,均无力将孤悬海外的海南与祖国拉近。
>
> 张之洞曾提出"筑铁路至海南腹地"的设想;孙中山勾画了火车轮渡琼州海峡的蓝图。然而这些宏愿终被大海吞没。
>
> 1942年,日本侵略者为掠夺财富,在八所一带用4万中国人的生命筑了200公里的铁路。解放后,虽经改建,但作为"孤立的存在"几乎被人遗忘。

2. 说明性背景材料。说明性背景材料是对新闻事实产生的相关条件进行交代,包括历史、地理、经济、政治、文化等方面的相关条件,以及对新闻事件的来龙去脉作出阐述。新华社1999年8月18日发布的消息《"天体大十字"预言宣告破产》,交代了如下的新闻背景:

400多年前,法国的诺查丹玛斯写了一本名叫《大预言》的书,其中提到1999年地球将出现大劫难。到了本世纪70年代,日本人五岛勉对这本书进行了解释,说在1999年8月18日太阳、月亮和九大行星将组成一个十字架的形状,并称这种"恐怖大十字"将给地球带来毁灭性灾难。

3. 注释性背景材料。对概念、术语、著名历史事件和人物、有关科学知识进行解释的文字,就是注释性材料。例如新华社2007年6月5日发布的消息《中国成为世界上第4个成功钻获"可燃冰"国家》,就对"可燃冰"做出解释,这样的背景材料不仅使新闻事实更完整清晰,还能使受众开阔眼界:

天然气水合物存在于海底或陆地冻土带内,是由天然气与水在高压低温条件下结晶形成的固态化合物。纯净的天然气水合物呈白色,形似冰雪,可以像固体酒精一样直接被点燃,因此,又被形象地称为"可燃冰"。1立方米天然气水合物可以释放出164立方米的天然气。

据估算,世界上天然气水合物所含的有机碳总量相当于全球已知煤、石油和天然气的2倍。国际科学界预测,它是石油、天然气之后最佳的替代能源,一些发达国家将利用该能源的时间表定在2015年。

(四)新闻背景的穿插方法

1. 固定段落法。传统的消息结构往往由标题、导语、背景、主体、结尾这样几部分构成。这样的结构规定了新闻背景的具体位置——导语之后,主体之前。当固定的"背景段落"成为交代背景的固定模式,就严重影响了新闻写作形式上的创新。

2. 天女散花式。这是一种比较新颖的穿插背景方法,可以将较多的背景材料化整为零,分散在标题、导语、主体、结尾之中。既避免了背景冗长的毛病,又使背景材料与新闻事实融为一体。下面的例文即是运用了天女散花式,背景材料的巧妙穿插,使受众对社区化服务的过去、现在和未来有了具体可感的认识。

跟城里人一样享受政府公共服务
诸城农民迈进3公里社区服务圈

本报诸城讯 记者 齐淮东 宋弢 通讯员 孙志山报道 在农村集中连片兴建社区,让农民享受到跟城里人一样便捷、周到的公共服务。眼下,一场意义深远的基层组织结构创新正在诸城市顺利推行。从今年7月在18个社区先期试点,短短两个多月时间,全市已设立65个农村社区,涉及573个村,占全市行政村总数的46%。

据了解,以县市为单位连片推行农村社区化服务,在全国尚属首创。

舜王街道金鸡埠村的董福兰老人切身感受到社区化服务带来的便利。今年80岁的她6年前患了胆囊炎,打针输液要到13公里外的舜王医院,一住院就是一周多。7月底,松园社区建成,社区卫生室离家不到2公里,儿子用三轮车推着董福兰去,输完液就回家,啥事都不耽误。

9月12日,在松园社区服务大厅,记者看到,这里设有文教、社保、环卫、计生、治保等服务窗口,负责为周围2公里内6个行政村的5667名群众服务。优抚救助室主任乔冒军原在街道民政所工作,是20个村的"网长"。他说,以前坐等群众上门办事,很多久拖不决,现在离服务对象近了,接到救助申请马上就能到现场查看,有的当天就能办结。

农村社区,一般按服务半径2至3公里、居住户不超过3000户的原则设立。中心村设公共服务机构,即社区服务中心、社区警务室、卫生室、建设环卫室、计生服务室、优抚救助室、纠纷调处室等,由镇政府从现职干部职工或乡镇撤并后富余人员中选派工作人员,为整个社区提供近距离、全方位的公共服务。这种"3公里服务圈"的建设,为打破公共服务产品供给上的城乡二元结构搭建了有效平台。据市委、市政府9月7日公布的《农村社区建设考核奖励办法》,到2008年底,各乡镇、街道100%的村都要纳入社区化服务范畴。规划中,这样的农村社区有156个,涵盖全市1257个村庄70多万农民。

今年初,诸城市委在调研中发现:随着农业税费的取消和农村市场机制的完善,农村基层组织的管理职能越来越弱化,而面对群众越来越多的公共服务需求,却缺乏有效的服务平台,不少群众反映"想办的事不好办、办不好"。同时由于乡镇撤并,镇域面积扩大,有的偏远村庄距镇驻地几十公里,到镇上办事成了村民的一件头疼事。经反复研究论证,市委、市政府作出建设农村社区的部署。

"建设农村社区,就是通过创新农村组织结构,实现基层组织由管理农民向服务农民的转变。今后诸城人提起农村社区,想到的不是它管几个村,而是有哪些服务机构和项目,我们的改革就算成功了。"诸城市委书记邹庆忠这样总结。

（《大众日报》2007年9月15日）

（五）新闻背景的写作要求

1.紧扣主题。消息的背景必须紧扣主题,起到衬托主题、突出主题、深化主题的作用。它虽然不是新闻事实本身,但是新闻事实离开它就难以产生应有的思想意义和社会价值。如果背景脱离了主题的制约,成为游离于文章的孤立的东西,就会成为文章的累赘。

2.言简意赅。尽管背景有它的重要价值,但它在消息中毕竟是"宾"而不是"主"。新闻事实总是最重要的,背景为说明新闻事实而存在,对这个原则要有正确的理解。不管哪种类型的背景,都要讲究精炼。专门用来表述背景的文字不能太多,否则就会喧宾夺主,侵占新闻事实本身的地位。

3.位置灵活。消息的重要组成部分,一般都有固定的位置。标题只能在正文的前面,导语只能在开头,结尾只能在最后,主体只能处于导语和结尾之间。只有新闻背景,没有固定的位置,可以独立成段,可以灵活穿插在任何一个合理的地方。

4.述之有味。背景要写得有滋有味,人们才爱读。这种滋味的产生,一方面靠背景本身的新鲜感。另一方面靠作者的表现技巧。适当地描述情节、刻画场面、渲染气氛、引用典故、对比衬托,会使新闻背景引人入胜。

五、消息的结尾

结尾是文章的收束部分。关于消息的结尾部分,新闻界有着不同的理解。有人认为,消息没有结尾,有人则把消息结尾强调到很重要的地位,认为舍掉它,全文就要失色一半。有些初学者由于不了解消息结尾的特殊性,在写消息的时候,结尾往往成为全文的败笔。

(一)消息结尾的特点

消息的结尾有其特殊性,它的特点是以事实结尾。也就是说,事实讲到哪里,消息就在哪里结尾,戛然而止,无需再加一个形式上的尾巴。消息主要是一种信息载体,它以报道新闻传播信息为己任。受众浏览消息,主要目的也是获取信息、了解时事,而不是为了欣赏文笔,因此,事实报告完毕,消息就可以结束了。此外,受报纸版面和其他电子传媒传播时间的限制,消息也不宜另加结尾,硬把篇幅拉长。这不意味着写消息可以不结尾,或者不注意结尾,相反,它对消息的结尾提出了更高的要求。

(二)消息结尾容易犯的错误

一位同学在报道某学生社团首次活动时,写了这样的结尾:

> ××剪纸社团把学生社团建立在黑色沃土上,根植于民俗文化中。它不仅丰富了同学们的课余文化生活,而且让大家在轻松的氛围中了解、学习民间艺术,让民俗艺术在黑色沃土上熠熠发光。

这位作者犯了初学者容易犯的错误:在报道完事实之后作者忍不住"跳出来说话",有时对事件妄加评价,有时画蛇添足,随意抒情或议论。这都是消息写作所不允许的。

(三)消息结尾的写作要求

1. 结尾要写得生动有趣。或用豹尾之势,刚健有力;或取撞钟之意,清音缭绕;或戛然而止,干净利落。
2. 结尾内容不要和主体、导语重复。必要的收束、归结只在综合消息、经验消息、述评消息中选用,那是为了前呼后应、逻辑严密。
3. 要实在,忌空泛。结尾以写实为主,摒弃空话、套话,代之以实实在在的新闻事实或背景材料。若无新鲜内容可补充,就自然收束。

(四)消息结尾的常见形式

1. 背景式结尾。在报道的末尾引入富有意味的背景资料,为受众提供一个耐人寻味的思考空间,是不少记者钟情的结尾方式。《张廷璧教授成为荆楚科学家首富》的结尾如下:

> 从1997年至今,红桃K生血剂连续3年销售超过10亿元。最近,"红桃K"被国家工商局评为生物保健品行业惟一的中国驰名商标。

(《湖北日报》2000年2月23日)

2. 描写式结尾。发挥记者善于观察、文笔较好的优势,通过对现场的描写来结束自己的报道。《一座城市向一位普通市民告别》这样结尾:

> 阳光下,深圳殡仪馆内外,丛飞的"只要你幸福"这首歌久久回响。

(《深圳特区报》2006年4月26日)

3. 引语式结尾。在消息的结尾引用相关人物的话来作收束,也是消息常用的结尾方式之一。精彩的直接引语是记者最为珍视的材料,即使在匆忙写就的消息中,一些记者也总是设法把最有力的直接引语安置在报道的末尾,给受众最后留下一个鲜明深刻的印象。有时也使用间接引语。如《研究生蔡成龙回乡当农民》的结尾:

> 临别时,蔡成龙高兴地告诉记者,如今,他不仅还清了借款,还置办起了20余万元的固定资产。

(《延边日报》2006年11月24日)

4. 评论式结尾。这种结尾比较少见,因为消息比其他新闻文体更强调客观性。也有一些消息成功运用了评论式结尾。具体表达时,常常借别人之口进行评议,或者转述有关的评价。《"天体大十字"预言宣告破产》如此结尾:

> 北京天文台副台长赵刚说:"从科学家的观点来看,18日的天

象没有什么特别之处。"南京紫金山天文台副台长严俊指出,每到世纪末都有一些人为了达到某种目的而散布一些耸人听闻的言论,19世纪末也有类似"世界末日"的说法,事实证明这种预言非常荒谬。

5. 补充式结尾。对新闻事实进行补充。例如《浙江贫困农民依法享用最低生活保障》的结尾:

> 据悉,为顺利启动农村"低保"制度,省财政今年投入了1400多万元,主要投向欠发达地区。目前,我省每季共有2700多万元资金用于支付农民的"低保"费用。
>
> (《浙江日报》2001年12月18日)

---

[1] 《新闻学大辞典》,甘惜分,河南人民出版社,1993年,第155页。
[2] 《新闻标题学》,彭朝丞,人民日报出版社,1999年,第258—371页。
[3] 转引自《应用写作学》,李保初、徐秋英主编,中国广播电视出版社,2004年,第506页。
[4] 转引自《现代新闻写作技巧》,洪天国,中国新闻出版社,1986年,第46页。
[5] 《新闻写作教程》,[美]布赖恩·布鲁克斯等,新华出版社,1986年,第40—41页。
[6] 《新闻报道与写作》,[美]麦尔文·曼切尔,中国广播电视出版社,1981年,第175页。

【自测训练】

1. 消息是怎样一种文体?结合你的理解谈谈体会。
2. 消息的常用结构有哪些?消息结构的独有特点是什么?
3. 标题有哪些不同形态?制作的技巧有哪些?
4. 导语的常见类型有哪些?什么是导语的"最近点原理"?
5. 新闻背景的作用有哪些?如何使用?
6. 消息结尾的特点是什么?
7. 阅读下面这则消息,分析它的标题、导语、结尾以及体式上有无问题。

诵经典诗文　促"推普"宣传

作为××高校实践教学的活动之一,在第十一个"推普周"来临之际,由教务处主办的"经典诗文朗诵大赛"于9月17日晚在××礼堂举行。各系纷纷选派优秀选手参加比赛。

一首荡气回肠的《将进酒》拉开了比赛帷幕,激人上进的《理想》、耳熟能详的《海燕》、饱含深情的《雨巷》、感人至深的《凤凰涅槃》一篇篇经典佳作在参赛选手的精彩演绎下,陶醉着现场观众。参赛选手以不同风格的诗文展示中国语言的精华与魅力。他们精准无误的发音、流畅的语言表达、饱满的演讲激情以及精湛的演讲技巧,赢得了现场观众的热烈掌声和评委老师的一致认可。经过激烈角逐,计算机科学与技术系王鹏等摘得桂冠。

"经典诗文朗诵大赛"的成功举办,丰富了校园科技文化艺术节的内容,推广宣传了普通话,让普通话成为校园语言,不仅可以进一步提高广大学生的语言文化素质,促进天南海北学子的交流与沟通,还有助于学院"五练一熟"的深入开展。

【名篇赏析】

舍弃5000万元年收益 留下惠及子孙好家园
兖州:2亿吨大煤田不挖了

本报兖州11月13日讯(记者 崔永刚)今天上午,一个出人意料的消息得到证实:兖州市顺从民意,叫停了境内已完成详勘的小孟煤田,全面封存。此举意味着兖州市损失了一个新的经济增长点——每年减少地方税收5000万元。许多人颇感诧异,兖州人哪根神经搭错了,"到嘴的肥肉"居然不吃?

带着疑问,记者直奔兖州。市委书记韩军指点着墙上的全市"经济地图"娓娓道来。兖州煤炭资源丰富,是全国八大煤田之一,目前辖区内有兴隆庄、杨村等六个煤矿,煤炭资源给兖州带来巨大财富,但也留下了触目惊心的环境包袱。今年省有关部门在兖州境内探矿时,发现了小孟煤田,勘探数据表明,这座方圆120平方公里的煤田探明储量2亿多吨,埋深不到500米,按年产量200万吨计算,可开采近百年。消息传出,台塑集团等多家企业争先前来洽谈合作开采事宜,而且都开出了很高的价码。

小孟煤田到底挖还是不挖?两种声音激烈交锋。有人说,开一个煤矿,不用费劲,一年就能增加8亿元的销售收入和5000万元的地方税收,这么大的"蛋糕",诱人啊。也有人主张,兖州的发展不能再靠拼资源和牺牲环境为代价了,"煤炭依赖症"必须根治。当两种声音争执不下时,韩军悄然来到煤田所在地小孟镇,当地农民的一番话让他心头一震:"别再制造采煤塌陷地了,给子孙留下一片美好家园吧!"在当天的市委常委会上,一班人很快达成共识:"拉动经济增长固然重要,但实现可持续发展、科学发展,构建和谐社会更为重要。为了造福子孙后代,这大煤田咱不挖了!"

叫停小孟煤矿,实力是兖州人不可或缺的底气。近几年他们倾力发展替代产业,崛起了造纸包装、橡胶轮胎等新兴产业集群。在全国百强县排名中,兖州两年前移了13个位次,而与之形成对比的是,煤炭产业在其经济总量中的比重却从过去的50%下降到不足20%。国内著名煤炭战略管理专家牛克洪说:"兖州勇于放弃、成功转型的做法具有标本意义。建设资源节约型、环境友好型社会,不是一句空话,需要各地在执政实践中落到实处。兖州少开一个煤矿,收获的却是科学发展的理念和百姓的长远利益。"

(《大众日报》2006年11月14日)

这是一篇获奖消息,它获得了第十七届(2006年度)中国新闻奖一等奖。

从获奖原因看,作者具有高度的新闻敏感。当前中央提出树立和落实科学发展观,建设资源节约型和环境友好型社会,如何把这一科学发展理念化为各地具体的执政实践?兖州自觉摆脱"煤炭依赖症"、主动叫停大煤田这一做法,在时代背景下无疑具有标本意义。作者具备新闻敏感,才会在第一时间抢抓到这个新闻,深入现场深入采访。

从文本的角度看,这篇消息也是精品。文字虽短,写得很透。标题采用了双行题,引题介绍背景,简明扼要,正题突出事实,十分醒目。开篇作者精心设计了悬念式导语,激发了受众的好奇心。主体部分叙述波澜起伏,生动展示了决策中的矛盾和冲突。结尾部分既交代了必要的新闻背景,又引用了专家评价,深刻揭示了兖州做法的重大价值。

第二章 通讯写作

【重点提示】

1. 了解通讯的概念和范畴。
2. 领会通讯的文体特征以及通讯和消息的文体差异。
3. 掌握几种常用通讯的写作要求。

第一节 通讯范畴

通讯是一个很大的文体群,虽然不是新闻文体的主角,但也占有很重要的位置,是中国传媒使用频率很高的一种文体。在国外,与通讯相似的文体被称为"新闻专稿"。如果把消息比作轻型武器,那么通讯就是重型武器了,这两种文体在新闻报道中是相互匹配的。

一、通讯的概念

关于通讯的概念有很多说法。诸如:"通讯是比较详尽、生动地报道新闻事件和人物的新闻体裁。"[1]"通讯是一种比消息详细生动地报道客观事物或典型人物的新闻体裁。"[2]这些概念都强调了通讯文体的详细与生动,但对通讯的报道对象却有过多限定。通常通讯概念比较笼统:通讯是一种详细、生动的新闻报道体裁,它是我国新闻报道中的常见文体。或者更简而言之:通讯是新闻事实的延展性报道[3]。

通讯产生于电讯事业之前。当时的记者、通讯员向报社传递外埠新闻，一般采用书信的形式，这一类报道最初被称为"某地通信"或"某国通信"。有了电讯之后，因电报费昂贵，记者写电讯稿只能字斟句酌，力求言简意赅。驻外记者在发完电报后，有时还另外著文，详述事件始末，通过邮政渠道寄往报社，报社冠以"通信"之名发表。这类文章报道新闻虽不及电讯快捷，但比电讯详尽，也受读者欢迎，逐渐发展成一种与消息相互补充的独立文体。20世纪20年代，"通信"正名为"通讯"。

改革开放以来，社会生活发生巨大变化，新闻观念也发生变革。通讯在选题、采写模式、报道理念和表述方式上不断变化，以适应现实的需要，各种深度报道的新文体也在不断出现。目前的通讯已经成为一种集合概念，是包括特写、专访以及各类通讯等所有详报类新闻文体的总称。

二、通讯的范畴

首先，从报道对象看，有人物通讯、事件通讯、工作通讯、风貌通讯。这是一种传统的通讯分类形式。

人物通讯，是反映特定人物的事迹、精神境界和思想风貌，展示人物形象的通讯样式。

事件通讯，是以现实生活中具有典型意义的新闻事件为主要报道对象的通讯。

工作通讯，是直接报道实际工作中的问题或经验教训的通讯。

风貌通讯，也称概貌通讯、旅行通讯，它是以采访者旅行见闻的视角反映社会变化、风土人情的通讯形式。

其次，从报道形式看，有集纳、专访、特写、侧记、采访札记、记者来信、散记、纪行、新闻故事、社会观察等。

集纳，又称"主题通讯"，是围绕一个主题，集纳一组新闻材料而进行报道的通讯。集纳中的事实，可以是发生在同一时间的，也可以是不同时间的；可以是发生在一个单位的，也可以是不同单位的。它要求每个片段事实都比较典型，都能够表现主题。

专访，又称访问记，是对受众所关心的新闻人物、事件或问题进行专题访问的报道。

特写，是对被报道对象富有特征的片断、细节或瞬间动态做形象化再现与放大的一种新闻体裁。

　　侧记，是从一个侧面反映新闻事件或人物的通讯报道，取材自由，写法灵活。

　　采访札记，是将采访中所见、所闻、所感摘要整理发表的一种新闻体裁。札记内容一般是采访中发现的受众普遍关心和亟待解决的问题。

　　记者来信，是记者以书信体形式反映情况和发表意见的报道形式。

　　散记，用散文笔调把有新闻价值的所见、所闻、所感记录下来，留下有教育意义或有知识性、趣味性的片段。含有新闻性的游记也属此类。

　　纪行，包括巡礼，是作者边走边看，把巡游所见所闻加以描绘，适用于对大范围的事件和区域进行扫描。

　　新闻故事，也称小通讯，报道现实生活中的真实故事，它一般是小题材，却能够小中见大，寓有深意。

　　社会观察，是报道社会现象、剖析社会问题的通讯。这类通讯用广角镜头透视大千世界、百态人生，反映社会生活中值得注意的新变化、新问题、新观念。不同的媒体上的新闻观察、纪实报道、问题通讯、调查通讯、社会大特写等都属此类。

　　以上是通讯的大致范畴。在具体写作时，应从报道内容和报道意图出发，选择适当的形式，让形式真正为内容服务。

第二节　通讯的文体特征

　　和消息一样，通讯也是一种常见的新闻报道文体。既然同属于"新闻报道文体"，就决定了通讯与消息都必须符合新闻作品的写作要求。同时，作为一种独立文体，通讯又具有自己的文体特征。

一、通讯的文体特征

（一）报道详细、深入

　　这是通讯区别于消息的一个显著特征。通讯报道新闻事实，一般要交代事情的来龙去脉;对一些重要环节和情景,一般要做具体描写;对新闻事实的意义及其产生的原因,要深入开掘,不能浅尝辄止;对于主要事实及相关内容,要做适当的延伸和拓展。

(二)生动形象,具有感染力

通讯可灵活运用各种修辞和表达方式,语言生动形象、明快流畅,有一定的文采。通讯报道新闻事实,善于再现情景,生动形象,给人以立体感、现场感。通讯的结构灵活多样,不拘一格,通过巧妙的结构安排可以加强通讯的可读性。

(三)可叙可议,具有明显的评论性

写作通讯时,作者的思想、倾向、观点是鲜明的,一目了然的。夹叙夹议的手法和由事及理的表现方式,都可以凸现通讯的这一特征。

(四)注重思想意义

通讯取材严格,它一般只报道那些人们普遍关心的、有现实意义的题材。通讯还特别讲究主题的开掘。通讯的主题要有时代性,要抓住生活中工作中带有方向性的问题,要及时回答现实生活中亟需解决的问题,要具有普遍意义,能对受众的思想产生影响。

二、通讯与消息的文体区别

通讯和消息都是新闻文体的常用形式,都必须遵循材料真实、报道及时的新闻原则。但作为不同的新闻文体,它们的差别更值得注意:

首先,在结构上,两者差异明显。在署名方式上,通讯的作者署名在标题之下,消息的作者署名一般在消息头之后。在标题形态上,通讯通常由正题和副题构成,正题用于揭示主题或者提出理念,副题用于交代所报道的对象或范围。消息的标题形态复杂,但正题一般是明确展示新闻事实的完整句子。在正文布局上,消息的重心常常在前半部分,通讯没有重心前置这种说法。

其次,在篇幅容量上,消息主要报道事物概貌,简洁明了,篇幅短;通讯是比消息更详尽的新闻,是展开的消息,通常情况下篇幅较长,容量较大。

第三,在表现手法上,消息一般只是采用概括叙述的方法介绍所要报道的内容;通讯则要对新闻事件中的具体情节、背景材料进行刻画和渲染,可以运用叙述、描写、抒情、议论、说明等多种表达方式。

第四,在时效性上,消息的时效性强于通讯。消息多反映动态,偏重迅速及时,要抓"活鱼";通讯在时间上不像消息那样要求严格,同一个新闻事件,往往是消息先见报,然后发通讯,因为通讯容纳的内容比消息更丰富,写作周期较长。

对同一个新闻事件的报道,消息和通讯的差异很明显。2007年11月15日,贵州最后一个无电村通电,很多媒体对此事进行报道,从中仅选取两篇例文来比较一下。

消息:

贵州实现所有行政村村村通电

新华网贵阳(2007年)11月15日电(记者 刘文国)随着最后一个无电村——地处大山深处的贵州紫云县大地坝村15日通电,贵州省20413个行政村实现了村村通电。

记者从中国南方电网贵州电网公司获悉,为了加快贵州省新农村建设步伐,为新农村建设提供坚实的电力保障,今年初中国南方电网贵州电网公司决定投资2亿元,对贵州省最后109个无电村实施通电工程建设。

据了解,由于这些无电村大多坐落在贵州石漠化严重的深山区、石山区和高寒山区,部分村还不通公路,施工难度大。为了确保通电工程按时完成,贵州电网公司主要领导多次深入无电村调查研究了解情况,对不通公路的无电村,各有关供电局还组织了青年突击队,将电杆、变压器等器材用人力运进深山。

据悉,自1998年国家实施农村电网改造计划以来,贵州省累计已投资85亿元用于农村电网的改造。供电条件改善后,贵州农村电网售电量到2006年已增加到200多亿千瓦时,是改造前的20余倍。今年贵州最后109个无电村通电后,解决了4.1万户农民的用电问题。

通讯：

这电灯，像是晚上的太阳
——夜宿我省最后一个通电村紫云大地坝村见闻
记者 刘 流

此刻已是11月21日的深夜，"快到我床上睡，你不歇气，我心头不安逸"。村民冉小笔把记者拉进他的房间，接着自己在地铺上躺下……

望着窗外麻山腹地朦朦胧胧的群山，想着从进村到现在近10个小时的所见所闻，记者仍很激动，尽管十分疲倦，却怎么也睡不着，便披衣坐在床上，打开笔记本电脑，记下那难忘的一幕又一幕。

"看了两个通宵电视，还觉得不过瘾"

从贵阳出发到紫云县宗地乡，再从宗地乡沿布满嶙峋怪石的崎岖小道前行26公里，我省最后一个通电村——大地坝村就坐落在这"寸土难觅，滴水如油"的麻山深处。在爱迪生发明电灯的一百多年后，我省20413个行政村的村民终于全部用上了它，大地坝村是其中的最后一个。

"我最爱看成龙的动作片，已经两个通宵了，还觉得不过瘾啊。"一进村，村民冉兴国兴致勃勃地向记者谈起了他这两天来的感受。他8岁的儿子正站在电视前跟着成龙比划，母亲杨三妹笑得合不拢嘴，说通电后儿子整天比划，都不会正常走路了。

"从11月15日开始，我们村已有半数人家用上了电，估计再有20天，就能实现全村通电了。这可是乡亲父老们几十年的梦想啊。"村委会主任杨光应动情地说，大地坝村共18个自然寨，416户1936人，99％是苗族。从今年7月开始，安顺市和紫云县在贵州电网公司的协同、支持下，响应省委、省政府号召，投资155.8万元，立电线杆373根，安装配电变压器7台，历时4个月终于把光亮带进了苗家村寨。

"孩子们再也不会被煤油灯伤害眼睛了"

在自然条件稍好的大地坝村民组，大约每两户人家就有台20寸左右的电视，电视前均摆满小板凳，能供数十个人围着看。77岁的老人仝小云正坐在电视机前,她说里面演着什么,她根本不知道,只是觉得好。"村里原来没有娱乐活动,大家天一擦黑就闭眼。现在气氛好咯,再闷的人都会咧嘴笑。"

村里最普及的电器是"打包谷机",几乎家家有。过去一个壮劳力磨50公斤包谷粉要一天功夫,现在只需要20来分钟。村民杨秀全兴奋地说:"用电打包谷粉太快当啦!下一步我们还要靠电整其他生产,头一个主意就是把石头打成石粉、石沙和碎石卖钱。"

小学校长杨通伦也异常高兴:"孩子们晚上学习再也不会被昏暗的煤油灯伤害眼睛了。我们还准备晚上开办扫盲班,现已有不少村民报名。"

"我看见了比星星还亮的东西"

下午5时30分,大山深处传来断断续续的爆竹声。村民们介绍说,几公里外的打朗村民组今晚通电,正在提前庆祝。记者提出要去打朗采访,村民们犯了难,低声用苗话商量起来。村支书杨昌荣和村委会主任杨光应说:"你不了解情况,去那边路太险,我们怕你走不了。"见记者坚持要去,杨昌荣便递上一根竹竿:"拄着走路安全些。"

....

晚上8时,第一盏灯,亮了!村民们欢呼起来,唱歌跳舞,喝酒狂欢,大山的寂静被打破了。66岁的杨胜清独自一人站在自家电灯下面,老泪纵横。"感谢党感谢政府,让我在临死前看见了比煤油灯,比星星还亮的东西。"

晚上9时30分,记者和杨光应走在返回村委会的险峻小道上,他突然回头,望着打朗村民组依稀可见的灯光,感慨地说:"这电灯,真像是晚上的太阳。"

(《贵阳晚报》2007年11月24日)

消息突出的是"贵州最后一个无电村通电"这件事,叙述简约,并不追求生动形象。通讯则采用了多种表达方式,保留了许多无法写到消息中去的细节。相比之下,通讯更丰满更生动。

第三节 通讯写作要领

通讯容量大,范围广,写法灵活,这种文体对采访和写作提出更高要求,初学者往往不易掌握。本节将总述通讯的总体写作要领,然后分述几种常见通讯的写作要求。

一、通讯的总体写作要领

(一)对采访工作的要求

1. 在采访中留意细节。在通讯作品中,细节至关重要。要求记者在采访中要有抓细节的意识,并且能实实在在地发现和抓住细节。比如,人物耐人寻味的一举手、一投足、一句话语,事件中富有情趣或理趣的一个细小局部,现场的令人难忘的一个镜头,等等。

2. 在采访中观察现场。通讯作品有时需要对现场场景进行比较详细的描写,这是与消息作品有所不同的地方。为写作通讯而进行的采访,应重视对现场场景的观察,仔细体察现场的气氛、现场的格局。

3. 重视对有关专家的采访。有些事件通讯、工作通讯和社会观察,常常要有专家来分析问题,或做出具有权威性的评论。因此,对专家的采访应成为整个采访的一个重要组成部分。

4. 在采访中发现问题。记者采访时,要有问题意识。问题表现为多种形态。它有时是有待寻找的症结、尚未解决的矛盾,有时是尚未充分暴露的不良倾向,有时是尚未彻底消除的弊端。记者发现并提出了有价值的问题,也就在一定程度上明确了通讯写作的方向。

5. 把握采访中的侧重点。通讯作品的类型不同,对采访的要求也有所不同。写人记事,要仔细观察相关的人、事、景、物的表象和细枝末节。写专访要观察,更要注意提问和倾听。写社会观察类的通讯,采访时就要在调查上下功夫。

(二)通讯的写作要求

1. 提炼反映时代精神的主题。通讯的主题要反映时代精神,这对通讯来说,关系到通讯成败。因为通讯要真实地反映现实生活,要教育人鼓舞人,通讯写作首先要在提炼主题上下功夫。要站在时代的高度,认清时代发展的趋势,分析人物、事件的意义;要注意回答人们关心的问题,反映人们的愿望。

2. 选取有典型意义的材料。一篇通讯不可能面面俱到,精心选择材料,才能深刻地揭示主题。选择材料要典型。获取典型材料的前提是深入细致以至独到的采访。只有通过深入采访,掌握大量可靠材料后,才能在比较中选择出典型材料。

3. 灵活运用多种表达方式。要写出生动感人的通讯,必须灵活运用多种表达方法。叙述事实要生动感人,描写要传神,运用细节要巧妙,可适当运用议论和抒情。

二、人物通讯的写作要领

人物通讯是以人为对象、专门写人的通讯。在通讯家族中,人物通讯所占的比重比较大。人物通讯的报道范围十分广泛,包括先进模范人物、先进集体、凡人新事、反面人物和有争议的人物。

(一)人物通讯的采写要求

1. 选择人物要贴近时代,贴近社会生活。人物通讯的采写对象总是随着时代的发展而产生变化。但万变不离其宗的是,人物的生活理念或人生教训切中社会话题,能吸引受众的目光,并可以从正反两个方面引导社会舆论的健康发展,为受众树立起一个认识世界和判断社会价值的坐标系。

2. 凸显新闻人物的内心世界。只有写出人,才能影响人。不仅要写出他做了什么,还要告诉读者他为什么会这样做。初写人物通讯的记者往往忽略了这点。人的能力、机遇往往差别很大,人的心灵却具有相似性,新闻人物的内心情感是最容易感染人启发人的。

3. 通过人物行为,再现人物个性。写人物通讯,人物个性不可缺少,表现个性却是个难题。在采集素材时,要特别注意捕捉以下材料:人物的骨干事例,富有个性的语言,具有代表性的细节。

4. 在社会生活的矛盾中表现人物。每个人在生活中都会遇到矛盾,个人与集体的矛盾,工作和生活的矛盾,家庭责任与社会责任的矛盾,等等。表现一个人物,常常要抓住这些矛盾点上的事实,看这个人在众多矛盾中如何做出了别人难以做出的选择。

(二)写作人物通讯的注意事项

1. 要真正理解人物所处的社会大背景,把握这个人物或群体的总体性特征。把报道对象放在他或他们所处的社会大背景里去审视,才能找到他或他们在这个大背景里的"定位"和"坐标"。

2. 坚持实事求是,处理好人物与周围群众的关系。报道先进人物,要掌握好分寸,避免溢美之词。如果把一个人写成一朵花,把其他人写成豆腐渣,这样的报道不仅让人难以信服,还会使先进人物陷于难堪的境地。

3. 大胆触及人物真实的内心世界,写得有血有肉。应将笔触大胆伸进人物的内心深处,写出他们的喜怒哀乐,在笔下再现一个活生生的"人",而不是"神"。

4. 不要"棒杀"人物,也不能"捧杀"人物。要科学地辩证地把握人物,防止片面和极端。

风雪中,伫立着四位"厚道"的农民工

付海厚

打工数月却没拿到一分钱工资,每人每顿饭只吃两个馍,但望着欠薪老板留下的物资,他们却说:这里的任何东西我们都不会损坏,也不会卖掉,这是做人的原则!

打了两三个月的工,却没拿到一分钱工资。没有油了,蜂窝煤也快烧完了,四位农民工每人每顿饭只能吃两个馍。

更要命的是,王营村那家馍店向他们赊了25元钱的馍后,告诉他们:不清账,就不能再赊馍吃了。现在,掏遍四人所有的口袋,摆到桌子上一数,只有6元1分钱。看着案板上仅剩的一棵大白菜,望着窗外纷纷扬扬的鹅毛大雪,接下来的日子他们不知道还能撑多久?

老板欠工资不见踪影

农民工坚守做人原则

"这个老板,太不地道!"刘先仿说。刘先仿本来在卧龙乡十二里河街的一家钢厂烧"中瓶炉"(把铁屑熔化成铁水),一个月能拿2700元工资。有一天,这位老板找到刘先仿,求他帮助渡过难关。原来这位老板在车站南路办了一家铸造厂,当时厂内的烧炉工回家收麦子了,又请不到其他的炉工,工厂因此停了产。讲义气的刘先仿听说老板有难,二话没说就投奔了过来。

"我放弃那么高的工资去帮他,结果却被搞得走投无路!"刘先仿气愤地说。

其实,只要刘先仿他们"动一动脑筋",也不是无路可走——原来,厂区仍有一些化铁水用的铁屑,大概能卖两三千元;半成品的汽车压盘整齐地码在那儿,若当废品可卖9000元,若当半成品可卖20000元。另外还有8辆"解放"牌自卸车存放在院内。

但刘先仿说,虽然未拿到一分钱工资,也要照看好这些物资。

今年47岁的刘先仿是湖南岳阳人,家里生活很困难,因此,他的儿子刘敏也在这里打工。刘先仿的妻子早几年得了白血病,总共花了6万元,花掉家中所有积蓄还欠了3000多元债。

四人中最年轻的是30岁的张海龙,河南南阳邓县元庄乡张井村人。张海龙患中风的父亲76岁,无劳动能力,有一个小女儿11个月大了,一家人靠他打工挣钱糊口。可从去年10月5日到这儿打工,至今一分钱也没拿到,张海龙因此不敢给家里打电话,"也不知道他们过得咋样",张海龙低着头说。

50岁的李三海,是看门的,湖北襄阳黄集镇人,从去年11月25日来厂里干到现在,不但未拿到一分钱工资,一次老板招待客人时还向他借了200元。

尽管身无分文,但这四位农民工却认真看管着厂区存放的物资。他们说:"这里的任何东西我们都不会损坏,做人要厚道,这是原则!"

(《工人日报》2006年1月24日)

"做人要厚道,这是原则",是这篇通讯向人们彰显的主题。作者运用对比手法,从道德层面深刻透视了农民工工资拖欠问题的本质,成功刻画了一个农民工群体。选择的人物贴近时代,贴近社会生活。

三、事件通讯的写作要领

事件通讯重在记述和再现新闻事件发生、发展的相对完整的过程,显示事件的内在逻辑和社会意义。其报道对象包括:突发性事件、在社会上产生较大影响的预知事件和反映社会精神风貌的小故事。

事件通讯的采写要求:

1. 迅速赶赴事件现场,收集目击材料。

2. 叙事的脉络要清晰。注意展示事件的来龙去脉、主要情节和转折点。

3. 叙事目的要明确。要注意从事件中提炼出最有新闻价值的主题,寓理于事。

4. 叙事要有波澜。注意展示事件的关键场面,捕捉事件的戏剧性情节。事件通讯要防止平铺直叙和平均用力,做到详略得当,高潮迭起。

5. 写好事件中的人物。事件通讯写人物活动要简洁凝练,表现人物某个侧面,点到为止,不能铺得太开。

怎能不垂泪

本报记者　虞清萍　张哲浩

也许是太久没哭的缘故,刘颖已记不清她上次流泪是什么时候,可在这20多天的抗洪抢险报道中,她却一次次地落泪,一次次被感动。

松花江入汛以后,身为哈尔滨市人民广播电台专题部记者的刘颖就"泡"在了一线大堤上,8岁的儿子扔在家里没人管,心肌缺血的诊断书在兜里藏了又藏。

8月19日晚,嫩江第三次洪峰到达哈尔滨,刘颖和同事们早早就赶到了大堤,准备9点钟的直播节目。采访中,她看到一群老妈妈给战士们送来了热包子、茶蛋,她们甚至还细心地给战士们带来了洗手的干净水,觉得这是个好素材,刘颖立即赶过去录现场音,只见一位老妈妈嗔怪地说一位小战士:"你这孩子,你看你手也不洗洗，吃坏肚子咋办？过来大妈给你洗洗。"满脸稚气的小战士不好意思地撂下咬了一口的包子去洗手，刚碰到水，小战士缠绷带的手便不自觉地抖了一下，这个细小的动作，刘颖看在眼里，疼在心上，鼻子跟着就酸了，身为哈尔滨人，她知道这些十七八岁的小战士是为了什么流血流汗。为了控制情绪，刘颖从包里掏出"创可贴"，想让战士换下满是黄泥的脏了的绷带，可一看战士除掉绷带的手，刘颖的眼泪"刷"地流了下来。一个星期后，刘颖对记者说起时还哽咽不已，那手哪只一个伤口啊！有的肉还翻着，有的流着血，长时间江水的浸泡，手的颜色已变白，我的心真是疼极了！

小战士倒像犯了错似的，给刘颖擦去眼泪。

刘颖说，面对这些可爱的战士，你没法不流泪，不感动，作为一名记者，如果我不能把我看到的，听到的及时告诉听众，那我就是犯罪。连日的劳累使刘颖全身浮肿，可从收音机里，您听到的还是她饱含深情的报道。

（《中华新闻报》1998年8月27日）

这篇通讯属于反映社会精神风貌的新闻小故事，虽然短小，但叙事有波澜，故事耐人寻味，在提炼时代精神、选择典型材料、灵活运用多种表达方式进行叙事上均有可圈可点之处。

四、工作通讯的写作要领

工作通讯是反映各行各业工作中的新情况、新办法、新经验、新矛盾、新问题或者新趋势的通讯。按照传统观念，采写工作通讯要紧紧围绕党和政府的中心工作进行报道。如今，工作通讯还发挥着沟通工作信息、向受众直接传达的桥梁作用。工作研究、采访札记、记者来信是工作通讯的几种特殊形式。

（一）报道范围

1.展示各项工作的成功经验，发现和提炼启迪人的新思想、新观念。

2.反映工作中的问题和教训，揭示这些问题和教训中带有普遍性的内涵。

3. 剖析工作中的难点问题,探讨对策与解决的方法。

(二)写作要求

1. 抓准问题,有的放矢。写好工作通讯,首先要求记者胸有全局,了解党和政府的中心工作,了解具体行业当前工作的重心以及亟待解决的问题。在此基础上,要善于抓住实际工作和生活中的热点、难点和关节点进行采写。

2. 分析透彻,挖掘深入。工作通讯主要是对事实进行分析,弄清事物矛盾的产生、发展和变化的过程及其关键所在,要注意从报道的实际情况出发,挖掘现象背后的本质。

3. 生动形象,引人入胜。语言上要虚实结合,叙事要通俗、具体、形象,议论要观点鲜明。要学会运用夹叙夹议的写法。学会运用"直接引语"议论,即运用领导的、专家的、群众的见解画龙点睛地进行评论。

4. 要从群众角度、生活角度写作。工作通讯容易写得枯燥无味。从群众角度、从生活角度来反观有关的工作,报道有关的工作,一直是改进工作通讯写作的一个诀窍。要求记者在报道有关政策或者工作重点时,要找到它们与老百姓利益的结合点。

"指标寒羊"伤透了卓资县百姓心

记者 张五四

大约在 2002 年,内蒙古乌兰察布市(以下简称乌市)提出了建设"畜牧业大市"的战略目标。几年来,记者不断接到该市一些农民的反映:养了羊和牛反而更穷了。

该市卓资县离呼和浩特市只有几十公里,条件和环境均好于其他旗县。近日,记者沿公路走访了这个县的几个村,看到农民家里又有奶牛又有寒羊,有的村里还建起了奶站,但农民的情绪并不高。西胜村是个自然村,村里大多数农户都养了 2 到 3 只小尾寒羊,这个养殖数按干部的说法是比较科学的。记者与一位村民细算了一下养羊账:他养的两只羊是 2004 年 3 月村里硬摊给他的,每只 400 元。因为没有圈养的习惯,从买回来就一直以放养为主。一只羊放一天要交给羊倌 0.3 元,这里每年的放养期大约是 6 个月。到现在,两只羊吃了大约 1000 斤玉米,因为放羊都是偷着放,再加上被林业公安罚的40元,这样下来,两只羊养了一年左右的时间不算劳力的投入,大约花了1600多元。问其收入,他说一分钱还没有。正说着话,他家的羊进了院,记者数了数,是5只羊。因为是小尾寒羊,产羔量比较大。也许就为了这个原因,被干部们赋予了科学的词汇。

这个村民养两只羊才一年就变成了5只,表面看,挣钱呀。细琢磨,这个收入目前也只存在于理论上。这个村民说,每天来村里的羊贩子不少,由于该羊的肉质不如草原羊,价钱上不去,一直没有卖。他说。养了近一年的羔子最多卖100元。卖赔钱,不卖也赔钱。往后,更让他发愁的是,寒羊繁殖率强,还要不要继续繁殖?养越多越赔钱的发展规律是肯定的。

在三道营、西界、榆树营、韭菜沟这几个村采访时了解到,上述的情况都普遍存在。比如村民们家家户户放羊被林业公安罚款的事儿。每只羊每次罚20到50元不等,一家一年被罚几百元到上千元的几乎遍及家家户户,有的甚至达2000元到3000元。

记者了解到,卓资县尽管已经全面禁了牧,但为了鼓励农民养羊,照顾农民没有圈养的习惯,也为了干部们能完成上面下达的养羊指标,在推广养羊之初就有了一个不成文的规定,农民可以在项目区以外的地方适当放羊。显然,这一规定与林业公安的规定发生了冲突。与此同时也给违纪罚款制造了空间。罚款多数不开票,罚款数字自己随意定等现象普遍存在。有的地方因为农民不能及时交罚款居然还给农民开据了羊的"拘留证"。在采访县林业公安分局段局长时,他一个劲对记者说不要相信农民的话,他十分肯定地表示,他手下的人绝对不会干违纪的事儿。当问到他有什么监督办法时,他除了强调自己2005年3月刚到任外,说出来的惟一有效监督办法是靠农民的反映。他解释,只要农民没有反映,就没有问题。可能感觉到了自己出语的相互矛盾,他又说,下面不管出现什么问题均属个人行为,作为局长只是承担教育不到位的责任。另外,他不承认农民说的一只羊被罚20到50元,按他的说法是5到10元。但当记者说出一张收据的罚款数字和这张收据的编号和年月日时,这位局长又改口说,这可能是个别情况。

卓资县一位县领导说,卓资县在乌市11个旗县(区)里寒羊饲养量不算靠前,寒羊的上报数字是70多万只,实际是40多万只。

该县农业常住人口是14万多人,按最低40万只羊算,人均养羊3只左右。到2006年,又要产下多少羔?市场在哪里?钱从哪里挣?这位县领导就此解释说,他们正在积极着手解决该羊与草原羊的杂交问题。他很乐观地说,到那时市场估计会好的。"这个计划什么时间能完成?"这位领导这样回答,很快。

(《农民日报》2006年1月18日)

这篇工作通讯问题抓得准,反映了卓资县政府靠摊派和指标建设畜牧业大市的问题,其结果是百姓的实际利益受到损害。这篇通讯是记者深入现场采写的新闻佳作,语言生动形象,教训发人深省。

五、风貌通讯的写作要领

风貌通讯伴随着采访者的足迹,以通俗的语言,记录在一定历史条件下广泛的社会现象和时代风俗。这类通讯很自然地带有浓厚的时代气息,强烈的历史画面感。报纸上常见的诸如"见闻"、"巡礼"、"散记"、"纪行"等都可归属于这类通讯,这种文体也是现代人喜闻乐见的一种报道形式。

(一)报道范围

1. 综合报道某个地区、某条战线的今昔变化和新的建设成就。这是风貌通讯的重头戏。
2. 报道某地的风土人情,人的精神面貌。
3. 报道历史文化遗产,以景写情,睹物思人。

(二)写作要求

1. 抓住特点写见闻。风貌通讯活的材料多,要用心选择。现场见闻是风貌通讯最吸引人的地方。
2. 旅行者的视角必须新鲜。以本地人的眼光看外地,观察它的概貌,探求它的陌生和神秘,满足人们求知求新的心理需求。
3. 主题不容忽视。采写过程中,要有一个观察事实——提炼主题

——围绕主题选择事实的过程。风貌通讯的采写要注意"新",要从时代的高度发现和反映某地的新变化、新风貌或者新的社会问题。

一个藏族村庄的圣诞节
记者　穆谦

2005年10月10日,26岁的约瑟和25岁的特丽莎有了他们的第二个孩子。约瑟的叔叔奥斯汀给这个男孩起名为弥额尔。12月25日,弥额尔在茨中的天主教堂接受了洗礼。

茨中是云南省迪庆藏族自治州的一个小村庄,它坐落在澜沧江畔、横断山脉脚下。茨中村居住着1101位村民,其中大部分是藏族。

藏族人起约瑟、特丽莎这样的名字或许显得有些奇怪。大约在100年前,这里有一些村民开始信奉天主教。从那以后,他们就不再使用喇嘛给起的藏名,而改用天主教的教名。

圣诞节的时候,在外工作的茨中人都回到茨中来庆祝圣诞。汉森在迪庆州的首府香格里拉做导游,今年28岁。为了回家过圣诞节他请了八天的假。汉森说他从小就和父母一起在教堂里祈祷,后来他到昆明的云南省民族中等专业学校上学,开始更加深入地了解天主教。现在他每天都读一会儿中英文对照的《圣经》。

汉森说:"其实基督教和佛教都在教人做好事,它们只是在形式上有所不同。"

今年圣诞节,汉森把他的女朋友鲁茸卓玛带回了家。鲁茸卓玛来自香格里拉的一个信奉藏传佛教的家庭,这是她第一次过圣诞节,觉得很有意思。

十九世纪下半叶,巴黎外方传教会开始在云南西北部的德钦县活动。1866年在巴东、1867年在茨姑、1872年在阿墩子(即现在的升平镇),他们分别修建了教堂。然而,法国传教士的工作在这片盛行藏传佛教的土地上并不顺利。1905年发生了一次名为"驱洋教"的运动,两名传教士被杀,茨姑的教堂也被烧毁。

清政府为此支付了赔款,而传教士用赔款修建了茨中教堂。茨中教堂1914年落成,并成为"云南铎区"主教礼堂。

茨中教堂的钟楼高三层,是一座哥特式建筑,而它的顶层却是飞檐瓦顶的中式亭阁。站在这里可以俯瞰整个茨中村。

虽然外国传教士在上世纪五十年代初离开了中国,但天主教却在茨中扎下了根。现在茨中村共有233户人家。在教堂所在的澜沧江西侧有130户,其中89户都是天主教徒。

茨中村既有天主教徒,也有藏传佛教徒,不过他们之间并没有明显的界限。无论天主教徒还是佛教徒都会一起庆祝宗教节日。"圣诞节的时候,佛教徒帮着我们准备庆祝仪式,还跟我们一起唱歌、跳舞、吃饭。唯一的区别是他们不去教堂祈祷。我们在佛教节日的时候也是这样。"汉森说道。

圣诞前夜,教堂前面生起了篝火,村民们不论信仰、年龄、性别都围着篝火边唱边跳,欢度节日。

"我们的客人从远方来了。在这个吉祥的日子里,我们相聚在天主堂。是天主的恩宠让我们共度圣诞。"村民们用弦子这一康巴藏族喜爱的歌舞形式来表达圣诞的主题,而佛教徒也和天主教徒一起歌唱。随着圣诞老人的出现,晚会达到了高潮。圣诞老人是茨中天主堂的会长奥斯汀扮演的,他把礼物洒给欢呼雀跃的孩子们。

人们载歌载舞直到午夜时分,这时爆竹声响起,宣告弥撒时间的到来。村民们纷纷走入教堂。

茨中没有固定的神父。今年圣诞节茨中村从大理请来了杨红昌神父主持弥撒。杨红昌是一位苗族神父,他对于在少数民族中传教很有经验。

杨神父说:"在云南西部,几乎所有的天主教徒都是少数民族。在我去过的村子里,有些还没有通电,也没有公路。"

在传教的工作中,语言是一个问题。杨神父用汉语布道,而很多茨中村民只能听懂其中的一部分,不过杨神父说即使有些人不能完全听懂他讲的话,他们也会在心中感受到上帝。"对世界上所有信仰耶稣基督的人来说,今天是喜悦的一天。"杨神父说道。

有时候,少数民族的风俗习惯也是一个问题。在弥撒进行的时候,非天主教徒仍然在教堂外面唱歌跳舞,而有些天主教徒也还在那里,他们喝了太多的酒而忘记了弥撒。

"我后来批评了那些忘记做弥撒的教友,"杨神父说。"天主教徒可以喝酒,但是不应该喝太多酒,否则就会有问题。"

当年,法国传教士带来了天主教,同时也带来了葡萄种子和酿酒的技术。现在葡萄种植和酿酒仍然是村民们的一项重要收入。弥撒中使用的红酒也是本地酿造的。

在做弥撒的时候,村民们用藏语来诵读经文和演唱圣歌,但是他们使用的文本却是用汉字书写的。教堂里的大部分人都拿着一本刊有经文和圣歌的书,书的封面是一幅茨中教堂的照片。

在茨中村,76岁的萧杰一或许是与教堂最密不可分的人。他的父亲是四川的汉族天主教徒,后来跟随外国传教士来到了茨中,在这里遇到了萧杰一的藏族母亲。他们在教堂里结了婚,并在教堂里生活了25年。萧杰一的父亲从前为外国传教士做翻译。受父亲影响,萧杰一不仅会讲汉语和藏语,还学会了法语和拉丁语。

在上个世纪九十年代,萧杰一看到很多年轻的教友不会诵读经文,于是他就开始用汉字来标注藏语经文的发音。萧杰一经常在教堂里带领着教友们一起诵读经文和唱圣歌。他说:"看到现在每个人都能诵读经文和唱圣歌了,我心里特别高兴。"

当藏语的圣歌回荡在教堂里的时候,男人们浑厚的声音和妇女们高扬的声音交织在一起,从很远的地方都能听到。

(《中国日报》2006年1月10日)

这篇风貌通讯的视角很独特,藏族村庄的圣诞节是个引人注目的角度。记者在选材上很用心,现场见闻与历史场景交替出现,内容丰富,主题深刻。

六、专访

《纽约先驱论坛报》创办者贝内特,1839年首开记者单独采访总统的先例,并创立了问答式的记者访问记。意大利记者奥里亚娜·法拉奇以写国际风云人物专访著称,有"世界第一女记者"之称。在中国新闻史上,写专访的第一人是黄远生。20世纪80年代以来,专访在国内各种媒体迅速崛起,"面对面"、"鲁豫有约"、"高端访问"等电视专访栏目都有较高的收视率。

(一)文体特征

1. 专访是由"访问"脱胎而成的一种文体。与其他文体比较,专访更注重采访手段,它所进行的是一种特殊的访问,或称正式访问。采访者必须目的明确。

2. 专访是访专人,谈专题。被访问对象和内容最好是独家。

3. 专访的内容是访问活动的实录。包括话题、氛围、现场、记者与被采访者的交流等。

4. 结构以问答体为主。多数是显性问答体。

(二)文体类型

1. 人物专访。选择的报道对象应该是当前受众所关注的新闻人物,所关注的新闻事件或热点问题中的关键人物,或者是受众感兴趣的有某种特定新闻背景的人物。

2. 问题专访。也称意见专访、言论专访或学术专访。虽然访问的对象是人,但落墨的重点不是写人,而是记录传达被采访者的见解、意见、观点、主张等。被采访对象必须是某个方面的权威人士。

3. 事件专访。与事件通讯相比,它记述某些新闻事件的特殊意义、内幕情况或者澄清事实真相的专题访问。主要通过采访这些事件的参与者、目击者或者见证人来复原或剖析新闻事件。

(三)叙述类型

1. 问答整理式。最大限度地再现访谈内容,实录性、可信性与可读性强。

2. 散文处理式。记者可以根据需要对问答内容进行取舍,运用描写、议论等手法穿插叙述访问的情景、过程,或者勾画被采访者的形象、性格等。

3. 口述实录。把现场记者和记者提问删除,或者淡化处理,主要保留被采访者的谈话,读起来更亲切可信。

(四)专访成功的决定性环节

一般来说,专访具有不可重复性,约好时间、地点,采访一次就是一次,要尽量做到一次成功。记者提问的质量直接影响到采访对象回答问题的质量。采访成功是专访写作的决定性环节。

　　1. 专访前做好充分准备。包括背景材料、知识资料的准备,也包括问题的准备。注意挑选适当的采访时机和场合。

　　2. 专访中善于提问与观察。重视第一组问题的成功率。增强临场的问题控制与应变能力。

　　3. 专访后注意核对。引语务必准确,准确表达被采访者所陈述的内容、概念与意思。要做录音,核对录音,整理笔记。稿件最好送给被访者审改。

七、特写

　　特写是从消息和通讯之间衍生出来的一种报道形式,一般把它划归通讯名下。特写的快速成长与兴旺,主要在20世纪广播、电视等电子媒体相继出现以后。特写的出现是新闻写作历史上的飞跃,增强了新闻的可读性。

(一) 文体特征

　　1. 截取局部。特写反映人物或事物,往往是选取最激动人心的一瞬间、最生动感人的一个场面,而不是一个事件的始末或一个人物的一生。

　　2. 放大细节。特写是"放大了的近影",它抓住其中一点、一个细节来进行"放大",将这一细节的近像十分突出地呈现在读者面前,造成如见其人、如临其境的效果。

　　3. 浓笔酣墨。特写虽然也要综合运用各种表现手法,但主要是靠描写,是工笔花鸟般的细描。对于局部和细节的描绘,就像是鸟身上的羽毛一样,纤毫毕现。

　　4. 短小精致。特写侧重抓一瞬间的变化,抓横断面的事实,要求写得简洁,不需长篇铺陈,往往篇幅短小,长的千余字,更多的是几百字。

(二) 写作要求

　　1. 抓住新闻事实,突出片断。要选取具有本质特点的意义非凡的片段和瞬间。有了这个光彩夺目的片段,写作就有了目标,有了中心,就可以围绕这一片段把新闻写深写透。

2.要有精彩的细节描写。新闻特写一般都是记者目击式的新闻。记者不仅要在现场,还要有相当熟练的观察功夫和高超的表现技法,才能把现场传神地写出来。特写可以运用较多的描写手法,把情景写得栩栩如生,但必须严格遵守新闻真实性的原则,不能夸张、虚构,更不能无边想象。

3.要抓住新闻事实的高潮写。一是要对高潮部分观察入微,思考入微,详细地占有材料;二是要摆脱非高潮部分的诱惑,集中笔力,砍去枝蔓,忍痛割爱。

目击杨利伟飞天归来
范炬炜　孙阳　记者　唐振宇

今天清晨6时23分,中国首飞航天员杨利伟乘坐"神舟"五号载人飞船从太空归来,平稳着陆于内蒙古中部草原。

此刻,五星红旗正从北京天安门广场徐徐升起。身着乳白色航天服的杨利伟向在场的人们挥动手臂,轻快地跨出外表被大气层摩擦烧灼成古铜色的返回舱。

记者喊道:"杨利伟,我们接你来啦,对全国人民说几句话吧!"

杨利伟笑了,笑容在朝阳映照下无比灿烂。他说:"飞船运行正常,我自我感觉良好,我为祖国感到骄傲。"

42年前,前苏联航天员加加林乘坐"东方号"飞船升空,人类第一次亲眼看到地球表面的形态——淡蓝色的晕圈环抱着地球,与黑色的天空交融在一起;今天,第一个中国航天员乘坐我国自行研制的"神舟"五号飞船,亲眼目睹了地球在星空中的奇观。中国由此成为世界第三个能够独立开展载人航天的国家。

着陆场系统总指挥夏长法是奔向返回舱的第一人。工作人员刚一打开横卧在地的返回舱舱门,他就急切地问:"杨利伟,你怎么样?"

仰坐在座椅上的杨利伟转过头来,平静地回答:"我很好。"

真是天公作美,昨天这里还刮着大风,而今夜却是明月星空,几乎感觉不到风吹,一望无垠的大草原敞开胸怀,与我们一起静静等待着从太空归来的中国首位航天员。

6时左右,有人喊起来:"看,天上有颗星在飞!"

搜救人员纷纷下车,在-4℃的旷野上抬头仰望。只见一颗明亮的"流星"正从月亮边划过。一位技术人员告诉记者:"这是与返回舱分离后的轨道舱在运行,减速制动后的返回舱马上就要进入大气层了!"

6时07分,一团火球在西南方的天空向我们飞近,那是进入稠密大气层的返回舱,正在与大气摩擦燃烧中飞来。

6时12分,空中传来"嘭"的一声震响,表明面积达1200平方米的主降落伞已打开。人们更加急切地向空中眺望。

"来了,来了!在那儿!"6时17分,一个黑点在已泛出曙光的东方天空出现,并且越来越大。

"杨利伟回来啦!"大家旋即跳上车,向返回舱飘落的方向追去。

降落伞悬挂着返回舱,在我们的车头前缓缓飘落。记者抬腕看表,正是6时23分。

我们脚下的这片土地,当地牧民称之为"阿木古朗"草原,在蒙古语中是"平安"的意思,这真是个好地名!

8时15分,杨利伟乘坐的直升机从沸腾的内蒙古大草原起飞,向附近的机场飞去。他将在那里换乘专机飞回北京。

内蒙古草原,这片在历史上曾孕育了一代天骄成吉思汗的神奇土地,今天又因天之骄子杨利伟的完美着陆而续写出中华民族新的传奇。

(《解放军报》内蒙古中部飞船着陆场2003年10月16日电)

在对"神五"的报道中,记者仅仅选取了"杨利伟飞天归来报道",笔墨酣畅,细节生动,如见其人,如闻其声。

上述通讯仅是几种常见的通讯形式,通讯的形式当然远不止这些。随着社会生活的日益丰富,这种文体还将日益丰富。同时,面对同样的题材,由不同的记者写成通讯,往往形式不一,各有精彩。这说明,通讯这种文体给写作者留有巨大的发挥空间,写作者可以根据报道需要和个人专长选择适当的形式。

---

[1] 《新闻采访写作新编》,刘海贵、尹德刚,复旦大学出版社,1991年,第262页。
[2] 《新闻写作学》,程天敏,山西教育出版社,1999年,第275页。
[3] 《新闻采访与写作》,丁柏铨主编,高等教育出版社,2004年,第262页。

【自测训练】

1. 通讯是怎样一种文体?谈谈其范畴。
2. 通讯的文体特征有哪些?通讯和消息的文体区别有哪些?
3. 通讯总体的采访和写作要求有哪些?
4. 人物通讯的写作要求有哪些?
5. 工作通讯的写作要求有哪些?
6. 事件通讯的写作要求有哪些?
7. 风貌通讯的写作要求有哪些?
8. 专访的文体特征有哪些?专访成功的决定性环节是什么?
9. 特写的写作要求有哪些?
10. 阅读下面这篇通讯,分析它在写作上有哪些不足之处。

碧波荡漾党旗红
——记××市××镇党委

××镇是××市典型的水田乡镇,如何做好水资源这篇大文章,党委一班人煞费苦心,一直苦苦追寻。近年来,镇党委、政府从镇情出发,以调整结构为突破口,以富民强镇为目标,确立了"绿色兴镇、旅游强镇、换位富镇、劳务活镇"的四大发展战略,推动了镇域经济的又好又快发展,党旗在发展中更加鲜红。

全镇有水田12万亩,在采用优质水稻品种、大棚钵体育秧、两段式育秧的基础上,引入了水稻覆膜新技术,生产绿色无公害水稻,申请绿色标志,打出××品种,引进大型米业加工企业,形成了产、加、销一体化格局。全镇现有养鱼水面7万亩,普遍推行了无公害生产和名特优新品种养殖技术,其中黄颡鱼、鲇怀杂交、史氏鲟鱼等新品种放养面积达到 6 万亩,亩纯效益达到 600 多元。全镇红提葡萄种植户发展到了 520 户,有大棚 540 栋,仅安业村就发展 440 栋,每栋大棚葡萄纯收入达 5000 元。2007 年,他们聘请了省农科院园艺分院副院长鲁会玲来园区帮助进行了规划设计,并绘制了园区效果图。他们计划用 3 年时间把××镇 10 万亩的稻浪、7 万亩的养鱼池碧波相互交织,相互融合,达到田间观光效果。同时要把××镇建成极具生态魅力的水乡新村,让外地人到××来就能感觉到进农家院、钓农家鱼、摘农家果、吃农家饭、赏农家景、品农家乐于一体的田园风光旅游农业示范区。

××镇党委时刻不忘宗旨,不辱使命,努力为民办好事、办实事。近两年,全镇投资 800 多万元,修建白色路面 68 公里,红砖道路 15 公里,去年年末,全镇通村路全部硬化,实现村村通目标,基本形成道路建设白色化和网络化,方便了群众的生产、生活。高起点推进小城镇建设。他们坚持高起点规划、高标准建设、整体推进、分步实施,为百姓创造一个舒适的生产和生活环境。针对镇内已有白色路面近 3000 延长米的基础上,去年投资 50 万元,经过一个多月的紧张施工,修红砖排水沟 3000 延长米,净化了镇内环境,解决了镇内排水问题。今年他们又在路两侧植树 2000 棵,栽植花草 1000 平方米,投资 25 万元,安装节能路灯 40 盏,使镇内环境达到净化、亮化、绿化、香化、美化。加快标准化一条街建设。投资 104 万元,主要围绕五源路,对道路所途经的广发、岔宝、安全、民权 4 个村进行重点标准化街道建设,路肩沟、墙、树、垃圾箱都要达到标准,以此净化村屯环境。实施自来水入户工程。今年全镇投资 40 万元,把安业、富强两个村 8 个自然屯,1150 个农户全都吃上自来水。全面普及有线电视和程控电话。他们通过与市广电局沟通,在安装有线电视的基础上,新开通数字电视 4 个村 650 户,丰富了群众的文化生活。全镇今年新安装程控电话 500 部,全镇总装机达到 4900 户,电话入户率达到了 90%。加大居民标准住房建设力度。他们聘请省市设计院的有关专家到各个村帮助设计了一批布局合理、功能齐全、节能安全、造型美观,具有地方特色的现代化农民样板房供农民选择兴建,以此提高农民居住水平。去年,全镇新建标准化民居 34 栋,居民住房砖瓦化率已达到 90.2%，新农村建设步伐明显加快。

【名篇赏析】

英 雄 赞 歌
——记独臂英雄丁晓兵

本报记者　冯春梅　新华社记者　朱玉　张东波

2005年6月22日，中共中央总书记、国家主席、中央军委主席胡锦涛，在会见武警部队第一次党代会代表和第八届"中国武警十大忠诚卫士"时，与丁晓兵亲切握手，并勉励他说，你是党和人民的功臣，希望你保持荣誉，为党和人民再立新功。

出征——为了祖国

1984年，边陲的一场重要军事行动。

战况惨烈。一个手雷砸在丁晓兵身上。

他想也没有想，抓起手雷就扔了出去。一团火光，他失去了知觉。

几秒钟后，丁晓兵睁开眼。突然他发现，右手使不上力气，侧头一看才发现，右胳膊已经被炸断了动脉，鲜红的血液，一股股地往外喷！

战友给丁晓兵简单包扎了伤口后撤，只连着一点点皮的右臂一次次挂在树枝灌木上。他又一次拔出了匕首，把右臂与身体之间仅仅连着的一点皮割断，割下来的右臂，被他插在自己的腰带上！

整整在山里跑了近4个小时，一看到迎面跑来的接应人员，丁晓兵一头栽倒在地上！

呼吸没有，脉搏没有，血压没有，心跳没有……有人开始为"烈士"丁晓兵换衣服。

战友们把着担架，不许将"牺牲"的丁晓兵抬到烈士陵园："他没有死，刚才还和我们一起跑回来……"

野战医疗队恰好路过此地，一位老医生切开了丁晓兵小腿上的静脉，强行压进去了2600毫升血浆。

两天三夜后，丁晓兵睁开眼睛，看到了医院的白色天花板。然后，他发现了右大臂上包着一大团还在渗血的纱布……

"我的手呢?"

"你们把我的手弄到哪儿去了?"

"带我去找我的手!"

大夫护士怎么忍心说出口呢?一个为国立了大功的功臣,要终生面对没有右臂的生活!

全国优秀边陲儿女金质奖章,整100枚,是那一年为嘉奖边疆儿女的突出贡献而设立的。受奖名单已经确定,颁奖仪式即将举行。为褒奖丁晓兵的壮烈表现,上级为他颁发了第101枚金质奖章……

壮士断腕,动地惊天——这是为年轻的侦察兵特意增设的一枚奖章!

进攻——直面困难

丁晓兵成为全国知名的独臂英雄。他向组织要求,一要学习,二要继续留在部队工作!

部队满足了丁晓兵的要求,他被送往军校学习。

在军校的第一次考试,丁晓兵没做完试卷。

丁晓兵向老师申请延长20分钟,一个惯于右手执笔的人,左手的写字速度怎么能与他人相比?

出乎意料,老师认为,学员丁晓兵能上学,就必须用左手按时答完答卷!

为了赶上别人写字的速度,倔强的他天天到图书馆抄书,一个月抄断了9根钢笔!之后,他独臂绘丹青,在书画界多次获奖;一手好书法,足以让绝大多数右手写字的人惭愧。

两年后,优秀学员丁晓兵做出了更让人瞠目的选择:下基层带兵去!

一次紧急集合,让刚到连队的他很没面子。

打背包是当兵的基本功,可是负伤以后,一只手怎么能干别人两只手做的事?

他用一只手好不容易把背包捆了个大概,跨出房门,傻了!全连官兵百十口子在等他一个人!

丁晓兵在全连面前扔下一句硬话:"今天我让大家丢脸了,一个月后,我一定再把这个脸给大家争回来!"

嘴脚并用,丁晓兵开始练着单手打背包。背包带硬,用牙叼着拉的力度一大,就像刀子一样,拉破了嘴角,拽裂了牙齿。

背包带上沾满了血迹。10多天后,丁晓兵单手打背包速度在全连数得着。

投手榴弹,全连只有丁晓兵一人不及格。丁晓兵天天跑到操场上,用教练弹砸。

时间到。丁晓兵一出手:58米!

系鞋带、越障碍、整内务、洗衣服,切菜、做饭、包饺子、蒸包子,一切都是单手操练;射击,包括立、跪、卧3种姿势,涵盖自动步枪、冲锋枪、手枪、轻机枪、火箭筒等多种武器;甚至,极高难度的单杠单臂引体向上、单臂大回环,丁晓兵都能高质量完成,8门军事训练课目,7门优秀,1门良好!

无法计量他到底吃过多少苦,这是一个把所有困难嚼碎了统统吞到肚子里、消化成为动力的人!是一个扔在地上丁当作响、站起来虎虎生风的男人!是一个永远呈进攻姿势的军人!

所有的高标准严要求,都是英雄下达给自己的死命令!丁晓兵说,一个军人,战时要忘死,平时要忘我!

突围——超越荣誉

荣誉得到不易,超越荣誉更难。

丁晓兵所在的师,可以毫无愧色地叫做英雄的"主产地"!这个人称"皮旅"的师,仅列在红色光荣榜上的一等功、特等功以上的英雄就有63人之多。

英雄只能成长在孕育英雄的土壤中,这土壤,必须识英雄、爱英雄、育英雄而不能宠英雄!

一天,还当着连指导员的丁晓兵没有带着部队出早操,被团长发现了。

"全连集合!"

团长招手叫来也是功臣、正带队跑步的侦察排长,开始问话。

"你打过仗?"

"报告团长,我打过仗!"

"你,立过一等功?"

"是,我立过一等功。"

"噢! 一等功……"团长狡黠地问:"还用出操?"

站在连队前列的丁晓兵几乎羞死!

在这样的集体里,丁晓兵必须学会遗忘过去的辉煌。

战斗——中国军人

作一个带兵人,丁晓兵不能只让自己成为英雄。

一个有点捣蛋的兵打靶打得一塌糊涂。丁晓兵说了他一句,这个兵回头看看:"来,你给我们做个示范!"

丁晓兵看了这个兵一眼,向前跨出一步,左手撑地,一个利落的葡匐动作,一只手射击,"铛铛铛铛铛",5发子弹47环!

团机关干部5公里越野跑,丁晓兵特地让自己的妻子跟在队伍后面。跑到一半,他一挥手:"超过他们!"

妻子逐个超过。丁晓兵大喊:"你们怎么还跑不过一个老太太!"

部队军事演习,徒步拉练返营。行至离营区还有5公里多路的时候,已经走了两天半的官兵极为疲惫,战士脚上全是水泡,丁晓兵脚上也有一个分币大小的鸡眼肿痛不堪。

卫生员劝丁晓兵上车,丁晓兵发威:"我不许上车,你不许上车,全营不许一个人上车! 最艰难的时候是胜利的前夕,奔袭回营!"

所有的官兵,被激得眼睛都红了! 已经没有力气的兵,顿时变成了一群奔出草丛的豹子!

全团的军人大会上,丁晓兵下台走到黄麒面前,这是个以爱兵出名、肯给受伤战士揉脚的班长。

"什么样的人最可爱?把别人装在自己心里的人最可爱。你是我敬重的人,我要向你敬礼!"

立正! 一个恭敬、标准、不打一丝折扣的军礼!

敬礼——向着人民

中国在变。丁晓兵在变。但他不允许自己变化的,是对于利益的不当谋求——他依然不爱钱,不收礼。如果有人胆敢在干部提拔之际尝试,丁晓兵的火就会一下子被激起来,面沉似铁:"平时不好好工作,靠这些来讨好领导……"送来的钱和东西会从门口直接飞出去。

有的人不解丁晓兵的举动,把扔出来的钱再加上一沓,继续送,丁晓兵也继续扔!

英雄曾经回答过别人这样的问题:

"别人升官发财,你平衡吗?"

"平衡,我是军人,军人就是流血牺牲的。"

丁晓兵习惯于去烈士陵园走走,站在先烈们的墓碑前,寻找共产党人为何奋斗、为谁牺牲的答案,聆听那些从未走远的伟大心灵的回响。

成千上万的人能慷慨赴死、前仆后继,支撑他们的,惟有共产党人的理想之火!

2003年,安徽寿县瓦埠湖堤坝突然发生特大管涌。

丁晓兵急了眼!冲上去与战士们一起运土扛包领着官兵喊号子,唱军歌,所有的人嗓子都哑了!

5个多小时后,管涌堵住了。丁晓兵觉得自己的断臂痛不可忍:原来假肢与断臂的接合处,经水一泡,一小块乌黑的残留弹片从皮下露了出来!

如果说,20多年前的丁晓兵成为英雄还有偶然因素,那么,今天的丁晓兵,是把自己的英雄业绩归零后,再一步步地在和平环境中,把自己又一次塑造成为英雄!

1987年,南京航空学院大学生王明给丁晓兵来信:我认为你成为英雄,只是过了第一关;假如10年、20年后,仍有事迹从你身上出现,英雄的称呼你才当之无愧!

当年的大学生,你在哪里? 你是否听到了这首一直奏响的英雄赞歌?

无数次敬礼前,丁晓兵都会大声说:"请允许我用左手向您敬礼!"

在他面前伸展的,是共和国广袤无垠的国土,她骄傲地望着自己的英雄儿子!

(《人民日报》2006年1月3日)

《英雄赞歌——记独臂英雄丁晓兵》是荣获第十七届中国新闻奖通讯一等奖的新闻作品，读来十分感人。它选择了一个个精彩的瞬间，运用鲜明的对比手法，以极其凝练的语言，刻画了独臂英雄丁晓兵，展示了当代英雄的思想境界、精神风貌、才华个性，堪称一篇呕心沥血的精品力作。

不把握个性，就写不好人物通讯。丁晓兵是一个有着许多"个性符号"的人物。20年前，他参加了边境自卫反击作战，失去了一只胳臂，是一个闻名四方的"独臂英雄"。20年中，他多次受表彰，长期被宣传。他的职业是武警军官。他还是一个颇有思想的政治干部。这些个性符号中，最具个性的就是他的"独臂"，他的身残志坚，他"从来不把自己当成残疾人"。

不把握个性的普遍意义，也写不好人物通讯。作品着眼于宣扬丁晓兵的身残志坚、不懈奋斗、顽强拼搏、不为"名"累的特有价值，尤其注意展现他的战斗人生和英雄足迹。这篇通讯的几个小标题"出征——为了祖国"、"进攻——直面困难"、"突围——超越荣誉"、"战斗——中国军人"、"敬礼——向着人民"，既切合他的军人特点和战斗英雄身份，富有激情和感染力，又隐喻了他的成长状态、人生追求和工作成绩，清晰而有力地表达了写作意图。

第四编　应用文体

第一章　计划写作

【重点提示】

1. 掌握计划的概念，区分计划的种类。
2. 把握计划的文体特色，了解计划的作用。
3. 掌握计划的写作方法。

第一节　计划内涵

　　计划是党政机关、社会团体、企事业单位和个人，为了实现某项目标和完成某项任务，按照上级的部署、要求，结合本单位或本人实际情况，在工作或行动之前预先拟定出具体的目标、措施、步骤、要求及规定完成期限，把这些内容写成书面材料，就称作计划。计划是个统称，由于内容上的差别，还有其他叫法，如"安排"、"规划"、"设想"、"方案"等，其实都属于同一类。一般来说，预定在短期内要做的一些具体事情，叫"安排"；拟定较长时期内要达到的目标，完成的任务，因涉及面广，只能提出大致的轮廓，叫做"规划"；为长远的工作或某种利益着想勾画出非正式的粗线条的框架，叫"设想"；对某项工作从目的要求、方式方法到具体进度，都有全面细致的布置，叫做"方案"。狭义的计划是广义计划中最适中的一种。这个特点表现在，时间一般在一年、半年左右，范围一般都是一个单位的工作或某一项重要工作，内容和写法要比"规划"具体、深入,要比"设想"正规、细致,要比"方案"简明、集中,要比"安排"阔展、概要。

《礼记·中庸》说:"凡事预则立,不预则废。""预"就是事先的预想、计划、打算。意思指无论做什么事,都要有周密的切实可行的计划,这样事情就可能成功;否则,就很可能受挫折,甚至导致失败。计划是对未来一段时期内的设想和打算,无论是政府机关,还是普通个人,若想出色地办好某件事或完成某项工作,必须要有一个比较稳妥的计划,明确"要做什么"、"怎么做"、"何时完成"。有了明确的既定目标,才能避免行动的盲目性和被动性,取得主动权,从而提高办事效率。

一、计划的分类

在机关应用文中,计划是使用极为广泛的一种文体,制订计划是日常工作中必不可少的环节,是开展工作的一种科学方法,通常我们所说的计划是统称,我们日常工作中常见的如规划、纲要、安排、设想、工作要点、方案等,都属于计划的不同类型,它们的区别主要体现在内容的详略和时限的长短上。根据不同标准,计划可以分为许多种类。

按计划内容分,可以分为工作计划、学习计划、教学计划、营销计划等;按计划性质分,可以分为指导性计划、指令性计划等;按计划范围分,有国家计划、地区计划、公司计划、部门计划等;按计划时间分,可以分为长远计划、短期计划、年度计划、季度计划、月份计划、学期计划等;按形式分,可以分为表格式计划、条文式计划,等等。当然还可以有其他的划分标准,这里不再赘述。

二、计划的内容

由于工作性质不同,要完成的任务不同,完成任务的时限不同,制作计划的主体不同,计划的写作也有所不同,但是,不论哪种计划,都必须具备四个基本内容:

(一)计划的依据

依照上级规定和有关文件精神,结合本地区、本单位或个人具体情况,说明为什么要制订这个计划,即说明"为什么做"的问题。

（二）计划的目标

根据需要和可能，规定一定时期内要完成的任务和应达到的指标，包括计划的主要目的、基本任务和具体要求。这说明"计划要达到什么目标或质量标准"，即指明计划"做什么"的问题。

（三）计划的步骤

根据计划所设定的目标，确定完成这一目标所需要的时限，即确定"什么时候完成"的问题，同样要根据客观条件设定。

（四）计划的措施

在明确了工作任务以后，还需要根据主客观条件，确定工作的具体方法和步骤，采取必要的措施，以保证工作任务的完成，即解决"怎么做"的问题。

三、计划的特点

制订计划是为了实现预定目标而对未来行动所作的一系列统筹安排。作为计划工作的书面体现，具有如下特点：

（一）预见性

这是计划最明显的特点之一。计划不是对已经形成的事实和状况的描述，而是在行动之前对行动的任务、目标、方法、措施所作出的预见性确认。但这种预想不是盲目的、空想的，而是以上级部门的规定和指示为指导，以本单位的实际条件为基础，以过去的成绩和问题为依据，对今后的发展趋势作出科学预测之后作出的。可以说，预见是否准确，决定了计划写作的成败。

（二）目的性

目标是计划的核心，任何单位和个人制订计划必须遵循两个原则：一是根据党和国家的方针政策、上级部门的工作安排和指示精神而定，二是针对本单位或个人的工作任务、主客观条件和相应能力而定。计划中提出的目标是在现实条件的基础上产生的，既不能超越现实，又不能落后于现实，只有切合实际，目的明确，才是有意义、有价值的计划。

（三）可行性

可行性是和预见性、目的性紧密联系在一起的，预见准确、目的明确的计划,在现实中才真正可行。如果目标定得过高、措施无力实施,这个计划就是空中楼阁;反过来说,目标定得过低,措施方法都没有创见性,虽然很容易实现,但并不能因此而取得有价值的成就,那也算不上有可行性。

(四)约束性

计划虽不是正式公文,不像命令、指示等法定公文那样具有极强的指令性,但是,计划一经通过、批准或认定,在其所指向的范围内就具有了约束作用,成为了行动的纲领和准则,成为进行工作考核的标准,在这一范围内无论是集体还是个人都必须按计划的内容开展工作和活动,不得违背和拖延。

四、计划的作用

其实,无论是单位还是个人,无论办什么事情,事先都应有个打算和安排。有了计划,工作就有了明确的目标和具体的步骤,就可以协调大家的行动,增强工作的主动性,减少盲目性,使工作有条不紊地进行。同时,计划本身又是对工作进度和质量的考核标准,对大家有较强的约束和督促作用。所以计划对工作既有指导作用、推动作用,又有监督作用。

(一)指导作用

计划指导人们按照既定的方针努力奋斗,这样就可以掌握工作的主动权,增强工作自觉性,减少盲目性,尽量避免走弯路。

(二)推动作用

人们有计划就会胸有成竹,思路清晰,明确了事情的轻重缓急,知道应该做什么,什么时候做,怎样做,做到什么程度,有利于推动工作的开展,提高工作和学习效率。

(三)监督作用

计划规定了完成任务的具体目标和要求,以及具体措施和时限,对人们的行动具有极大约束力,要求人们按计划设定的步骤、要求实施。同时,也可以作为检查、评比的尺度,有利于考核、评比、总结和提高。

第二节　计划的文体特色

计划在我们日常生活、工作和学习中发挥着重要作用，是一种实用文体，不会像小说、散文等文学文体给人以愉悦的审美感觉，它重在实用，对我们的工作和学习起到具体的指导作用，其内容是真实的，完全依据现实条件形成文本，不容虚构，没有绚丽的文学色彩，形式也比较单一，这也正是它的特色之处。因此，在写作应用文体的时候，我们不能够运用丰富的联想和想象，运用各种文学手段对其进行包装，只能有一说一，有二说二，实事求是，不能凌驾于现实之上，否则就会成为空中楼阁，一纸空谈，毫无意义。

一、计划的基本格式

计划这一文体可以根据实际情况采用不同的写法。常见的计划有三种形式：一是表格式计划，即采用纯图表的方式把任务分解，明确责任部门和时限。这种计划适用于时间短、范围窄、变化小、内容单一的具体安排，如销售计划、月计划等。二是文表结合式计划，一般是将各项内容填进表格后，再用简短文字作解释说明。三是条文式计划，这是最常用的写作形式，适用面比较广。具体采用哪种方式进行写作，需要根据计划的具体内容和要求而定。

从内容上看，整个计划文本包含四部分内容：一是制订计划的依据是什么，即为什么做；二是具体任务和要求是什么，即要做什么；三是制订具体的方法和措施，通过哪些方法和步骤来实现计划的既定目标，即怎么做；四是规定计划的进程和时限，到什么时候完成。每一个计划都要包含以上四部分内容，可以说，这是计划的框架、骨骼，是计划的主体部分，在此基础之上，我们再添加具体的"血肉"，使之丰满。在任务比较重、体制比较大的计划里，还要包含为什么做这个计划和能否完成任务两部分内容，主要交代制订计划的动机和目的，说明制订计划的依据和条件等，有的计划里还要明确规定任务的具体负责人，以期落实到位，更好地实现既定目标。

从形式上看,计划主要包括以下三部分:一是标题,计划的标题一般包含单位名称、时限、内容和文种,一般这四项内容要齐备。如《外国语学院 2009 年学生工作计划》。所制订计划如还需讨论定稿或经上级批准,就应在标题的后面或下面用圆括号加注"草案"、"初稿"、"讨论稿"等字样。二是正文,这是计划的主体部分,具体说明计划的指导思想,任务和目标,措施和步骤等内容,一篇计划拟定的成功与否关键就看这部分内容。三是落款,一般要注明单位的名称和日期,如果在计划的标题上已标明了单位名称,则此处可省略不写,避免重复。上报或下达的计划,要在落款处加盖公章。

二、行文原则

(一)符合政策的原则

制订计划必须以国家的法律、法令、法规、规章为依据,认真执行党的路线、方针和政策,严格遵守上级的指示、决定和规定,认真学习,深刻领会,知道哪些应该做,哪些不应该做,不符合政策和规定的事情不要做,充分明确制订计划的前提依据是否合理,这样,制订出的计划才是合乎规定的。

(二)切实可行的原则

计划是否科学,能否可行,关系到计划的执行和目标的实现。因此,在制订计划时必须深入调查,一切从实际出发,充分了解本单位、相关部门及上下级的具体情况,掌握大量的意见、数据,并加以分析、归纳和综合,周密考虑计划执行时可能出现的困难和问题,在计划中明确写明解决这些问题的具体措施,以便计划的顺利执行。此外,制订计划时切忌设立空、大、假的指标。要根据客观规律制订,不能凭空臆造。

(三)集思广益的原则

制订一个切实可行的计划要坚持走群众路线,要从群众中来到群众中去,集思广益,发挥集体的主观能动性。计划执行的主体的是群众,如果计划中能够采纳大家的意见,在执行中就能够发挥主体的积极性,减少阻力。因此,制订计划应该自下而上和自上而下相结合,制订计划前,充分听取群众的意见和建议,进行分析综合,这样制订出来的计划既能较好地反映客观实际情况,又能使群众充分了解计划的内容,并发表意见,从而极大限度地体现群众的主人翁意识。这样对克服官僚主义,增加计划的可行性有良好的作用。

(四)留有余地的原则

任何一项工作,都会受到诸多主、客观条件的制约。有些制约因素是潜在的,不可预测的,诸如自然灾害的发生,社会突发事件,势必会对计划产生影响。因此,在制订计划的时候,在考虑最大限度完成目标的同时,要留有余地,既积极又稳妥。积极是指必须经过努力才能实现既定目标,如果目标定得过低,轻而易举就能实现,这样的计划,就很难起到调动积极性的作用。稳妥指的是不能好高骛远,只追求形式和速度,目标定得过高,时间限制得过严,人们很难实现的计划,只会挫伤执行者主体的积极性,从而起到负面效应。

(五)协调平衡的原则

首先,计划本身要注意综合平衡,防止执行起来前后矛盾,互不衔接,甚至相互冲突,造成种种麻烦,妨碍任务的完成。其次,要同与计划有关的单位协调一致,上下左右相互配合,避免出现重复或撞车的现象。最后,要注意处理好几种关系:一要处理好国家长远利益与集体和个人的短期利益的关系,集体和个人的短期利益要服从国家长远利益;二要处理好整体与局部的关系,局部要与整体相统一;三要处理好国家、集体、个人之间的分配关系,兼顾国家、集体、个人的利益;四要处理好需要与可能的关系,需要不能超出现有的条件和能力。

(六)具体明确的原则

计划中提出的任务指标、完成时限、质量要求、措施方法、人力组织、协作条件等,要写得具体、明确,表述清楚,没有歧义。这样,既便于执行,也便于检查。计划如果笼统含混,那么,执行者就会左右为难,无从做起,检查者也无法督促、检查,这样的计划是没有作用的。有些长远计划往往由于客观情况和主观认识的局限,在一定时期只能提出粗略的设想草案,难于十分明确具体,但可以在实施过程中制订一系列与之配套的中短期计划,使之逐步具体化、明朗化。尽管如此,在制订长远计划时,也应当有个大体的幅度,不能只讲原则性的话,讲空话、套话,使人不甚明了。

三、文体辨析

为进一步明确计划的文体特色,深刻了解计划的格式及要求,加强对计划这一文体的整体性把握,现举一篇例文,以便具体感知,例文如下:

×××区总工会 2009 年工作计划(节选)

指导思想:以"三个代表"重要思想为指导,深入贯彻党的十七大、十七届三中全会和省委十届四次全会、市委五届五次全会、区委六届四次全会精神,以科学发展观为统领,按照中国工会十五大提出的各项工作部署,着眼全区经济和各项事业发展大局,团结动员广大职工在建设"××之区"中更好地发挥主力军作用。把维护广大职工群众的利益作为工会工作的出发点和落脚点,推动建立和谐劳动关系,全力维护职工队伍和社会政治稳定,推动构建和谐新××,勇当"×××"建设排头兵。

按照×××书记在区委六届四次全会上的讲话精神和部署,结合我区工会工作实际,2009年重点抓好六项工作。

一、以区总工会换届为契机,进一步加强工会领导班子建设。
……

换届工作分两个阶段进行:

一是筹备阶段,于8月底前完成。成立工会换届领导机构和工作小组,明确工作职责;制订换届筹备工作计划和日程安排;拟定召开工会代表大会的时间、议程、代表构成和名额分配及产生办法;起草相关文件和工作报告;做好会务安排和宣传报道等准备工作;完成代表候选人提名、确定、选举、报批审查等选举工作;完成新一届工会委员会委员和经费审查委员会候选人推荐、考察和报批手续等。

二是组织实施阶段,于9月份进行。召开工会代表大会,听取和审议工作报告,选举产生新一届县(区)总工会委员、常委、副主席、主席；经费审查委员会委员、副主任、主任。

责任人：×××

二、围绕发展与和谐两大主题，团结动员广大职工为建设"×××"建功立业。……

重点工作：开展创建劳动关系和谐企业活动。

工作目标：保护、调动、发挥好职工和企业经营者两个方面的积极性，推动建立规范有序、公正合理、互利共赢、和谐稳定的社会主义新型劳动关系。

具体措施：尽快让创建和谐企业活动领导小组运作起来，2月底制订好创建活动实施方案和相关工作制度，召开各相关单位协调会议；3—10月为创建活动宣传、实施阶段，形成党政主导、依托三方、工会动作、各方配合、广大企业和职工积极参与的创建工作格局；年底进行"劳动关系和谐企业"的申报、考核和表彰。

责任人：×××

完成时间：2009年12月

三、切实维护职工合法权益，打好服务牌，解决职工困难。……

四、大力推进工会组织建设，扩大工会的覆盖面。……

五、深化职工素质工程，促进职工队伍全面发展。……

六、强化工会自身建设，提高工会工作整体水平。……

这是一篇结构完整、内容充实的例文。纵观全文，我们可以看出这篇计划条理清晰，目标明确，分工具体，一共六项工作，每一部分都明确了工作任务是什么，即"要做什么"，并制订了具体执行措施，即"怎么做"，规定了完成时限，即"什么时候完成"，最后确定的责任人，即"由谁来做"，四部分内容比较完整。此外，行文流畅，语言简洁明了，体现了公文行文的本色。

不足之处是文章形式不完整，落款处应注明制订计划的日期。总体来说，这是一篇比较优秀的年度工作计划。

第三节　计划写作指南

通常我们说"文无定法",指的是写文章没有一定的法则,是千变万化的,不是一成不变的。但是文章先写什么,后写什么,此事、彼事如何安排,开头、结尾、过渡、承接、详略如何,都属于结构框架,存在一般规律,又是有章可循的,这就是"文有定法"。在写作任何一篇文章时,我们心中一定要预先制订一个主体框架,先有成竹在胸,才会行笔如风。然后,我们在框架之上添加内容,使之丰满,这样便成了文章。而这个框架的设定也是有一定规律的,开头怎么写,正文如何布置,结尾如何收回,亦是有法可循。

一、准备工作

在写作之前,我们要做好准备工作,所谓"磨刀不误砍柴功",只有准备工作做得到位,材料掌握齐全,这样,行文时才会流畅无阻,在写计划时,准备工作尤其重要,准备工作做得好坏,直接影响到计划制订是否合理,是否符合客观规律,能否顺利完成既定目标,因此,在动笔之前,我们先要下足功夫,做好充分准备。

(一)进行细致分析研究

毛泽东说过:没有调查研究,就没有发言权。足见其重要性。制订计划要符合上级政策和文件规定,还要切合本地区、本部门或个人的实际情况。深入实际,调查研究,充分了解实际情况,掌握制订计划应该考虑的问题,这是必不可少的一个环节。

(二)搜集材料

古人云:"收百世之阙文,采千载之遗韵。谢朝华于已披,启夕秀于未振。"即此意思。搜集不是对已有知识经验加以复印、录制,也不是对既有知识简单摘录。可见,搜集也是一种创造性的活动,能增强对已有知识经验的感受。在搜集资料时,我们要有一个明确目标,确定一个适当的范围,不能无目的、无选择的兼收并蓄,而是有目的、有所取舍,对我们制订计划有用的,有帮助的,我们便收集在一起,反之,与制订计划无太大关系的,即使是很珍贵的资料,对于写作来讲,也是无用的,没有必要搜集。

(三)设定写作框架

掌握了写作依据,搜集了有关资料,下一步要进行写作了,在写作之前,还要做的一件事就是拟定一个提纲,设定写作的基本框架,这是写作的必要途径。如果我们直接下笔写,很难把握整体思路,控制写作路径。但是,如果我们依照拟定的提纲来写作,在框架的基础上添加内容,便很容易理清思路,顺畅行文了。一般情况下,提纲的拟定是比较重要的环节,一旦框架设定出来,整篇文章的布局也就确定了,行文时,才不会走样,不会偏离主旨。

二、计划的写作技巧

一份完整的计划都是由标题、正文和落款三部分组成。

(一)标题的写法

标题的组成共有三种形式。

1.四项式,即:计划起草的机关或单位(或批准机关或单位)+使用时间+计划内容+文种(即计划或其他说法,如规划、设想、安排、方案等)。例如《××市2001—2005年依法治市工作规划》、《××市财政局2009年财政支出计划》,在这里,制订计划的机关或单位是"××市"和"××市财政局",使用时间分别是"2001—2005年"和"2009年",计划的内容分别是"依法治市"和"财政支出","规划"和"计划"为文种。

2.三项式,即:使用时间+计划内容+文种。例如《2009年招生工作计划》,这里省略了起草机关或单位,只由其他三部分组成。

3.两项式,即:使用时间+文种。例如《2009年工作计划》,在这里只说明了计划的使用时间和文种。但是,无论哪种标题,其中必须要含有使用时间和文种。

有时候,我们根据实际需要还可以采用其他几种名称,如方案、安排、规划、要点等,这些都被广泛使用。有的计划尚未被批准、通过,或是不准备正式实行,一定要在标题的后面或下面的圆括号内加注"供讨论"、"征求意见稿"、"试行"、"草案"等字样。计划的标题要十分简明,能够说明问题即可,不能随意加入其他内容,更不能用各种修饰词语,这点与文学题目有明显的区别。也与总结、讲话稿、调查报告等应用文体不同,这几种虽然也是应用文体,但标题较为随意,也可以用一些修饰词语,例如《风筝都的崛起——潍坊市全面贯彻党的基本路线的经验调查》、《为人民服务》等。

(二)正文的写法

正文是计划的最主要部分。计划的正文一般由前言、主体、结尾三部分组成。有的计划没有结尾,说明要完成的目标即结束,也可以。

1. 前言。前言主要点明制订计划的指导思想、意义和对基本情况的分析说明,即说明"为什么做"的问题。如果是比较小的、普通的计划,则这一部分可以省略。这段文字力求简明扼要,说明制订本计划的必要性、可行性即可,切忌套话、空话、官话。例如《××市2009年工作计划》的前言部分:

> 2009年是继续贯彻落实党的十七大精神,实施"十一五"的关键一年。市工作总的要求是:以邓小平理论和"三个代表"重要思想为指导,认真贯彻党的十七大和十七届三中全会精神,深入学习实践科学发展观……为"十一五"计划的顺利实施奠定良好的基础。经济和社会发展的主要指标预定为:……为实现上述要求与指标,我们必须大力采取以下十项措施……

由于这是一个比较大的计划,因此有必说明本计划是以党的路线、方针、政策为依据,结合当前形势要求而制定的。有的则相对简短,例如:

> 根据上级部署,我校的实际情况,2009年上半年我系着重做好以下几项工作……

2. 主体。这部分是计划的基本内容,主要包含三项内容:目标、步骤、措施。目标是说明"做什么"的问题,步骤是说明"何时做"的问题,措施是说明"怎么做"的问题。

(1)目标。即计划要达到的目的、要完成的任务。我们无论做什么都要有一个目的,确立一个目标,想要得到什么,或是达到什么状态,都是对未来的一种设想,如果没有了目标,也就失去了存在的意义。计划本身就是为了完成某种目标而制订的,因此,目标是计划的灵魂,没有目标,计划也就没有任何意义。目标分为总目标和分目标两种,总目标是总体工作所要完成的任务,分目标是各项具体工作要完成的任务。总目标的实现要靠分目标的逐一实现来完成。目标的描述要准确,不能模棱两可,含糊不清,其中不易用文字说明的部分可以使用辅助手段,例如图表、数字等。目标的描述要具体,不能进行笼统的表述,不能使用"大约"、"可能"虚指的词语,如"短期内要达到像×××一样的水平",这里的"短期"究竟多久?"像×××一样的水平"到底是什么样子?说不清楚,根本没法依照执行。此外,设定的目标还要真实可行。例如:

×× 市地名委员会 20×× 年工作计划

为搞好我市地名工作……20××年,我们将完成以下工作:

一、地名标志设置工作

…………

二、编辑出版工作

…………

三、地名档案工作

…………

四、《××市地名录》的发行工作

…………

这个计划将工作分为四个部分,每一部分都做了明确具体安排,表述清楚,简洁明了。

(2)步骤。即开展工作的阶段划分。饭要一口一口地吃,工作要一步一步地做,按照顺序,逐步开展,工作才能有条不紊地进行。每一项工作都有其固定规律,我们只能遵循规律办事,不能无视规律的存在而随意进行。可以按时间顺序安排步骤,也可以按任务的逻辑顺序安排。例如:

×× 省 2005—2009 年植树造林计划

…………

一、2005—2007 年要完成 8 万亩的造林任务;

……
　　二、2008—2009年要抓好更新和补植工作。
　　……

　　这是按时间顺序安排的步骤,完成目标比较明确。
　　(3)措施。即为实现目标、完成任务解决工作中的困难和问题而制订的行之有效的途径和办法。措施是完成计划的保证。能否完成工作,关键要看措施制订的是否科学、合理。写措施时要做到:一是措施要具体。撰写措施时要认真地讨论和研究,措施要定具体,必要时要进行实验,一些人力、物力上的保障要尽量写得完备。措施完备、具体,才能保障完成目标。二是措施要合乎情理。所制订的措施一定要科学、合理,切合实际,不能将难以做到或是根本无法做到的事情,列入措施中,不能空谈,这样会对完成任务造成阻碍。三是措施要量化。完成目标需要什么,什么时候能够落实到位,这些内容要尽量详细,做到量化,更利于工作的开展。例如:

　　　　为满足农村群众的基本医疗需求……制定本方案。
　　　　二、方法步骤
　　　　……
　　　　三、主要措施
　　　　(一)实行领导工作目标责任制。……各乡镇主要负责同志是推行工作的第一责任人,要借鉴试点乡镇的做法,把合作医疗基金征收工作列入镇、村干部岗位责任制考核内容,实行领导班子成员包片、乡镇干部包村、村干部包户责任制,依靠强有力的领导措施保证开办工作的顺利进行。
　　　　(二)加大宣传力度。各乡镇(街道)有关部门和单位要利用召开动员大会、受益群众现身说法、印发明白纸、制作宣传单、开办宣传专栏、出动宣传车等多种群众喜闻乐见的方式,进行全方位、多层次、大规模的集中宣传发动……
　　　　(三)职能部门要充分发挥作用。……卫生行政部门要进一步修订、完善各项相关制度,规范经办机构工作行为……计划部门要将建立新型农村合作医疗制度纳入全市经济和社会发展规划。……财政部门要搞好资金配套、运作工作,确保市、乡财政补助资金及时、足额到位……监察、审计部门要做好资金收支、管理和使用等方面的监督和审计……

(四)规范运作。市、乡两级新型农村合作医疗领导机构、监督机构、经办机构等要按照《新型农村合作医疗章程》的规定……要在坚持已有监督约束措施的同时,建立费用公开、专项审计等监督制度。所有资金筹集、使用等情况都必须定期向社会公示……

例文中,所列措施都都非常明确,如第二项措施"加大宣传力度",对工作任务进行了详细安排;第三项措施规定了卫生行政部门要怎么做,计划部门要怎么做,财政部门要怎么做,都一一列出,有利于计划的执行。

在实际操作中,有些简要的、短期的如工作要点、工作安排,可以省略部分内容,只列工作任务,而完成任的具体步骤和措施可以不用详细列出。例如:

××纺织厂2008年上半年工会工作要点

根据上级工会有关部署和我厂的实际情况,2008年上半年工会拟抓好以下几项工作:

一、1月份、2月份分别举办两期工会干部、骨干短期学习班。

二、3月上旬召开一次"三八红旗手"座谈会,介绍经验。

三、3月下旬召开一次班组、车间民主管理委员会经验交流现场会,进一步推动全厂的企业民主管理工作。

…………

十、6月上旬召开一次振兴中华职工读书活动演讲会,表扬一批开展读书活动好的单位及个人。

××纺织厂工会
二〇〇八年一月四日

以上是对计划主体部分写法的分部说明。目标、步骤和措施是主体的基本要素,在结构安排上,一般要先写第一个问题,指出计划的目标是什么，后两种要素则视具体情况而定，或分开写，或糅合在一起，或有分有合地写，没有固定原则。

3.结尾。该部分通常指出执行计划时应注意的事项、需要说明的问题，或是提出要求、希望和号召。结尾部分根据具体情况可长可短，也可省略。例如：

××厂团关于纪念"七一"活动的打算

……

说明：
1.上课地点均在北京市××干部学院×楼×××教室。
2.培训班教务联系电话：
教务问题：××××××－108×××
教学问题：××××××－415×××

这个结尾是说明具体情况的。再看一个提出希望或是号召的：

……

  以上是我部本学期的大体工作计划，在工作的具体实施中我们将遇到很多的困难，但我们坚信我们会排除万难，尽最大的努力把工作做得最好，同时请院领导及各位教师给予监督和指导，使我们的工作更加完美。

写作时我们要把握"凤头、猪肚、豹尾"这一原则，所谓"凤头"，就是文章的开头要精彩，能够吸引读者的注意力，所谓"猪肚"，就是文章的主体部分的容量要大，要有丰富的内容支撑，所谓"豹尾"，就是文章结尾要适可而止，收得干净利落，不拖泥带水。我们写作计划时同样要遵守这一原则。

（三）落款的写法

正文结束后，要写明制订计划的单位名称或个人姓名，如果标题中已经注明了的，如《×××市人事局 2009 年人事计划》，其中制订计划单位(×××市人事局)已标明，则落款时便可不写；反之，标题中未注明的，落款时一定要写明单位名称或个人姓名。最后标明制订时间(年月日)，有的落款后面写出报送单位及有关人员。与计划有关的说明材料，如数字、图表、或指标等，在正文中表述不便，也可以附表的形式列出。

×××（单位或个人）
××××年××月××日

三、语言要求

（一）准确

西方有作家说，要表现一个事物，只有一个名词是准确的；要描绘一种状态，只有一个形容词是准确的；要说明一个动作，只有一个动词是准确的。在汉语中，有大量的意义相同或相近的词汇，称为同义词或近义词。我们要在这些意思相近的词中找出一个最合适的、最能表达意愿的，如"增强"、"加强"、"强化"这三个词粗看相近，细看则有明显区别，三个词所搭配的内容不同。写作时，必须在词语的细微差别和感情色彩上仔细斟酌。

（二）逻辑

公文写作语言的规范性，体现在句子上就是造句是否合乎语法规则、合乎逻辑。首先句子成分要完整，成分不残缺；其次词语搭配要恰当。要符合事理和习惯，否则就是不通。如："我们要努力提高党员的思想。""提高"对应的是"水平"，而不是"思想"。

（三）简练

刘勰在《文心雕龙·书记》中说："或全任质素，或杂用文绮，随事立体，贵乎精要。意少一字则意阙，句长一言则辞妨，并有司之实务，而浮藻之所忽也。"在写作中，我们要以最简练的语言，表达精确的意思，要尽量避免使用长句，多用短句，适当采用文言词语。

（四）质朴

写作时我们要用最普通的词汇，平实地表情达意，并保证词语的内涵与外延的统一，讲求词义的单一，不生歧义。毛泽东在《反对党八股》中曾说道："我们'生造'的东西太多了，总之是'谁也不懂'。"不自造生词，不溢美、虚饰，要做到"直述不曲"。

【自测训练】

1. 计划有哪些名称？各在什么情况下使用？
2. 计划有什么特点？其基本结构是什么？
3. 计划主体分为几部分？各有什么作用？
4. 请结合所学内容，根据自身情况，写一篇下一年度的学习计划。

【名篇赏析】

2003－2007年教育振兴行动计划

（教育部 二〇〇四年二月十日）

百年大计，教育为本。要实现全面建设小康社会和中华民族伟大复兴的宏伟目标，必须坚持实施科教兴国战略和人才强国战略，把教育摆在现代化建设优先发展的战略地位。近年来，在党中央、国务院的正确领导下，教育事业实现了跨越式发展，教育改革取得了突破性进展，国民受教育程度逐步提高。但是，教育面临的挑战依然十分严峻，整体水平离实现全面建设小康社会目标还有很大差距。为了贯彻党的十六大精神，在顺利实施《面向21世纪教育振兴行动计划》的基础上，特制定本行动计划。

今后几年，我们要高举邓小平理论伟大旗帜，以"三个代表"重要思想为指导，坚持教育为人民服务的宗旨，巩固成果，深化改革，提高质量，持续发展，办好让人民满意的教育。努力实现党的十六大提出的历史性任务，构建中国特色社会主义现代化教育体系，为建立全民学习、终身学习的学习型社会奠定基础；培养数以亿计的高素质劳动者、数以千万计的专门人才和一大批拔尖创新人才，把巨大的人口压力转化为丰富的人力资源优势；加强教育同科技与经济、同文化与社会的结合，为现代化建设提供更大的智力支持和知识贡献。

一、重点推进农村教育发展与改革

全面贯彻《国务院关于进一步加强农村教育工作的决定》（国发〔2003〕19号），坚持把农村教育摆在重中之重的地位，加快农村教育发展，深化农村教育改革，促进农村经济社会发展和城乡协调发展。

1. 努力提高普及九年义务教育的水平和质量,为 2010 年全面普及九年义务教育和全面提高义务教育质量打好基础。

实施国家西部地区"两基"攻坚计划。到 2007 年底,力争使西部地区普及九年义务教育人口覆盖率达到 85% 以上,青壮年文盲率下降到 5% 以下。以实施"农村寄宿制学校建设工程"为突破口,加强西部农村初中、小学建设。西部各省、自治区、直辖市及新疆生产建设兵团要分别实现各自的"两基"目标。要将"两基"攻坚作为西部大开发的一项重要任务,精心组织实施。继续实施"国家贫困地区义务教育工程"和"中小学危房改造工程"。中部地区未实现"两基"目标的县也要集中力量打好攻坚战。

已经实现"两基"目标的地区特别是中部和西部地区,要巩固成果、提高质量,千方百计改善学校的办学条件,全面提高教师和校长素质。经济发达的农村地区要实现高水平、高质量"普九"目标。

2. 深化农村教育改革,发展农村职业教育和成人教育,推进"三教统筹"和"农科教结合"。……

3. 落实"以县为主"的农村义务教育管理体制,加大投入,完善保障机制。……

4. 建立和健全助学制度,扶持农村家庭经济困难学生接受义务教育。……

5. 加快推进农村中小学教师队伍建设。……

6. 实施"农村中小学现代远程教育计划"。……

二、重点推进高水平大学和重点学科建设

建设世界一流大学和高水平大学是党和国家的重大决策,对于增强高等教育综合实力,提高我国国际竞争力具有重要的战略意义。今后五年要充分集成各方面资源,统筹协调学科建设、人才培养、科技创新、队伍建设和国际合作等各方面工作,深化改革,开拓创新,使重点建设高等学校和重点学科的水平显著提高,带动全国高等教育持续健康协调快速发展。

7. 继续实施"985 工程"和"211 工程",努力建设一批高水平大学和重点学科。

继续实施"985工程",努力建设若干所世界一流大学和一批国际知名的高水平研究型大学。紧密结合国家创新体系建设,集成优质资源,创建一批高水平、开放式、国际化的科技创新平台和人文社会科学研究基地,造就学术大师和创新团队,使之在国际上占有一席之地,促进资源共享,为国家现代化建设作出重大贡献,全面提高学校的整体水平和综合实力。

继续实施"211工程",进一步以学科建设为核心,凝炼学科方向,汇聚学科队伍,构筑学科基地。提高重点建设高等学校的人才培养质量、科学研究水平和社会服务能力,成为国家和地方解决经济、科技和社会发展重大问题的基地。在全国范围内逐步形成布局合理、各具特色和优势的重点学科体系,使一批重点学科尽快达到国际先进水平。

8. 加大实施"高层次创造性人才计划"力度。……
9. 推进"研究生教育创新计划"。……
10. 启动"高等学校科技创新计划"。……
11. 实施"高等学校哲学社会科学繁荣计划"。……

三、实施"新世纪素质教育工程"

全面贯彻党的教育方针,以培养德智体美等全面发展的一代新人为根本宗旨,以培养学生的创新精神和实践能力为重点,继续全面实施素质教育。

12. 加强和改进学校德育工作。

要把弘扬和培育民族精神作为重要任务,纳入国民教育全过程。制定《弘扬和培育民族精神教育实施纲要》,深入开展爱国主义、集体主义和社会主义教育;贯彻《公民道德建设实施纲要》,加强诚信教育,落实中小学德育大纲、学生守则和日常行为规范。加强和改进中小学思想、政治、品德课程,促进学校教育、社会教育和家庭教育的有机结合,切实增强德育的实效性和感染力。加强维护国家统一和民族团结的教育,提高法制教育和国防教育的实效。加强各级各类学校的校园及周边环境综合治理,创建安全文明校园。

13. 深化基础教育课程改革。……
14. 以全面推进素质教育为目标,加快考试评价制度改革。……

15. 积极推进普通高中、学前教育和特殊教育的改革与发展。……

16. 加强和改进学校体育和美育工作。……

17. 加强语言文字规范化工作,优化国家通用语言文字的应用环境。……

四、实施"职业教育与培训创新工程"

18. 大力发展职业教育,大量培养高素质的技能型人才特别是高技能人才。

技能型人才是推动技术创新和实现科技成果转化的重要力量。要加强高等职业技术学院和中等职业技术学校的建设,广泛开展岗位技能培训。要适应走新型工业化道路的要求,实施"制造业和现代服务业技能型紧缺人才培养培训计划",根据区域经济发展和劳动力市场的实际需要,促进产学紧密结合,共同建立技能型紧缺人才培养培训基地,加快培养大批现代化建设急需的技能型人才及软件产业实用型人才,特别是各级各类高技能人才。

19. 以就业为导向,大力推动职业教育,转变办学模式。……

20. 大力发展多样化的成人教育和继续教育。……

五、实施"高等学校教学质量与教学改革工程"

21. 进一步深化高等学校的教学改革。

以提高高等教育人才培养质量为目的,进一步深化高等学校的培养模式、课程体系、教学内容和教学方法改革。改善高等学校基础课程教学,建设精品课程,改造和充实基础课教学实验室,进一步建设全国高等学校数字图书文献保障体系(CALIS)和全国高等学校实验设备与优质资源共享系统。鼓励名师讲授大学基础课程,评选表彰教学名师。建设一批示范教学基地和基础课程实验教学示范中心,强化生产实习、毕业设计等实践教学环节。高等学校应用学科专兼职教师队伍要更多地吸收具有实践经验的专家。改革大学公共英语教学,提高大学生的英语综合运用能力。以管理体制和学制改革为主线,提高我国高等医学教育的办学质量和培养层次。

22. 完善高等学校教学质量评估与保障机制。……

六、实施"促进毕业生就业工程"

23. 健全毕业生就业工作的领导体制、运行机制、政策体系和服务体系。……

24. 面向就业需求，深化教育系统内外的各项改革。……

七、实施"教育信息化建设工程"

25. 加快教育信息化基础设施、教育信息资源建设和人才培养。……

26. 全面提高现代信息技术在教育系统的应用水平。……

八、实施"高素质教师和管理队伍建设工程"

27. 全面推动教师教育创新，构建开放灵活的教师教育体系。……

28. 完善教师终身学习体系，加快提高教师和管理队伍素质。……

29. 进一步深化人事制度改革，积极推进全员聘任制度。……

九、加强制度创新和依法治教

30. 加强和改善教育立法工作，完善中国特色教育法律法规体系。……

31. 切实转变政府职能，强化依法行政，促进决策与管理的科学化和民主化。……

32. 健全教育督导与评估体系，保障教育发展与改革目标的实现。……

33. 推进教育管理体制改革，为教育发展提供制度保障。……

34. 深化学校内部管理体制改革，探索建立现代学校制度。……

十、大力支持和促进民办教育持续健康协调快速发展

35. 认真贯彻《民办教育促进法》，积极鼓励和支持民办教育的发展。……

36. 注重体制改革和制度创新，多种形式发展民办教育。……

十一、进一步扩大教育对外开放

37. 加强全方位、高层次的教育国际合作与交流。……

38. 深化留学工作制度改革，扩大国际间高层次学生、学者交流。……

39. 大力推广对外汉语教学，积极开拓国际教育服务市场。……

十二、改革和完善教育投入体制

40. 建立与公共财政体制相适应的教育财政制度,保证经费持续稳定增长。……

41. 拓宽经费筹措渠道,建立社会投资、出资和捐资办学的有效激励机制。……

42. 完善国家和社会资助家庭经济困难学生的制度。……

43. 严格管理,不断提高教育经费的使用效益。……

十三、加强党的建设和思想政治工作

44. 加强和改进学校党的建设工作。……

45. 实施高等学校马克思主义理论课和思想品德课建设计划。……

46. 增强高等学校思想政治工作的针对性、实效性和吸引力、感染力。……

47. 抓好党风廉政及行风建设,保证教育事业持续健康发展。……

十四、构建和完善中国特色社会主义现代化教育体系

48. 努力建设和完善中国特色社会主义现代化教育体系。……

49. 加大对西部地区、少数民族地区、革命老区和东北地区等老工业基地的教育支持力度,促进东、中、西部地区教育协调发展。……

50. 立足全面建设小康社会目标,研究制定《2020年中国教育发展纲要》。……

从总体结构上看,《2003—2007年教育振兴行动计划》(以下简称《行动计划》)围绕素质教育、职业教育、高校质量、毕业生就业、教育信息化和教师队伍建设,制订了六大重点工程,同时,制订了依法治教、民办教育、对外开放、教育投入、党建思想政治工作和完善教育体系六项重要举措,与两个战略重点一起,构成了《行动计划》的主体框架。全文条理分明,内容完整。标题由使用时间、内容和文种组成,省略了起草机关——教育部。前言部分交代了我国教育的现状及制订计划的依据与目的。主体共设十四个板块,每一板块各自表达相对独立的内容,但相互之间又存在必然联系,大体上可分为三个部分。第一部分包括第一、二两板块,介绍两个重点战略目标——推进农村教育改革与发展、推进高水平大学和重点学科建设;第二部分由第三至第八板块构成,详细阐

述六大工程的建设问题;其余为第三部分,列举了六项举措。形式整饬,思路清晰,形成了一个不可分割的整体。

从内容上看,《行动计划》撮要标目,意旨突出。撮要就是提取主要内容,用最简洁的语句概括出来,置于篇首或段首。其明显的优势是使人容易理解和执行。这方面,《行动计划》表现得尤为明显,全文共划分成五十项具体工作,每项都分别采取撮要标目的形式,用一句话概括出中心意思,而后再加以具体说明,主旨突出,观点明确,便于具体操作。

从语言风格上看,《行动计划》用词准确,表达严谨。全文大量使用短句,用语铿锵有力,极富节奏感与表现力。

总之,《行动计划》全文,无论是结构布局、内容主旨、语言表达,都很具有特色,既体现出应用文的实用本质,又显示了语言的魅力,是一篇精彩的计划书。

第二章　总结写作

【重点提示】

1. 掌握总结的特点，区分总结的类别。
2. 把握总结的文体形式及文体感觉。
3. 熟练总结写作的各项重要技法。

第一节　总结概说

《史记》中书、表、传的序集议论、抒情、叙述于一体，总结概说历史事件、世事道理、个人感慨等，具备了总结这种应用文体的特点。此类具有总结气质的著作还有《资治通鉴》、《战国策》等等，但是，今天作为应用文的总结和那些著作比较起来，显然更加具体，更加专业，更加实用。《广雅》中说：总，结也；《说文解字》中说：总，聚束也。总和结基本是一回事，先民的结绳记事，可以理解为总结事务的原始的或者物理的做法。到如今发展为一种专有的应用文体，是时代进步，也是社会需要的一种体现。

总结是把一阶段内所做事务获得的各种经验或情况分析研究，作出有报告性及指导性结论的应用文体。总结是一种与计划相对应的文体。计划站在起点，是对即将开展的工作的科学部署和规划，总结则是站在工作终点或是某个阶段结束时的一次盘点。在盘点之时，可以时刻参照计划对现行工作思路进行修正,或者对过去经验、教训进行参考、反思,亦可指导将来。总结已经成为日常工作、学习进步的重要工具,它可以作为某件事情由量变到达质变的阶梯,也可以作为一种行之有效的自我修正手段,它是一个必不可少的驿站,大到一个国家,小到一个人,都需要总结来摆正自我的前进之舵,概括既定的利弊得失,探究过往的经验教训,以便深刻把握事物发展的客观规律,更快更好地达到和实现既定目标。

一、总结的内容

总结的内容分为四个部分。按照写作的一般顺序依次为情况和时限、成绩和经验、问题和教训、结论和方向。四个部分可以根据具体情形适当调整,可以依照实际情况不写某一部分,如问题和教训;可以侧重写某一个部分,如成绩和经验,当然也有侧重写问题和教训的,抑或侧重写今后努力的方向和具体的打算等。总结的内容力求客观、公允,做到详略得当,务必有理有据。

(一)情况和时限

成绩和经验、问题和教训都要建立在所总结内容的基本情况基础之上。总结中要简略述及事务的基本情况,使成绩和经验、问题和教训的提出有章可循。基本情况包括原有工作的基本状况、现行工作的基本状况、工作计划安排时限、上级单位领导的有关要求等多方面现实情况。基本情况的介绍力求简洁、明确。

(二)成绩和经验

总结的主要目的是汲取一段时期内工作、学习或思想中经验或情况的精髓,以期更加有效地指导未来。其一项重要的内容是总结某一阶段所取得的成绩和所获得的经验。成绩和经验在一般情况下是总结的中心和重心。成绩和经验包括取得的成果、完成的任务、有效的做法、有价值的探索、值得借鉴和参考的心得体会等各种物质、精神成绩和经验。成绩和经验要表达在总结的突出位置,要有一定的顺序或侧重,对于突出成绩或成果,可以深入谈及取得的原因或方法。

(三)问题和教训

与成绩和经验相对的是问题和教训,在总结中,问题和教训成为前车之鉴,起到修正和提醒的作用,问题和教训虽然不构成总结的重点,但是它反映了总结的力度和深度,对深入认识和高效实现既定目标具有重要的价值和意义。问题和教训的总结可以分别体现在上行总结和下行总结中。上行总结是下属呈递上级的总结,具有高度的自我剖析和自我反省性质;下行总结是上级单位下达给下属的总结,这种总结中的问题和教训一般体现得比较系统化,并且能够部署一定的整改措施,故而,在特定情况下,总结的重点可以发生转移。

(四)结论和方向

工作等事务是编筐,总结是收口。好的总结可以从事务中得出理性、深刻的结论,并且明确下一步的努力方向。总结是思想在事务中的高度提纯,因此,在总结中得出结论和明确方向是至关重要的。这一部分内容是总结的出口,是总结的价值所在,也是评论事务完成优劣的自我判决书。

二、总结的特点

(一)时间性和概括性

总结的时间性包括三个部分:过去、现在和未来。结合总结的内容来说,对于基本情况的介绍,可以同时涉及过去和现在部分;对于成绩和经验、问题和教训,主要涉及过去部分;对于努力方向,则主要涉及未来部分。很明显,总结的时间性的主体是过去。换句话说,总结是对过去的回顾,是"向后转"。总结的这一特点与计划的"向前看"的特点截然相反。总结是可以贯穿过去、现在和未来的应用文体。总结对于现在的表述,其目的是与过去相比较,得出总结者在此时间阶段内的所作所为的效用和意义。从这一点上讲,总结是在做减法,现在减去过去,得出有价值的成绩和经验、有指导意义的问题和教训。而总结中的努力方向或者说是今后打算,是在做加法,用未来增加现行完成事务方法和手段的实效性。

总结中对过去、现在和未来的表达都需要与概括性相结合。概括性有两个方面,即宏观和微观。宏观是指总结各部分内容的高度抽象和浓缩,对所完成事务一般不做具体论证和演示;微观具体体现在总结的语言上,要求精确而简练,对成果、问题等内容都是用最终的数据、图表或结论等概括性极强的表达方式显示。

(二)报告性和辩证性

报告性体现在总结这种应用文体的效用上,总结的写作过程是内向化的,或是总结个人工作或是总结部门工作,但总结的写作结果是外向化的,它要求呈递或者下达给某级组织或者某个部门。

辩证性隐藏在报告性之中,总结不是单纯报喜或者报忧的文体,它要求实事求是,要求辩证地看待事物,总结成绩和不足,吸取经验和教训。肯定成绩是继续完成事务的动力,吸取教训是继续完成事务的保障。总结要求用辩证唯物的眼光看待事物,分析事物,提出解决问题的办法,要分清主要矛盾和次要矛盾,分清矛盾的主要方面和次要方面,一分为二地看待事物。要分析完成事务的内因和外因,以及影响事务成功的各种历史、经济、人为等因素。只有这样才能得出准确、科学、有效的结论。

(三)评论性和指导性

总结的表达方式主要是概述,概述做了哪些事情,取得了哪些成绩,积累了哪些经验,存在哪些不足和差距,有哪些地方尚需改进等等。但是在概述之后,总要有必要的评论性话语,起到画龙点睛的作用,从而得出结论。这种评论性的话语多种多样,一般是比较式的,比如:将已经完成的工作额度同计划完成的工作额度相比,将现有的工作要求同领导的工作要求相比,将成果与同类行业先进成果相比,等等。比较之后,做出评判,得出结论。评论性话语也可以是分析原因式的,比如探究问题存在的各个方面原因,找出造成这种不良局面的主因,进行批评,达到纠正和指导的目的。

指导性是总结的一个重要特性,具有至关重要的作用。一篇优秀的总结,能够透过现象看本质,去伪存真,不仅对过去的事务进行概括、归纳和总结,而且具有非同一般的前瞻性,能够抓住客观规律,指导事务顺利完成。指导性主要体现在总结的成绩和不足上,成绩和不足的提出就是要人们发扬或摒弃某些东西,达到指导的目的。

三、总结的分类

(一)工作总结和个人总结

这是按照总结主体划分的两个类型。总结主体是指总结中事务的行为者。在工作总结中,行为者一般不止一人,因此,工作总结是代表集体的行为,班组总结、部门总结、单位总结、行业总结属于此类;在个人总结中,行为者是执笔者本人,因此,个人总结是个体行为,个人工作、学习、思想等方面总结属于此类。工作总结和个人总结都可以包括教学、科研、公关、项目等多个方面工作的总结,因为行为的主体不同,所以总结的方法、侧重点有所不同。工作总结一般强调班组、部门或单位等集体的成果,多用理性的概述和精确的数据表达;个人总结是个人在工作、学习或思想等方面进行的总结,更加个性化,可以掺入个人的情感和主观的想法,表达相对灵活、自由。

(二)综合总结和专项总结

这是按照总结范围划分的两个类型。综合总结是从整体上、多角度、多层面对过去某阶段工作进行的总结。综合总结要涉及某个单位或者某个人的各方面情况,是一次较为全面的总体回顾。此类总结对工作或者个人具有很全面的认知和概括,涉及工作的人事、财务、基建等各个领域,涉及个人的工作、学习、思想等不同方面。

专项总结,顾名思义,是指针对某项工作、某次学习或某种思潮等而进行的专门总结,总结的方面仅涉及该工作、学习或者思潮等,对于某项事务之外的事情,专项总结中不需要谈及。此类总结一般具有典型的事例、经验或者突出的问题、成果等,具有不同寻常且极为重要的意义。

(三)阶段总结和即时总结

这是按照总结时间划分的两个类型。阶段总结包含所有固定期限的总结,如年终总结、季度总结、月份总结等等。

即时总结是指不定期限的总结,一般是随着某项工作或者某项工作中某个阶段的完成而进行的总结,具有相对模糊的时间性质。

(四)上行总结和下行总结

这是按照行文方向划分的两个类型。上行总结是下属包括个人或者单位,上报给上级部门的总结。此类总结一般都是工作性总结,如果是个人也可以是思想汇报性质的总结。

下行总结是上级单位下发给下级的总结,此类总结为工作性总结,可以用文件的形式下发,具有回顾、通告、指导、部署等重要的综合作用。

以上众多总结类型中,使用频率较高的是工作总结、个人总结、综合总结、专项总结、阶段总结和上行总结。将总结以不同标准分类的目的,并不是让总结这种文体更加复杂化,而是要让总结的文体更加明确。总结的分类不同,写作时所侧重方面就不同,就更有利于准确地把握总结的性质,有利于现实事务的完成。不同标准之下总结类型的内容没有严格的界限,它们往往交叉、综合,都具有总结的共性内容,都能起到总结的作用。

四、总结的作用

(一)概括得失

概括得失是总结最基本的作用。及时、不断、自觉地概括得失,总结经验教训,将避免重蹈覆辙,做到扬长避短,使得事物朝着健康、有利的方向发展。得失、成败、利弊都涵盖于经验教训之中,是非常宝贵的财富,对个人、单位、地区、省市等都有极大的借鉴作用,在以后工作中可以不断改进和完善。总结是各种情况的全面概括,其中涵盖很多原始资料。这些资料通过总结这一介质存入档案,可以为编写年鉴、编写史料提供历史依据。

(二)把握规律

总结不仅要概括得失利弊,更重要的是为了得出经验性和规律性的依据,为下一步工作的顺利开展做好铺垫和准备。总结是将事物的众多现象、经验、情况等分析、研究、归纳达到一定程度的质变的有效手段。事物的发展都有其自身规律,总结是探究事物发展规律的重要途径。通过总结,人们能够更加直观、深刻地认知事物。

（三）提高能力

总结需要一种能力，总结也能够提高能力。总结能够让人充分认识到自身及自身工作的利弊，能够让人在纷繁复杂的事物面前时刻警醒和反思自己，能够锤炼人不断修正自我的精神品格，能够提高人在实践中的知识技能及处理类似问题的能力。例如工作总结，写作者要深入了解基层，具体进行考察研究，运用一定的思维方法、分析手段、实际论证等，总结出工作中的经验、教训等客观实际的规律性数据。总结不但能够提高自我，而且能够提高一个团队、单位、部门等整体的能力。

（四）承上启下

由于总结在回顾、评介过去的同时具有指导性，所以，总结还具有承上启下的作用。承上即总结过去的利弊得失，启下即指导未来的安排部署。总结是一个集"维修"和"加油"于一体的"中点站"，其承上启下的作用不容忽视。从这一个作用上讲，总结中涵盖了一部分计划的内容，这个计划可以是粗略的，也可以是相对具体的，其目的是鼓舞动员、指明方向。

（五）考核监督

从总结行文方向这一类型上看，总结具有考核与监督的作用。不论是上行总结还是下行总结，考核和监督都是其共有的重要作用。一般的单位都会定期向群众总结报告工作；一般的单位也都会定期向其主管部门呈递工作总结，通过总结进行考核与监督，是现场勘察、实地调查、听取汇报之外的又一种方法和手段。从总结中可以明显地看出该部门或单位所取得的成绩、存在的问题，将总结与实际情况相比较，得出评价性结论，进而起到考核与监督的作用。

综上所述，不同类型的总结能够起到不同方面的作用，或者某些方面相通相融，这都与总结的时间性、概括性、报告性、辩证性、评论性、指导性特点密切关联。在工作、学习或生活中，做到事事总结、时时总结，往往会起到事半功倍、未雨绸缪的作用。

第二节　总结的文体形式

　　文章的体式虽然不是文章的血肉、精髓和命脉，却是文章的骨骼、长相和外在特征；内容是本质，形式则是装裱本质的载体。从这一点来讲，对文体形式的重视，则是对文章内容的重视及尊重。总结的文体形式由总结的思想内容决定。良好的文体形式能够让思想内容得到较好的表现。处理好形式与内容的关系，也就是在很大程度上处理好了文章的整体问题。形式与思想内容的完美统一是最高标准，而达到这个浑然天成的标准的有效途径和办法则是靠形式主动配合思想内容来完成。形式依附于思想内容，但并不是说形式完全没有规范，文无定法，却有定体，文体形式的变化的完美表现也在一定程度上体现着写作水平的高低。虽然应用文体形式不似文学作品文体形式变化多样，表情丰富，但它还是有着一定的调控空间。总结的文体形式主要表现在总结的结构方法、语言特质和文体感觉上。这三方面都需要有一个"度"的把握，这个"度"就构成了文体形式的变化标准。

一、总结的基本结构

　　总结的文体结构分为：标题、正文、落款三大部分。其中正文包括开头、主体、结尾三个部分；落款包括署名和日期两个部分，通常在正文右下角，也有将署名和日期放于标题之下的情形。

（一）标题

　　一题半命，对于任何一种应用文体来讲，标题的地位和作用都是十分突出的。总结的标题是对文体总体内容的全面概括，透过标题，读者一般能够清楚地辨明总结的大致内容，如总结的时限、主体、范围、成绩、行文方向等等，总结的标题一般简洁明了，具有很强的概括性，如"××市2008年招商引资工作总结"等。标题一般居中放置，副标题放置在正标题下方，字号较正标题小。

(二)正文

正文部分是总结的主要部分,总结的主要内容均在正文中有所呈现。正文的开头部分是主要用来概述总结的基本情况和总结的时限,一般包括背景、任务、性质、目的等内容,简要表达。正文的主体部分一般述及成绩、成果、经验、教训等内容,这部分篇幅比较长,内容比较多,逻辑性比较强。正文的结尾部分一般主要表达总结的结论、今后努力的方向及具体打算、措施等内容,结尾同开头一样,篇幅不宜过长。有些总结亦可以没有结尾,其结论和努力方向等内容直接在正文的主体部分体现。

(三)落款

总结者不同,落款的署名亦不同,总结者如果是单位,那么落款的署名是单位名称,总结者如果是个人,那么落款的署名是个人姓名。落款的位置在正文之后的右下方,一般与正文间隔一或两行,落款亦可标在总结标题之下中间位置。如果总标题内已经含有总结者或者总结单位名称,标题之下和正文之后可以省略署名。落款中的日期一般为总结写就的日期,放在署名之下,具体标为×年×月×日。

总结的文体结构,在宏观上,主要体现在标题、正文、落款三个方面;从微观的角度看,总结的文体结构则主要体现在总结正文的具体建构上。如何适当、充分、有力、高效地安排总结的"情况和时限、成绩和经验、问题和教训、结论和方向"各个基本内容,则成为衡量总结结构好坏的最终标准。

二、总结的形式要求

(一)**逻辑严谨和结构多样**

总结的各部分结构之间要有明确的逻辑关系,这是各部分内容能够融为一体的重要保障。总结的逻辑关系变化在结构意义上也能够体现出总结结构的多样化。这种逻辑关系可以是因果的、层递的、并列的或者是辩证的等等。可以根据总结的内容合理编排总结的结构形式,力求做到形式新颖,能够更加有力地表达内容。

(二)层次分明和重点突出

总结是一个系统的"提纯"过程,是将过往的一切经验通过概括、分析、比较、归纳等办法提炼出的规律性认知。因此,总结要求有明晰的表达形式,在总结的形式上做到层次分明是十分必要的,不仅能够使阅读者赏心悦目,心情愉快,而且能够在一定程度上让总结增值。在此基础上突出表达总结的重点或者典型内容,做到详略有致,这是总结文体形式的基本要求。

(三)语言到位和表述多样

语言是思维的外衣,是表达的工具,是形式的载体,语言的好坏直接影响文章的好坏。一种文体有一种文体的语言特色,总结这种文体的语言,从时间性来讲,是回顾性的语言,主要表现在总结对过去事务的回顾和概括;从类别上看,可以是描述性和分析性相结合的语言,描述性表现在总结对事务基本情况、取得的成绩的表达上,分析性则表现在对存在的问题进行剖析而总结的经验教训上。

具体来讲,语言到位还要求:

1. 准确、有说服力,主要体现在对已完成事务的数据性量化上。

2. 简洁、精炼,主要体现在总结这种文体对于事务结果或者结论的侧重上。

3. 个性、有特色,要依照总结的内容、单位文化特征、个人气质等写出有独特风格的语言,避免千人一面。

4. 严谨、科学,总结是一种事务性文书,其目的要把握客观规律,指导未来实践,严谨、科学的语言是总结成功的基础。

总结的语言也要照顾到各种表达方式,虽然总结的表达方式以评论为主,兼及描述性语言,但也可以适当加入说明、抒情等表达方式;形式相仿的话语可以有不同种表述方法,让语言表述灵活多样,丰富多彩,这样的总结读来才津津有味。

三、总结的文体辨析

为进一步辨析总结这种文体特征,强化认知总结的文体感觉,现特举一篇总结病文,用以具体剖析,例文如下:

个人工作总结(节选)

一年来,在市纪委和省、市××局党组的正确领导下,我与班子成员以及全体干部一道,坚持以"三个代表"重要思想为指导,落实科学发展观,紧紧围绕经济建设中心工作。认真履行党风廉政责任制……圆满完成上级纪委和局党组安排的各项工作任务。

一、注重理论学习,不断提高自身素质,努力提升工作能力

我坚持把学习摆在重要位置,不断提高业务水平和领导能力。严于律己,自觉加强党性锻炼和党性修养,努力提高政治思想觉悟。认真学习马列主义、毛泽东思想、邓小平理论和"三个代表"重要思想以及党的十六大等重要文件,牢固树立科学发展观,努力提高思想政治素质和理论素质,坚定政治理想信念……

二、爱岗敬业,认真履行工作职责,努力提升工作质量……

三、日常生活严格要求,真诚待人

保持不骄不躁、艰苦奋斗的良好作风,不自满、不摆官架子,始终把自己摆在低位,与同事、同志平等相处,尊重领导,关心下属,克己谦让,乐于助人,真诚相待。严格执行民主集中制原则,开展批评和自我批评,认真虚心听取干部职工的意见建议,领导和同事之间关系相处很好……

从格式上讲,这篇总结存在这样几个问题:

1.总结的格式有欠缺,作为个人总结,应该有署名和日期,或者在标题正下方,或者在总结之后的右下方。

2.总结标题缺少必要的成分,从总结的开头可以看出,按总结的时间性质分类,这也属于一篇年度总结,故而在标题中写明哪一年尤为重要,如"2008年个人工作总结";每个小标题也不够精致,显得随意,不美观。

3.可以看出,这篇总结的主体内容分成三个部分,第三部分个人日常生活问题略写,但是第一、第二部分叙述空洞,而且范围较大,很不详细,没有结合具体的工作谈成绩、不足、经验及体会。

4.第一、第二部分内容混乱,条理不清晰,应该分成几个小点依次进行总结。

5. 总结没有特色，显然是一篇泛泛而谈、官腔十足、只报喜不报忧、重形式而轻内容的形式主义"范文"。

纵观全文，总结的文体意识还是有的，但是作为一篇个人总结，则显得过于僵硬，内容泛泛、死板，没有特点，没有血肉，总结的内容、特点和作用都没有得到充分的体现。总结者应该少说理论性、概括性的东西，多从日常工作中汲取典型资料和实绩，突出自身的工作特色，敢于剖析自己的短处，在总结的最后，还可以提出未来的工作打算或者工作计划，这样改过的总结才能有说服力，有感染力。

第三节 总结写作引导

刘勰在《文心雕龙·总术》中说：文场笔苑，有术有门。意即文章的写作是有技法可循的。针对应用文而言，文体样式大致固定，但写作技法可以有多种多样。总结写作同其他应用文体写作一样，是一种转化，即将已有的材料、观点转化成既定样式的文体的过程。这个过程在总结中，主要采用分析、综合、概括、评论等手段来完成。写作技巧的运用是有前提的。总结写作技巧的运用要建立在紧紧抓住总结的自身特点、选取适当的类型、落实基本的结构要求、表达相应的思想内容、达到一定的理论高度、具有指导实践的应用价值的基础之上。忽视了写作技巧运用的前提条件，则如舍本逐末，得不偿失，缘木求鱼，一无所获。本节主要从总结写作的要点、经验的提炼、提纲的组织、相关技巧的具体运用、写作时需要注意的有关事项等方面逐步叩开总结写作的门径。

一、总结的写作要点

(一)紧扣政策

不同时期、不同阶段有不同政策。写总结，首先要了解所要总结阶段的政策，只有与当时政策和现在政策相适应的总结，才是符合时代要求、符合党政方针路线、依从行政法规和组织意见、指导社会主义各种实践工作的优秀总结。要明确哪些内容需要写进总结，哪些内容不可以写进总结,总结在某种意义上讲也构成一种"舆论",它在一定范围内起到一定的理论引导作用。对于经验的总结、对于独特的思路等等都要用历史唯物主义的眼光去考察,都要符合党政方针、政策法规的舆论导向和相应要求。

(二)明确目的

东汉学者王充在《论衡·自纪》中说:为世用者,百篇无害;不为用者,一章无补。总结的写作要突出应用写作的一个特性,即目的性。应用在于实践,而指导实践则是一切理论的最终出路。明确这条道路,就明确了总结写作的根本动力和最终目的。如果一篇总结单单是回顾或记录过往的事务,那么总结也就失去了其真正的生命意义。"为世所用"、"于事有补"的总结才是优秀的总结,才具有其存在的价值。

(三)实事求是

不过谦、不浮夸,既报喜、也报忧,实事求是、从实际出发,是总结写作的基本原则。实事求是的总结能够更加准确、有效地发挥效用。首先,组织总结的实例材料务必是第一手材料,确保材料的真实、准确是写作总结的基本条件。实事求是要求总结要言之有据、言之有物、言必有力、言必有用。那些隐瞒真相、胡乱吹嘘、弄虚作假、报喜不报忧的总结对国家、社会、单位和个人百害而无一利,在事实面前一切虚假都将暴露无遗。其次,总结中所引用的法律条文、名言警句、领导讲话等内容都必须确保准确无误,不能曲解或者编造理论材料。

(四)突出特色

特色是指事物所表现的独特的色彩、风格等。总结的特色主要是指工作中创新的或者独特的方法、手段、成果和体会等内容。特色需要在总结中着重表达,往往成为总结的核心内容。总结的特色在根本上取决于工作的特色,但是也在很大程度上取决于我们能不能捕捉特色,善不善于表现特色。例如:可以将总结的题目,包括小标题,起得有特色些;可以对比以往类似事务的处理办法和所获成绩突出当下事务的特点,等等。突出了特色,也即突出了重点。有特色的部分要详写,没有特色的部分要略写甚或不写。突出特色重在不求全面,力求以点代面,总结出与众不同、高人一筹的思路、方法等内容。从另外一个角度看,也可以将特色理解为典型。在很多总结中,都能够找到一个鲜明的典型,或者具有广泛的社会影响力,或者具有良好的说服力和感染力。典型的树立如同建立一面旗帜,是工作的标准、学习的榜样、行动的指南。

(五)精于构思

构思是做文章或制作艺术品时运用心思。总结的构思主要是体现在总结的结构形式上,即思考先写什么,再写什么,后写什么,各个部分又要如何写等问题。构思按照总结的内容划分,无非包括基本情况、经验教训、结论体会、努力方向等几部分内容。精于构思是指将总结中这些必要的内容进行整合、重组,使其合理地组建成一个完整的有说服力的文本。构思要着力表现总结的内容,内容的重点是特色之物,故而,构思就是要依照总结的特点而进行布置。

(六)语言精到

清代李渔说:意则期多,字唯期少。现代梁实秋说:文学作品无不崇尚简练,简练乃一切古典艺术之美的极则。法国福楼拜说:一定要去寻找那个唯一的词,非要找到它不可,只发现近似的字眼也不行,不能因为困难就马虎凑合,敷衍了事。历来写作者都提倡,文简而意丰,文学作品如此,应用文亦然。甚至说应用文更应该提倡文字简洁,因为应用文指导实践较文学作品更显直接、有效。在总结中提倡语言简洁,是总结的概括性特点的要求,也是阅读者的要求。"有事则长,无事则短"成为总结的写作要义,这正与文学作品的"有话则短,无话则长"相反。总结语言的精到主要表现在叙议结合、措辞准确、言简意赅、文笔精悍有力、言之有物等方面。

二、总结的经验提炼

总结是提炼经验的过程。经验是理性的认知,是由实践得来的知识或技能。经验的提炼是构思的核心部分,先于具体的写作而形成。经验提炼得好不好是衡量总结写得好不好的重要标准。总结中的经验要与所取得的成绩和问题教训相对应,要善于从各种材料里提取养料,寻求规律。提炼经验首先要掌握大量翔实可靠的材料,明确政策法规和主题方向;其次要与一般的知识和技能相互比较、分析和综合,找出有价值的内容;第三,要符合事物发展的客观规律,能够提高效率和质量,具有指导意义。以下结合一份材料分析提炼经验的具体过程。

××企业驻村某个人搜集的总结材料主要有:与村委会融为一体,学习了他们的工作经验,通过召开村委会、群众代表会、党员会等形式,了解了广大群众基本情况……发挥党员干部的"代表"作用,引领广大群众学习党的方针政策和上级文件精神……解决群众纠纷××起……投资××万元修建基础设施,投资××万元改善村民饮用水质量,收到村民的一致好评……改良作物品种,大力种植经济作物,鼓励农民单独承包或集资建厂经营……要相信群众,群众的力量很大……农村建设的出路在于高效利用本土资源,扩大销路,建立一条可靠的产销链条……

以上材料没有清晰的条理,首先需要进行具体分析,比如:"学习了他们的工作经验"是个人学习,而"学习……上级文件精神"是个人及个人带动村民的具有工作性质的学习;"投资……修建基础设施……种植经济作物"显然是驻村的主要工作内容和成绩,而材料中的"高效利用本土资源……建立……产销链条"则是最重要、长远、有意义的宝贵经验,是在突出写明成绩基础之上需要着重说明的内容。

三、总结的行文技法

(一)标题形式

给总结起标题除了具备总结者、时间范围、总结内容和总结类型等要素之外,还要掌握一定的表现技巧。

1. 总结的标题要尽量反映出总结的基本信息,总结标题强调高度概括性,不宜过长,一般要控制在20字之内。

2. 起好复合标题,能够让总结更具生命力,适当打破总结标题的一般形式,具有耳目一新的效果,如"勇于超越,再创佳绩——××单位2008年工作总结"。

3. 有的标题只是总结的内容概括,不标明"总结"字样,如"半年来的工作和学习情况"等。

4. 标题内容的顺序有一定限制,依次应为总结者、总结时间、总结内容、总结类型。有些非正式上报的个人总结可以省略部分内容。

(二)开头方法

总结的开头可以有多种方式,其共同特点是简洁明了、富有特色,目的是引起关注、导入正文。

1. 情况概述。此类开头特点是在开头介绍事务进行的背景、环境等情况,使读者对事务的基本情况有一定的认知,从而有利于谈及做法,总结经验。如某秘书个人总结的开头:

> 我是去年调到政府办任秘书工作的,主要负责城管、环保、公安、司法等方面工作的文件起草和印制;督促、检查主管领导决定事项和批示的执行情况;完成主管领导交办的其他工作。一年来,在办公室的领导下……较好地履行了工作职责,完成了工作任务。现将工作情况作以简要汇报。

2. 内容介绍。内容介绍是在总结的开头,直接概括出总结的主要内容,使读者对总结有一个全面的把握。如:

> 我主要从三个方面进行总结:一是强化管理,确保教学工作正常运行;二是全力招生,降低函授下滑幅度;三是出击外联,探求联合办学新路径。具体总结如下。

3. 感情渲染。此种开篇是指借助感性的方式进入理性的总结正文,此种开篇比较亲切,易于接受,常见于个人总结中。如:

> 时光荏苒,岁月如梭,转眼间一年即将过去,回首这一年,我内心不禁有很多感慨,在工作中得到很多体会,在学习中掌握很多知识,在生活中明白很多道理,这一年是丰收的一年,也是坎坷的一年。

4. 突出特色。此种开头尽量使用特定或专业的语言,表达独特的总结内容和经验,此种开头一般出现在专项总结中,十分鲜活,有让人耳目一新之感。如:

> 工会的基本职能有四项,一是维护职能,即维护职工的合法权益;二是建设职能,即动员职工参加建设和改革;三是参与职能,即

组织职工参与民主管理；四是教育职能，帮助职工提高思想文化素质。根据工会法和上海外国语大学工会工作要求，新闻传播学院工会进行了本学期的工作，现总结如下。

5. 开门见山。标题之下就是总结正文的主体小标题，这样很好地绕开了开头的麻烦，以无为有，直截了当，干脆利落，非常务实，缺点是略显生硬。

（三）主体建构

主体的骨骼是提纲，主体的肉是内容，如何将骨肉完美统一地融合起来，则需要凭借总结主体写作的技法来实现。列举提纲是在提炼经验之后和动笔行文之前的一个关键环节。提纲要体现总结的内容、层次、重点、论点等等。提纲是对总结经验具体呈现的概括说明，是对总结写作的扼要引导。概括起来总结写作的提纲主要有三种建构方式，即横向结构、纵向结构和横纵结合结构。

1. 横向结构。横向结构又称并行结构，主要是按照总结的内容进行结构，即将总结的内容分割成几大部分，各个部分之间的关系是并列的，均可独立成章。这种结构一般用于综合总结，总结的内容相对比较丰富。例如某学院工作总结提纲：

　　一、深化教学改革，办学水平稳步提高
　　二、改革管理机制，办学效益不断提高
　　三、加强科研建设，扩大了学校影响力
　　四、加强文明建设，创造了良好的环境
　　五、完善基础设施，极大改善办学条件

提纲中教学改革、管理机制、科研建设、文明建设、基础建设是并列安排的，各个部分自成体系，相互独立，对学院发展都起着各不相同的作用。

2. 纵向结构。纵向结构也称串行结构，主要按照总结各部分内容的时间、因果、层递等逻辑关系列出的。这样的结构方式一般按照事务的进展情况进行总结，从交代基本情况，到工作进行中的具体方法、成效、认知等一一写来。因为这种结构比较单一，只要按事情发展过程、前因后果关系写清楚即可,达到逻辑明确、层次分明、结构严谨即可。这种结构常见于专项总结。例如某人事管理部门的总结提纲,即按照时间顺序逐一总结不同阶段完成的不同改革工作:

  一、开始实施人事制度、分配制度改革
  二、进一步深化、完善了人事分配制度改革
  三、进一步深化了机关改革
  四、后勤制度改革得到稳步推进
  五、综述改革的基本保障:民主、公平、公正

  3. 横纵交叉。这种结构是以上两种结构的综合运用。这种结构的总结篇幅一般较长,数项工作一并总结,每个部分又都有自己的详细进展情况的介绍和体会,夹叙夹议,条分缕析,能够让人产生连绵不绝、全面立体的感觉。例如某市文明办的工作总结提纲:

  一、创建全国文明城市取得新的业绩
  (一)加快改造,体现特色,保证了文明城市创建工作收到实效
  (二)加强教育,拓宽领域,努力提高市民素质
  一是发挥教育的主导作用
  二是发挥载体的推动作用
  三是发挥典型的带动作用
  四是发挥市民的主体作用
  ……
  二、农村精神文明建设更上一层楼
  (一)农村文化丰富多彩
  (二)整治农村环境,推广使用沼气
  ……
  三、文明行业创建工作扎实推进
  ……

  总结的主体内容除了有提纲这副"骨架"外,还要附着上实在的"肉",才算完整。具体的基本情况、做法、论证、结论等构成了总结主体的具体内容。"做法+成绩+问题+体会+展望"的过程是总结写作的

基本思路和常规做法。例如：

  （1）一年来的工作主要是……

  （2）成绩是主要的，表现在……

  （3）但也存在一些困难和问题：一是……二是……

  （4）回顾过去一年的工作，我们的主要体会是：一是……二是……

  （5）新的一年即将到来，主要有如下工作需要解决。

  这样的主体框架可以依照总结的不同侧重点进行具体调整，可以将主要成绩放在最前面，加以突出，存在的问题放在最后，略加说明。具体写作，可以在具体的总结当中灵活把握。

  将骨头和肉融合到一起，需要很多具体的技巧。这些技巧看似不经意，实则作用很大。本章主要介绍如下几种。

  1.过渡。总结的过渡不外乎有这样几个环节：做法到成绩（或问题）的过渡、做法到体会的过渡、成绩到问题的过渡。总结的过渡要自然、严谨，一些总结看似没有过渡文字，其实它的"过渡"已经在整体结构的逻辑关系上明确体现了。下面我们举一个从做法到成绩再到问题的过渡段落，用以分析。

    上半年，我们做了一些工作，也取得了较好成绩，受到了区委、区政府的充分肯定。但我们也清楚地认识到，我们的工作中还存在一些薄弱环节和不足，主要是调研和视察的深度、广度还不够；建议、意见的超前性和操作性还有待于进一步加强；提案办理还不够平衡，督办工作有待进一步加强；有的委员参加调研视察、委员活动还不够主动，个别委员存在不请假、缺席较多的现象，等等。这些不足，有待于我们在今后的工作中认真加以研究解决。

  这段过渡文字主要侧重"启下"，即侧重对于问题的总结，对于做了哪些工作、取得了哪些成绩，只是概括性地总结了几句。

  2.逻辑。总结的逻辑性，用如下带有调侃性质的文字可以透彻地加以说明：

存在问题:好吃饭。
分析原因:饭好吃。
总结经验:吃饭好。
整改措施:饭吃好。
努力方向:吃好饭。
最终实现:好饭吃。

以上内容通过"好"、"饭"、"吃"三个字,利用汉语词性多变的特征,形象地表现出总结所要运用的逻辑结构。从提出问题、分析问题、总结经验到提出整改措施、努力方向、实现目标这个过程就是总结的基本思维方式。所以,在总结中突出了逻辑性,也就是突出了总结的主体结构。

3.句式。一种文体有一种文体特有的句式。总结侧重回顾、概括,其总结句式针对工作做法、成绩和体会有不同形式的句法。如"建立了农村青年创业致富带头人才库"中的"建立了"即是过去式的表达方式,是一种完成式,在总结中十分常见,除此以外还有"强化了……"、"处理了……";对于成绩,一般说"取得了……成绩"、"获得了……奖项"、"达到了……目标";对于体会,一般说"认识到了……的重要性"、"明确了……的方向"、"懂得了……"等等。句式的选择是对做法、成绩、体会等的肯定,它通常以"了"字为代表,以动宾短语或者谓宾句式为典型。

4.对称。总结旨在提炼和概括事务的主要内容和客观规律,对于这些内容和规律的概括要尽量做到整齐划一,主要表现在小标题的拟定上,多个标题要尽量做到句式一致、句法结构统一,即我们常说的"对称"。对称的作用,一方面是美观,一方面也更利于阅读、检索和概括,还可以表现总结写作者的文字水平,等等。

5.序列。应用文讲究条分缕析、层次分明,总结亦是如此,总结对于结构层次的要求比较高。这就涉及标题的层级、序列问题。一般来讲除总结的主标题之外,总结正文要有相应的小标题。我们可以将之依次称为一级标题、二级标题和三级标题等等。一级标题一般用大写的"一、二、三……"表示,二级标题为"(一)、(二)、(三)……"三级标题为"1."、"2."、"3."……再向下可以是"(1)、(2)、(3)……"还可以是"第一、第二、第三……""首先、其次、再次……""一是、二是、三是……"等等。序列的要点是区分各级内容,使得总结具有较强的逻辑关系。

(四)结尾技巧

和总结的开头一样,总结的结尾也不容忽视,一个好的结尾能够对整篇总结起到画龙点睛的作用。结尾是正文的收拢,应在总结了基本情况、成绩和经验教训的基础上,提出今后的努力方向、任务及措施。结尾内容要与开头相照应,篇幅力求简短有力,避免与开头重复,总结要尽量做到言有尽而意无穷,开头是对总结下文的引导,而结尾应是对总结开头和全文的收束,是对将来的眺望和寄托。总结的结尾一般有如下几种方法。

1.总括式。这种结尾主要是收拢全篇,对正文有一个总体的概括,是总结结尾的最基本方法。例如某信用联社的总结结尾:

> 上半年,我们端正了经营方向,完善了内部管理机制,认真落实了上级确定的经营目标责任制,坚持以业务经营为中心,以提高经济效益为目标,以增加存款总量、盘活不良贷款为重点,以内部机制改革和业务创新为动力,以风险管理和内控制度建设为保障,切实改善金融服务;坚持两个文明一起抓,大力发展了农村金融市场,扩大了市场占有份额,充分发挥了联系农村的纽带作用,推动了各项业务的发展,取得了较好的成效。

2.展望式。展望是建立在回顾基础上的精神延伸,在总结结尾,展望能够给总结带来勃勃生机,带来无限的鼓舞,让总结出来的经验有的放矢。总结结尾中的展望分两种情形,第一种是用较为详尽的工作计划来作结和展望。例如某教育局纪检监察工作总结的结尾:

> 最后,介绍下一步工作打算:一是继续加强领导,深入持久实施党风廉政建设和反腐败"一把手"工程。二是坚持一手抓教育工作,一手抓防腐保廉。不断提高"抓好教育工作就是为经济基础服务,就是为发展服务"的意识。三是严格执行……

第二种是以粗略的概说作结和展望。例如某学校党建工作总结的结尾:

今后党总支工作，要不断改善和加强学校思想工作，完善和落实各项工作制度，加强思想建设、作风建设和组织建设，提高党员队伍素质，进一步发挥好党总支及各校区支部的政治核心作用和党员队伍的模范作用。坚持走发展之路，走特色之路，走创新之路，在新的起点上，瞄准更高目标，作出新的贡献。

3. 结论式。此类结尾带有明显的结论色彩，是对总结全文的一种理论总结和概括，重在得出理性的客观的论点。例如某工商业联合会的总结结尾：

总之，我们要加强政治学习和理论修养，提高政策理论水平和思想素质，强化业务知识学习，提高服务本领，完善、规范各项制度，搞好机关效能建设，建立长效机制，这些都是工作的基本前提和保障。

4. 缺点式。在总结的结尾点出工作的不足，是常见的结尾方式，通常以这种方式指出不足是倾向于略说的。例如某县委、县政府工作总结的结尾：

我县的工作也还存在不少需要改进的地方和亟待解决的问题：经济总量小，产业结构不合理，经济结构调整和增长方式转变的任务繁重而艰巨；统筹城乡发展、经济社会发展和人与自然发展还做得不够，部分群众生活还比较困难，环保还需要进一步加强；全县欠账还很多，债务包袱沉重，还要积极寻找消化的办法……

5. 决心法。此种方法通常用于个人总结中，表示总结者对于既定工作或者未来工作的信念和信心等。例如某个人工作总结的结尾：

我决心认真提高业务、工作水平，为公司经济跨越式发展贡献自己应该贡献的力量。我想我应该努力做到：第一，加强学习，拓宽知识面。第二，本着实事求是的原则，做到上情下达、下情上报，真正做好领导的助手……

6. 综合法。这种结尾方法是以上两种或两种以上方法的综合，可以是总括之后得出结论，可以是总结缺点之后表决心，也可以是得出结论之后进行展望,等等,在实际写作过程中可以结合具体情况进行灵活运用。

此外,有些总结没有结尾,随着正文主体内容的结束,整篇总结也随之结束,我们可以将之称为自然作结法。

【自测训练】

1. 请根据总结的内容及特点在头脑中树立总结的文体形象,然后重新概述一下。
2. 比较总结的基本结构和其他应用文体结构的异同。
3. 总结有哪些写作要点,这些写作要点对总结的修改是否起到很大的指导作用?
4. 总结是一个概括、提炼的过程,请回顾并概括一下你一段时期内的工作、学习或生活情况,看看有哪些成绩和不足,试着提炼出一些有价值、有意义、有规律性的经验,在此基础上写一篇个人总结。

【名篇赏析】

广州市财政局 2008 年工作总结(节选)
广州市财政局
2009 年 2 月 20 日

2008 年,我市各级财政部门全面贯彻落实科学发展观,积极应对复杂的国内外经济形势,努力化解经济增长放缓带来的财政增收困难,财政收支平稳运行,为促进我市各项社会事业的发展提供了财力保障。

(一)顺利完成全年财政收支任务

全市财政一般预算收入 622 亿元,完成年度计划的 110.8%,比 2007 年决算数增长 18.7%。其中,市本级一般预算收入 278.5 亿元,完成年度计划的 110.1%,比 2007 年决算数增长 15.5%。全市财政一般预算支出完成 713.3 亿元,完成年度预算的 89.6%,比 2007 年决算数增长 14.4%。其中,市本级一般预算支出 284.3 亿元,完成年度预算的 87.7%,比 2007 年决算数增长 8.3%。

全市基金收入221.3亿元，比2007年决算数下降29.8%。其中市本级基金收入162亿元，比2007年决算数下降33.2%。全市基金支出284.6亿元，比2007年决算数增长25.8%。其中市本级基金支出150.4亿元，比2007年决算数增长16.5%。

（二）加大民生和公共事业投入力度

2008年市本级财政一般预算在民生和各项公共事业方面的实际支出196.1亿元。主要项目包括：教育支出23.3亿元，促进教育均衡发展和农民子女、家庭困难子女受教育的权益。社会保障和就业支出39.9亿元，完善共享型社会保障，逐步解决社保历史遗留问题，推进就业再就业工作。医疗卫生支出17.6亿元，加快发展医疗卫生事业，提高城乡基本医疗服务能力。住房改革支出5.7亿元，改善城乡居民住房条件。文化体育传媒支出14.1亿元，促进文化体育等相关事业的发展。农林水利支出3.8亿元（不含专项转移区、县级市支出6.4亿元），用于改善农民生产生活条件，夯实现代农业发展基础。公共安全支出26.9亿元，用于构建治安防控体系、加强平安广州建设等……

（三）推动经济持续健康发展……

（四）不断完善各项财政制度建设

1. 推进和深化我市财政国库制度改革

（1）实行财税库行横向联网。横向联网系统一期的电子缴税入库业务系统已成为我市重要的公共服务基础设施，2008年1月1日，财税库行横向联网二期电子拨款系统投产，实现了财政资金的支付与清算的电子化和信息资料的共享。

（2）实行公务卡结算制度。2008年3月，市本级预算单位正式启动公务卡改革试点工作，市财政局等8个预算单位成为首批试点单位。公务卡制度的建立，进一步提高了公务支出透明度，减少了预算单位现金流量与控制预算单位现金风险，有效加强了预算执行监督。

（3）推动财务核算信息集中监管改革。2008年10月1日正式启动改革试点工作，市劳动社保局等7个预算单位成为首批试点单位。财务核算信息集中监管改革是财政国库集中支付改革的延伸和发展，对提高预算执行透明度、规范单位财务管理、提高会计信息质量具有重要作用。

2008年,全市国库集中支付财政资金累计938.6亿元,占全市支出64%,其中市本级国库集中支付资金累计577.2亿元,占市本级支出65%,区(县级市)国库集中支付资金累计361.4亿元,占区(县级市)支出62%。

2. 完善市对区财政管理体制

在深入调研并广泛征求意见的基础上,对2006年开始实行的市对区(县级市)财政管理体制提出完善方案并上报市政府。一是在计算各区人均财力时综合考虑常住人口和财政供养人口这两个因素,较好地平衡了各区的利益;二是加大奖励力度,提高各区发展财政经济的积极性;三是规范市与区(县级市)项目配套资金负担比例,增强配套政策的透明度。

3. 加强财政支出绩效评价工作……

4. 完善行政事业单位资产管理制度……

5. 构建政府采购监管新框架……

6. 实行城建投融资模式改革……

7. 加大财政周转金清理力度……

8. 建立综合治税工作机制……

9. 加强政务公开制度建设……

(五) 加强非税收入征收管理

积极应对复杂的国内外经济形势,加大非税收入组织征收工作力度。一是加快非税收入征收管理信息系统推广,完成742个市属执收单位的数据录入,培训860多人,已有479个单位使用系统,通过系统上缴非税收入133亿元。二是以检查促征收,组织国有资产有偿使用、国有资产收益收缴等非税收入专项检查,查出违规资金22,000万元。三是加大财政票据管理力度,首次开展财政票据购领资格年检,通过核票追缴非税收入1,000多万元。四是严格落实国家、省、市有关停征、取消和减免行政事业性收费、政府性基金政策,确保各项惠民利民举措落到实处;配合有关部门依法清理涉企收费,减轻企业负担,营造良好发展环境。

(六)切实加强财政监督管理

制定并完成了《2008年广州市本级财政检查工作计划》。检查项目22项,其中对外检查17项,对内检查2项,重大工程项目全过程财务监督3项,内容包括市工商局、市检察院、市法院、市国资委等部门预算执行情况、广州市民政局等行政事业单位会计信息质量检查、自谋职业退役士兵一次性安置补助和养老保险补助等8项专项资金以及行政事业单位非税收入和国有资产管理使用情况检查。截至11月底共组织查处单位违纪违规金额5,866.07万元,应收缴财政资金4,275.40万元,已收缴1,744.59万元。收到了以查促管,以查促廉的效果……

(七)顺利推进机关内部各项日常工作

一年以来,局党委认真开展解放思想学习讨论活动和深入学习实践科学发展观活动,积极主动完成了各项规定动作,并创新自选动作,取得了较好成效。全年举办"理论讲坛"8期,撰写了一批调研报告。实行干部轮岗制度,共有24人调整了工作岗位,增强了干部队伍的新活力。以提高机关工作效率和窗口服务质量为重点,全面修订了28项内部管理制度。

从总结的类型看,按照总结主体划分,这是一篇工作总结,从署名"财政局"可以明显看出;按照总结范围分,这是一篇专项总结,是关于财政工作的专项、专业的总结;按照总结时间分,这是一篇阶段总结,总结的形成有固定期限,具体而言是年度工作总结;按照行文方向分,这是一篇上行总结,可以看作是财政局向上级部门递交的年度工作报告。总结的分类标准不同,得出的类型也不同。

这篇总结的主体内容分为七个部分,其结构方式可以概括为"由总到分"、"由外到内"三个方面。这篇总结最重要的行文策略是先总说后分说,第一部分内容主要说的是全年财政收支任务及总体完成情况,是概括说明,总领全篇,以下六个部分分别从各项具体工作中述及财政收支情况,以及各种制度的建立、完善、管理等情况;体现在每个部分的行文中,如第二点加大民生和公共事业投入力度,第一句话总括投入资金,然后分别陈述其包括的主要项目。"由外到内"体现在先总结外部工作情况，后总结财政局内部制度、改革、监管、日常工作等方面内容，这也一种顾大局的总结写作方法。从主体结构上讲，可以将这篇总结概括为横纵结合的结构，主体的七个部分为纵向结构，即由总到分、由外到内，第四部分中的内容为横向结构排列，错落有致，层次分明。与此同时，财政工作精确、清晰、详细的特点也在这篇宛如账目一般的总结中得到充分的体现。总结全篇用数据说话，以比较看进步，收支资金数据与项目相对应，条分缕析，具体详尽。

这篇总结的开头用简洁明了的方式以自我肯定的态度将财政部门的任务、目的及贡献概括出来，起到提纲挈领、总纳全文的作用，同时也确立了全文的基调。这篇总结没有结尾段落，与全篇行文风格、语言等相一致，显得干净利落，简洁有力。

这篇总结的重点内容是总结一年来全市的财政状况。做到了详略得当，可以明显看出总结的第四部分为详写，其他部分相对简略。总结中没有提及未来的努力方向或工作计划，也没有提及具体的工作经验，这是一篇旨在概括、归纳、汇报工作情况的总结，目的明显，重点突出，毫不拖泥带水，也不过多议论，以具体的工作成绩作为最好、最有力的说服手段，是务实的表现，也是敬业的表现。总之，这是一篇精悍的总结。

第三章　调查报告写作

【重点提示】

1. 了解调查报告的概念与文体特征。
2. 掌握调查报告的结构规范与写作技巧。
3. 明确调查报告写作的过程。

第一节　调查报告含义

一、调查报告的概念及作用

调查报告是指对调查对象进行深入细致的、有目的的、有系统的调查，将调查所获取的事实材料进行科学有效的整理、分析、研究之后，得出符合实际的结论，给出解决问题的办法，并最终把情况和结论写成的书面报告。

作为一种事务性文书，调查报告的主要功能就是通过定量、定性分析和总结，以亲自调查获得的真实材料反映某种客观情况、某项经验、某一问题或某一事件的本质或规律，进一步满足读者的认知需要。由于有大量的第一手材料，反映问题又比较及时，因此，调查报告是实际工作中经常使用的一种为决策部门服务的文书，也是媒体部门常用的一种新闻文体。调查报告不仅可以披露事实真相，总结经验教训，揭示客观规律，为领导机关制定方针政策、指导工作提供依据，而且还可以促进干部深入工作实际，改进思想作风和工作作风。此外，各类工商企业以及其他的经济社会组织也广泛运用调查报告对市场进行摸底、了解情况、给出建议或对策，正确把握市场和进行有效投资。总之，调查报告的适用范围很广，使用频率很高。在社会主义市场经济日趋完善的今天，更需要大量、深入、科学、有效的调查报告，才能使工作做到有的放矢，并建立在科学的、实事求是的基础之上。

二、调查报告的特点

调查报告具有鲜明的特性。突出地表现在以下三个方面：

（一）针对性

任何调查报告都是为了解决某一实际问题而写的。因此，调查报告调查什么，写什么，是必须首先要解决的核心问题。只有明确了调查的目的和任务，才能使调查工作真正做到有的放矢，才能切实解决那些群众普遍关心和那些迫切需要解决的问题，才能真正为决策部门服务、为社会各项事业服务。针对性是调查报告的灵魂，针对性越强，其指导意义和作用就越大。提倡并重视调查报告写作的目的就是：贯彻理论联系实际的方针，在发展社会各项事业中发现问题，提出见解，通过对典型事例的分析，总结出方向性、指导性的认识，或具有普遍指导意义的规律，用以指导和推动个性工作，只有这样，才能真正发挥调查报告的应有作用。

（二）真实性

调查报告的基础是客观事实，真实是调查报告的生命。调查报告，无论是政策性的调查、经验性的调查，还是中心工作的调查、突发事件的调查，或者是基本情况的调查、战略性发展的调查……各种类型的调查报告都靠事实说话，调查报告的写作必须以充分的、确凿的事实为依据，并且要求事实系统、全面、具体，占主要篇幅。由于事实是产生结论性意见的基础，因此，写入调查报告中的事例、数字、数据等都必须确凿无误，只有这样才能把所调查的具体情况如实地反映出来，为了达到这一目的，调查报告写作中使用的事实材料不容许有任何的虚假和浮夸。

(三)规律性

调查报告产生于实践,又常用于指导实践。调查报告是通过大量的事实材料进行分析、综合,概括升华为具有规律性的认识,以发挥其普遍的指导作用。如前所述,调查报告要靠事实说话,但是,调查事实的目的却是为了引出结论,以指导工作实践或解决具体问题。因此可以说结论是调查报告科学性的体现,调查报告的写作绝不只是事实的叙述,而要对事实进行科学、有效的分析和概括,以揭示事物的本质和发展规律。由于要深入揭示客观事物的内在本质和规律,所以调查报告不同于一般性的通讯报道,它不仅要围绕着资料对事实进行介绍,用资料说明相关问题,而且还要展开分析和进行归纳,逐步上升到理性认识,找出规律性的东西,或者提出理论性的观点,或者做出预测,或者提出解决问题的建议和对策。总之,从现象到本质,从感性到理性,对客观事物进行深刻的分析和研究,这正是调查报告的价值体现。

三、调查报告的种类

调查报告所涉及的内容非常广泛,表现的形式也多种多样,从不同的角度划分就会有不同的划分结果。如按调查的对象划分,调查报告可以划分为经济性调查报告、社会性调查报告、人物性调查报告、事件性调查报告等类型;如按调查的范围划分,则有综合性的调查报告和专题性的调查报告。综合性的调查报告是指对一个地区、一个部门、一个单位的情况从多方面进行普遍调查后写出的具有综合内容的调查报告,专题性的调查报告是指对某一方面的问题或经验进行调查之后所写出的调查报告。本教材倾向于综合调查报告所反映的内容及性质进行分类,具体可以划分为反映情况的调查报告、典型经验的调查报告、揭露问题的调查报告、探讨研究的调查报告。

(一)反映情况的调查报告

主要是针对某一地区、某一行业、某一单位或某一方面的历史、现状和发展变化等情况,进行比较系统周密的调查研究之后写出的调查报告。这类调查报告是在深入、系统地调查研究社会基本情况后写成的,其内容比较全面,篇幅也比较长。由于反映的是社会的政治、经济、军事、文化、生活等诸多方面的基本情况,分析研究出的也是带有普遍性的规律,可以为党和国家及地方各级政府制定政策提供依据。由于其主要功能是反映真实情况,向读者提供客观信息,因此,其风格特点就是材料翔实、丰富,而极少议论。其写作既可以用文章形式,也可以用图表加说明的形式。

(二)典型经验的调查报告

典型经验的调查报告主要是针对某一地区、某一行业、某一单位或部门具有典型性的成功做法进行调查,并从理论高度予以分析,反映开展某项工作的经验,介绍具体做法,实际效果,以便推广经验和指导工作。这类调查报告的主要功能是及时反映现实生活中的典型个案经验,它不仅要有丰富的调查材料,而且还要有从材料中提炼出的规律性的东西,以形成作者的认识和主张。由于是反映新近单位或先进个人的典型经验,这些经验在面上要具有一定的代表性,要经得起实践的检验。典型经验的调查报告写作时要阐明典型经验的思想基础、具体做法、收到的时效和典型经验的意义等,只有这样的典型经验调查报告,才能对工作起促进作用。

(三)揭露问题的调查报告

这类调查报告是针对现实社会中存在的某一问题进行调查,重在揭示问题的弊端及产生的原因、性质和后果,并指出其危害性的调查报告。由于侧重于对现实社会中暴露的问题进行周密的调查,查清事实,揭露问题的实质。它们或者为领导机关了解情况、解决问题提供依据;或者在一定程度上引起社会及有关部门的重视,以求彻底的解决;或者查清问题的危害,分清职责,为公正严肃处理问题提供依据;或者使人们从中吸取教训,从而提高认识,改进工作。

(四)探讨研究的调查报告

探讨研究型调查报告常通过对新生事物的调查研究,对其成绩和不足进行深入分析,为今后发展完善提出研究型、建设性的建议。这类调查报告的主要功能是总结作者的调查研究成果,有较强的科学性、理论性和一定的创新性。它的特点包括:一是除了有大量的调查材料外,还必须要有研究获得的较新鲜的观点、主张、方法等成果;二是常常采用理论推导、数学模型等分析方法,也可引用其他文献资料展开必要的论证。

第二节 调查报告的结构规范

调查报告的结构没有固定模式,常见的是实际情况、存在问题、对策建议三大部分。所谓形式为内容服务,不同目的、不同内容、不同类型的调查报告都可以有不同的结构形式。但是,一般说来,调查报告还是有基本的结构形式的,主要由标题、引言、主体、结尾、落款、日期等部分组成。

一、标题

调查报告的标题主要用来标示调查对象和点明调查主题。其构成方式有:

(一)文章式标题

文章式标题或者概括调查报告的基本内容,如《中年知识分子健康状况调查》;或者标明作者的观点,直接揭示文章的主题,如《城乡居民收入差距加大》。

(二)公文式标题

公文式标题一般由调查对象、调查的内容或主要问题、文种三个要素组成,如《关于黑龙江省生态省建设情况的调查报告》。

(三)提问式标题

提问式标题是以问题作标题,常用于总结某一项工作经验或揭露某一个问题,如《孩子在网吧里干什么?》、《北京人最看好哪种职业?》。

(四)复合式标题

由正副标题结合而成,正标题揭示调查报告的主题,副标题点明调查的地点、对象、内容或范围,如《心系安全 尽职尽责——潭岗车站行车安全一万天调查报告》、《抓机遇 冒风险 求发展——陕西五环(集团)股份有限公司的调查报告》等。

二、引言

引言主要用来介绍调查研究和调查报告写作的基本情况,包括调查的目的,调查的范围,调查的时间,调查队伍组成情况,调查对象概况,调查过程,调查分析方法、手段和资料,调查结果和结论,调查存在的问题等。引言的写作必须要做到简明扼要,不应面面俱到。引言的主要作用是引导读者对本文涉及的主要对象和范围先有一个初步的了解,选择上述哪些基本情况应根据写作目的和主题而确定。当引言的分量很重时,也可作为正文的第一部分,有时还可以不写引言,而将引言要介绍的情况分别放到正文的各部分予以说明。

引言的写法不拘一格,常见的写法有以下几种:

(一)概述式

开篇概括介绍调查对象的基本情况或概述调查研究和调查报告写作过程的基本情况,让读者对调查的对象或调查的时间、地点、范围、经过、方式等有一个初步的了解。如《农业部春季农资打假调查报告》[1]:

> 2002年4月15—21日,我部选派四个调查组分赴辽宁、山东、湖南、江西等省,进行了春季农资打假专题调查。调查期间,调查组深入农户、农资市场、农资生产经营单位、农资管理部门,通过听、看、查、访、谈等多种方式,调查了全国整顿和规范市场经济秩序领导小组第四次会议、全国整顿和规范市场经济秩序电视电话会议和农业部、公安部等五部门《关于印发〈2002年全国农资打假专项斗争工作方案〉的通知》(农市发[2002]7号)精神的贯彻落实情况,了解了农资打假工作中出现的新情况、新问题,推动了各地农资打假工作的深入开展。现将调查情况报告如下:
> ············

(二)提问式

把调查报告要解决的问题以问句的形式提出来,作为开头,有时就在导语中作出简明回答,有时则问而不答,留待主体部分回答,其答案就是调查报告的中心内容。这样的导语开门见山,响亮醒目,引人入胜。

如《特别调查:孩子在网吧里干什么?》[2]:

> 网民里有相当数量的孩子,他们的成长注定会深深打上网络的烙印——这已是不争的事实。那么,孩子在网吧里做什么?网络是如何主宰着他们生活的?

(三)评价式

用议论的方式说明调查问题的重要性,揭示问题的本质、规律,由于包含作者强烈的思想倾向,有助于读者对主旨的领会。如《关于集约节约用地情况的调查研究》[3]:

> 近几年来,大庆的土地管理工作在省厅的正确领导下,解放思想,开拓创新,在废弃地和未利用地上作文章、找出路,逐步将土地利用管理的重心转向整合资源、控增量、盘活存量、内涵挖潜、集约高效利用土地的思路上来,较好地解决了项目建用地需求,有效化解了土地的瓶颈问题,闯出了一条节约集约利用土地、严格保护耕地、服务经济发展的新路子。

在调查报告的实际写作中,引言的种类形式异常丰富。无论是让读者对调查对象或调查的时间、地点、范围、目的以及经过与方法等有一个初步的了解,还是以问题、议论引起读者的思考和兴趣等,调查报告的引言必须本着简洁明快、新颖实在的原则,尽可能吸引读者的注意力,千万不要拖泥带水。为此,必须要注意以下三点:一是切近主题。作为调查报告的引言,其主要作用是说明调查的目的、意义或结论以引发下文,因此,必须使引言服从和服务于主题。二是言简意明。引言应做到开门见山,尽快让读者一目了然,以便使读者很容易把握全文的中心。三是引人入胜。好的引言必须重视"引"的艺术。在为调查报告设计引言时除要注意突出"新"字,以期以新颖的内容或形式充分调动读者的阅读兴趣;同时还要注意文气,做到以"气"引人,造成一种一气呵成、整体和谐的阅读效果。

三、主体

主体是调查报告的核心部分,是对前言的展开和具体化。这部分内容主要有三大方面：一是叙述调查得到的事实情况；二是对客观事实进行理性的分析和判断，提炼出具有普遍性和规律性的认识，通常为存在的问题或取得的成绩经验；三是提出建议和对策。不同类型的调查报告，主体部分的写法不同。可以分项介绍调查的主要情况，也可以说明调查的经验与问题，还可以论述作者的想法和建议，具体写法应根据写作目的而有所变化。

主体部分常以提出问题——分析问题——解决问题的思路来安排，也可以按现象——本质，或者按总说——分说、分说——总说的逻辑设置层次，来安排具体的语篇结构。每个层次都是由一个或多个语段组成，层次间、语段间多采用小标题、序号或段首撮要词句的形式，鲜明地显示出文本的层次和条理。调查报告主体部分常用的结构形式主要有三种：

一是纵式结构。纵式结构是按事物发生发展的过程，或时间的先后顺序，或调查研究的过程来组织材料，将事物发生发展变化的过程或调查研究的过程依时间划分为几个阶段，一个阶段即为一个层次。这种结构形式，有助于读者全面地了解事实的来龙去脉和结论的前因后果。这种结构形式比较适合反映情况的调查报告。

二是横式结构。横式结构按照事物的性质、特点、类型或内在规律将主体分成几个部分，每一部分采用小标题的形式，依事物内在联系的逻辑次序进行阐述，使各小标题之间呈现并列关系。这种结构方式，可以将复杂的事物条分缕析地表达出来，是使用比较广泛的一种结构。该结构形式比较适合典型经验和探讨研究型的调查报告。

三是因果式结构。是摆出调查的结果、结论，然后再叙述这一结果、结论的来龙去脉，从几个不同的方面分析形成这一结果、结论的原因。

在一篇调查报告中，主体部分的结构形式经常交错使用，富于变化的结构，可以使头绪繁杂的事务显得脉络清晰，眉目清楚。无论采用哪一种结构形式，都应注意先后顺序，以做到主次分明，详略得当，以使结构层层深入，更好地凸现主题。

四、结尾

结尾作为正文的结束,其写法灵活多样。可以对全文作概括性的总结,以进一步深化主题;可以形成简要明确的结论,揭示调查报告的价值;或者针对问题提出相应的对策与建议;也可以揭示新的问题,预示前景;还可以提出问题,启发思考;或者指出调查所存在的不足等等。其中较为常用的结尾形式有以下三种:

(一)建议式

针对调查中存在的问题,给出可行性的解决办法、措施、意见和建议。建议式结尾使用频率较高,尤适于问题性调查报告的写作。如,《韩国汉语人才需求状况调查报告》[4]:

> 鉴于目前中国各大学所开设的汉语进修课程的局限,如课程内容大体相似而单一,大学缺乏严格的生活管理致使学生学习能力降低,以及由于教材内容的单一化培养不出企业所需要的中国专家等问题,本报告总结建议如下:
>
> 1)通过多样化的课程设置与严格的生活管理加强对学生汉语能力的训练,丰富他们在中国政治、经济、社会、文化、历史、法律等方面的知识,培养一专多能的中国专家型人才,邀请韩国教授参与课程的设置与教材的编选;
>
> 2)举办韩籍中国专家汉语强化培训班(保证参加学习的学生1个学期考取 HSK5 级,两个学期考取 HSK8 级以上);
>
> 3)加强对中国社会经济状况的了解,加大中国经济课程的比重,增加对中国社会的实际体验;
>
> 4)培养学生的经贸能力,多带领其参观公司和工厂,对其进行贸易与投资业务方面的教育,加强培养贸易实践能力;
>
> 5)聘请专家与知名人士举办定期讲座,加强学生与中国主流意识的接触与交流;
>
> 6)中国 IT 能力培养((IT 教育);
>
> 7)加大汉字能力教学的力度;
>
> 8)加强学生的学习管理。

（二）展望式

在总结已有成绩的基础上,宜在结尾由点到面,预示相关问题的发展前景,做出展望,指明方向。可以起到鼓舞士气、激励信心的作用;还可以从更高的角度、更广阔的背景上说明所调查问题的实际意义,进一步深化主题。展望式结尾在经验型调查报告中采用较多。如《成都市大学生营养快餐调查报告》[5]：

> 我们相信,通过这次社会调查获得的资料数据,给相关快餐企业将提供一定的帮助,使我们对大学生快餐产品的定位、价格的定位以及快餐厅的服务、环境、营销活动等有一个全新的认识。我们很高兴地看到,我国政府已将解决学生营养餐的问题纳入到快餐发展中来,并力求逐渐改善学校传统的就餐形式与结构,确定科学的营养标准,建立配套措施,保证供餐质量。相信在政府的大力支持下,在相关部门的通力合作下,我国大学生营养快餐的发展一定会发生质的飞跃！

（三）结论式

在对调查资料进行深入细致的科学分析基础上,得出结论,是对全文的概括、总结与提高。结论可说明解决了什么问题、找到了什么规律,或者也可以指出存在问题与简单的建议。结论式结尾应做到客观而精炼。如,《一起霉菌引起食物中毒事件调查报告》[6]：

> 根据流行病学调查、病人临床表现及实验室检测,依据卫生部《食物中毒诊断标准及处理原则》,本次事件判定为食用由霉变面粉加工石子烧饼引起的普通食物中毒事件。
>
> 卫生监督部门进一步加大宣传力度,普及食品卫生知识,教育群众对于来源不明的食品及食品原料,不可随意使用及食用,发现可疑的食品或食品原料,要立即向有关部门举报;进一步加强对农村食品卫生安全的监督检查力度,以减少和避免此类食物中毒事件的发生。

无论采用何种形式的结语,都应做到言简意赅,短小精悍。当然,如果主体部分的表述已经很详尽,结语部分也可以省略。

五、署名和日期

署名和日期也是调查报告的一个组成部分,不能省略。如果是单位署名,可采用公文式标题将单位名称放在标题中,也可以下置标题下一行居中位置;如果是个人署名,可置于文尾右下方,如若要在报刊上发表,就应该放在标题下面。日期一般在正文末尾右下方。

需要说明的是,调查报告有时也需要设置附件,主要是对正文内容的补充或更加详尽的说明。包括数据汇总、原始资料、背景材料和必要的工作技术报告等。

第三节 调查报告写作过程

调查报告有着明显的文体特征和写作规律,不仅如此,调查报告的写作还有着明显的阶段性特征,即所有的调查报告都必须经过周密细致的实际调查、客观深入的分析和准确完善的撰写才能完成,三个阶段有机统一,缺一不可。

一、深入细致的调查

毛泽东在《反对本本主义》中曾经说过:没有调查,就没有发言权。通过调查,就可以很好地搜集、了解和掌握客观的实际情况,因此,调查是写好调查报告的基础和前提。

从工作程序上看,调查阶段作为调查报告写作活动中的准备工序和基础性工作,必须采用科学合理的调查方法,明确调查步骤,尽可能多地获取调查材料。调查时要根据目的要求和具体情况,采取不同的调查形式,如开调查会、个别访谈、问卷调查、抽样调查、实地调查、跟踪调查、资料统计、会议调查等,有时需要几种方法结合运用。无论选择何种调查方法,都应力求深入实际,获取全面、真实的第一手材料,这些材料包括正面的、反面的,现实的、历史的,上层的、下层的等等,只有这样,选用起来才会得心应手,也才能通过对大量材料的分析比较得出正确的结论。为了达到这一效果，在调查中对材料、数据、事例，甚至细节，都要求绝对真实，既不能夸大或缩小，也不准张冠李戴、物是人非。

调查的目的是为了解决问题，而解决问题就要有充分的材料作为依据，所以，材料翔实，全面系统，这是调查报告取信于读者的前提保证。但是，在保证翔实材料的基础上，还必须将调查搜集到的大量的第一手材料或间接材料进行"去粗取精，去伪存真"的整理和筛选，选用那些真实的、具有典型意义的、能够反映事物本质和规律的材料，只有这样，才能保证调查报告的指导性。

调查工作本身也具有明显的过程性，第一步，调查人员需要明确调查目的和任务。就是要明确本次调查要解决的具体问题，要达到什么目的。第二步，要根据调查的内容进一步整合调查队伍和结构，查询相关资料，掌握相关情况。第三步，拟定调查计划和提纲。一般在做实际调查前都要有个比较详细的设想，具体包括整个调查的指导思想、主要目的、具体任务、基本要求、组织领导、进度安排、调查方式和工作纪律等基本内容。除了调查计划外，调查组或调查人员一般还应有一个简单的调查提纲，包括调查研究的题目、范围、项目、内容、对象、方法、要求、注意事项和基本框架等内容。第四步，进行调查。即采用相应方法进行资料的收集过程。

二、科学严谨的分析

调查报告不是调查材料的简单堆砌，而是要对调查材料进行认真细致地分析和研究，从中概括出共性，形成观点，找出规律，揭示事物的本质。因此，分析研究的过程就是对调查获取的大量材料进行"去粗取精，去伪存真"的过程。其中"去粗取精，去伪存真"的实质就是对调查所获取的材料进行具有针对性的有效整理；而"由此及彼，由表及里"就是指从事物的内部联系上进行分析和研究，以达到让人们通过事物之间的相互联系去认识事物的整体及本质。分析研究是撰写调查报告的关键，一方面要注意分析和研究事物的历史发展过程、事物的前后联系，从而揭示出事物发展变化的规律；另一方面还要注意将事物放在一个特定的环境中，通过与其他事物的横向比较来探寻出事物的内部规律，以了解和认识事物的内部规律。

科学严谨的分析要求必须始终坚持辩证唯物主义,运用科学的方法客观地、发展地、全面地分析研究从调查中所获取的大量材料,从中找出本质的带有规律性的东西,得出正确的结论。具体的分析方法因调查对象、调查方式而异,但不外乎分析、综合、定性、定量、动态、静态、宏观、微观等方法相结合。无论采取何种分析方法,都要注意从实际调查这一环节就要注意边调查边分析,不能放过哪怕是一个极小细节的分析和研究,只有这样才能通过调查的不断深入,使调查者的认识也不断深入。任何个体的认识都是有局限性的,同时认识的水平也会随着思索的不断深入而逐步提高,所以,在撰写调查报告时,也必须重视更加深入的分析和研究,不要简单地认为已经系统地对所收集的材料进行了整理,就一定抓住了事物的实质,掌握了事物发展的真正规律,就不再需要深入的分析和研究了。其实,在动手撰写报告的过程中,作者总是能够通过对材料的进一步分析、整理和使用,达到对事物产生更深入的理解和认识,其认识水平也会随着写作的进行而逐步提高,因此,在写作阶段仍然不能忽视分析研究工作,要将分析研究贯穿调查报告写作的全过程。

三、叙议结合的撰写

撰写报告是文字材料形成的过程,是根据调查的事实情况和分析研究的结果,按照写作的要求,用书面文字把调查研究的情况和结果表述出来的过程。在撰写过程中,要特别注意以叙为主,强调用事实说话;同时也要保证叙议结合,做到观点与材料的统一。

调查报告要求所写的内容必须是真实的,即要用事实说话,而事实就是具体的"情况"和"数字"。所谓"情况"就是经过调查得到的"人、时、地、事、历、因、果"等的实际情况,所谓"数字"就是核实、换算好的绝对数、平均数、对比数、百分数等。无论是"情况"还是"数字",都是叙述的主体。而"议"却主要是通过对情况或问题的分析,得出相应的结论或解决问题的具体办法。一般的文章,其观点或结论完全可以从作者的写作意图去确定,但调查报告的观点或结论必须从调查到的大量事实材料中才能引出来。此外，还要特别注意一旦观点从材料中引出来并已确立，它便成为支配和统帅材料的主旨，所以，到了撰写阶段，原来居主要地位的材料却往往会退居服从的地位，要服从观点的需要。

明确了调查报告撰写阶段"叙"和"议"之间的关系，在撰写调查报告过程中就应特别注意以下两个问题：

第一，要注意表述问题的完整性。只有完整地反映事物发展的全过程，把所调查的事物的起因、发展和结果具体地告诉人们，使人们了解调查结论产生的依据，才能达到影响和说服读者接受调查结果的目的。因为读者没有和调查者一起进行实际调查，对调查的情况完全不了解，如果只是简单地把结论摆在面前，或者只讲作者认为重要的某一环节、某一侧面，而不写出诸环节、诸方面的整体情况和联系，就会使读者对调查结果产生片面的模糊性认识。当然，完整地反映事物和存在的问题，并不是要面面俱到，把有关调查对象的一切材料都堆砌在调查报告中，而是紧紧抓住事物发展的主要脉络和决定其性质的主要方面，以此为主线，写出全过程。

第二，要注意表述的严肃性。就是要求调查报告的撰写必须做到叙事时认真完整、一丝不苟地表现事物的本来面目，不能随心所欲地任意舍弃和发挥。结论必须来源于客观事实，来源于对具体事实的周密考察和分析研究，并善于把握和运用实际材料来说明观点，决不能把自己想象的东西生硬地塞进报告中。但严肃性决不意味着板着面孔说教，调查报告也需要在语言表述和结构设计上生动活泼，这样才能吸引读者。

---

[1] 《农业部春季农资打假调查报告》，http://www.agri.gov.cn。
[2] 《特别调查：孩子在网吧里干什么？》，李云虹，《法律与生活》，2004年3月（上）。
[3] 《关于集约节约用地情况的调查研究》，《大庆可持续发展探索与实践》，中共大庆市委政策研究室，2007年7月。
[4] 《韩国汉语人才需求状况调查报告》，[韩]李陆禾、殷雪征，《国际学术动态》，2006年6月，第27页。
[5] 《成都市大学生营养快餐调查报告》，何江红、李贤等，《四川烹饪高等专科学校学报》，2008年1月。

[6] 《一起霉菌引起食物中毒事件调查报告》,贺伟格等,《职业与健康》,2008年12月。

【自测训练】

1. 调查报告是怎样一种文体?结合实际谈谈自己对这一文体的认识。
2. 调查报告结构规范的具体内容是什么?
3. 调查报告的写作过程包括哪些环节?为什么重视调查与研究?
4. 请阅读下面这篇调查报告,并回答相关问题。
   (1)这篇调查报告的写作有什么特色?
   (2)请概括作者对以下五个问题的观点?(只准用一句话)
   　　①阅读量 ②阅读内容 ③盲目性 ④欣赏情趣 ⑤欣赏水平

我们需要"双筒猎枪"
曾新群(清华大学机械系)

每次去学校图书馆小说出纳台,我总要停立一会儿,看那些低年级的同学借小说。我吃惊地发现,出纳台备有完整的小说索引(四千余种),却很少有人去查,借书的同学隔着柜台在架子上搜寻。显然,他们并不知道自己下一本要看什么,而架子上摆的书至多不过二百种,只占藏书量的百分之五。

前些时,我抽时间做了简单粗略的调查,连同自己的一些想法,整理成下面几个部分。

一、学生在校期间文学作品阅读情况

(一)阅读量

根据图书馆小说出纳台去年九、十月份的记录,平均每天还回小说二百本。如果按每本小说三十五万字,每年三百天计,我校八千学生每人五年内累计阅读小说一千三百万字;加上对校社会科学阅览室和各系阅览室阅读情况的估算,文学作品的阅读量在一千五百万字以上,按每小时阅读三万字计算,可折合六百五十学时,比一般专业《数学分析》课内总学时的两倍还要多。

(二) 阅读内容

英国作家格林把自己的作品分为严肃类和消遣类,这里借用他的分法,定义为:严肃类——公认的中外名著和现代作品中思想性较强,反映重大社会问题、政治问题的作品。消遣类——惊险、武侠、推理小说或科幻小说;其他——思想性、艺术一般,不甚著名的小说。

根据对三百三十五本借出小说的统计,严肃类占百分之二十七点七;消遣类占百分之四十三;其他占百分之二十九点三。

二、阅读、欣赏方面存在的问题

(一) 盲目性

我认为,工科学生阅读文学作品的目的至少是积极性休息,即在消除疲劳、调节脑力的同时,增长知识,但有些同学不加选择(或不会选择),阅读内容凌乱,使得阅读成了纯粹的消遣。

(二) 欣赏情趣

消遣小说只占阅读量近一半,应当引起重视。因为这类小说往往回避生活中的真实矛盾,以凶杀、盗窃、色情刺激读者。甚至含有迷信、宗教毒素和与西方社会相适应的利己主义、唯意志论、拜物教、及时行乐的思想。低年级同学在没有比较、缺少引导的情况下大量阅读,会造成不良效果。

(三) 欣赏水平

我曾和一个同学谈起一部苏联小说,他高兴地讲起小说中某市委书记由于秘书作祟,在党的会议上念起了"关于妇女时装的建议"的情节。但谈及主人公的遭遇、生活观点和作者意图时,他却不甚了解。显然,这种阅读方法只是看热闹。

有些同学看小说不注意了解作者和作品的时代背景,甚至连"前言"和"后记"也不看。这样就常常不能正确理解作品。例如"《复活》中聂赫留朵夫的美化处理是由于托尔斯泰的阶级和历史局限性,但有个别同学却据此论证宗教的进步性。

对文学的特点、表现手法和技巧缺乏了解,不少同学都有自己的偶像,有保尔和亚瑟;有冉阿让和简爱;也有于连、赫思嘉和基度山伯爵。

三、几点想法

目前,我校多数学生年龄小,阅历尚浅。这样,小说等文学作品就成了他们了解社会十分重要的窗口,我建议学校开设《世界名著欣赏》课或类似的课程,选讲一些优秀的文学作品,有计划地、适时地介绍一些文学知识,对每部作品的讲解不必全面细致,可只分析一个特点、一个形象或只讲一章。但选讲篇目不可不宽,要使同学们对一个民族、一个时代的主要文学作品有所了解。

大学教育不是终极教育,但它毕竟是培养学生能力和情操的重要阶段。清华大学历史上有过著名的"干粮与猎枪"的讨论。如果说基础知识、工程观点和动手能力是一支单筒猎枪的话,那么,加上哲学、历史知识和文学修养就会成为一支更精良的"双筒猎枪"。

(转引自石家庄信息工程职业学院精品课)

【名篇赏析】

关于大学新生社会适应性的调查报告

徐震虹　夏林童

从中学到大学是学生个体人生中面临的一次大转变。随着高等教育改革的深入,高校在办学规模、教育模式、校园文化等方面都发生了不同程度的变化;同时,由于家庭环境和成长经历等因素的影响,学生入校时个体间的适应能力、心理健康状况差异也越来越明显。新生在入校后常常因为不能适应大学生活而引发消极事件。基于此,2008年4月,笔者对安徽大学进行了一项关于大学生社会适应性的问卷调查。调查旨在切实掌握当前新生在适应过程中的困难和需要,及时发现教育管理等环节中存在的问题,为学校的新生适应教育工作提供政策依据。该问卷包括40个问题,涉及思想状况、学习、人际交往及日常生活等几方面。

一、调查对象

本次调查以安徽大学2007级本科生为研究对象,共随机发放1000份问卷,回收980份,回收率98%;有效问卷969份,有效率98.9%。问卷中,文科院系和理科院系的调查数量大致相当;男女生的比例大致相当;男生稍多于女生;年龄集中在 19—22 周岁;籍贯以农村为主;应届生较多。

二、调查结果与分析

通过调查,笔者总结当前学生在适应过程中有以下三个特点:

1. 新生的思想表现个性化突出,政治信仰和学习动机过于务实

43.4%的学生表示高考填报志愿由自己选择决定,43.3%的学生是与父母共同商量后决定。学生的自我意识在决定志愿时已经有所体现,不再像以往一样,很多考生的高考志愿大多是听从父母和老师的意见。进入大学后,学生经常议论就业问题(30.1%)、日常学习和生活问题(21.7%)、时事政治问题(17.1%)、恋爱问题(11.3%)、物价上涨等经济问题(10.4%)、同学关系问题(7.1%)等话题。尽管入学不久,除了就业是学生们最关注的话题之外,新生还广泛关注周围的生活。面对就业压力有 39.3%的被调查者未来打算考研,31.8%的学生打算就业,11.8%的学生打算将来创业,17.1%的学生暂时没有打算。学生的个人规划呈现出个性化特征。关于"最想在大学四年里得到什么",39.2%的学生选择"过硬的专业知识",42.9%的学生选择"良好的社会活动能力"等,学生们根据自己的实际情况,有着各自不同的规划。

调查发现,超过一半的新生递交了入党申请书。在递交入党申请书的原因方面,有 55.1%的新生表示是"对未来工作的考虑",选择"个人政治信仰"的仅占 33.5%。而在学习目的方面,71%的学生表示学习是为了找到工作,表示因为热爱所学专业而学习的学生仅占 8.7%。学生在政治信仰和学习动机方面表现得过于务实。

2. 新生普遍存在学习困难,主要表现在学习目标不明确和学习方法不适应

新生的学习不适应主要并非智力问题而是对大学学习特点的不适应。57.5%的新生坦言自己存在学习困难。而在这些学生当中,三分之一的学生认为"缺乏学习动力和目标"是最大的苦恼。由于高考压力的消除和大学相对中学比较宽松的教育管理体制,使得不少新生体会到放松的同时,感到迷茫。加上自主学习意识和能力的薄弱,学生不知道自己"为什么要学习"和"要学什么",常常把应付期末考试作为学习主

要任务。

　　在"关于大学学习与高中学习的不同之处"时,49%的学生认为是个人的学习方法,25.1%的学生认为是专业学习模式,还有22.6%的学生认为是教师的授课方式。由此看出,多数新生体会到大学与中学在学习方法上的区别。大学教育是专业教育,大学的学习是以自学为主,更多的是要求学生在老师的带领下独立思考,充分发挥主观能动性。而学生在中学教育大多接受的是"应试教育",是被动地"填鸭"式的学习,学生自主学习的意识和能力都没有得到有效的锻炼。进入大学后,以教师为主导的教学模式变成了以学生为主的自学模式,教师上课也不再像高中那么详细地讲解,而是提纲挈领式的,所以学生感到很大的不适应。

3. 新生的人际交往状况一般,主要表现在人际交往面窄和参与集体性活动少

　　进入大学后,与学生交流最密切的对象依次是班级同学(62.6%)、中学同学(13.8%)、家长(13.3%)、大学老乡(4.5%)等,与老师的交流排在最末(0.5%)。与学生联系最多的仅仅是班级同学。学生与授课教师、辅导员"很少有交流"的比例均超过了70%。对学生思想和价值观影响最大的人依次是家人(34.9%)、同学或朋友(29.9%)、老师(14.4%)、名人(13.1%)等。当遇到困惑或心情不好时,学生们首先求助同学、好朋友(60.5%),然后是憋在心里(22.9%)、向家人诉说(7.9%),求助老师的只占0.6%,求助心理中心的占0.4%。可见在新生最需要帮助的阶段,学生与学校的老师交往相当有限,教师对学生的影响不够充分。学校所能发挥的作用并不理想。师生间缺乏沟通和信任。

　　调查显示,尽管有68%的学生表示愿意参加院系、学校或社会组织的集体活动,而实际上学生主要的休闲方式却是聊天、体育运动和上网打游戏,其中选择"聊天"的占30.5%,选择"体育运动"的占27.5%,选择"上网打游戏"的占18.1%。除了体育运动,其余两项基本与集体活动没有联系。按照上文提到的个体心理发展任务来看,作为个体人际交往状况发展中的一项重要指标,事实上学生在课余并没有足够的机

会去参与人际交往,学校提供的集体活动显然也没有满足广大新生的需要。

而且,仅有24.8%的学生认为自己善于人际交往;58.2%的学生认为自己人际关系一般;还有16.7%的学生认为自己不善于交往。对于入学以来的心情状态,持有无聊或者烦躁、郁闷等消极情绪的学生占到了41.1%。人际交往的困境已经给新生的心理健康带来了一定消极影响。这也从一个侧面反映了新生的适应状况并不乐观。

三、新生适应教育的几点建议

根据调查结果可知,当前的大学新生的适应教育工作任务艰巨。学校应当将此项工作作为系统工程来加以落实。除了学生管理部门和教学部门承担主要的工作外,各部门和院系都要参与其中。美国的大学在新生入校后,针对新生可能遇到的困难按照学习问题、生活问题、心理问题等分别为新生安排一对一的工作人员,学生可以随时与他们联系,及时、有效地解决问题。另外,学校为每个新生提供一个个人电子邮箱,便于学校将必要的公共信息及时传递给每个学生等。这些做法值得借鉴。

另外,针对调查中发现的问题,有以下几点建议:

1. 指导新生进行个人规划,使之更加理性合理

学生在做个人规划时,不仅要充分考虑个人的兴趣、爱好、发展方向等,还要充分结合周围环境和社会需要。学校首先要进一步激发新生个体的自我意识。因为良好的自我意识是个体正确进行自我定位的前提,也是未来个人在对自我规划进行调整和评估时的主要内在动力。学校可以通过《大学生心理健康》、《大学生职业生涯规划》等课程教学和团体训练等加强对新生的人格教育和自我体验,丰富个体的自我认知。其次,学校要积极帮助新生进行合理的社会定位。通过系统开展形势与政策教育,帮助学生明确自身所承担的社会责任,认清自身所处的环境,进行合理的社会定位。最后,帮助学生评估个人的规划。针对学生个人规划个性化的特点,教师和辅导员可以一对一地对学生的个人规划进行评估,给予建议。

2. 加强对新生学习适应的指导

前苏联心理学家列昂捷夫说:"学生学习的自觉性是和动机分不开的。事实上,有正确学习动机的学生才有主动性,学习劲头大,能克服困难,提高学习效果。"大学学习主要在于学生的自学。所以培养学生正确的学习动机是适应教育的重要任务之一。上文提出对个体自我规划的指导,其意义也在于激发学生的个人学习动机。另外,通过积极宣传学生典型事迹,举办各种与专业联系紧密的文化科技活动等,也能达到激发个体学习动机的效果。学校还应该为学生提供多渠道多途径学习的机会,创造更多的平台让学生在实践中学习、实践中锻炼。

大学学习还必须掌握科学的方法。学校可以安排专门的老师为新生提供咨询帮助,或组织教学经验丰富的老师、学习能力突出的高年级学生以各种形式为新生提供辅导。特别是一年级的课程,教师在授课同时最好能介绍一些专业学习的信息和方法,为学生提供方便。另外,应当鼓励教师利用网络开设教学博客,介绍专业课程学习的进程、特点等,解答学生的疑惑或难题等。

3. 积极发展朋辈辅导,提高新生的人际交往能力

为了帮助学生们正确面对人际交往,提高人际交往能力,缓解负性情绪,除了要积极发挥教师、辅导员联系学生的作用之外,进一步加强学校的心理咨询工作和心理健康教育的专业化建设也是必须的。其中,积极发展朋辈辅导将是针对性较强的有效措施之一。学校可以一方面加强心理委员、辅导员助理等学生骨干的队伍建设。通过他们切实反映学生中的思想动态和情绪困扰,并利用社团活动、网络工具等方式及时开展跟踪帮扶;另一方面针对一年级学生开设团体辅导课。通过系统、专业的团体辅导,在新生中开展有关自我意识、情绪管理、时间管理等涉及学习、生活、生涯规划等领域的团体训练,促进同辈间的交流和互助,帮助学生健康成长。同时,针对不同的人际交往障碍人群举办工作坊,供学生选择参加。

特别值得一提的是,在学生个体的社会性发展中,个体人生观价值观的引导、学习动机和方法的指导、情绪的疏导等,需要广大的教师和辅导员发挥重要的作用。而调查结果却反映出师生间交流的缺乏,这显然不利于新生对大学生活的了解和适应。对此,学校可以进一步完善制

度建设，将师生联系制度化，如导师定期联系制、辅导员每周班会制等，同时，还应该积极拓宽师生间交流的渠道，特别是课后联系的渠道。比如要求教师为学生提供工作 E—mail，用于联系、指导；经常举办师生共同参与的科技竞赛、文体活动等。

(《中国电力教育》，2008 年 11 月)

这是一篇关于大学新生社会适应性的调查报告，是为学校的新生适应教育工作提供决策依据的。这篇调查报告的写作比较成功，具体体现在如下几个方面：

一、标题采用了公文标题的写作形式，通过"事由"说明调查的对象、调查的问题，之后明确文种，十分规范。

二、正文整体结构清晰明了，有前言，有主体，但省略了结尾部分。前言部分主要交待了调查的背景、调查的方法、调查的目的、调查的范围，开门见山，直接切入正题。主体部分包括三部分，一是以安徽大学2007级本科生为调查对象，具有很强的针对性。二是对调查结果进行科学分析，概括出"新生的思想表现个性化突出，政治信仰和学习动机过于务实"、"新生普遍存在学习困难，主要表现在学习目标不明确和学习方法不适应"和"新生的人际交往状况一般，主要表现在人际交往面窄和参与集体性活动少"三个共性问题。三是给出三条具体的解决问题的建议和措施。

三、综观这篇调查报告，可谓有理有据，环环相扣。调查报告中有情况、有问题、有对策，层层深入，有极大的使用价值。高等教育机构拿到这样的调查报告，在决策的时候就有了基础和客观依据。

第四章　演讲稿写作

【重点提示】

1. 了解演讲稿的基本范畴。
2. 牢记演讲稿的文体特色。
3. 掌握演讲稿写作的基本技能。

第一节　演讲稿范畴

无论一个人的演讲有没有建立在演讲稿"白纸黑字"的物质媒介基础上，用心结构或是仓促成就的"腹稿"也都是他跳不过去的"前演讲时代"。也就是说，每一场精彩的演讲都是在有形或无形的演讲稿的大力支撑下才得以完成的。众所周知，演讲是一门既高深又通俗的艺术。高深说的是它可以进入人际交往的最高层次，比如外交对话、文化交流、商业谈判；通俗说的是它与我们每个人的人生细节都密切相关，只要我们的听觉和发声器官没有什么问题，这种最完美的语言形式就会伴随我们的终生。我们每一个人都是在各种形式的演讲中长大的，我们在演讲中学习语言，在演讲中认识世界，在演讲中实现与他人思想情感的交流，而演讲稿则是成就这一切的关键。

一、什么是演讲

我们每一个人从小长大,都是从不会说话到学习说话,再到学会说话的。而在人类的种种口语表达方式中,我们最先接触的都不是什么太正式的演讲,而是人群中最普遍的交谈。比如,在我们还很小的时候,父母最早教的和别人经常问的都是"姓什么"、"叫什么"、"属什么"、"几岁了"之类的问题。有了交谈的基础,才有了演讲的可能。

演讲也叫讲演、演说,是伴随人类语言的产生而产生的一种表情达意的方式,它借助有声语言和态势语言的有机结合而发生具体效力。有声语言是指借助人体发声器官所发出的声音即口头语言,涵盖"讲"、"说",有"陈述"、"议论"之意;态势语言则是指表情和肢体动作等能够传达思想感情的非口头语言,涵盖"演"字,有"表演"、"演绎"之意。传统意义上的演讲是指演讲者面对听众,以口头语言为主要形式,非口头语言为辅助形式,就某一问题发表自己的意见或阐说某一事理,并互相交流信息的真实的社会性活动过程。在西方人的眼里,只要有两个以上的人在场的言语交流就可以被称作演讲。这种观点也得到了越来越多的人的支持,因为我们今天所讲的演讲并非只为了给某些人提供一个登上讲台进行一番高谈阔论的机会,而是为了更有效地使他人信服、赞同自己的观点和主张,也就是说它需要具备一定的现实意义。

一般认为演讲是产生于古希腊的一种语言艺术,关于演讲的许多理论也是从那里产生的。在古希腊,演讲术甚至被认为是"艺术之女王"。早在公元前6世纪,古希腊就为演讲者确定了三项任务:解释某种事物或现象;激发人们的某种意识,鼓舞他们做出某种抉择并进而采取某种行动;给听众以精神上的享受。事实上,历代演讲家们也的确做到了这些,不然,演讲这一古老的口语表达形式也不能流传至今,并被最大限度地发扬光大。在我国古代,刘勰也曾在《文心雕龙·论说》中强调:"一人之辩,重于九鼎之宝;三寸之舌,强于百万之师。"

在我们的现实生活中,同其他的社会生存和社会竞争手段相比,演讲是一种最为直接的显示自身学识、树立自身形象、进行自我推销的手段。表达观点需要演讲,竞聘职务需要演讲,从事教师、演员、主持人等职业的人更是无时无刻都离不开演讲,进而使之成为一种谋生的手段。如今的人们无比崇尚所谓"知性",但知性决不是仅仅依靠一个人的教育背景和外在形象就能显现出来的,它最有效和最有意义的展现方式还是在人开口说话的那一刻。教育背景可以伪造,外在形象可以包装,但开口说话却可以泄露一个人无法掩饰的文化底蕴和思想内涵。如此说来,写好演讲稿就变得十分重要了。

二、演讲稿常识

演讲稿与演讲是相伴相生的两种事物,演讲稿也叫讲演稿或演说词、演讲辞、讲演辞,是演讲前准备的具有参照意义的文稿,多用于较为正式的场合。演讲稿是进行演讲的依据,一般可以起到提示演讲主题、圈定演讲内容和规范演讲用语的作用。它可以用来交流思想、感情,表达主张、见解,也可以用来介绍自己的学习、工作情况和经验等等,演讲稿具有宣传、鼓动、教育和欣赏等作用,它可以把演讲者的观点、主张与思想感情传达给听众以及读者,使他们信服并在思想感情上产生共鸣。

(一)演讲稿分类

从最早为演讲行为分类的古希腊人开始,直到今天,演讲也没有一个统一的科学的分类方式。与之相应的,演讲稿的分类方式自然也是五花八门,人们常常根据不同的标准划分出许多不同的类型:从表现形式上,可以分为命题演讲、即兴演讲、论辩演讲;从功能上,可以分为传道授业的"使人知"演讲、诚实恳切的"使人信"演讲、情绪高亢的"使人激"演讲、富于鼓动的"使人动"演讲和幽默轻松的"使人乐"演讲;从专业内容上,可以把演讲稿分为政治演讲稿、生活演讲稿、法律演讲稿、学术演讲稿、教育演讲稿、军事演讲稿、商业演讲稿等等。演讲稿虽然在写作过程中有着记叙、议论、抒情、描写等多种表达手法的综合运用,但在本质上是却是一种论说文体,用以表达观点引起听众的共鸣。早在古希腊时期,著名演讲家德摩斯梯尼就教导人们说:"辞令的灵魂就是行动、行动、再行动。"但也常有人按照表达手法将演讲稿分为阐示说理类演讲稿和叙事抒情类演讲稿。

公元前399年,三个雅典公民墨勒图斯、安尼图斯和吕孔对苏格拉底提出公诉,指控他危害社会。指控他的第一条罪行是"信奉异端邪说",指控他的第二条也是更严重的罪行是"苏格拉底'腐蚀青年人的心灵'"。苏格拉底在法庭上为自己作出了申辩。我们来看《法庭上的申辩》的片断:

> 公民们!我现在并不是像你们所想的那样,要为自己辩护,而是为了你们,不让你们由于定我的罪而对神犯罪,错误地对待神赐给你们的恩典。你们如果杀了我,是不容易找到另外一个人继承我的事业的。我这个人,打个不恰当的比喻说,是一只牛虻,是神赐给这个国家的;这个国家好比一匹硕大的骏马,可是由于太大,行动迂缓不灵,需要一只牛虻叮叮它,使它的精神焕发起来。我就是神赐给这个国家的牛虻,随时随地紧跟着你们,鼓励你们,说服你们,责备你们。朋友们,我这样的人是不容易找到的,我劝你们听我的话,让我活着。很可能你们很恼火,就像一个人正在打盹,被人叫醒了一样,宁愿听安虞铎的话,把这只牛虻踩死。这样,你们以后就可以放心大睡了,除非是神关怀你们,再给你们派来另外一只牛虻。我说我是神赐给这个国家的,决非虚语,你们可以想想:我这些年来不营私业,不顾饥寒,却为你们的幸福终日奔波,一个一个地访问你们,如父如兄地敦促你们关心美德——这难道是出于人的私意吗?如果我这样做是为了获利,如果我的劝勉得到了报酬,我的所作所为就是别有用心的,可是现在你们可以看得出,连我的控告者们,尽管厚颜无耻,也不敢说我勒索过钱财,收受过报酬。那是毫无证据的。而我倒有充分的证据说明我的话句句真实,那就是我的贫寒。

如果按照通行的原则去划分这篇演讲稿的类别,我们就会发现:从表现形式上看它是一篇带有论辩性质的即兴演讲稿,从功能上看它是一篇诚实恳切的"使人信"演讲稿,从具体内容上看它是一篇政治演讲稿,而从表达手法上看它又是一篇阐示说理类演讲稿。

(二)演讲稿特性

演讲稿有如下特性:

1. 特殊性：不同时代、不同地区、不同阶级、不同民族的人身上会有不同的思想体现。

2. 统一性：演讲是借助有声语言和态势语言来表情达意的一种社会活动，它所包含的极多的社会内容又使其构成了一个完整和一致的系统。比如，屈原、岳飞、戚继光，还有日寇铁蹄践踏下的爱国者，虽则跨越了几千年的历史空间，他们的许多言辞虽有不同的外在形态却一样洋溢着强烈的爱国热情。

3. 稳定性：演讲稿的写作风格一旦形成就具有了相对的稳定性，尽管它受时代风格、民族风格甚至阶级风格等的影响，但其总体格调和特点是大体不变的。

4. 变易性：社会生活的不断变迁，演讲类型的不断发展，传播工具的不断出现，外来文化的不断影响和听讲对象的不断变化，都会对演讲产生深刻的影响，从而促使其风格发生变化。英国首相丘吉尔，他在前期，尤其是二战期间所作的演讲有着激昂奔放的风格，可他的后期演讲又大多沉稳、严谨。人没有变，变的只是他的年龄、经历和对客观世界的认识。而同样是一个周恩来，因为演讲内容、时间和场合的不同，他的演讲风格也有所不同，时而慷慨陈词、时而幽默风趣、时而典雅质朴、时而清新秀丽。这些都是演讲风格变易性的具体体现。

5. 多样性：因为社会生活具有多样性，演讲者的个性也具有多样性。同样，听众的审美需要也具有多样性。演讲当然要适应社会性、适应演讲者本身、适应讲台下的听众。

上面这些特性粗看起来似乎有所龃龉甚至自相矛盾，但只要仔细体味就会发现，一篇演讲稿的风格形成是所有特性融合之后的产物，不存在非此即彼的问题。比如朱自清的《论气节》中有这样一段：

> 气和节似乎原是两个各自独立的意念。《左传》上有"一鼓作气"的话，是说战斗的。后来所谓"士气"就是这个气，也就是"斗志"；这个"士"指的是武士。孟子提倡的"浩然之气"，似乎就是这个气的转变与扩充。他说"至大至刚"，说"养勇"，都是带有战斗性的。"浩然之气"是"集义所生"，"义"就是"有理"或"公道"。后来所谓"义气"，意思要狭隘些，可也算是"浩然之气"的分支。现在我们常

说的"正义感",虽然特别强调现实,似乎也还可以算是跟"浩然之气"联系着的。至于文天祥所歌咏的"正气",更显然跟"浩然之气"一脉相承。不过在笔者看来两者却并不完全相同,文氏似乎在强调那消极的节。

节的意念也在先秦时代就有了,《左传》里有"圣达节,次守节,下失节"的话。古代注重礼乐,乐的精神是"和",礼的精神是"节"。礼乐是贵族生活的手段,也可以说是目的。

朱自清的演讲稿有着民族文化陶染下的"特殊性",也有着与中华爱国者赤子情怀相一致的"统一性",引经据典的文人气质则表现了学者风格的"稳定性",而与平素的温厚谦和迥然有异的语气节奏也恰好体现了"变异性"和"多样性"的特点。我们熟悉的朱自清是在食不果腹的情况下,冒着生命危险拒绝日军赠送的面粉的葆有民族气节的民主战士,而这篇演讲稿的总体风格与其人格是多么地吻合啊!

作文有文风,说话有话风。作为演讲时所使用的文字底本,演讲稿的风格自然要与演讲者的风格气质相契合,做到因人而异。如果没有自己的风格,再去掉音色的作用,闭上眼睛你就会不知道这究竟是谁在演讲。那么西塞罗的雄辩、马克·吐温的幽默、邱吉尔的睿智、毛泽东的理性就都无从谈起,千人一面也就成了必然的结果。每年的各种纪念日,我们也没有必要组织很多人前去参与演讲了,只让一个人讲一遍录下来,不断播放就够了。法国作家布封有句名言叫做"风格即人",一个真正的演讲稿写作高手是一定能够把握住属于自己的那种风格的。

三、演讲稿写作八忌

(一)忌表述不清

有的人在表述自己观点的时候,喜欢喋喋不休、废话连篇地说许多其实与主题并不相干的话,这样往往会冲淡主题,甚至是淹没主题,演讲当然不能顺利进行和达到目的。但也有另外一些人,他们在不该俭省的地方却采取了惜字如金的态度,致使自己的观点不能得到充分的展示。有时语序混乱、重点不明、语言抽象、滥用生造词等也会影响相应的表达。

(二)忌未加糖衣

俗话说:"良药苦口利于病,忠言逆耳利于行。"生活中懂得这个道理的人并不少,但真正能够欣然接纳苦口良药和逆耳忠言的人却实在并不多见。但是,世上有哪一个人不喜欢听赞美之辞呢?恐怕没有。所以演讲稿写作中的委婉是十分重要的,尤其是在指出对方缺点和错误的时候。

(三)忌戳人痛处

时常有老人告诉我们说:"守着矬子,别说短话。"把这个意思套用到演讲稿写作中,就是告诉我们说,每个人都有不想被人了解和提及的生活,所以我们说话时不能无所顾忌,既不能恶意揭露别人的短处和隐私,也不能在不经意间伤人痛处,一定要本着善良和谨慎的态度选择演讲素材。

(四)忌浅薄轻浮

名言警句有利于增强语言的说服力,但如果一个人满嘴蹦的都是这些东西,留给人的印象恐怕就不会太好。生活中还有一些人总是自以为很有学问,却没料到自己的发言漏洞百出,恰恰把自己的弱点暴露于他人面前。所以,写作演讲稿时,千万不要卖弄自己并不确切的知识。

(五)忌弄巧成拙

演讲的性质决定这一行为不是单方的,而是带有相互性的双向甚至是多向的行为。那种只顾及自身,而不考虑对象的自以为是和自作多情式的言语是不会得到对方认可和欢迎的,所以写作演讲稿时一定要注意它的对象性和特殊性,不能盲目地从自己的意愿出发。

(六)忌时机不当

生活中也许你遇到过这样的情形,即你对同一个人就同一件事进行开解,但是在他怒气冲冲的时候和他逐渐平静下来的时候,你的劝解效果却大不相同。这样的实例就证明了时机的重要。所以,面对公众发表演讲也要学会察言观色、综合权衡,然后在适当的时机选用合适的言辞发表自己的意见。

(七)忌不分对象

虽然有心理学知识作基础,但人的心理仍是最难测定的。不过有一点却是肯定的,那就是人与人之间的心理距离决定了演讲稿中的表达方式会有所不同,所以演讲稿写作的对象感是十分重要的。这就像为一件微不足道的小事和不熟悉的人说谢谢,他会觉得你很有礼貌;和十分熟络的朋友这样说,他或许就会觉得你对他的感情已见生疏。

(八)忌力度不够

一些领导向下属下达了某种命令,但他没有得到想得到的结果;有人为自己的过错向他人表示歉意,但对方却没有感受到他的诚意。这些问题都涉及演讲的力度,有时一个不适宜的措辞就会颠倒乾坤,让演讲出现你不想见到的尴尬场景,所以如何用适宜的语言表现演讲的力度也是一个不得不注意的细节。

第二节 演讲稿的文体特色

每一种文体都有自己的文体特色,演讲稿与其他文体主要有四点不同之处:一是潜在的有声性,即对其进行写作的终极目的是为了演讲者能够在讲台上用有声语言将其表述出来,所以写作时我们就要充分考虑到其中的口语因素,琅琅上口和流畅自然是重要的特点。二是鲜明的针对性,即演讲稿通常是针对一个具体问题展开叙述或是论述,在思想上要有明确的指向性,在材料选择上也要全力为主题服务,来不得半点旁逸斜出。三是突出的现实性,即演讲稿不是只为了给某一个人提供一个夸夸其谈或是自我宣泄的机会,更不是为了要将听众带入那些充满情节与色彩的迷人的情境,一场演讲归根结蒂是要借助它所产生的感染力使人们的思想进入现实世界并解决现实问题。四是形式的可塑性,即我们准备的演讲稿永远是一种既完成又没有完成的作品,在演讲者的每一次情感酝酿和台下演习中都会不由自主地有所变更和上升,甚至直到一次演讲完成的那一刻,演讲稿还是可以继续完善的。

一、潜在的有声性

演讲稿本身是用文字写就的,并不具备声音。但它是为演讲准备的,所以音韵是否和谐、语句是否流畅、表达是否通俗,甚至在哪些地方需要或者说适宜辅以态势语言都是需要特别注意的。我们格外强调,演讲稿不是用来"看"的,而是用来"听"的。我国现代著名诗人徐志摩在1924年泰戈尔访华时所作的演讲《泰戈尔》中有这样一大段脍炙人口的演说词:

> 他的无边无际的同情使我们想起惠特曼;他的博爱的福音与宣传的热心使我们想起托尔斯泰;他的坚韧的意志与艺术的天才使我们想起造摩西像的米开朗琪罗;他的诙谐与智慧让我们想象当年的苏格拉底与老聃;他的人格的和谐和优美使我们想念暮年的歌德;他的慈祥的纯爱的抚摩,他的为人道不厌的努力,他的磅礴的大声,有时竟使我们唤起救主的心像;他的光彩,他的音乐,他的雄伟,使我们想念奥林匹克山顶的大神。
>
> 他是不可侵凌的,不可逾越的,他是自然界的一个神秘的现象。他是三春和暖的南风,惊醒树枝上的新芽,增添处女颊上的红晕。他是普照的阳光,他是一派浩瀚的大水,来从不可追寻的渊源,在大地的怀抱中终古地流着,不息地流着,我们只是两岸的居民,凭借这慈恩的天赋,灌溉我们的田稻,苏解我们的消渴,洗净我们的污垢。他是喜马拉雅积雪的山峰,一般的崇高,一般的纯洁,一般的壮丽,一般的高傲,只有无限的青天枕藉他银白的头颅。……

泰戈尔是一位蜚声世界的大诗人,曾获1913年诺贝尔文学奖,同时他还是一个有才华的音乐家,印度1950年确定的国歌就是由他作曲的。而徐志摩也是一个重感情的人,他为人超脱爽快长于辞令,诗文色彩绚丽多浓墨渲染。他厚重的文学修养使他的演讲辞也写得花团锦簇、声韵优美,精美的象征和比喻比比皆是,这种华丽夸饰的风格极度地抒写了他对泰戈尔的钦佩与崇敬,但"听"起来能够感受到它的优美典雅却没有丝毫的理解障碍。

二、鲜明的针对性

演讲稿写作的一个重点是演讲者与听众兴奋点的结合,也正是这一点决定了演讲稿需要具有鲜明的针对性。针对性既是指所讲问题要明朗、具体,也是指所选内容要有直指人心的力量。爱因斯坦所作的《悼念玛丽·居里》这样写道:

> 在像居里夫人这样一位崇高人物结束她的一生的时候,我们不要仅仅满足于回忆她的工作成果对人类已经作出的贡献。第一流人物对于时代和历史进程的意义,在其道德品质方面,也许比单纯的才智成就方面还要大。即使是后者,它们取决于品格的程度,也远超过通常所认为的那样。
>
> 我幸运地同居里夫人有20年崇高而真挚的友谊。我对她的人格的伟大愈来愈感到钦佩。她的坚强,她的意志的纯洁,她的律己之严,她的客观,她的公正不阿的判断——所有这一切都难得地集中在一个人的身上。她在任何时候都意识到自己是社会的公仆,她的极端的谦虚,永远不给自满留下任何余地。由于社会的严酷和不平等,她的心情总是抑郁的。这就使得她具有那样严肃的外貌,很容易使那些不接近她的人发生误解——这是一种无法用任何艺术气质来解晓的少见的严肃性。一旦她认识到某一条道路是正确的,她就毫不妥协地并且极端顽强地坚持走下去。
>
> 她一生中最伟大的科学功绩——证明放射性元素的存在并把它们分离出来——所以能取得,不仅是靠着大胆的直觉,而且也靠着在难以想象的极端困难情况下工作的热忱和顽强,这样的困难,在实验科学的历史中是罕见的。
>
> 居里夫人的品德力量和热忱,哪怕只要有一小部分存在于欧洲的知识分子中间,欧洲就会面临一个比较光明的未来。

特定的人物、特定的场合、特定的情感使演讲稿显得深沉蕴藉,无一字不让人信服,无一处不与当时的气氛相吻合,科学家的友谊、人格和功绩就那样无比具体地呈现在了人们的面前。

三、突出的现实性

我们总说演讲要言之有物、要言之有情、要言之有理,也就是强调演讲要有内容、有情感、能说服人,最终的目的是要使演讲的内容和"今天"发生关联,也就是说演讲稿中的内容要有现实性。1927年马寅初在北大二十九周年庆之际发表的演说《北大之精神》就是这样的,谨选片断如下:

> 回忆母校自蔡先生执掌校务以来,力图改革。五四运动,打倒卖国贼,作人民思想之先导。此种虽斧钺加身毫无顾忌之精神,国家可灭亡,而此精神当永久不死。然既有精神,必有主义,所谓北大主义者,即牺牲主义也。服务于国家社会,不顾一己之私利,勇敢直前,以达其至高之鹄的。
>
> 苟有北大之牺牲精神,无论举办何事,则结果之良好,俱可期而待。今以浙江一省而论之,如以北大牺牲精神,移办政府与党务,则不出一年,必可为全国之模范省。盖浙江现时之地位,较他省优良之点甚多。财政之统一,一也:浙江之财政厅,尚能统辖全省财政,较之江苏、安徽、福建等省,俱远过之。江苏因为孙传芳之战事未了,所统一者仅长江以南之一部分;安徽在前数月间虽征收税吏,俱归二三军队首领所委派;福建即菜担妓女,亦俱贴印花,其财政上之紊乱,可以想见;至湖广江西等省,更无须深论矣。金融之平稳,二也:全省无滥发纸币,引起金融之扰乱。军队之统一,三也。教育之优良完全,四也。此次革命军兴,全省所受之损失不大,五也。既具此五种之优点,苟政治能上轨道,办事人员俱抱北大精神而徐图改革,则将来之浙江,必较今日可以远胜万倍。

事实上"北大之精神"并不是哪一个人总结出来的,也不是哪一个权威部门发布的,它是北大成长历程中的必然积淀。强调这一精神的目的不是为其大唱赞歌,而是在于强调它对现实有着什么样的思想和行为上的指导意义。

四、形式的可塑性

演讲稿是一种需要考虑演讲者内在素质与外在素质的综合、文字组合能力与口语表达能力的综合、演讲内容与听众兴奋点的综合的特殊文体。它的形式是要与演讲现场的实际情形相适应的,在一个看不见太阳的日子里说"今天晴空万里"、为中学生演讲一开口就是"尊敬的女士们先生们"的演讲者也许我们都遇到过。演讲稿的可塑性除了要与环境、对象相适应外,还在考察演讲稿写作者的基本素养和应变能力。

麦克·阿瑟的著名演讲《责任·荣誉·国家》开头就说:

> 今天早晨,我走出旅馆的时候,看门人问我:"将军,您上哪儿去?"一听说我到西点去,他说:"那是一个好地方,您从前去过吗?"这样的荣誉是没有人不深受感动的。长期以来,我从事这个职业,我又如此热爱这个民族,我无法用语言来表达我的感情。

西点军校是麦克·阿瑟的母校,他一生所取得的荣誉都与西点密不可分,他对西点的热爱与每一个西点人都是一样的,甚至比之更为炽烈。他演讲开头的对话就是结合生活实际临时加上去而不是事先准备好的,但现场的每一个听众都不能不为这里面所隐含的浓烈的情感所打动,因为同为军人他们热爱的是同一个对象。

第三节 演讲稿写作指要

一、演讲稿的材料与主题

(一)材料

演讲是由内容和形式两个方面构成的,发音准确、吐字清晰、语流顺畅是大多数人都能做得到的,但人们的讲话究竟是华而不实,还是文质兼美就要看它的内容了。演讲稿的内容是由其主题的提炼和材料的选择决定的,而演讲稿材料的收集和整理又是二者的前提。

演讲稿材料的收集和整理主要要做到以下几点:

1. 掌握生活中的直接材料,也就是第一手材料。客观生活是一个大舞台,也是一个大课堂,每个有心人都可以从中发现许多有价值和有意义的东西。而这些材料最大的意义就在于它是真实的,是距离我们最近的,也是最有说服力的。就像我们平时在写作议论文时,老师要求我们不要用小说中的故事,而要使用生活中的实例道理是一样的。亲身经历的东西往往会成为演讲中最为感人的内容,古人说"处处留心皆学问"不是没有道理的。

2. 掌握生活中的间接材料,也就是来自书本和其他媒体的材料。演讲实践中我们会发现一个很普遍却又带点哲理意味的现象,那就是每一个博览群书、知识水准较高的人,即使口才欠佳,也比那些虽口齿伶俐却胸无点墨的演讲者更受欢迎。这是因为,每个人的交际范围和生活阅历都是有限的,而这一有限的交际范围和生活阅历就决定了我们所占有的材料在方向上的局限和在数量上的不足。要改变这种不利状况,改善我们的不合理的知识结构,使我们写作的演讲稿日趋丰满和立体,我们就应该有效地通过掌握间接材料这一手段来丰富自己。

3. 抓住创造性思维,别让思想的火花稍纵即逝。每个人都有思维短路的时候,每个人也都有突发奇思妙想的时候,控制住前者也就控制住了演讲出现纰漏的可能,把握住后者也就把握住了演讲制胜的先机。人和人的思维有着共同的生理机制,但也有细部的差别,就像不同的作家在描写同一景物时会用到不同的文字一样。憎恶社会分配不公的人有千千万,可只有具有创新意识的马克思创立了剩余价值理论;在树下休息被成熟的苹果打了头的也一定不只有牛顿一个,可只有具有创新意识的牛顿发现了"万有引力定律";门捷列夫若不是在梦中偶有所遇,不安分的化学元素们也不会规规矩矩地在一个小小的表格中各就各位……所以,如果你的头脑在哪一刻迸出了异想的火花,你可千万别放过它!

在演讲稿材料收集的过程中,我们要凭借自己的判断和鉴别能力对材料加以分析和选择,选定的材料不但要在文字上进行整理,还要在内容上予以归类,以便结合演讲主题使用时能够得心应手,显露自己出口成章、咳珠唾玉的本领。

(二)主题

我国现代著名教育家叶圣陶先生曾说过:"一场演说,必须是一件独立的东西……用口说也好,用笔写文章也好,总得对准中心下功夫,总得说成功、写成功一件独立的东西。不然,人家就会弄不清你在说什么、写什么,而你的目的就难以达到。"这里所说的中心就是主题。在演讲中,演讲者要明确地提出问题、分析问题、解决问题,表明自己的态度和主张,即拥护什么、反对什么、提倡什么、摒弃什么、赞美什么、批判什么等等。只有有了统一而明晰的主题,演讲才能融会贯通,就本体而言才能对所统率的材料产生凝聚力,就听众而言才能对其心理产生影响力。

主题是一篇演讲稿不可或缺的核心和灵魂,但一个陈旧、庸俗的主题是无论如何也唤不起听众的热情的。所以我们在为一篇演讲确立主题的时候也要遵循一定的原则。

1. 演讲稿的主题要正确。一个观点,唯其站在真理一方,方能坚如磐石,禁得起时间的考验和岁月的风吹雨打。而这一站得住脚的主题必然来源于科学、正确的人生观和世界观。

2. 演讲稿的主题要新颖。每一个人在去听演讲的时候都怀有自己的目的,大多数人都是为了从形式到内容上有所收获。如果你的演讲总是和那些或远或近的"前人"雷同的话,听众就会觉得味同嚼蜡,甚至会有一种受了愚弄的感觉。如此,你的演讲怎么会获得听众发自内心的认同和由衷的掌声呢?

3. 演讲稿的主题要鲜明。这里的鲜明包括两方面的含义:一是要让人一听就明白你演讲的主题是什么,二是要让人一听就知道你的观点是什么。旗帜鲜明地表述自己的演讲主题会使演讲更加条分缕析,更具说服力。

4. 演讲稿的主题要集中。一篇演讲稿,尤其是篇幅较长的演讲稿,会涉及许许多多的事例和材料,而这众多的材料中肯定又有一部分是可以为多个主题服务的,所以在分析过程中要把所说的意思说明点透,让它紧紧围绕自己所论述的主题,从而使主题紧凑、集中,避免产生不必要的歧义。

5. 演讲稿的主题要深刻。除了思想浅薄的猎奇者以外,没有人会喜欢那种浮光掠影式的演讲。我们在演讲的时候也一定要记得抓住事物的筋骨和实质,力求做到由表及里、由浅入深、由此及彼,而不是一味地去做表面文章。

秋瑾作于1904年的这篇《演说的好处》正符合了我们对演讲稿主题的若干要求：

> 演说一事，在世界上大有关系的，所以我们不能不注意。我国把演说看得很轻，以为口里说说，有什么大不了，何必是要去练习他；到了演说的地方，当作家常话，随便说说，无关正事，不足动人，这还可以算得演说么？然却怪不得，都因为从前不曾练习的缘故。为什么演说一事，在世界上大有关系的呢？因为开化人的知识，感动人的心思，非演说不可。然而我常常听人说道："这如今岂不有报纸么？有了报纸，岂不能开化民智，为何要演说呢？"唉！这话可就差了。如今看报的人，可以分做四等：一等就是官场；一等是商家；一等是闲荡的人；一等是平常读书人。读书人看报：亦有爱新议论的；亦有爱看顽固议论的。闲荡的人看报，又与别的不同，不过看些笑林报、花月报、戏园中那几个开演；书场中那几个登台。商人看报，不过看看报纸的反面：钱米各业的行情，可以用他居奇的方法。那官场看的报更觉可笑：不过看一种《申报》，因为《申报》上都是恭维他们的话，所以官场中人除了《申报》，别种报都不要看。
>
> 现在我们中国，把做官当做最上等的生涯，这种最上等的人，腐败不堪：今日迎官，明日拜客；遇着有势力的，又要去拍马屁；撞着了有银钱的，又要去烧财神；吃花酒，逛窑子，揣上意，望升官：种种想头，还忙个不了，那里还有工夫去用心在报纸上呢？并且报上的话，与他水火不相投，为什么要去看他呢？中等的人，做做生意，亦没有看报的思想。那些下等的人，更不消说了。一万里头，能有几个认得字呢？既然不认得字，拿了报还不知是横看是竖看呢；况且他们亦不晓得报中的好处。就是有认得几个字的人，报中议论亦解不透，何苦月月花钱去买报看呢？所以开化人的知识，非演说不可；并且演说有种种利益：第一样好处是随便什么地方，都可随时演说。第二样好处：不要钱，听的人必多。第三样好处：人人都能听得懂，虽是不识字的妇女、小孩子，都可听的。第四样好处：只须三寸不烂的舌头，又不要兴师动众，捐什么钱。第五样好处：天下的事

情,都可以晓得。西洋各国,演说亦为一种学问,岂非因演说一事,世界上大有关系么?如今我国在日本的留学生,晓得演说的要紧,所以立了一个演说练习会;又把演说的话刻了出来,把大家看了,可以晓得些世界上的世情、学界上的学说。唉!列位不要把这个演说会看轻了,唤醒国民开化知识,就可以算得这个演说会开端的了。

我们说写作演讲稿要重视主题,首先是因为演讲是一种有目的的社会活动,它不可避免地要创造一定的社会意义和社会价值,否则演讲便失去了它赖以存在的根基。比如我们大家都熟悉的法庭演讲,公诉人一方就是要证实被告有罪或罪行较重,辩护人一方就是要证实被告无罪或罪行较轻。此时无论哪一方的演讲都带有强烈的目的性,也自然都要围绕"犯罪嫌疑人是否有罪或其罪行是轻是重"的主题而展开,不然便不足以阐明自己的观点,而最终判定胜与负的决定因素更在于主题的正确与否。其次,每一篇演讲稿即使有不止一个分论点,也必须由一个共同的主题所统率。演讲稿的主题就好比三军的统帅,有了他的统一指挥和调度,军队才会进可攻退可守。而一篇演讲稿中,材料的统筹、结构的破立、情感的捭阖、语言的雅俗都是要由主题来安排和调遣的。有了主题,本来散乱的材料才会形成一个有机的整体,才能让听众一听就懂。

二、演讲稿的基本结构

一场演讲无论有着怎样的内容和目的都离不开演讲稿的存在,而演讲稿的基本结构通常由开头、核心和结尾三部分组成,即使是至为精短的一分钟演讲也是"麻雀虽小,五脏俱全"。

(一)开头

当一个演讲者迈着或轻盈或沉稳的步子走上讲台时,他必然成为听众注意的焦点,听过了彬彬有礼的问候,人们热切地期待着他的第一句话。第一句话讲得好,人们会随顺着他的思路一起前行;第一句话讲得不好,人们绷紧的神经自然会松弛懈怠,甚而神游他方。"好的开始是成功的一半",所以演讲的开头要如同平地春雷,使人惊觉与警醒,让听众在为之动容的基础之上,动心,动情。

1. 提纲挈领式。这是演讲实践中一种最常用的开头方式,一般以"我演讲的题目是……"或"我的观点是……"的形式出现。这种开头的优点是开门见山,一开始就接触主题,从而使演讲内容受到限定,利于做到不蔓不枝。

2. 自我介绍式。演讲者在开场时,首先进行一下自我介绍有利于实现与听众之间的信息沟通。以事实为依据,或自夸、或自谦、或自贬,可个人经历、可性格爱好,也可表明立场观点,无论哪一种都能够表现出你的诚挚坦率,有利于听众从中发现彼此间存在的共同点,从而起到融合气氛抓住听众注意力的效果。

3. 叙述铺陈式。这种方式带有记叙性,其内容富于情节性和延展性,往往能够在听众的头脑中勾画出一幅色彩鲜明、轮廓生动的画面。例如:"我小的时候,家住在山区,每天守望的都是天空的蔚蓝、田野的碧绿,还有就是连绵崎岖永远也走不到尽头的弯弯山路。我常想:空旷的大山那边到底是什么呢?"听闻这样的描述,听众往往会产生许多由此及彼的联想和想象。

4. 抒情渲染式。这种开头带有强烈的情绪感染性,会形成强烈的情感攻势让听众不由自主地沉浸其中,与演讲者一起意气昂扬地走入下文。例如:"我爱北国的千里冰封,我爱北国的万里雪飘!可是,我也爱南国的千里莺啼,我也爱南国的水村山郭!"

5. 直接论辩式。演讲要求演讲者具备正确的思想,明白自己是在为真善美而呐喊。直接论辩式开篇即抓住对方的致命弱点,力求一击中的,然后用严密的论证构建坚强的堡垒,不但不给对方以可乘之机,还要一举驳倒他。但我们要强调的是演讲者必须具备高尚的品质,在激烈的论争中也不能忘记彼此在人格上是平等的,决不可以借此进行人身攻击。

6. 议论设问式。每一篇演讲稿都一定渗透着演讲者的思想与观念,只不过是有的人将其直白地予以表述,而有的人则像研墨一样将它晕开了以后再加以点染。议论设问式经常会运用"如果你说……那么我要说……"或是"难道……真的是这样的吗"或是"不知你是否知道……"

等等相关句式将演讲者的观点以悬念的形式慢慢交代给听众的。

此外还有引用名言、交代演讲背景、目的等方式。如何开头要视演讲的内容、场景和对象等具体因素灵活处理，也可多种方法并用。

（二）核心

与其他文体有着明显差异的开头和结尾两部分是演讲稿这种表达形式所独具的，我们可以用它把演讲稿和其他的文体区别开来。但如果要问演讲制胜的关键在哪里，我们就不能不说一说演讲稿的核心部分。演讲稿核心部分如何结构，首先取决于演讲稿采用何种主要表达方式。虽然我们说演讲稿多以论说为主，但记叙式演讲稿也并不十分少见，其基本写法是适当使用顺叙、倒叙、插叙、补叙等叙述手法，采取夹叙夹议的方式。议论式演讲辞的基本结构多为总分式（含分总式和总分总式）、并列式、递进式、对照式（对比式）等，我们这里主要介绍三种：一种是平行对比式，一种是纵向延伸式，还有一种就是交叉组合式。

1.平行对比式。所谓平行对比式就是将相关材料（论据）以对比的方式展现出来，造成一种强烈的对比气氛，以增强文章的说服力和感染力。这里的对比又可以分为两种情况：一是自身情况的对比，一是不同人与事的对比。

就前一种情形，我们先来看一个例子：

> 我们天申集团现在是一个拥有资产1.5亿元，下属公司九家，其中包括荷兰、加拿大两家国外公司的民营企业。可1979年创业时，我只是个上过六年学的农民，手里只有借来的380元钱。那时，乡亲们都说："咱农民把地种好就得了，做买卖哪是你干的事？"可我就是干了。从加工花生干起，我能发展到现在，都是一个"穷"字逼的！我就是要把这个"穷帽子"扔掉！

这是一位民营企业家在经济发展研讨会上的演讲片断，他取材于自己身上的变化，用今昔对比的方法铺陈演讲稿，没有刻意渲染和炫耀的痕迹，却与听众产生了强烈的共鸣，赢得了长时间的掌声。

就后一种情形，我们可以来看一下这个例子：

> 当教师被要求向水仙花学习，只需一碟清水，几粒圆石便能生

存、贡献,并且还能显示出他高洁人格的时候;当教师的菜篮子里蛋白质和时鲜蔬菜日益减少,而不得不听从营养学家的告诫而多吃豆制品的时候;我们看到:一年却有八百个亿的公款随着成吨的佳肴美酒,从以各种名义举行的宴会桌上,流进污浊的水沟;一座座时髦的宾馆大楼、办公大楼也拔地而起,竞相追逐着奢华。

这只是演讲者高亢气愤的演讲稿中的一段,但就是这一段,也足以通过教师和"某些人"的对比而说明生活中还存在着不够合理的现象,所有有良知的人,尤其是那些有良知的当权者怎能不为之思考?

2. 纵向延伸式。这种形式多是以时间为经、以事件为纬来完成演讲核心部分的材料组合的。其好处是脉络清楚,一线分明,在讲述某个人物的成长过程和英雄业绩时,这种方法最为适用。而如果运用得当,这种方法还会起到加大气势、开合自如的作用。

林肯在盛赞尼亚加拉大瀑布时曾说过:

> 远在很古以前,当哥伦布最初发现这一大陆,当耶稣基督被钉在十字架上,当摩西率领了以色列人渡过了红海,甚至亚当从创世主的手里出来时,一直到现在,尼亚加拉瀑布一直在这里发着怒吼。古代的伟人,像我们现代人一样,他们曾经见到过尼亚加拉瀑布。比人类的第一个始祖还要早的那时的尼亚加拉瀑布和现在的瀑布同样新鲜有力。世纪前的庞大的巨象和爬虫,也曾见到过尼亚加拉瀑布。从那样久远的年代一直到现在,尼亚加拉瀑布从未有过一刻钟的静止,从不干涸,从不冰冻,从不休息。

这段演讲中,作者面对雄伟壮丽的尼亚加拉大瀑布展开自己丰富的联想,从尼亚加拉大瀑布史前就已存在的这一特点出发,用自己的头脑牵动听众的思绪与之一同慢慢回溯,在时间上形成纵向排列,在情感上实现逐层加深,豪情与气势融合在一起,材料是那样的庞杂,摆在一起却又是那样的顺理成章。

3. 交叉组合式。交叉组合式就是在一篇演讲中,我们往往会采用许多能够为主题服务的材料,而按照简单划一的标准又不足以将所有材料划分成类,它们既不是平行的,也不可以简单地连接成一条直线,那么这样的材料组合就一定是交叉的。在具体的演讲稿写作中,这种结构形式要比前两种更为常见。

一位军人妻子在演讲中历数了自己在家里所受的苦和丈夫在驻地所承受的艰辛之后说:

> 我在军营呆的一个月时间里,所见所闻,一幕幕,一声声,激荡着我,扩展着我,震撼着我! 回来的路上,目睹嘉峪关古长城的残壁,我仿佛感觉到了历史的推拥;凝视着波涛汹涌的黄河,我仿佛闻到了催征的鼓点;看到滔滔东去的长江,我仿佛听到了时代的召唤! 我对人生幸福的概念,有了一种新的理解和领悟!

毛泽东在演讲名篇《为人民服务》中说:

> 人总是要死的,但死的意义有不同。中国古时候有个文学家叫做司马迁的说过:"人固有一死,或重于泰山,或轻于鸿毛。"为人民利益而死,就比泰山还重;替法西斯卖力,替剥削人民和压迫人民的人去死,就比鸿毛还轻。张思德同志是为人民利益而死的,他的死是比泰山还要重的。

这两段文字中所透露的信息和意象分别有长城、黄河、长江及自己在军营的所见所闻和司马迁的话、张思德的死,每组事物所涉及的内容之间本没有什么过于必然的联系,也就是说它们各自有着各自的发展方向,只不过其间有某一点是相通的,于是两条线便有了一个交点。这一交点往往就是一篇演讲稿用以升华主题的亮点之所在。

每一篇演讲的开头、结尾因其简短都比较容易出彩,而中间部分最需要脚踏实地展开论述,有时是步步为营,有时是抽丝剥茧,都需要下一番细致缜密的功夫。以上言及的只是其中的三种基本形式,值得注意的是,在具体的演讲稿写作过程中,这三种形式又常常是相互融会,共同来完成演讲稿的说理任务的。

(三)结尾

凡事有头便有尾,有始即有终,如果说好的开头如高山打鼓响彻八百里云天,能够振聋发聩的话,那么结尾也一定要做到耐人寻味、不同凡响。演讲的结尾作为演讲整体不可或缺的组成部分,主要肩负着以下四个方面的任务,而我们写作演讲稿的结尾也正是要从这四个方面入手。

1. 自然归结,收束全文。一场有分量、有含量的演讲常常会包含很多方面的内容,并由此而产生许多联珠妙语,甚至生发出纵横捭阖的气势。有时正说在昂扬激烈的当口,在情绪的最高昂处"曲终收拨",可是一旦就此戛然而止听众往往反应不过来,所以有不少演讲者就用诸如"我今天的演讲就到这里"、"谢谢大家能来听我的演讲"或"我的见解有不当之处还请大家多多指正"等语句予以提示。

2. 重申观点,强化主题。关于演讲的结尾,苏格拉底和费得罗斯曾有过这样一段对话:

> 苏格拉底:对于演讲的结尾,大家的意见是一致的。就是说总结性地将所讲过的内容再重复一遍,将同样的内容,用不同的话再讲一遍。
>
> 费得罗斯:你的意思是说,演讲者在结束时将所讲过的东西简明扼要地再叙述一遍,以此使得听众记住演讲者的话,对吗?
>
> 苏格拉底:这正是我的意思。

苏格拉底的意思也正是我们要学习和采用的方法,他所说的这个结尾不是简单的重复,而是对演讲内容和主题的提纯与升华,其目的便在于,用最简洁、最凝练、最富有哲理性的语言,激动听众的情感,使其思想在这最后的一刻发生质的飞跃。

3. 渲染情绪,鼓动听众。我们对演讲的要求,从某一个方面讲,其实就是言之有物、言之有理、言之有情。确凿的事实是用来打动听众的,深邃的道理是用来说服听众的,强烈的感情是用来感染听众的。不使自己的演讲具有强大的情感力量,就不足以使听众为之所鼓动,并由此产生一种急切的"起来行"的冲动。如果在演讲的结尾说一句:"让我们一起向前去!"再配以一个上区(身体腰部以上区域)单掌前推的态势语,其鼓动效应恐怕会是极为明显的。

4. 发人深省,耐人寻味。这事实上是和余音绕梁结合得最为紧密的一点,它要求演讲声似撞钟,余韵徐歇,袅袅之声不绝于耳。让听众从回味中得到启迪和教育,并得到美的享受。闻一多先生《最后一次讲演》的最后一句话说:"我们不怕死,我们有牺牲的精神,我们随时像李先生一样,前脚跨出大门,后脚就不准备再跨进大门!"铿锵有力、字字千钧的演讲揭露了很多言犹未尽的事实,更能因此引导更多的人勇敢地奋斗下去。

三、演讲稿的修改

曾经担任过美国总统的伍德罗·威尔逊是一个天才的演说家,他以亲自撰写所有讲稿而著称。一次,有一个人问他,写一段5分钟的演讲辞需要多长时间,他说大约需要一星期。那个人接着又问他,写一段半个小时的演讲辞需要多长时间,他回答说两天左右。"那么一个小时的讲稿呢?"那个人又问。他立刻回答说:"我现在就可以作一篇。"这则轶事至少可以告诉我们如下三条真理:一是演讲行为要依据演讲稿而进行;二是越长的演讲稿越好写,越短的演讲稿越难写;三是演讲稿要有一个反复修改的过程,否则5分钟的演讲稿就没有必要或者说不可能写一个星期。

演讲稿因为是落在纸上的文字,所以被我们称作是一种"文体"。但最终要用有声语言来表达却注定了它鲜明的口语性特征,所以演讲稿是要"读"着改的,无论你是默读还是朗读。其次,演讲稿的修改要注意以下三个步骤:

(一)澄清主题

或者叫做明晰主题。一篇演讲之所以能打动听众,首先就在于它的主题要是正确的、鲜明的,要用旗帜鲜明的陈述句来表明观点,而不能用包括反问句在内的其他句型。主题不鲜明就不足以使人明了,主题不正确就不足以使人信服,所以我们在修改演讲稿的时候首先要检查修正我们的主题和观点,力求做到无懈可击,并剔除那些与主题无关的,甚至会蒙蔽他人知觉以致掩盖主题的内容。

(二)调理结构

也就是使演讲稿的结构更适应听众的心理接受方式。"适应听众的心理接受方式"在这里主要有两层含义:一是演讲稿的内容和形式要在服务主题的前提下具备和符合自身的逻辑性,不能杂乱无章,东一榔头西一棒槌;二是要结合听众的喜好确定演讲稿的最终结构。对事物的接受,有些人喜欢一脉相承的纵列式,有些人喜欢激烈紧张的对比式,还有人喜欢收放自如的交叉式,而要想在这些方面抓住听众,就一定要注意到听众的特点。什么样的听众比较能接受那种顺流而下、娓娓道来的演讲,什么样的听众比较能接受那种纵横驰骋、具有一定思维活性的演讲,都是演讲稿的写作者在调理结构环节中要认真考虑的。没有听众就没有演讲,演讲的成败亦取决于听众的反响,以听众为轴心进行演讲准备活动是至为明智的。

(三)语言文字的修订和润色

这里我们主要谈三个问题:

1.口语和书面语的转化问题。无论我们把演讲稿在纸面上写得多么工整美观,甚至像一幅书法作品,都无法改变它的"口语"性质,即它最终必须由口中说出,是给人听的而不是给人看的。所以遇到音韵不和谐和书面语色彩较浓的地方就要改正,否则影响了听众的理解也就影响了演讲的效果。

改前句:

春晓,我立于黑板前,透过窗子远望平畴。

改后句:

春天的早上,我站在黑板前,透过窗子眺望远处那平坦的田野。

原句并没有语法上的问题,为什么要改呢?因为这里的"春晓"一词明显地音节不足,而"立"与"平畴"则是不折不扣的书面语,不改成流畅自如的口语就会影响听众的理解,影响了听众的理解自然也就影响了演讲的效果。

2.增强语言表现力和感染力的问题。首先,使用恰当的动词、形容词和副词,让它们在句子中充当谓语、定语和状语。在适宜的条件下,为文字多加一些修饰限定成分会使其增色许多。其次,我们还可以借助一些语气急促的短句、气势宏大的排比句及比喻、拟人等多种适宜的修辞手法来增强形象性和感染听众,往往会取得意想不到的效果。

我们先来对以下两组文字进行一下比较:

第一组:

  黄河从我们面前流过,它流过戈壁,流过平原,一直流向大海……

  滚滚黄河从我们面前咆哮而过,它流过寸草不生的茫茫戈壁,它流过水草丰美的河套平原,一直流向那浩浩荡荡横无际涯的大海……

第二组:

  我跪倒在母亲面前,我用手抚摸着母亲的脸,我看见泪水从母亲的眼中滚落……

  我"扑通"一声跪倒在生我养我的母亲面前,我用我细嫩的手指抚摸着母亲那长满皱纹、写满岁月沧桑的十分粗糙的脸,我看见两滴晶莹的泪水从母亲的眼中轻轻滚落……

表达效果的孰优孰劣自然显而易见了——每一组的第一句话都没有第二句话好,而第二句只是在第一句的基础上加入了一些形容词和副词作为定语和状语,从而使句子变得形象而丰满。

我们再看下面两组句子:

第一组:

  真理激发理想,理想产生信念,信念激发意志,意志产生力量!让真理之电,在我们头上轰鸣;让理想之电,在我们脑海闪光;让奉献之火,在我们心田燃烧!

第二组:

  带着激动,带着疑惑,带着思索,他来到了河西走廊一个荒凉的戈壁滩上。风沙,抽打着他的脸庞;烈日,炙烤着他的脊梁;困苦,阻挡着他的脚步;寂寞,煎熬着他的心灵。

这两段文字都既是短句又是排比句,短句使语气急促,让听众的思路迅速跟上演讲者;排比使气势宏大,让听众仿佛看见那层出不穷的重重考验;而拟人的修辞又使那些本不具备生命的事物具备了人一样的情感和行动,自然条件的恶劣和人的永不丧失的信念都得到了极为鲜明的体现。

3.增强演讲说服力的问题。恩格斯《在马克思墓前的讲话》有这样一段内容:

> 正像达尔文发现有机界的发展规律一样,马克思发现了人类历史的发展规律,即历来为繁茂芜杂的意识形态所掩盖着的一个简单事实:人们首先必须吃、喝、住、穿,然后才能从事政治、科学、艺术、宗教等等;所以,直接的物质的生活资料的生产,从而一个民族或一个时代的一定的经济发展阶段,便构成基础,人们的国家设施、法的观点、艺术以至宗教观念,就是从这个基础上发展起来的,因而,也必须由这个基础来解释,而不是像过去那样做得相反。

在这段话中,作为对马克思的评价和承认,恩格斯介绍了马克思所发现的"人类历史的发展规律",并就其重要性做了阐述。而在他的演讲稿原稿中,却仅有这样一句话:"查理·达尔文发现了我们星球上有机界的发展规律,马克思则发现了决定人类历史运动和发展的基本规律。"与定稿中有理有据的论证相比,原稿当然要逊色许多了。以此为例,修改的作用是不是也不言而喻?

除了以上几点外,标题也是应该耐心推敲的。一般来讲,人们在接触演讲的时候,首先接触到的就是题目。俗话说"题好文一半",如果没有对题目的认识与把握,也许就不会有当年蔡朝东从《老山战斗英雄事迹介绍》演变而来的、影响了一代青年的著名演讲《理解万岁》。

【自测训练】

1.演讲稿与演讲活动有着怎样的关系?
2.如何理解演讲稿的口语性特征?
3.第一人称"我"和"我们"的出现对演讲效果会产生什么样的影

响？

4. 为自己撰写演讲稿的好处是什么？为他人撰写演讲稿应注意些什么？

5. 修改演讲稿应主要从哪些方面发现问题？

【名篇赏析】

在马克思墓前的讲话

恩格斯

3月14日下午两点三刻,当代最伟大的思想家停止了思想。让他一个人留在房里还不到两分钟,当我们进去的时候,便发现他在安乐椅上安静地睡着了——但已经永远地睡着了。

这个人的逝世,对于欧美战斗的无产阶级,对于历史科学,都是不可估量的损失。这位巨人逝世以后所形成的空白,不久就会使人感觉到。

正像达尔文发现有机界的发展规律一样,马克思发现了人类历史的发展规律,即历来为繁芜丛杂的意识形态所掩盖着的一个简单事实:人们首先必须吃、喝、住、穿,然后才能从事政治、科学、艺术、宗教等等;所以,直接的物质的生活资料的生产,从而一个民族或一个时代的一定的经济发展阶段,便构成基础,人们的国家设施、法的观点、艺术以至宗教观念,就是从这个基础上发展起来的,因而,也必须由这个基础来解释,而不是像过去那样做得相反。不仅如此。马克思还发现了现代资本主义生产方式和它所产生的资产阶级社会的特殊的运动规律。由于剩余价值的发现,这里就豁然开朗了,而先前无论资产阶级经济学家或者社会主义批评家所做的一切研究都只是在黑暗中摸索。

一生中能有这样两个发现,该是很够了。即使只能作出一个这样的发现,也已经是幸福的了。但是马克思在他所研究的每一个领域,甚至在数学领域,都有独到的发现,这样的领域是很多的,而且其中任何一个领域他都不是浅尝辄止。他作为科学家就是这样。但是这在他身上远不是主要的。在马克思看来,科学是一种在历史上起推动作用的、革命的力量。任何一门理论科学中的每一个新发现——它的实际应用也许还根本无法预见——都使马克思感到衷心喜悦,而当他看到那种对工业、对一般历史发展立即产生革命性影响的发现的时候,他的喜悦就非同寻常了。例如,他曾经密切注视电学方面各种发现的进展情况,不久以前,他还密切注视马赛尔·德普勒的发现。

因为马克思首先是一个革命家。他毕生的真正使命,就是以这种或那种方式参加推翻资本主义社会及其所建立的国家设施的事业,参加现代无产阶级的解放事业,正是他第一次使现代无产阶级意识到自身的地位和需要,意识到自身解放的条件。斗争是他的生命要素。很少有人像他那样满腔热情、坚韧不拔和卓有成效地进行斗争。最早的《莱茵报》(1842年),巴黎的《前进报》(1844年),《德意志—布鲁塞尔报》(1847年),《新莱茵报》(1848—1849年),《纽约每日论坛报》(1852—1861年),以及许多富有战斗性的小册子,在巴黎、布鲁塞尔和伦敦各组织中的工作,最后,作为全部活动的顶峰,创立伟大的国际工人协会,——老实说,协会的这位创始人即使没有别的什么建树,单凭这一成果也可以自豪。

正因为这样,所以马克思是当代最遭忌恨和最受诬蔑的人。各国政府——无论专制政府或共和政府,都驱逐他;资产者——无论保守派或极端民主派,都竞相诽谤他,诅咒他。他对这一切毫不在意,把它们当作蛛丝一样轻轻拂去,只是在万不得已时才给以回敬。现在他逝世了,在整个欧洲和美洲,从西伯利亚矿井到加利福尼亚,千百万革命战友无不对他表示尊敬、爱戴和悼念,而我敢大胆地说:他可能有过许多敌人,但未必有一个私敌。

他的英名和事业将永垂不朽!

1883年3月14日,世界无产阶级的伟大导师马克思与世长辞。1883年3月17日,马克思的遗体被安葬在伦敦海格特公墓,和他的夫人燕妮·冯·威斯特华伦(1881年12月2日逝世)葬在一起。参加安葬仪式的有共产主义者同盟时代的老战士弗里德里希·恩格斯、威廉·李卜克内西、弗里德里希·列斯纳、格奥尔格·罗赫纳、哥特利勃·雷姆克，还有自然科学界的权威动物学教授雷伊·朗凯斯特和化学教授卡尔·肖莱马等。在安葬仪式上，恩格斯用英语致悼词。该悼词刊登在 1883 年 3 月 22 日《社会民主党人报》上，标题（即《在马克思墓前的讲话》）是编者加的。

　　恩格斯的这篇演讲稿，以议论为主叙述为辅，从表达方式看是最基本的演讲稿写法。该文用凝练优美的语言，高度评价了马克思伟大光辉的一生及其对人类文明的贡献。恩格斯认为马克思是思想家、经济学家，也是科学家，介绍了他在每一个领域所做的突出的贡献，但他同时认为"马克思首先是一个革命家"，他毕生的真正使命是参加现代无产阶级的解放事业。由浅入深、由远及近的笔触直指马克思对人类发展的最大的意义。现代西方社会视马克思为 19 世纪以来最伟大的思想家之一，并展开了如火如荼几十年不衰的新马克思主义研究，都证明恩格斯的话决不是革命战友的溢美之辞。而第三自然段以"正像达尔文发现有机界的发展规律一样"来开头，第四自然段讲了马克思对科学的关注，与现场来宾中有一个动物学教授和一位化学教授应该不无关系。由此我们可以发现，演讲稿中的每一部分内容都与它的听众有着密切的联系，决不是无的放矢、信口开河。

第五章　事迹材料写作

【重点提示】

1. 了解事迹材料的含义与特点。
2. 明晰事迹材料与相近文体的区别。
3. 掌握事迹材料的结构特征。
4. 掌握事迹材料的写作流程。

第一节　事迹材料的含义及应用

在生活和工作中,我们经常被这样的一个人或一群人感动着,他(他们)或者在自然灾害面前挺身而出,奋勇直前,让国家和人民的生命财产不受损害;或者在危急时刻挺身而出,力挽狂澜,将邪恶势力用铁拳化为齑粉;或者在平凡的工作岗位中默默无闻,呕心沥血,燃尽生命中最后一丝光亮;或者用自己渊博的知识,辛勤工作,为国家人民创造了巨大的财富。这些人是我们时代的骄傲,是人民的财富,我们需要用各种方式来大力宣传这些可贵的精神财富,下面我们将要系统讲述的这种文体就具有这样的作用,它就是——事迹材料。

一、事迹材料的含义及特点

(一)事迹材料的含义

事迹材料是指党政军机关、企业、事业单位为了弘扬正气,表彰先进,推动工作,对本单位具有突出事迹的集体和个人整理出的文字宣传材料,属于事务公文。

(二)事迹材料的特点

1. 应用范围。党政军企事业单位。事迹材料虽然是为党政军机关、企业、事业单位所应用的的一种文体,但它只拥有宣传的作用,是不具备任何法律和行政作用的文体。

2. 属正面宣传的文体。事迹材料都是针对先进的集体或个人做正面宣传,目的是通过先进事迹对本单位或社会进行一种正面的舆论引导,对干部群众进行教育。

3. 事迹材料写作属于应用写作范围。事迹材料符合应用写作的性质、分类、写作动因、主题、内容要素与结构形式的一切要求,故而属于应用写作范围。

4. 事迹材料在写作方法上具有真实性、先进性、指向性、平实性的特点,这也是事迹材料区分于其他文体的显著特点。

二、事迹材料的分类

事迹材料的分类大体有以下三种方法:

从范围上分,可分为集体事迹材料和个人事迹材料。集体事迹材料是体现群体的先进事迹,个人事迹材料是体现个体的事迹材料。例如《激情燃烧的爱——辽中县信访局局长潘作良事迹材料》属于个人事迹材料。

从先进对象的形成和内涵上来分,可分为在一个较长时间内形成的先进事迹的材料和在一时因突发事件而产生的先进事迹的材料。例如《穿越丛林的寂寞信使——"马班邮路"乡邮员王顺友事迹材料》属于一个较长时间内形成的先进事迹的材料,《抗震救灾英雄谭千秋先进事迹》属于一时因突发事件而产生的先进事迹的材料。

从宣传对象上分,可分为党政机关、事业单位、军队、企业等。

三、事迹材料与相近文体的区别

(一)事迹材料与先进典型材料的区别

先进典型材料包括事迹材料和典型经验材料。先进典型材料是介绍典型人物的先进事迹或典型集体的先进工作经验的书面材料,它的写作对象一般是已经初步选定或最终选定的典型人物或集体,初步选定者的材料主要用于上报有关组织竞选更高层次的先进人物或集体,最终选定者的材料则用于经验交流或备案。事迹材料是先进典型材料下属的一类文体。

(二)事迹材料与典型经验材料的区别

事迹材料以先进对象的事迹和成绩为主要内容,侧重于"做了什么";典型经验材料以先进对象的经验和做法为主要内容,侧重于"怎么做"。事迹材料可分为个人事迹材料和集体事迹材料,而典型经验材料主要指先进集体经验材料,实际中很少有先进个人经验材料。这两种文体非常相近,最容易产生混淆。例如《文明新村喜奔小康路——石岭子村先进典型材料》一文,通过"抓班子建设,形成凝聚力;抓制度建设,形成驱动力;抓经济建设,不断壮大村集体经济和民营经济;抓精神文明建设,不断促进社会各业发展"的方法阐述了石岭子村致富的事迹,重点描写了在致富方面怎么做,这就是明显的典型经验材料的写法。

(三)事迹材料与人物通讯的区别

事迹材料属于公文文体,人物通讯属于新闻文体。事迹材料对于本系统本部门实际的针对性更强,事例叙述更为实用。事迹材料的语言朴实、庄重,人物通讯的语言生动、形象。人物通讯是以人物为中心报道对象,通过一个人物或一组人物新近的行动来反映时代特点和社会面貌的一种通讯形式。例如《胡大白——安安静静做大事》这篇人物通讯,有表现人物性格的特异点、在矛盾冲突中写人、借他人之口刻画人、借景写人、通过事实塑造人物等多种文学的写作手法,这是与事迹材料最显著的区别。

四、事迹材料的社会意义和政治意义

（一）在建设社会主义核心价值体系方面的重要意义

社会主义核心价值体系内容十分丰富，当代人核心价值观是社会主义核心价值体系的重要组成部分。以党倡导的社会主义核心价值体系来引领自己的价值取向、支撑自己的理想信念。坚决响应党的号召，积极贯彻落实党的路线方针政策，圆满完成党赋予的各项任务，是我们的政治责任和优良传统。

（二）发展先进文化的现实需要

在新形势下，要有效抵御各种腐朽落后思想文化的侵蚀，就必须进一步加强先进文化建设。大力宣传当代核心价值观，抓住了先进文化建设的关键环节，对于进一步凝聚人心，鼓舞士气，强化战斗精神，具有极其重要的作用。

（三）促进公民全面发展的迫切需要

在社会价值取向日益多元化、意识形态领域斗争依然尖锐复杂的新形势下，人民群众尤其需要有正确的价值观来引领自己的人生追求，指引自己人生的正确航向。为提高素质提供正确的价值导向，为健康成长创造良好的思想道德环境，对培养造就更多高素质新型人才具有重要作用。

第二节　事迹材料的结构特征

写作先进事迹材料，一般有两种情况：一是先进个人，如先进工作者、优秀党员、劳动模范等；一是先进集体或先进单位，如先进党支部、先进车间或科室、抗洪抢险先进集体等。无论是先进个人还是先进集体，他们的先进事迹各不相同，因此要写作事迹材料，不可能固定一个内容。一般来说，事迹材料由标题、前言、主体、结尾四个部分组成。

一、标题

标题通常有两种形式。一是单行标题，要写明先进个人姓名或先进

集体的名称，使人一眼便看出是哪个人或哪个集体、哪个单位的先进事迹。例如《县供电公司岗位能手李晓武同志先进事迹材料》、《设计研究院精神文明建设事迹材料》。一是双行标题，采用正题和副题形式，正题高度概括文章的主旨，副题标明先进对象。例如《一心为乡亲 倾力筑和谐——×××同志先进事迹材料》、《余热献给党，晚霞红满天——余干县老干部督导组及其组长李振荣同志事迹材料》。标题可不必拘泥，能把要宣传的人或集体的主事事迹概括出来即可。

二、前言

前言也叫开头，即开门见山地对先进对象进行介绍。前言有三种写法：简介式、概括式、引题式。

（一）简介式

即用简洁明了的语言交代典型人物的姓名、性别、年龄、工作单位、职务以及所获的荣誉和称号。例如，《工商局纪检书记×××先进事迹材料》，×××，男，××××年出生，××××年参加工作，中共党员，大学本科，国家公务员，现任××市工商局纪检书记。自上任以来，该同志认真践行"三个代表"重要思想，以公正廉明、严于律己、勤政为民的人格力量，在工商局树起了领导者的威信，以不徇私情、不思索取的一身正气，赢得了广大干部职工的尊敬，多次被评为省、市、县先进工作者，2003年被纪委、监察局评为先进个人，被县委评为基层党建百村大调研工作先进个人。这种开头一般用于个人事迹材料，要注意的是一定要用简介式的语言把人物的主要自然情况和主要荣誉交待清楚。

（二）概括式

即概括典型的突出之处和先进事迹。例如，《濮存昕同志事迹材料》，濮存昕同志是一位在艺术创作上取得显著成就的中年演员、优秀共产党员。他以其在话剧舞台上和影视片中成功塑造众多深受广大观众喜爱的艺术形象而获得广泛好评，为丰富广大人民群众文化生活、繁荣首都文艺舞台和精神文明建设做出了突出贡献。是国家一级演员、院艺术委员会委员、中国戏剧家协会理事、第十届全国政协委员。这种开头方法要求一定要把宣传对象的主要成就概括准确得体，一方面不要太过繁琐,另一方面不能与下文产生过多的雷同。

(三)引题式

即通过具有代表性的事例或群众对先进对象的评价引出先进对象和主题。例如,《公安派出所长×××先进事迹材料》,××××年1月13日上午,×××从广州铁路公安局领导手中接过了"广州铁路公安局人民满意派出所"的金色牌匾,这位从警24年、当过11年基层所队长的警察,又一次代表他所带领的娄底车站派出所获得殊荣。"铁道部打击车匪路霸先进集体"、"广州铁路公安局十面红旗"、"湖南省公安厅勤政廉政先进单位"、"广州铁路公安局人民满意派出所"等,正是对他勤政廉政、当好领头羊的最好注脚。而"一等功"、"全国优秀人民警察"等一系列的荣誉称号,则真实记录了他从警生涯中最精彩而又最危险的片断。

在具体写作中,用于上报的事迹材料大多采用简介式前言,而登于报刊的事迹材料则较多采用概括式和引题式前言。

三、主体

事迹材料主体的写作以事迹为主要内容,写出先进单位或人物的工作经历、工作事迹及取得的成绩。事迹材料主体的写作有五种方法:

(一)用典型事例来描写

典型例子特别具有代表性,特别具有说服力,因此成为事迹材料的首选写法。例如《穿越丛林的寂寞信使——"马班邮路"乡邮员王顺友事迹材料》一文:2001年8月,木里遭受了一次特大洪水灾害,造成山体滑坡,洪水冲断了县城至白碉的道路。大雨连下了十几天,一切交通处于瘫痪,里面的人出不去,外面的人也进不来。高中毕业的旭燕在家坐卧不安、心急如焚:"有没有录取通知书?通知书能不能及时送到?"一切都是未知数,到了8月中旬,她已经不抱任何希望了。一天傍晚,天空滚着响雷,风裹着雨直往屋里跑,旭燕家的狗突然叫起来。旭燕很意外:这么大的雨,还会有谁来? 她开门一看,雨里站着一个人,没穿雨衣、膝盖以下全是黄泥浆、整个人像是从水里捞上来的,旁边的骡子背上蒙着雨布。王顺友进屋第一句话就是:"你的通知书来了。"旭燕喜出望外:

"我当时感动得一句话都说不出来,谢谢都忘了说。我真没想到还能拿到通知书,更没想到,我的通知书居然是干的,一点皱都没有!"原来,他把雨衣用来盖邮包了。旭燕当时激动得呆了,潜意识里留他躲雨,老王说:"还有别家的信,也许正等得急呢。"没有坐,赶紧出了门。按理,老王完全可以不送这一班邮件。但看到邮件中有一封录取通知书,他便风雨兼程、赶了一天一夜到了白碉村,而在平时,这段路得走两天两夜。质朴寡言的王顺友爱用"伟大"两个字,他说:"送信的工作是伟大的,伟大之处就在于邮政的工作是在为老百姓做事情。"

通过在山洪暴发的傍晚浑身湿透的他把干净整洁的通知书交到女孩手中这一具体事例,塑造了四川省凉山彝族自治州木里藏族自治县"马班邮路"乡邮员王顺友一个在平凡工作岗位中默默无闻工作的光辉形象。

(二)用典型言论来描写

用典型言论来描写时要注意人物言论要与主题相符,还要言简意赅,既突出人物个性,又要对人物形象的刻画有帮助,同时要注意引用那些能鼓舞人心、有教育意义、有深刻含义的语言。例如《"打假医生"陈晓兰——十年艰辛 矢志推动立法》一文中:"我是一个眼睛里容不得沙子的人,这种事怎么能发生在救死扶伤的医院里呢?"陈晓兰永远不会忘记1997年7月24日,这个改变她下半生命运的日子。那天,陈晓兰正在工作,一位病人跑来对她说:"陈医生,我能不能不打那个'激光针',打了会哆嗦。""会哆嗦?难道是输液反应?"陈晓兰赶快跑去看,见到一种名为"光量子氧透射液体治疗仪"的输液配套器械,仪器上有一行小字"ZWG-B2型"。陈晓兰知道,ZWG是"紫外光"三个字的拼音缩写而不是激光,她拦住了要打针的病人:"这是紫外光,不是激光。"但陈晓兰没想到,因为这句话,第二天她就遭到了院领导的质问:"谁说光量子不是激光,这是上海医科大学陆应石教授发明的,你比教授还厉害?"倔强的陈晓兰便开始研究"光量子"。

(三)用典型行为来描写

这种写法要注意对人物行为的描写要细腻、真实、生动,通过行为展现先进者内心的伟大世界,这样的写法特别生动、形象、直观。例如

《优秀共产党员付福山同志事迹材料》一文：在日常工作中，付福山同志从不与组织讲条件、讲价钱，从不喊困难，只是默默工作。无论再难他也会努力去做，去认真贯彻分厂的意图。一次，轴段的零件因计划顶牛安排不上加工，又是急件，再拖一天就会使装配停工，分厂调度跟他商量请求套段支援，虽然他工段所有的机床也在抢急件，时间也很紧张，但他想方设法重新进行局部调整，安排工人急抢轴段缺件，按时交给了装配，保全了大局。他这种能为分厂排忧解难、识大体、顾大局的精神受到分厂领导和职工的高度评价，也体现了一个共产党员的高风亮节。付福山同志一人承担着全工段的所有工作，工作量是很大的，但经他安排的现场有条不紊，他自己还经常在现场亲自参加劳动，一会儿在钻床上，一会儿在车床上，钳工台也是他经常劳动的地方。总之，哪里有急件哪里就有他的身影。有一次已下班了，库里送来几件刻度盘请工段协助修理一下，明早要装机。但职工都已下班，付福山二话没说亲自上机床修理，一直干到晚上八点多钟才回家。第二天一早就送到装配，保证了装配的进度，受到了调度员和装配同志的高度赞扬，也体现了一个共产党员以工作为重的高尚品德。

（四）用典型思想动机来描写

典型思想动机易于凸显个人的崇高人格和集体的精神境界，所以也成为事迹材料的常见写法。例如《黑龙江省十大杰出青年杨丹事迹材料》一文：在公安消防部队大熔炉里，杨丹以坚毅的性格和顽强的毅力不断锤炼自己，一次次挑战自己、超越自己，以过硬的素质和优良的作风实现向优秀基层指挥员的转变。从小立志当一名军人的杨丹，胸怀远大理想，以火一样的热情投身于部队。1992年12月，年仅15岁的杨丹如愿以偿成为一名女兵。部队生活的磨砺，让她渐渐懂得军人的真正含义。1998年，刚走出部队院校的杨丹，被分配到机关工作，当年因工作成绩突出，荣立了个人三等功。但好强的杨丹不满足于条件相对优越的机关环境，决心到灭火救援第一线去一试身手。"是战士，就要冲锋陷阵；干消防，就要赴汤蹈火。女人一样可以面对烈火！"经过认真的考虑，23岁的杨丹向支队领导递交了到基层第一线工作的申请书。支队党委经过认真研究，批准她的申请。从此，杨丹成为黑龙江省公安消防部队第一位担任基层指挥员的女警官。上任前,支队领导找到杨丹,问她知不知道基层有多难、有多苦,有没有做好带兵、训练、值夜班、上火场的思想准备。杨丹表情坚定,斩钉截铁地说:"请组织放心,男同志能做的我也能做,男同志能吃的苦我也能尝。我就是想用自己的行动,证明女同志照样可以带兵上火场!"2000年9月,杨丹正式到任,任哈尔滨市公安消防支队特勤大队道里中队副指导员。

(五)用典型工作成绩来描写

这种写法可以直接写成绩,也可以写成绩取得的过程。例如《优秀共产党员付福山同志事迹材料》中的主体部分:套环工段原有三人组成领导班子,在深化改革后,现只有他一人任段长,承担着原来三人的工作量,而且还兼任着工段的生产计划员,统领着工段50多人的队伍进行生产作业。月月完成分厂下达的生产量,各方面的工作做得井井有条。从去年5月到今年5月他组织的生产每月都完成在1万小时以上(交库工时),最高的达到1.3万小时。使分厂顺利地完成总厂下达的生产计划。套环工段所取得的成绩都与他的辛勤劳动分不开。在2000年度党员评论中,一致推荐付福山同志为优秀共产党员,付福山同志以自己的实际行动为党旗增了光辉。

四、结尾

结尾又称结语,可进一步概括文章主旨,结尾部分有以下几种方式:

(一)表示先进人物或单位的努力方向和决心

例如《共青团×××学院团委干事××事迹材料》中的结尾部分:"'既然选择了共青团事业,就要为此付出心血和汗水,我无怨无悔。'新的世纪,新的形势,对继续工作在共青团事业的××同志来说,注定充满艰辛和坎坷,只有与时俱进,不畏艰险,求实创新,才能继续编织共青团事业美好的明天。"

(二)以所获荣誉、成就显示其先进性

例如《徐元同志先进事迹材料》中的结尾部分:"由于其突出表现,徐元同志不仅在单位上获得了较高评价,同时也被县委组织部门列为

正科级后备干部。他表示要化荣誉为压力,化成绩为动力,在本职岗位上,与时俱进,迎接新挑战,创造新业绩。"

(三)引用群众的评价、领导的表扬

例如《炊事班长陈良双同志先进事迹材料》中的结尾部分:"和他接触过的人都会说:陈良双对待同志就像父母爱子女一样,于细微处,体贴倍加。在工程队干了30年,他没有外出看过电影,每当有外出活动的好事,他总是让班里的年轻同志去参加,自己留守在家里值班等候回来吃饭的同志们。他把一腔热血和爱心默默地奉献给了同志和工友们。"

(四)号召向先进人物或单位学习

例如《孔繁森同志先进事迹材料》中的结尾部分:"在孔繁森的勤奋工作下,阿里经济有了较快的发展。1994年,全地区国民生产总值超过1.8亿元,比上年增长37.5%;国民收入超过1.1亿元,比上年增长6.7%。他为了制定把阿里地区的经济带上新台阶的规划,准备在最有潜力的边贸、旅游等方面下功夫。为此,他带领有关部门,亲自到新疆塔城进行边贸考察。1994年11月29日,完成任务返回阿里途中,不幸发生车祸以身殉职,时年50岁。他牺牲后,江泽民总书记于1995年4月29日亲笔题词'向孔繁森同志学习',时任国务院总理的李鹏也题词'学习孔繁森同志热爱人民、无私奉献的精神'。"

事迹材料的结尾要简洁、凝练、意尽言止,切忌画蛇添足。实际运用中,在会议发言的事迹材料应当有个结尾,不能收束太快;以书面文章发表的事迹材料结尾可写可不写。

第三节 事迹材料写作流程

一、事迹材料的写作准备

(一)搜集、选用和剪裁材料

材料是构成文章内容,形成、支撑并表达主旨的各种事实与理论。善于从材料出发,注意让材料说话,才能言之有据,言之有物,写出内容充实、丰富,有较强的说服力的文章。从材料本身的形态来看,事实与理论是材料的两大类型。如果再作进一步划分,事实则有事件与情况、实物与现象等许多种,理论则有方针、政策、规定及概念、原理、学说等等。从材料的来源来看,有第一手材料和第二手材料之分。不同类型的材料往往要通过不同的途径获取,观察、实验和调查是在实践中获取事实材料的主要途径,是得到宝贵的第一手资料的重要渠道;查阅文献则能够集中获取理论材料,第二手材料主要由此或通过调查得到。真实是实用型文章的生命,而材料的真实又是使文章具有真实性的首要条件。有力是实用型文章的材料所应具备的另一个特点。有力首先是说材料要能为主旨所统率,而不是游离于主旨之外,或同主旨相悖;其次要求所用材料为主旨的表达所必需,而不是可有可无。在我们的现实生活中蕴藏着十分丰富的写作材料,只有认真细致地观察,广泛地搜集,才能把握那些最准确、最生动、最能体现写作意图的东西。我们要写模范人物的先进事迹,必须深入细致地观察生活、搜集材料,并且材料搜集得越广泛、越多、越全面越好。在此基础上,要对所搜集的材料进行一番加工。首先要对材料进行认真的提炼,确定中心思想和主题,用以统率材料;然后要根据写作意图和主题的需要,去冗杂,选取最能反映事件本质、体现人物特点的材料,也就是典型材料。与文章主题无关的东西,哪怕它再生动精彩,也一定要舍弃不用。只有材料典型,人物事件才能突出。

(二)依据事实,确定主题

主题又称主旨,是作者通过文章的具体材料所表达的中心思想或基本观点。主题是文章的灵魂,决定着文章的质量。事迹材料的主题形成,往往是"意在笔先",即根据事迹材料的撰写目的而确定,根据撰写目的搜集材料、占有材料和选择材料,根据撰写目的确定文体。撰写应用文对主题有以下要求:写文章应力图使文章的主题正确、集中、深刻与鲜明。单一、集中、明确是事迹材料主题的特点,同时,也可以说是对应用文主旨的要求。所谓单一,是说一篇文章只能有一个中心,只能围绕着一个主题把问题说清说透。所谓集中,是说一篇应用文只能有一个中心,而这个中心应是全文的统帅。所谓明确,是说文章的中心意思,作者的意图和主张是什么,要使读者一看便知。

二、事迹材料的撰写过程

（一）结构安排完整、线索清楚、详略得当

结构问题即怎样组织安排材料、布局谋篇。一篇文章的结构，不外开头、主体与结尾三部分，而好的文章，开头要如"凤头"，美丽而吸引人；主体要如"猪肚"，内容充实，言之有物；结尾要如"豹尾"，有力度。合理安排文章的结构，要符合事物发展的规律性。简单地说，结构是文章的内容构造；安排结构，就是根据主旨表达的需要，合理地组织材料。从根本上说，结构合理就是指结构的安排符合客观事物的构成和发展规律。就其本质而言，事迹材料应该是一种逻辑构成，而逻辑构成则要讲求谨严性，而不能流于松散无序。固定是事迹材料结构的一个重要的特点。在长期的写作实践中，形成了统一的构成格式。程式化是文艺创造所应力避的一种倾向，但却是事迹材料写作所不能背离的规律。结构固定，格式规范，是各类实用型文章非常重要的一个特征。

事迹材料中的主体部分是全篇结构的重点，要写先进人物或先进集体的主要事迹，要下功夫写好，关键是要写得既具体，又不繁琐；既概括，又不抽象；既生动形象，又很实在。总之，就是要写得很有说服力，让人一看便可得出够得上先进的结论。比如，写一位端正党风先进人物的事迹材料，就应当着重写这位同志在发扬党的优良传统和作风方面都有哪些突出的先进事迹，在同不正之风作斗争中有哪些突出的表现。又如，写一位搞改革的先进人物的事迹材料，就应当着力写这位同志是从哪些方面进行改革的，已经取得了哪些突出的成果，特别是改革前后的，经济效益或社会效益都有了哪些明显的变化。在写这些先进事迹时，无论是先进个人还是先进集体的，都应选取那些具有代表性的具体事实来说明。必要时还可运用一些数字，以增强先进事迹材料的说服力。

为了使先进事迹的内容眉目清晰、更加条理化，在文字表述上还可分成若干自然段来写，特别是对那些涉及较多方面的先进事迹材料，采取这种写法尤为必要。如果将各方面内容材料都混在一起，是不易写明的。在分段写时，最好在每段之前根据内容标出小标题，或以明确的观

点加以概括，使标题或观点与内容浑然一体。

（二）准确、平易、庄重的语言

语言是思想的外衣、信息的载体、交际的工具，离开语言，写作就无法进行。语言的通达形象与否，在很大程度上决定了一篇文章的成败。很难设想，思想深刻、材料充实的内容，却可以通过贫乏而苍白的语言来表现；而一个连基本的语言关还没有过的人，可以写出一篇情文并茂的好文章！

事迹材料的语言准确除了是指用词造句恰当、贴切、得体之外，还有其特殊的含义。首先，专业术语和行业用语的大量使用，会增强应用文语言的准确性，或者说是应用文语言具有准确性的体现。专业术语和行业用语，是指用于特定的学科、专业领域或社会行业的意义确定的专门性词语。任何文章的语言，都应当具有简明性。而在以高效、快速地传递信息为任务的事迹材料中，所谓的语言简明，就是能用尽可能少的语言材料，把尽可能多的信息明明白白地传递给读者。平易即平实自然、晓畅易懂。文章语言的平易首先表现在用语的直白上。应用文特别是用于工作的应用文大都应当带有一种庄重的风格，而语言的庄重正是形成事迹材料的庄重风格的最为重要的因素之一。

我们在写事迹材料时，首先要争取把语言表达得准确、通顺、流畅、行有余力，再来讲究其形象、生动、鲜明。而要做到这一点，除了多向生活中汲取，从人们口头采集，多读书多学习之外，还有重要的一点，就是要对自己的作品负责。福楼拜对他的学生莫泊桑说："无论你所要讲的是什么，真正能够表现它的句子只有一句，真正适用的动词和形容词也只有一个，就是那最准确的一句，最准确的一个词。其它类似的却很多，而你必须把这唯一的句子，唯一的词，唯一的形容词找出来。"古今中外，在文学语言的运用上，都离不开这一条，对自己作品的高度责任感和由此产生的对语言的刻苦追求和严格选择。因此，写完作品后不要立刻感到大功告成，要字斟句酌地反复推敲。

只要我们做到动笔前精心构思，写作时字斟句酌，写完后反复推敲，那么，把事迹材料写得事理兼备、形似神肖，并不是不可企及的事。

三、事迹材料的撰写要求

(一)事实必须真实、可靠

事迹材料的先进事迹是否真实,直接关系到先进典型的生命力。只有绝对真实才能使先进典型真正具有教育人、鼓舞人的作用。因此,凡是材料中反映的先进思想、先进事迹和典型经验,一定要认真核对清楚,不允许有半点虚假、拔高或拼凑及张冠李戴的情况,不能把道听途说、未经核实的"先进事迹"和"经验"写入材料。如果确实一时难以搞清楚,宁可暂时不写,也不能勉强凑数。

(二)观点和提法要分寸恰当

在叙述先进典型的先进事迹和经验时,要注意摆正先进典型和其他群众、集体的关系。许多先进个人、先进集体的事迹,都不是单枪匹马干成的,是与周围群众和其他集体、单位的大力支持分不开的。因此,讲先进典型的事迹、经验,一定要注意切不可讲那些脱离群众、脱离整体观念的过头话。否则,就不能起到先进典型的带动作用。

(三)语言要朴实、简明

整理先进典型材料,主要是通过实实在在的事实说话。这就要求在语言文字的表达上,一定要善于选择那些实在、贴切的词语。不要过多选用做修饰成分或言过其实的形容词。不要讲空话、套话,硬拉架子做文章。话要说得简洁明了,凡是能用较少的话把事情说清楚的,就不要把话拉长。

(四)对撰写人的要求

要研究问题,把握情况;要领会政策,熟悉规定;要锤炼思维能力,加强语言修养;要掌握规律,了解规定;要善于借鉴,勤于实践。

【自测训练】

1. 事迹材料的含义与特点是什么?
2. 事迹材料与人物通讯在写作上有什么区别?
3. 事迹材料与典型经验材料在写作上有什么区别?

4. 运用所学写作理论分析下面事迹材料的写作特点。

人民的保卫者
——特警队员×××同志事迹材料

×××，男，1979年出生，中共党员，现任×××地区特警支队×大队一中队中队长，二级警司警衔。

×××同志自参加公安工作以来，始终牢记党的宗旨，以一个共产党员的党性和为公安事业无私奉献、忘我工作的精神，以严谨求实、艰苦朴素的工作作风赢得了领导和同志们的一致好评，多次受到上级单位的表彰和嘉奖。

一、努力学习，提高自身素质

　……………

二、舍小家顾大局，热情服务群众

2007年5月，公安部领导检查特警支队工作，作为支队拳术动作骨干的×××同志仅仅休了三天的婚假奉命归队，主动积极开展工作，建言献策，统一细抠拳术方队动作，在汇报表演中取得了好成绩，得到了公安部领导的肯定。

……该同志坚决要求去最艰苦、最危险的岗位执勤，在下哨后的休息时间主动帮助灾区人民搬运救灾物资、从废墟中抢救生活资料；6月中旬灾区连降大雨，汉旺镇武都村山上的一处堰塞湖危及村民的生命，×××同志不顾个人安危帮助村民向安全地带转移，抱着孩子，搀扶老人，把安全让给群众、把危险留给自己！……在汶川工作的50多个昼夜中，×××同志共计为民服务110余次，担负重点部位守护任务13次，盘查人员874人，抓获犯罪嫌疑人9人，调解纠纷7起，荣获"灾区人民群众满意的公安特警"荣誉称号。

×××同志在奥运会和残奥会安保工作中，以维护社会面治安稳定为工作要点，带领中队民警开展社会面的巡逻控制，坚守岗位，连续作战；积极开展巡控工作的新思路，总结出"进百家门、认百家人、知百家情、办百家事"的工作方法，主动走访巡控路段居民、商户，了解治安状况，为大队的巡控工作打下了良好的基础。……

三、利剑出鞘,打击犯罪;服从命令,维护稳定

在"百日攻坚会战"中,针对我市西站十字扒窃案件频发的状况,×××同志带领中队民警放弃节假日连续在西站十字守候跟踪,抓获经常在该地区进行扒窃的犯罪嫌疑人6人,强制戒毒6人,有力的打击了犯罪分子的嚣张气焰,使该繁华地段的治安状况明显好转,人民群众的安全感明显增强。

在赴××执行"××"重大群体性事件的勤务中,该同志始终保持清醒的政治头脑,正确对待人民群众内部矛盾,耐心解释劝说;服从命令、听从指挥、协调一致,又充分发挥长时间积累的勤务经验,积极建言献策,保护同志安全,成功参与处置"××"跨区勤务。

面对取得的初步成绩,×××同志经常提醒自己:目前的工作离人民群众满意的要求还有一定的距离,在今后的工作中,围绕创建"平安××、和谐××"的目标,笃实公安业务的各项基础工作,为保一方平安做出应有的贡献。

【名篇赏析】

巍 巍 南 山
——钟南山院士事迹材料
罗中云

钟南山,广州呼吸疾病研究所所长、中国工程院院士,著名的呼吸病专家,也是一名可亲、可敬、可爱、可信的医疗战线上的老兵。在他身上,人们看到了当代中国知识分子情怀风尚的缩影,强烈感受到了一个民族前进的时代强音。

视病人为亲人的博爱主义者

钟南山的名气好大,但在病人面前,却没有一点架子。从医四十多年来,他始终恪守着一条原则:生命无价,病人的利益高于一切。从普通医生到院士,至今此心如朗。

走到他的病人中间,会听到许多关于他与众不同的故事。比如,每到冬天,他给病人检查前,一定会先搓暖自己的手;又比如,他对病人永

远带着亲切的笑容;每次看专家门诊,为了满足更多病人想看他的愿望,他总是提前一个小时开诊,到晚上八九点才结束;省内外不少医院常请他去会诊急救,无论白天黑夜,领导百姓,他从不推诿;他去查病房,不管病人病得多重多难看,身上的异味多大,他都会和蔼地拉着病人的手问候,靠上前细心地倾听病人的诉说,那情形如儿子在听母亲的絮语,或者是父亲在听孩子的故事,从来不会有厌烦的表情……这些听似很小的事,做起来却是那么的不易。

广州市邮政局女工阿琼一说起钟南山院士,总是很动情。她说:假如不是遇上钟院长,自己就没命了。八年前,阿琼反复咳嗽、气喘了好长时间,吃了很多药也不行,病越来越重,后来慕名找到了钟南山。根据阿琼的病史和症状,钟南山给她做了哮喘检查,结果呈阳性,一般而言,诊断应该已经明确,剩下的就是对症下药了。而钟南山却不放心,继续细心地观察了一段时间,终于从一个细微的症状里发现了新问题,怀疑是气管肿瘤。这非同小可,为确诊,钟南山亲自为她做了支气管纤维镜检查,得到证实后,又亲自安排了医生手术,术中一看,好险,那隐蔽得很好的肿瘤竟已堵住气管的五分之四,什么时候填满了,阿琼就没了。阿琼深有感触地说:"钟教授的过人之处岂止在于他的医术,他对病人高度责任心和对病人的爱心,同样常人难及。"

追求精良的医术,可以说是所有医生的愿望,而对病人的责任心,不同的人有不同的境界。要做到对待病人如亲人,是需要很高的境界。而钟南山正是这个境界的人。

有一位潮州农村的病人住进了病房,他反复咳血,心理负担很重,非要见钟南山不可。钟南山出差回来听闻此事,马上去看望了这位重病人,并亲自主持了七次会诊,确诊后又亲自制定手术方案。之后钟南山又要到北京开会,此期间,他几次打长途电话询问病人的情况,回穗后又上病房看望病人。这个病人十分感动:"我与钟院长无亲无故,他待我却比亲人还好。"

钟南山在他的一篇题为《我的信仰和追求》里写道:如果医生把病人视为亲人,就会对病人倍加关心,就会想方设法为病人解决难题。会把一切名利、得失和风险抛在脑后。对目前个别医生索取红包礼物,因人而异的行为,钟南山深恶痛绝,"医生的天职就是救死扶伤,不能有任何折扣,你选择了这个职业,就必须具备这个品德。"他自己也会遇到病人出于感激而向他送东西、送红包的事,他总是婉言谢绝。他常说,病人的信任,是对医生最大的回报。他这样用心来说服病人,也这样教育身边的医护人员。在钟南山身边工作的人员都知道他有一句名言:看病只看病情,不看背景。还有著名的"三个一样":高干、平民,有钱、无钱,城市、农村,一样的热情耐心,一样的无微不至,一样的负责到底。他是这样说的,也是这样做的。身体力行的结果是,"三个一样"成了所内医务人员的共同追求。

实事求是的科学工作者

钟南山是一个求是严谨的科学工作者。早在留学英国的时候,他决定开展关于吸烟与健康问题的研究。之前,他的导师曾作过数据推理,但未能从实验方法中证实。钟南山决定迎难而上。研究中,为了获得第一手的数据。他用自己的身体作实验:连续吸入二硫化碳,反复抽血测定浓度,直到体内血中的一氧化碳含量达到22%,相当于一个人连续吸入100支香烟。但他坚持下来了,试验终于取得了满意效果,这时从不抽烟的他早已天旋地转,难受得无法支撑了。他的研究成果最终证实了自己导师用数据推导方法得出的一氧化碳对血红蛋白氧气运输影响的演算公式,而且发现了导师推导公式的不完整性。这次试验,他抽了800毫升血液。后来,导师推荐他的研究成果到全英医学会上宣读,引起了轰动。正是凭着这股实事求是的科学品质和刻苦钻研的精神,他赢得了国外同行的尊重,一开始对钟南山并不重视的导师弗兰里教授,在钟南山归国时特意写信给中国驻英大使馆,称赞钟南山实事求是的品质和刻苦钻研的拼搏精神。

在这次抗击SARS战役中钟南山更是这样。他认定了的事就一往无前,坚信人类最终能战胜SARS,但他同时保持着科学者的清醒,坚持实事求是,小心探寻科学,甚至不顾权威,不畏权威。……

甘为人梯的育苗者

....

与时俱进的攀登者

钟南山很喜欢中学老师留给他的一句话:"人不应该单纯生活在现实中,还应该生活在理想中。"他的理想就是不停地追逐科学的"未知数"。

钟南山在自己重点研究的医学方向中,都取得了卓越的成绩。在支气管哮喘和气道高反应性的关系上,他证实并发展了"隐匿型哮喘"的概念。在呼吸衰竭与呼吸肌疲劳的研究上,他创建了运动膈肌功能测定法,研制了电脑化膈肌功能测定仪,探讨了无创通气恢复膈肌张力的途径。在慢阻肺及肺心病人营养状态及营养疗法方面,他制定了中国人的基础耗能校正公式,研制出符合中国慢阻肺病人营养需求的全营养素"优特力生"。他所领导的实验室发现了粒细胞——巨噬细胞集落刺激因子和肿瘤坏死因子——α可诱导气道平滑肌分泌内皮素,后者又可增强纤维母细胞PDGF—β及GM—CSFmRNA的表达,形成恶性循环,在气道高反应性发展中起重要作用;阐明了皮质类固醇对该恶性循环遏制作用。发现了茶碱对内皮素生成的抑制作用,并首次证明低剂量茶碱联合皮质类固醇吸入在哮喘治疗上的优越性,阐明了肺血管中一氧化氮和内皮素失衡以及多种原癌基因表达异常在缺氧性肺动脉高压形成中起重要作用。首次证实了慢性阻塞性肺病在早、中期就存在膈肌耐力减低,采用呼吸肌休息(非创伤性通气)疗法可使60%病人气促及跨膈压改善。

············

多年来,钟南山"奉献、开拓、实干、合群"的精神被同志们亲切地誉为"南山风格",成为各项工作的思想指引。为了表彰他的突出贡献,1997年1月15日,中共广州市委做出《关于开展学习模范共产党员钟南山同志活动的决定》(穗字[1997]2号文),授予他"模范共产党员"的称号,并将他"以报国为志向的宽阔胸怀,视人民为父母的高尚情操,以攀登为天职的进取精神和以清廉为本分的堂堂正气"高度概括为体现共产党员优秀品质和精神风貌的"南山风格",号召广大共产党员和各条战线干部群众广泛开展学习钟南山同志先进事迹活动。广东省卫生厅也专门行文,要求全省医疗战线的同志学习"南山风格"。

在荣誉面前,钟南山始终保持清醒的头脑,他说,我取得的这点成绩，要感谢党和人民特别是广州人民对我的厚爱，我基本是在广州这块土地上成长的，呼研所也是一直在广州市委市政府的关心支持下发展起来的。党和人民给予了我们很好的工作条件，我们应该珍惜，更加努力工作回报。

（选自《当代医学》2003年第9卷第8期）

《巍巍南山》一文是较典型的事迹材料，该文通过讴歌广州呼吸疾病研究所所长、中国工程院院士、著名的呼吸病专家钟南山先进事迹，给大家展现了可亲、可敬、可爱、可信的医疗战线上的老兵形象。在他身上人们看到了当代中国知识分子的情怀风尚，强烈感受到了一个民族前进的时代强音。这篇事迹材料具有巨大的现实意义，当今，"看病难、看病贵"问题已经成为民生的重要问题，我国的医疗机制、医疗风气、医生个人素质都亟待改革和提高，上至国家领导，下至平民百姓都在积极地关注医疗问题。钟南山院士的成绩不仅仅在于他在本专业做出了突出的贡献，也不仅仅是他伟大的人格和凛凛正气，更是因为他在这条充满争议的战线上恪守了一个医生的天职，我们的医疗战线上缺少的正是这种精神，这篇宣传钟南山院士材料的目的就是用他的先进事迹为医疗战线树起一面鲜红的旗帜，去唤醒那些被红包、回扣泯灭了良心的医生，去推进我们医疗事业的改革和发展。这篇事迹材料结构安排完整、线索清楚、详略得当，重点处不惜笔墨，表述细腻、生动、真实，主体采取五种写作方法交叉运用，使文章有血有肉，感人至深，收到了良好的宣扬和讴歌效果。

第六章　讲话稿写作

【重点提示】

1. 了解讲话稿的概念和种类。
2. 明确讲话稿的文本要求和社会要求。
3. 掌握讲话稿写作的基本技能。

第一节　讲话稿界定

随着当今世界政治、经济、文化的发展与融合,人的社会属性越来越突出,人与人之间越来越多的交流、沟通关系的建立,国家、单位、部门中各种工作举措的部署、传达,集会、会议等场合活动内容、意义的提出,都需要讲话稿这种适用范围广、使用频率高、发挥作用大的应用文体来实现。讲话稿已经成为社会生产生活、工作学习交流等方方面面不可或缺的介质。对讲话稿的重视,体现着对听众的重视;对讲话稿的要求,体现着对工作的要求;对讲话稿的规范,体现着对交流的规范。一篇优秀的讲话稿,应该承载着历史和时代赋予的昂扬精神、党和国家发出的强烈声音,是人们团结向上、奋发进取的号角;一篇优秀的讲话稿,应该具有实事求是、勇于创新的精彩言论,应该具有踏实肯干、甘于奉献的乐观风格;一篇优秀的讲话稿,应该融个性与共性于一体,应该融固守与突破于一身;一篇优秀的讲话稿,应该是追求和谐的,应该是充满思想的,也应该是向往真理的。讲话稿的写作是一项重要的应用技能,所以,必须重视讲话稿的写作规范,掌握讲话稿的写作技能,充分发挥讲话稿的社会职能,实现讲话稿的应有效用。

一、讲话稿的概念

(一)内容与范围的界定

讲话稿是讲话者在会议、集会、仪式等场合代表个人或集体针对某事迹、工作、形势、现象等内容预先拟定的对受众表达意见、建议、要求、看法等思想感情的具有一定权威的应用性文字底稿。

首先,讲话稿中的讲话者是具备一定话语权力的人,讲话者在社会分工中充当具有一定领导能力的角色。讲话者所讲述的内容具有相对的代表性、权威性、可行性。这是由讲话者所讲内容及讲话意义、地位决定的。

其次,会议、集会、仪式等场合需要用讲话的方式组织交流,讲话稿是此间必不可少的应用文,它弥补了其他文字稿同一时间受众单一的缺点,同时,可以兼具其他文字稿的思想内容。针对讲话的场合不同,受众不同,讲话稿可以有不同的内容,它可以涵盖对某事迹的述评,对某问题的思考,对某文件、精神的传达,对某工作的计划、总结或者指示等,不一而足。

第三,讲话稿的内容都需事先拟定,但个别时候,讲话者可以根据讲话场合与听众的实际反应对讲话稿做出机动性调整。例如,讲话时间紧迫的话,讲话者则可以根据讲话稿的内容侧重点,选择性地进行讲话,可以将次要的东西略过不讲;讲话时间充裕或者临时需要加改内容的话,讲话者可以不必严格遵照讲话稿的固定内容。

第四,讲话稿的内容是相对灵活和宽泛的。但其主题同其他应用文体一样,较为固定。根据讲话者所代表的成分、领域等不同,便可以有不同种类的主题。它可以是领导者或主持者个人的意见、态度,也可以是组织或集体的指示、要求等。讲话稿的主题、内容及措辞都需要符合讲话者的身份、风格等特点,也要顾及讲话内容与受众的热情是否吻合等。

除此以外,讲话稿还需要讲话者投入一定的感情,这在讲话稿的文辞上应该有所表现。

讲话稿是用来"讲"和"听"的文体。但在"讲"之前,它仍是一个文字稿。形成文字稿的目的主要是为了便于讲话者记忆和连贯所讲内容,让讲话的思路清晰、内容精到、题旨鲜明、语言流畅、文采斐然等等。讲话稿的好坏直接关系到讲话的质量和听众的接受程度。

(二)讲话稿与相邻文体

以往定义的讲话稿有广义与狭义之别。广义的讲话稿泛指一切讲话者在公众场合发表口头讲话的文字底稿,可以包括演讲稿、发言稿、工作报告等等。狭义的讲话稿则专指领导者在工作会议上发表的指示性、指导性讲话的文字底稿。这在很大程度上模糊或者缩小了讲话稿原有的范围界限。广义的定位,将讲话稿的外延无限扩大,把所有用于"说"的文体都归至讲话稿,将讲话稿与其他文体混淆,造成讲话稿特性丢失,成分残缺,无法找回自身的文体特征,使讲话稿的表达陷入尴尬的境地;狭义的定位,将讲话稿禁锢在指令、指示这些标准行政公文文体的牢笼之中,使得讲话稿不具备一丝融通性,丧失了其应有的生命活力,使得讲话稿的启示性陷入僵死而狭窄的樊篱。

规范的讲话稿不但能够实现上下级的沟通、文件精神的传达、工作任务的部署、教育学习的交流等目的,而且能够起到教育、感化、激励、亲和等作用。

讲话稿是一个内容庞大的文字组织,是一个综合而广泛的应用文体,是一项重要的工作途径,也是一种作用独特的教育、宣传媒介。

对于讲话稿的称谓,不同应用文写作书籍有不同说法,但多有模糊之处,有的干脆是概念上的混淆,从而模糊了文体意识,打破了路径要求,丢弃了语言特色。所以,重新划分讲话稿与其他文体的界限显得尤为重要。现将讲话稿与众多易模糊的文体加以区别:

1. 讲话稿与演讲稿的区别。演讲稿是指个人在竞聘、竞赛、宣传等隆重场合使用的文稿,其目的和作用旨在使演讲个人得到受众的认可,达到相应职位、成绩、要求等;讲话稿则是既定为领导、主持身份的讲话者,表达具有指导、指示性的意见、要求的文稿,其目的和作用旨在使受众接受讲话者的意志,从而践行讲话者的指示。

2.讲话稿与发言稿的区别。二者的区别在于讲话稿的言说主体是领导者,发言稿则是约定俗成地被认为是一般同志、成员的言说底稿。讲话稿通常代表集体意见、决定,发言稿则多代表个人意见、建议。

3.讲话稿与工作报告的区别。一般性的会议不需要有工作报告或者会议报告。工作报告往往出现在重大会议中,侧重对工作的全面总结和部署,而讲话稿则是有关领导针对某些重要问题提出的要求或意见。

4.讲话稿与指令、指示的区别。指令、指示等行政公文在格式上有非常严格的要求,其行文需用专业术语,风格完全是命令性。而讲话稿属非行政公文,虽有格式要求,但在个别情况下可以适当打破,少专业术语,风格多具讲话者个性。

二、讲话稿的种类

讲话稿是应用性很强、很广的文体,讲话稿的类型,按照这种应用文体在实际应用中所处的地位,大体可以划分为两种:一种为会务类型讲话稿,一种为礼仪类型讲话稿。二者的区别,除了各自在实际应用中所处地位和所处作用不同,还取决于讲话的场合、讲话的内容、讲话的表达方式等等诸多方面的因素。

(一)**会务类型讲话稿**

此类讲话稿主要应用在各种工作会议中,比如总结会、交流会、表彰会、动员会等。会务类型讲话稿要求针对工作进行总结、评介、部署、表彰、动员等等。它要求讲话稿有严整的语言、清晰的逻辑、充实的内容、鲜明的目的等等。讲话稿体现着领导者和上级组织的意见、要求及指示,有一定的严肃性、严谨性要求。讲话稿需契合会务的主题,是会务的主体。

1.总结性讲话稿。总结性讲话稿一方面是指讲话者针对一定时期工作进展、完成情况进行的总结,总结的内容包括工作的回顾、反思、经验和教训等等。另一方面是指讲话者在某会议结束时发表的对该会议的总结,其主要内容一般为对会议重点进行重申和强调等。

2.部署性讲话稿。部署性讲话稿是指讲话者针对某项工作对特定人员进行工作分配、调动、安排、部署的讲话稿。讲话稿中体现了领导或组织的思想观念、文件精神。此类讲话稿通常也包括工作的方案、要求和组织的意见等内容。

3. 表彰性讲话稿。表彰性讲话稿是指讲话者针对某集体或个人胜利完成某工作或任务，以及对某集体或个人的突出业绩、巨大贡献进行表彰的讲话稿。在此类讲话稿中，讲话者可以提出组织预先审议通过的对既定集体或个人的具体表彰或奖励措施等内容。

4. 动员性讲话稿。动员性讲话稿是指讲话者针对某项任务、某项工作对特定执行人员进行动员的讲话稿。此类讲话稿内容重要、意义明确，讲话稿具有一定的鼓舞性。

5. 交流性讲话稿。交流性讲话稿是指讲话者在进行考察、检查、研讨、座谈等活动时用于交流的讲话稿。此类讲话稿有很强的专业性、针对性和灵活性。

(二)礼仪类型讲话稿

此类讲话稿的内容应围绕礼仪的主旨，表达讲话者个人或其代表的集体、组织对于仪式内容和仪式意义等的肯定、赞扬、激励、哀思等等。讲话稿具有很强的现实意义，它要求对仪式的历史背景和现实社会意义有整体、正确的认知和把握。此类讲话稿也可以表述个人的思想感情。讲话稿需围绕仪式的主题，一般不能成为仪式的主体。

1. 纪念性讲话稿。纪念性讲话稿是指讲话者在参加重要的纪念性活动时发表讲话的文字底稿。例如：改革开放三十周年纪念，建国周年纪念，伟人诞辰纪念，伟人逝世纪念，重要法律颁布、实施纪念等等。此类讲话稿对纪念内容有精当、公允的认识，对受众有很大教育和启发的意义。

2. 仪式性讲话稿。仪式性讲话稿是指讲话者在参加重要的仪式或庆典时发表讲话的文字底稿。例如：开幕式、开学典礼、闭幕式、祝词、奠基落成典礼、欢迎(送)仪式等等。此类讲话稿表达了讲话者的祝愿、寄托、祝贺等思想感情，讲话稿的篇幅一般较短。

第二节 讲话稿的文体要求

"文体有广狭两义,狭义上的文体指文学文体……广义上的文体指一种语言中的各种语言变体。"[1]讲话稿作为应用文体之一种,属于广义上的文体,在社会生产、生活中有强大的生命力,发挥着极其重要的作用。讲话稿作为应用文体中一个独立的文体而存在,具有很大的权威性、综合性、启示性、融通性和特定性。讲话稿具有庞大的文书组群,独立的格式要求,丰富的社会功用。在讲话稿的写作中,只有明晰讲话稿的文体要求,才能掌握讲话稿的写作要领。讲话稿的文体要求体现在不同类型和不同内容讲话稿的写作当中。讲话稿的文体构成包括"表层的文本因素,如表达手法、题材性质、结构类型、语言体式、形态格式,以及深层的社会因素,如时代精神、民族传统、阶级印记……"[2]讲话稿文体要求的提出不是对讲话稿写作的束缚和压迫,而是对讲话稿写作的规范和廓清。

一、讲话稿的文体特点

从讲话稿文体整体特点的角度看,讲话稿这种文体具有这样五个特点:权威性、综合性、启示性、融通性和特定性。

(一)权威性

讲话稿要求讲话者一般具有相当的话语权力,具有一定的代表性,具有相对的权威性,讲话稿在这个意义上可以被狭义理解为领导讲话稿。会务类讲话稿和礼仪类讲话稿一般具有很强的指示、指导作用或者很大的公众认可价值。讲话稿是面向一定数量听众的表达媒介,它要求顾大局,讲政治,树新风,明礼仪等;它要求有领导意义、指导作用、模范意识、权威价值等。

(二)综合性

讲话稿是应用文中可涵盖内容最为驳杂的一种文体,体现了讲话稿的综合性。例如,一篇题为"在全市经济工作会议上的讲话"的领导讲

话稿,它的内容可以涉及以下四个方面:

1. 对已有经济工作进度的概括、分析和总结。
2. 对当下工作面临的问题的调查、探讨和述评。
3. 对上级文件精神的解读、阐释和传达。
4. 对未来工作形势的指示、部署和展望。

可见,在一篇讲话稿里面完全可以涵盖总结、指示、调查报告等相关文体内容,内容的综合性让讲话稿充实,具体,有理据。讲话稿的综合性特点是其他应用文体所不具备的。

(三)启示性

启示,即启发指示。讲话稿的启示性与单纯的思想和情感教育或者启蒙不同,也与单纯的命令、指示等硬性的文件条文不同,讲话稿在一定程度上是将启发与指示融合起来,使得指令带有浓厚的教育意味,教育具有浓重的指示意味。要做到"软硬兼施",使得听众既在情感上接受,又在思想上信服。讲话稿的启示性要求讲话者需要有超前的观念,其所讲内容要有一定的指导、指示意义。

(四)融通性

融通即为使融洽。讲话稿是通过声音媒介直接面对受众的应用性文体。受众对讲话稿的反应能够直接传达给讲话者,这就要求讲话稿应具有融通性的特征,即讲话稿要具备感染听众的东西和能够与听众沟通的东西。具体地说,一是讲话稿要结合讲话的场合、背景、领导者的指示、听众的身份及心理需求等等因素,做到有针对性地组织表达语言、内容和主题。二是在开幕、闭幕、纪念等活动上的讲话稿篇幅不可太长,免得喧宾夺主。此外,讲话稿还要依据场所的气氛适当地调整讲话的语言风格和内容等,毕竟预先写就的讲话稿很难完全符合讲话场合的要求。融通性体现了讲话稿的目的,即在于使受众接受讲话稿的内容和题旨,使得讲话施受双方走向融洽、统一的境地。

(五)特定性

讲话稿之所以需要预先准备,是因为讲话都限定了时间和场合。故而讲话稿就需要有一定的预见能力。比如会议讲话的时间是在晚上,那么讲话稿中就不能说上午好。讲话稿要及时搜取当前最新最有效的材料，要考虑到会议或者集会活动之前的最新事态情况和关键部位，做到切中肯綮，否则就会丧失相应的讲话效力。

二、讲话稿的文本要求

从微观角度看，讲话稿这种文体的文本要求包括结构、格式等多方面内容。为方便论述，现将讲话稿文本要求的相关内容融入讲话稿的格式体系内，统一加以说明。

讲话稿的格式一般可以细化为标题、署名、日期、称谓、正文五个部分。

（一）讲话稿的标题要求

讲话稿的标题有两种样式，即简明式标题和复合式标题。标题同其他文体一样，需要居中放置于纸张的中上方。

第一种标题是简明式标题，也称公文式标题。此类标题能够直接体现讲话者姓名、讲话者职务、讲话场合、会议或活动名称等内容。例如《温家宝在全国安全生产工作会议上的讲话》这个标题，就包含了讲话者姓名和会议名称。此类标题大多为编辑者所加，使得读者通过标题即可探明讲话主体、讲话场合，甚至讲话内容等信息。

第二种标题是复合式标题，即正、副标题共同存在的新闻式标题。正标题一般能够直接体现讲话稿的主题，副标题同简明式标题。例如《在发展中国特色社会主义的伟大征程上创造新的青春业绩——李长春在中国共产主义青年团第十六次全国代表大会上的祝词》，标题直接体现讲话稿的思想内容，使得讲话稿目的、意义及思想内容更加确切。主标题一般为讲话稿写作者所加。

简明式标题要求简明、准确、客观，复合式标题要求凝练、鲜明、突出。讲话稿的标题不能省略，它需要透露出讲话稿或者讲话者的一部分信息，有利于讲话者和阅读者识记。讲话稿的标题在讲话时不特意讲明。

（二）讲话稿的署名要求

署名居中写在标题之下，如果讲话稿的标题中已经体现讲话者姓名，则不必再次署名。署名前可加讲话者职务，如"××市市长××"。讲话稿的署名在讲话时不特意讲明。

(三)讲话稿的日期要求

讲话稿的日期居中放在署名之下,一般放在括号里。例如:"(二〇〇九年一月一日)"或者"(2009年1月1日)"均可。日期一般是讲话当天所署的日期。日期对讲话具有识记和提醒的作用,一般不可省略。讲话稿的日期在讲话时不特意讲明。

综合上述标题、署名、日期的相关要求,示例如下。

例1:

温家宝在全国安全生产工作会议上的讲话

(二〇〇六年一月二十三日)

例2:

在发展中国特色社会主义的伟大征程上创造新的青春业绩
——在中国共产主义青年团第十六次全国代表大会上的祝词

李长春

(2008年6月10日)

(四)讲话稿的称谓要求

讲话稿的称谓格式同书信中的称谓格式,须顶格写在正文之前。称谓因讲话稿面向听众不同而有所不同。一般称谓如:"同志们"、"朋友们"、"各位来宾"、"女士们、先生们"、"各位代表"、"老师们、同学们"、"各位专家、学者"等等,只要符合社会、民俗等习惯,符合一般性的礼仪、礼貌等要求即可。对于重要来宾可以加上专指性称呼,以示尊重,称呼要具有概括性,不能遗落部分听众群体或个人。讲话稿的称谓在讲话时需要首先提及。

(五)讲话稿的正文要求

讲话稿的正文大体可以分为开头语部分、主体部分、结尾部分。下面以讲话稿《胡锦涛在中国科学院第十四次院士大会和中国工程院第九次院士大会上的讲话》[3]为例,扼要论述讲话稿正文各个部分的有关要求。

1.开头部分。开头部分通常成为讲话者进入话题的入口,可以是礼貌的答谢语言,可以是开诚布公的谈心话语,可以是开宗明义的直指主题,等等。一个好的讲话稿开头,能够起到集聚听众注意力,拉近与听众感情距离,使听众自然而然地甚至迫不及待地接受讲话者。例如此篇讲话稿的开头,在简短的祝贺和问候之后,表述地震给国家带来的灾害,地震中广大人民作出的贡献,并且提出殷切的希望,然后顺理成章地提出自己的意见。其例文如下:

  首先,我代表党中央、国务院,向中国科学院第十四次院士大会和中国工程院第九次院士大会的召开表示热烈的祝贺! 向两院院士和全国广大科技工作者致以诚挚的问候!
  5月12日,我国四川汶川发生特大地震,给受灾地区群众生命财产和经济社会发展造成重大损失。地震发生后,在党中央、国务院和中央军委坚强领导下,全党全军全国各族人民万众一心、众志成城,夺取了抗震救灾斗争的重大阶段性胜利……希望广大院士进一步集成已有的知识积累,充分发挥跨部门、跨单位、跨学科、跨领域团结协作的精神,用科技的力量积极支援地震灾后恢复重建,帮助灾区人民早日重建美好家园,为夺取抗震救灾斗争的全面胜利做出更大贡献。
  下面,我想就改革开放30年来我国科技事业发展、走中国特色自主创新道路、发挥科技界在党和政府决策中的重要作用这三个问题讲些意见。

2.主体部分。讲话稿的主体部分要求观点明确,主题集中,材料详实,条理清晰,结构严谨。主体部分是讲话稿所述观点和表述主题的重点支撑部分,讲话稿意旨的完好表达要求讲话稿需要具备详实的佐证材料,材料可以是文件、道理上的,亦可以是事例、现象上的。主体部分的表达要求明确、充分,可以融汇讲话者个性化的谈吐风格,表达方式可以不拘一格,记叙、议论、抒情、说明多种表达方式可以根据不同的表达内容进行选择。主体部分的表达效果很大程度体现在结构的布置上。讲话稿的结构根据内容不同而多种多样,可以是总分式,可以是横纵关联式,也可以按照内容的逻辑顺序安排行文。例如此篇讲话稿的结构关系,从原理到原则,从理论到实践,大体按照时间顺序,采用回顾实践效果、坚定现行道路、长远工作要求结构,每个小标题下又采用并列结构。其结构如下:

  一、改革开放以来我国科技事业发展的伟大实践
  第一,必须坚持科学技术是第一生产力。
  第二,必须坚持人才资源是第一资源。
  第三……
  二、坚定不移地走中国特色自主创新道路
  第一,走中国特色自主创新道路,必须把提高自主创新能力作为科技发展的首要任务。
  第二,走中国特色自主创新道路,必须以制度创新促进科技进步和创新。
  第三……
  三、发挥科技界在党和国家决策中的重要作用
  ……从长远看,要做好以下几方面的工作:
  一是要加强对自然灾害孕育、发生、发展、演变、时空分布等规律和致灾机理的研究,为科学预测和预防自然灾害提供理论依据。
  二是要加强自然灾害监测和预警能力建设,在完善现有气象、水文、地震、地质、海洋、环境等监测站网的基础上,增加监测密度,提升监测水平,构建自然灾害立体监测体系,建立灾害监测——研究——预警预报网络体系。
  三是……

  3.结尾部分。讲话稿的结尾要求有感染力,或有号召力,或概括、总结性,或表达浓重心意,等等。结尾同样要依据讲话的内容做不同选择。结尾同开头一样,需要融入一定的感情因素。结尾一般可以看作是讲话稿思想感情的升华。例如此篇讲话稿便是采用强调号召式结尾,将听众团结起来,重新强调开头和主体部分的表达要点,有感情、有道理、有方法、有目的地提出了重要号召。其例文如下:

  建设创新型国家,是时代赋予我们的光荣使命。让我们更加紧

密地团结起来,高举中国特色社会主义伟大旗帜,抓住机遇,迎接挑战,坚持走中国特色自主创新道路,努力攀登世界科技高峰,为全面建设小康社会、加快推进社会主义现代化作出新的更大的贡献!

三、讲话稿的社会要求

从宏观角度看,讲话稿这种文体的社会要求大体可以包括三个方面内容,即体现时代精神,响应党政号召,丰富社会文化。

(一)体现时代精神

刘勰在《文心雕龙·时序》中说:"文变染乎世情,兴废乎时序。"[4]文体的兴衰变化和时代的特征与需求紧密相关。新的时代赋予新的历史使命,只有具备与时俱进的精神品质,才能适应现时代的发展,才能在竞争与挑战中立于不败之地。时代精神是国家发展的不竭动力,"时代精神是一个社会在最新的实践中激发出来的,反映社会进步的发展方向、引领时代进步潮流、为社会成员普遍认同和接受的思想观念、价值取向、道德规范,是一个社会最新的精神气质和精神风貌的综合体现。改革创新是我们这个时代的最强音……以改革创新为核心的时代精神,是马克思主义与时俱进的理论品格、中华民族富于进取的思想品格与改革开放和现代化建设实践相结合的伟大成果,已经深深地融入我国经济、政治、文化、社会建设的各个方面,成为各族人民不断开创中国特色社会主义事业新局面的强大精神力量"[5]。时代精神体现在社会精神生活的各个领域之中。在讲话稿中体现时代精神,是社会责任和历史使命的要求和需要。讲话稿中提出新的思想、新的途径、新的办法,都是在时代精神的指导下积极主观能动性的成果。也只有认真、充分、深刻领会时代精神,讲话稿才能与时俱进,不断创新,才能有适时而深刻的思想内涵。

(二)响应党政号召

讲话稿是一种引导,是精神上的引导,是政治上的引导。讲话稿作为一种宣传色彩浓重的应用文体,它的社会属性要求以正确的舆论引导人。讲话稿要响应党的号召和政府的宗旨。讲政治是讲话稿中不可缺少的音符,讲政治是在时代的脉搏基础之上进一步扣紧党政方针、路线的重要要求。讲政治是一种态度,是一个立场,是一次宣言。不论哪个领域,哪个工作岗位,都需讲政治。讲政治是切身的,而不是无关痛痒的,"讲政治是具体的,而不是抽象的。领导干部讲政治,最重要的就是通过自己的实践,把讲政治的要求落实到推动建设有中国特色社会主义的经济、政治、文化等各个方面,体现在自己的日常工作和学习上,贯彻到党内生活里去"[6]。讲政治是"三讲"的核心内容,它关系到党的生死存亡,关系到国家的安危兴衰,关系到群众的安居乐业,关系到生活的健康有序,关系到工作的前进方向。讲话稿只有响应党政的号召,坚持马列主义、毛泽东思想、邓小平理论在意识形态领域的指导地位,才能充分发挥其正确的指导作用,才能让受众充分明晰党政的方针、路线,才能对工作的完成和思想的接受起到积极有力的保障和促进作用。

(三)丰富社会文化

"当代中国,发展先进文化,就是发展面向现代化、面向世界、面向未来的,民族的科学的大众的社会主义文化,以不断丰富人们的精神世界,增强人们的精神力量。"[7]一篇优秀的讲话稿不但要有社会文化底蕴做支撑,而且还要为丰富社会文化作出相应的贡献。讲话稿是在重要场合对重要内容的总结、部署、评介等言说,它所体现出来的创新意识、创新思想有广泛的影响力和作用力。讲话稿内容的创新是工作思想的创新,是发展先进文化的表现。在生产、生活的各个领域里,人们都在朝着发展先进文化的方向而提升精神、努力奋斗。具有指导意义的讲话稿,理应率先拨动创新之弦,启示受众,满足社会发展需求,丰富社会文化内涵。

第三节　讲话稿写作路径

讲到写作就难免面临三个问题:什么内容、什么意旨和怎么写出来。讲话稿同各种文学作品一样面临这样的问题,不同之处是程度不同,侧重不同;它们之间还有一个相同点,就是文无定法,却非无迹可寻,无可琢磨,而不同之处是应用文写作在这一点上较文学创作明朗许多。讲话稿可以说是一种主题先行的文体。写作者需要做的主要工作就是让主题更加鲜明、丰盈,而主题的表现或者是整篇讲话稿重点的传达,则表现在结构上。结构的安排取决于内容。总括起来说,讲话稿的写作要点就是构思。"构思就是走向'文本'的一个思维过程,就是对文本的设计。构思决不是一种偶然的计划或想法,而是一种对于文本的实施。"[8]构思包括结构的布置、内容的选择、行文的方法等等多个方面,构思是实现文本独立的一个最重要环节、最关键步骤。构思是"寂然凝虑,思接千载;悄然动容,视通万里"[9],构思是打开写作之门的高级密码。讲话稿的写作实际上是在既定主题基础之上的构思,如果将讲话稿的主题比作是一个主旋律或者某种意蕴的乐曲,那么构思则是在这种主旋律或者乐曲背景之下的舞蹈。

一、讲话稿写作的准备阶段

(一)明确意旨,领会特点

意旨,即为我们常说的主题。意旨是讲话者或者讲话者所代表组织、集体的思想内容的聚集。根据讲话的指导思想内容,明确讲话稿的意旨,是讲话稿写作的前提。只有先明确讲话稿的意旨,才能有的放矢地组织材料,进入写作阶段。首先,讲话稿的意旨要符合党和国家的政策、方针、法律、法规;其次,讲话稿的意旨要符合道德、民族文化、民族精神的要求;第三,讲话稿的意旨要能够切中问题的重点,紧密联系问题的实质、特点或者个性;第四,讲话稿的意旨要具有一定创新性,体现讲话者的思想观念、领导意图等;第五,讲话稿的意旨要能够让听众接受,从听众中来,提升到听众中去。1944年9月8日毛泽东在张思德追悼会上的讲话稿《为人民服务》,将讲话稿的意旨从追悼一个同志升华到为人民服务、团结人民群众的高度。一个人的追悼仪式,扩而广之,延伸到一个普通百姓的追悼仪式,其明确的意旨就是为人民服务最崇高。

讲话稿的种类不同,讲话的场合不同,讲话稿的特点就随之变化,呈现出不同的侧重倾向。比如,一篇部署性的讲话稿,权威性和启示性(指示)的特点势必要大于其他特点;一篇表彰性的讲话稿,综合性(总结、评价)、融通性和启示性(教育)的特点势必要大于其他特点。在写作讲话稿的时候，只有领会了这些各不相同的特点，才能写作出或职业特点鲜明的，或吻合受众意愿的，或打动受众心灵的，或适应局势要求的优秀讲话稿。比如一篇探讨如何解决下岗职工再就业问题的讲话稿，讲话稿的内容如果单单是一些理论层面的分析或者评断都是不能令人满意的。这个时候讲话稿就应该直面讲话稿意旨的特点，对于问题如何解决，文本中一定要提出具有针对性的、可行性的、有效性的实施办法和解决方案，这样才能让受众认同。掌握讲话稿的特点才能够进一步确立讲话稿的行文基调，才能有一个良好的语境以供表达。

(二)搜集材料，整合提炼

领会了讲话稿的意旨和特点之后，便要着手搜集材料。搜集材料是一件复杂、繁琐而多元的事情。

1.要了解从哪些地方搜集材料。首先，从工作中搜集材料。讲话稿只是众多种类应用文体中的一种，而其他种应用文体，比如总结、工作报告、方案、计划等等，材料反映的内容比较专一。针对于讲话稿具有很强的综合性的特点，可以将如上种种与讲话稿意旨相关的材料收集在一起，进而将有用的内容整理出来。其次，从书籍中搜集材料。书籍是人类进步和向上的阶梯，书籍中不但有理论上的知识指导，而且还能有事例上的启发。间接摄取书籍中的材料，可以节省很多时间和力气。再次，从生活中搜集材料。讲话稿不单是只谈工作的文体，它可以涉及生活的方方面面。生活中的经验与事例数不胜数，只要是有益于材料的填充，正面的、反面的材料，都可以加以利用。

2.是运用什么样的思维搜集材料。首先，可以用发散思维，在时间和空间上将凡是有利于支撑主题的材料都联想到，搜集起来。然后，用聚合思维，将这些材料按照一定的科学顺序组织起来，可以在众多意义趋同的材料里选择一个最典型的，可以在众多形式多样的材料里选择一个最符合意旨要求的，等等。

对于材料的要求，主要呈现在五个方面，即材料的正确性、准确性、鲜明性、严谨性和新近性。所谓材料的正确性是指材料思想立场正确，符合党和国家的政策方针等；准确性是指材料要没有数据、地点等各个方面的错误；鲜明性是指材料要有明确的倾向，使人一听便知材料的意义指向；严谨性是指材料的佐证没有漏洞、没有错误；新近性是指材料要新鲜，避免陈证旧据、毫无生气。

(三)拟制提纲，调配结构

提纲是一篇讲话稿的骨架，主要呈现在讲话稿的正文中。讲话稿提纲样式的拟定多根据其内容确定。讲话稿的写作在这一点上与议论文的写作有很大的相近之处。即用提纲将内容条分缕析地牵动出来，使得整篇讲话稿层次分明、条理清晰。例如，2008年12月18日胡锦涛《在纪念党的十一届三中全会召开30周年大会上的讲话》全文仅1600余字，9个自然段，却从四个部分来表述，使得讲话的条理极其明确。第1—2自然段说明了此次纪念大会的意义；第3—4自然段写在党和国家面临重大抉择的历史关头时，十一届三中全会如何摆正方向；第5自然段集中写十一届三中全会的意义；第6自然段以后写新时期党和国家的作为。这篇讲话稿便做到了条理清晰，意义明确，不用小标题标明，结构自然彰显。对于篇幅较长的讲话稿，可以通过小标题的形式调配结构。例如某市精品工程指导座谈会上的讲话稿，提出了四点意见：一是落实指导思想，贯彻基本原则，把精品创作和生产当作一件重要任务来抓；二是明确责任，努力提高组织工作的力度；三是遵循规律，把握导向，创造出更好的精品；四是加强制度建设，抓好规划落实。这篇讲话稿结构清晰，从思想、组织、规律、制度各个不同的角度进行论述，论题与论题之间关系明确。

二、讲话稿写作的行文阶段

(一)选择开篇方式

讲话稿的开篇方式多种多样，不拘一格，但不论选择何种开篇方式，其目的已定，或者为聚集听众的注意力，或者为正题的表达找到一个合适的缓冲平台，或者表达自己和自己对听众的感情。

1. 开宗明义。开宗明义也就是开门见山，即直接在开篇讲出讲话内容的主要目的或者意义。这种开篇方式节省时间，目的明确，表达庄重。会务类的讲话稿大多可以采用这种开篇方式。例如某副市长《在全市劳

务输出工作总结大会上的讲话》的开篇,讲话稿开篇明确说明了总结大会的目的:总结经验、部署任务、学习先进、推动产业:

> 今天,我们召开2008年度劳务输出工作总结大会,主要目的是总结过去全市劳务输出工作经验,安排部署2009年的劳务输出工作任务。召开这样的会议,目的是号召全市上下向先进学习,推动全市劳务输出工作再上一个新台阶,做大做强我市劳务输出产业。下面,我就进一步做好全市劳务输出工作讲三点意见。

2. 说明情况。这种开篇方式是针对某事件、形势而运用的,受众一般无法掌握事件或形势的最新变化情况,所以讲话稿开篇需要明确地说明当前情况,从而使得讲话稿的论说有本有源,有理可依。例如某油田领导在油田抢险救援队抗震救灾表彰大会上的讲话稿,在开篇就述及地震后广大干部职工抗震工作和捐赠情况,使得接下来的表彰讲话水到渠成。

> 5月12日14点28分,四川省汶川县发生8.0级地震。5月13日接到集团公司《关于全力做好抗震救灾工作的紧急通知》后,油田立即召开领导和有关部门负责人会议,迅速成立抗震救灾工作领导小组,组织抢险救援队开赴灾区,接连下发7个紧急通知,安排油田抗震救灾工作。及时为灾区调拨设备、车辆以及成品油等救灾物资,安排供水管线维护队伍携带专业设备帮助灾区修复供水设施。油田广大党员干部和职工群众心系灾区、支援灾区,采取捐款和交纳特殊党费、特殊团费等形式,踊跃为灾区人民群众奉献爱心,捐助金额达1500多万元。

3. 承上启下。"启下"是讲话稿开篇的主要目的和作用,"承上"则是就会议之前某人的讲话或报告等言论作出的机动性调整。这种调整使得自己的讲话与他人的讲话紧密相关,起到很好的协调和调动作用。例如《孟建柱书记在全省社会主义新农村建设工作会议上的讲话》的开篇,在简单概括了会议开展情况、近日考察情况后,又对之前讲话者的讲话内容作了概括,然后顺承其势,进一步提出自己的讲话内容。

这次全省社会主义新农村建设工作会议开了一天半,上午就要结束了。昨天,大家考察了兴国县、赣县、南康市的6个新农村建设示范点,又听取了赣州市、兴国县的经验介绍。刚才,智权同志、宏松同志都讲了话。黄省长从宏观的层面对上半年全省农村经济形势作了分析,对下半年要抓住的一些主要工作作了具体部署,希望我们市县两级党委、政府结合各自的实际,予以落实。宏松同志就社会主义新农村建设要注意把握的问题以及从操作层面上如何加以进一步落实也作了一个很好的讲话,希望大家认真贯彻。在这里,我就如何进一步明确社会主义新农村建设的工作思路,怎么来抓好这项工作再强调几点。

4. 总结概括。这种开篇方式主要是指讲话者用高度概括的语言对本次会议或者活动的意义、目的或者任务精确地表达出来。总结概括式的开篇方式使得受众从总体上明晰了整个会议或者活动的意义、目的或者任务。例如《周强同志在共青团全国青年人才工作会议上的讲话》,开篇就提出了会议的主要任务。

这次共青团全国青年人才工作会议是在全团深入学习贯彻党的十六大、十六届三中全会和全国人才工作会议精神的新形势下召开的。这次会议的主要任务是,以邓小平理论和"三个代表"重要思想为指导,深入学习贯彻全国人才工作会议精神和《中共中央国务院关于进一步加强人才工作的决定》,按照实施人才强国战略和党管人才原则的总体要求,总结回顾近年来共青团青年人才工作的基本做法和基本经验,进一步明确共青团青年人才工作在新形势下的新任务,对当前和今后一个时期共青团青年人才工作进行部署,推动共青团青年人才工作不断开创新的局面。

5. 礼貌寄语。礼貌寄语是讲话稿中较为常用的一种开篇方式,经常出现在礼仪类型讲话稿中。会务类型讲话稿,如表彰、动员、交流性的讲话稿中也时常出现礼貌寄语式开篇。例如胡锦涛《在联合国粮农组织第二十七届亚太区域大会开幕式上的致词》这篇讲话稿的开篇,说明了时间、地点,继而对大会召开表示祝贺,对与会人员表示欢迎。

> 5月的北京,天清气爽。在这个美好的季节里,联合国粮农组织第二十七届亚太区域大会今天在这里举行,我谨代表中国政府和中国人民,向大会的召开表示衷心的祝贺!向所有与会代表和各位来宾表示热烈的欢迎!

又如某校长在办学经验交流研讨会上的讲话稿开篇,对研讨会召开表达祝愿,对其他学校校长表示感谢。

> 今天,我很荣幸能够参加这次研讨会!我谨代表我校全体教职工对这次研讨会表示衷心的祝愿,因为这次研讨会让我学习到了丰富、新鲜的办学理念和办学方法。我也要对各位兄弟院校的同仁们表示由衷的感谢!

(二)安排主体结构

1.时间结构。时间结构即是从过去到现在再到未来的一种文章组织结构。在时间顺序中包含着事物自然而然的发展过程,如回顾——现状——展望的文章组织结构。这类结构适用于总结性、表彰性、部署性讲话稿。例如某副市长在该市民营经济工作会议上的讲话稿结构,从过去到未来,紧紧依照时间顺序安排:

> 一、回顾过去一年我市民营经济发展情况
> 二、分析我市民营经济发展现况
> 三、近期我市民营经济工作切实要抓好的三件大事
> 四、未来我市民营经济的走向

时间结构并不一定仅限于单一的从过去到将来的顺序,它亦可以根据讲话稿的侧重点做相应的调整,比如可以先言及民营经济的发展现状,根据现状吸收总结过去的经验教训,提出部署未来的工作方向和任务等等。灵活自如地调整时间轴线,体现出写作者对于结构的认知和理解。

2.并列结构。并列结构是一个综合式结构,即将同级别,却无时间先后、因果关系、层级关系的几方面内容,进行并列划分。一般此类结构的小标题像几条平行线一样,不交叉却又是构成总题的必要组成部分。例如某党委领导在"七一"时发表《围绕中心,全面加强党的建设》的讲

话中,写出这样的结构:

一是坚持围绕中心抓好党的建设
二是坚持开拓创新抓好党的建设
三是坚持求真务实抓好党的建设
四是坚持突出重点抓好党的建设
五是坚持齐心协力抓好党的建设

这篇讲话稿的主题是如何抓好党的建设,而结构中提出的五个方面问题可以看作是并列的,这五个方面有各自的位置,不相交叉,不构成内在等级上的联系,故而它们作为并列式的结构共同支撑抓好党建的主题。

3. 层进结构。讲话稿内容的层层深入和不断挖掘,使得讲话稿的主题节节升华。层进结构是一个由表及里、从浅入深或者由抽象到具体的认知和表达过程。例如某自治区领导在定点帮扶支持贫困地区抗震安居工程会议上的讲话稿里提出的四点意见,就是从抽象到具体的层层细化的结构,其主体结构如下:

一、统一思想,提高认识,切实增强做好定点帮扶贫困地区实施抗震安居工程的紧迫感和责任感
二、贯彻落实中办15号文件精神,结合对口支援帮扶做好抗震安居工作
三、采取有效措施,帮助贫困地区建好抗震安居房
四、为抗震安居房建设各种必要设施,提高各种保障条件

4. 问题结构。此类结构是提出问题——分析问题——解决问题的结构。问题结构是建立在事件、情况、工作等问题基础上,而做出的编排,分析问题的前因后果、利弊得失,期间可以夹杂如时间结构、并列结构或者层进结构,使得讲话稿的分析更见条理。例如在某市解决水污染问题研讨会上一篇讲话稿的结构:

一、我市水污染问题的严重性
二、造成我市水污染的几个重要原因

三、解决我市水污染的几条具体意见

5.总分结构。总分结构可以有两种形式,先分说后总说式和先总说后分说式。此类结构一般在各个分支结构之前或之后总括起来进行总说。例如胡锦涛在"三个代表"重要思想研讨会上讲话稿中的部分结构,先总说"三个代表"重要思想是坚持和发展马克思主义的典范,然后分四点加以详细说明,此后又总结"三个代表"重要思想带来的重要启示等等。

"三个代表"重要思想的形成,不仅表明我们党在理论的自觉性和实践的主动性上达到了一个新的高度,而且在马克思主义和科学社会主义发展史上也是具有重大意义的事情。"三个代表"重要思想紧密结合新的时代条件,生动而具体地坚持和发展了马克思主义,赋予马克思主义新的鲜活力量,再一次有力地证明马克思主义基本原理仍然是我们正确认识和运用人类社会发展规律的锐利思想武器。"三个代表"重要思想是坚持马克思主义的典范,又是发展马克思主义的典范。

第一,"三个代表"重要思想坚持马克思主义的世界观和方法论……

第二,"三个代表"重要思想坚持党的最高纲领和最低纲领的统一……

第三,"三个代表"重要思想坚持马克思主义关于无产阶级政党必须植根于人民的政治立场……

第四,"三个代表"重要思想坚持马克思主义与时俱进的理论品质……

总之,"三个代表"重要思想贯穿了马克思主义的红线,在许多重大方面丰富和发展了马克思主义。这为我们提供了重要启示:理论创新必须以坚持马克思主义基本原理为前提,否则就会迷失方向,就会走上歧途,而坚持马克思主义又要以根据实践的发展不断推进理论创新为条件,否则马克思主义就会丧失活力,就不能很好地坚持下去……在新的历史条件下,坚持"三个代表"重要思想,就是真正坚持马克思列宁主义、毛泽东思想和邓小平理论;高举"三个代表"重要思想的旗帜,就是真正高举马克思列宁主义、毛泽东思想和邓小平理论的旗帜。

6.综合结构。因为讲话稿的内容不尽相同,结构安排自然多种多样,一种结构不能适应所有的内容要求,故而综合结构是一种更为灵活、多变的结构方式。它既可以囊括纵向的时间结构,也可以容纳横向的并列结构;它可以适时采用层层深入的层进结构,亦可以采取分析挖掘式的问题结构。总之,综合结构即为以上五种结构在合理、有序基础之上的综合运用、编排,综合结构实际上是对以上五种结构综合运用的一种能力要求。

(三)强化结尾效用

编筐重在收口,行文要看结尾。讲话稿的结尾要简洁有力,止于当止,过犹不及。讲话稿的结尾不外乎如下三种方式。

1.总结概括。总结概括是讲话者用简练的语言对所讲内容进行总结、概括的结尾方式。例如郑必坚在2003年博鳌亚洲论坛的讲话稿《中国和平崛起新道路和亚洲的未来》的结尾:

> 作为一个研究者、观察者,我愿根据历史和现状的发展大局,提出这样一个判断:总体而言,未来十几年、二十几年,或者说21世纪前期,亚洲正面临着世界历史上一个极为难得的和平崛起的重大机遇。而和平崛起中的中国,则是亚洲和平崛起的一部分。这不仅意味着中国的改革开放与和平崛起得益于亚洲其他国家的经验与发展,而且意味着中国作为亚洲一员,将会对亚洲其他国家首先是周边国家的发展、繁荣和稳定,发挥愈益积极有益的作用。
>
> 谢谢大家。

2.强调号召。强调式结尾是对讲话内容的再一次重申和强调,语言大都简洁有力;号召式结尾是针对讲话内容所指示方向或者是对于上级所布置任务向听众所提出的一种号召,语言有文采,号召力强。强调式结尾和号召式结尾通常放在一起使用,一般先强调再号召,有根有据,二者形成的合力作用强大。例如《人民日报》2004年8月25日刊载

的李长春《在邓小平生平和思想研讨会上的讲话》的结尾:

> 同志们,加强马克思列宁主义、毛泽东思想、邓小平理论和"三个代表"重要思想的学习、研究和宣传,是时代赋予广大理论工作者崇高而神圣的责任。让我们紧密团结在以胡锦涛同志为总书记的党中央周围,坚持以邓小平理论和"三个代表"重要思想为指导,以科学的态度、创新的精神、求实的作风扎实工作,为推进马克思主义中国化的历史进程,为促进建设中国特色社会主义的伟大事业,作出新的更大的贡献。

3.表达寄语。表达寄语式结尾的内容多种多样,可以是良好的祝愿,也可以是恭敬的谢意;可以是意味深长的敬语,也可以是真情惬意的寄托;可以是满怀感情的祝贺,也可以是语重心长的希望等。这样的例子很多,试举一二:

> 最后,我建议:为尼克松总统和夫人的健康,为其他美国客人们的健康,为在座的所有朋友们和同志们的健康,为中美两国人民之间的友谊,干杯!
>
> (选自周恩来总理在欢迎尼克松总统宴会上的祝酒词)

> 元旦刚过,春节将至。借此机会,我给大家拜个年,祝大家在新的一年里、在各自的岗位上取得更大的成就,为祖国和人民作出更大的贡献!

(选自王兆国同志在接见第十四届"中国十大杰出青年"时的讲话)

讲话稿的结尾可以不拘一格,只要能够令讲话收到应有效果,即便是没有结尾,正文之后戛然而止,也可以成为一种干净利落的有效结尾方式。

三、讲话稿写作的修整阶段

刘勰在《文心雕龙》中有言:"辞如川流,溢则泛滥。权衡损益,斟酌浓淡。芟繁剪秽,驰于负担。"[10]写作就是如此,枝蔓太多,就需修剪;内容空泛,就需增补。修改是写作的重要组成部分,也是必要组成部分。伟大作家陀思妥耶夫斯基曾说,作家最大的本领是善于删改。谁善于和有能力删改自己的东西,他就前程远大。讲话稿写作的修整阶段是对行文的检查,这种检查不是泛泛的,而是要深入到细枝末节,包括考察讲话稿意旨、调整内容、润色语言等等。

第一,考察意旨。意旨是一篇讲话稿的核心,如果意旨发生偏差,那么这篇讲话稿上所有的文字都将一无是处。保证讲话稿的意旨正确是修改讲话稿的重中之首、重中之重。要将一切不利于表达讲话稿意旨的词句和段落删去,使得讲话稿的意旨最大限度地明确、深刻。具体地说,考察意旨正确、鲜明与否主要从以下四个方面进行:一是看讲话稿意旨是否符合党和国家的政策方针、法律法规等要求;二是看讲话稿意旨是否契合会议、活动的主题;三是看讲话稿意旨是否在讲话稿全篇居统领地位;四是看讲话稿意旨是否把握了事物的特点或规律,正确地认识或解决事件。

第二,调整内容。内容是构成一篇讲话稿的主要部分。内容是支撑讲话稿意旨的主体部分。内容的增删修改完全要依照是否有利于表达意旨这条原则。首先,要看材料是否有利于表达意旨,将不利于表达意旨的内容删去;其次,要看材料是否鲜明地站在支持意旨的立场上,对表达意志不充分或不到位的内容进行修改;第三,看材料是否真实、准确,是否有权威出处,将不真实或者无法判定其是否准确的材料删去;第四,看材料是否具有时代性和先进性,反映当今时代要求和社会要求,将陈旧的落后的材料更换成鲜活的新近的有效的材料。删改材料要做到客观、公正,毫不吝惜。

第三,润色语言。修改讲话稿语言的首要前提是规范性。所谓规范性是指符合一定行业的语言标准和语言要求。讲话稿的语言因内容不同而有很多种要求。宏观上的统一要求为简洁、准确、文明。微观上的要求具体有如下几点:一是因讲话稿是给别人听的文体,所以其语言要求具有一定的通俗性,这种通俗表现为朴素、自然,适当使用典故,少用方言土语,要考虑听众的接受水平,要使讲话稿的语言口语化;二是除了个别严肃的讲话场合外,语言要尽量做到具体、形象、生动、鲜活,让听众在头脑中形成形象的图景,做到深入浅出,便于听众接受;三是根据讲话稿内容不同可以选择庄重、幽默或者两相结合的语言风格,避免轻浮、随便。

　　介绍完讲话稿需要修整的内容,再来说说讲话稿的修整方法。第一种是采用朗读方法,顺通讲话稿的文字内容,将不利于口语表达的字词句理顺;第二种是搁置方法,讲话稿写完后需要放置几天,再去修改,这样能够跳出讲话稿写作语境,便于重新审视;第三种是求助方法,把讲话稿呈递给权威人士寻求指导;第四种是参照方法,将写毕的讲话稿与其他类似结构、内容或意旨的经典讲话稿进行比较,找出自己的不足,从而进行修改。

---

[1]　《叙述学与小说文体学研究》(第三版),申丹著,北京大学出版社,2005年,第77页。
[2]　《文章解读的理论和方法》,金振邦著,东北师范大学出版社,2001年,第138页。
[3]　《在中国科学院第十四次院士大会和中国工程院第九次院士大会上的讲话》,胡锦涛著,《新华月报(记录)》,2008年第7期,第73—75页。
[4]　《文心雕龙今译》,周振甫著,中华书局,1986年,第408页。
[5]　《为什么说民族精神和时代精神是核心价值体系的精髓?——"永葆先进、共创和谐"系列党课(四)》,董福印著,《党建》,2007年4月。
[6]　《在纪念中国共产党成立七十八周年座谈会上的讲话(1999年6月28日)》,江泽民著,人民出版社,1999年。
[7]　《保持共产党员先进性教育读本》,中央保持共产党员先进性教育活动领导小组办公室编,党建读物出版社,2005年,第225页。
[8]　《文学传统批评》,邢海珍著,吉林文史出版社,2001年,第103页。
[9]　《文心雕龙今译》,周振甫著,中华书局,1986年,第248页。
[10]　《文心雕龙今译》,周振甫著,中华书局,1986年,第298页。

【自测训练】

1. 试用自己的理解表述讲话稿的概念是什么?
2. 比较你所知道的其他种文体的特点谈谈讲话稿这种文体?
3. 讲话稿的社会要求有何意义?

4. 找来几篇讲话稿,试分析、归纳它们的主体结构。

5. 请你以某大学校长身份写一篇"纪念五四运动90周年"的讲话稿,讲话听众为全校师生。

【名篇赏析】

在北京大学2008年开学典礼上的讲话(节选)
(2008年9月21日)
许智宏

同学们:

大家好!

今天我们在北京大学体育馆隆重举行2008级新生开学典礼,首先,请允许我代表北京大学的全体师生,对新同学的到来表示热烈的欢迎,向培养你们的父母和老师表示深深的感谢!

同学们,我们所在的这座气势恢宏的体育馆刚刚举行了北京奥运会和残奥会的乒乓球比赛。中国乒乓球队,囊括了在这个场馆产生的所有奥运会金牌,8月22日和23日两天晚上,三面五星红旗两次在这里同时升起。我相信,所有的同学都不会忘记那个激动人心的场面。

奥运是我们中华民族的盛事,是中国现代化进程中里程碑式的重大事件,被认为是当代中国社会的"成人礼"。北大是中国的最高学府,而乒乓球是我们的"国球",是中国体育走向世界的开始。所以,在这座体育馆里,国事、国校、国球联结在了一起。

同学们也都知道,第一个传递北京奥运圣火的中国人是罗雪娟,她是我们北京大学国际关系学院的学生,而接过最后一棒、点燃主火炬的,是北大法学院的毕业生李宁。此外,参加圣火传递的北大师生和校友还有140多人。

北大与奥运的这些联系,是历史的巧合,更是历史的选择,它充满了象征意义,让我们这些北大人不能不感到沉甸甸的历史责任!

今天,同学们在这个特殊的地点,参加你们人生中最有意义的一次仪式,作为你们的校长,作为这所大学的一个老学生、老教师,我希望和

大家一起来回忆这样一些历史的细节:

早在1905年,北大的前身京师大学堂就举行了中国第一次大学运动会……

同学们,我希望你们一定要好好读一下北大的校史。北大今年110岁了,她始终与我们这个国家的命运紧密相连,北大的历史,也就是中国人谋求独立解放和追求现代化的艰难历程。

当然,了解历史,更是为了开创美好的未来。胡锦涛总书记在北大110周年校庆前夕曾专程到北大视察,要求北大要继续弘扬爱国主义精神,努力造就高素质人才,不断创造一流学术成果,积极培育优良校风。在与师生代表座谈会上,他指出:"北京大学正站在一个新的发展起点上。"

同学们都还年轻,你们的未来还有无限可能。我们今天所处的时代,正在发生异常深刻的变化,无法想象再过十年、二十年,人类的科学技术会有怎样的进步,全球化会对我们民族的固有文化带来什么样的冲击,今天困扰着我们的那些难题,会不会找到科学的解决办法?

这一切的未知,要靠你们去探索。作为你们的校长,此时此刻,我只想给同学们提四点小小的希望:

第一,希望同学们老老实实、认认真真读书,学问的事情,来不得半点虚浮,大家要做真学问。

大学是做学问的地方。虽然我们无法否认更无力阻止市场经济对大学文化的冲击,各种诱惑无处不在,急功近利的思想在社会上盛行。但是,北大人做学问,必须是做真学问。蔡元培先生早在80多年前就说过:"大学为纯粹研究学问之机关,不可视为养成资格之所,亦不可视为贩卖知识之所。学者当有研究学问之兴趣,尤当养成学问家之人格。"今天大家到北大来读书,虽然要考试,要毕业找工作,但我不希望大家来北大仅仅是为了应付考试,仅仅为出国或者找个好工作,未来无论有多少种选择,但只要是北大的学生,就应该懂得学问的价值所在,就应该努力捍卫科学的尊严。

…………

第二,希望同学们做有担当的一代,要吃得了苦,干得了最难、最累、最险的工作。

我们的老校长蒋梦麟先生在谈到一个人的能力的时候,强调思、行合一,他说:"所谓能思者,养成清楚之头脑,并有肝胆说出其思想。所谓能行者,做事担得起责任,把肩膀直起来,万斤担子我来当。"我们北大人,就是要这样,有思想、有勇气、有担当。

同学们被外国媒体称作是"鸟巢一代",你们都是受过良好教育,在全球化的环境下成长,富有爱国心的中国年轻人。我想,"鸟巢一代",充满了优越感,但更代表了责任与奉献,承载了信任与厚望。

....

我真诚地希望,同学们抱定服务国家民族、造福人类社会的信念,放下一己之私利,把个人的成长进步融入到推动国家发展、民族振兴的时代洪流中去,做有担当的一代!

第三,希望同学们眼界要宽,无论读书,还是生活,都要看得远一些,想得深一些。

北京奥运会是一次标志性的事件,标志着我们中国正作为国际社会的重要一员,重新回到世界舞台上来,崛起大国的年轻人应有大国青年的气度、自信和视野。

我们不应再沉湎于我们曾经对世界做出的贡献,而要着眼于中华民族如何继续不断地为世界做出新的贡献,树立起世界大国的形象。同学们要拓展国际化视野和全球思维,自信地与世界交流和分享,参与到人类文明的和谐共存与共同发展之中。

....

第四,希望你们学会微笑,微笑着面对生活中的困难,微笑着迎接世界对中国有时是挑剔的目光。

微笑是个简单不过的表情,但对于2008年的中国人,却并不容易。突如其来的四川大地震,造成了巨大的生命财产损失和深刻的心灵创伤。但在灾难面前,我们看到了"敬礼男孩"郎峥,看到了"最美的警察"蒋敏,看到了无数有着坚韧生命力和顽强意志的人们,他们擦干了泪水,微笑着,重新站立起来。

今天,在你们当中,就有27位来自四川重灾区的同学,他们有的失去了亲人和朋友,有的家园被毁。我还知道有一位灾区的同学,来自偏僻山区,家庭贫困,他为了买一张到北京的火车票要走几个小时的山路,但是生活上的艰辛并没有消磨掉他对知识的渴望和对理想的追求。今天,他就坐在我们当中,面带微笑。

……………

微笑,是一种能力、一股勇气、一份智慧,也体现出一种包容。同学们,你们代表着北大,代表着中国的青年,中国的和平发展,你们每个人都有责任,请你们自信地微笑!

希望,就在各位同学的身上。我和北大的老师们真心祝福大家,愿你们在北大度过人生中最美好、最有意义的一段时光,愿你们的前程光明远大,愿你们都实现自己的梦想!

谢谢大家!

这是一篇仪式性讲话稿。讲话稿结构清晰,态度鲜明,论说有力,感情充沛,体现了一个大学校长的深切期望和殷勤寄托。

讲话稿采用了开宗明义和礼貌寄语相结合的开篇方式,第一句话点出仪式的内容,即北京大学2008级新生开学典礼,然后,以欢迎和感谢表达了讲话者的情感态度。第二段,通过地点的同一性特点,将话题自然过渡到北京奥运和残奥会上,从而进入了讲话稿的主体结构。

这篇讲话稿的主题结构可以分为两大部分。第一部分是时间结构,第二部分是并列结构。在时间结构的组织上,这篇讲话稿并没有按照"过去——现在——未来"的一般顺序,而是先从现在开始。利用时间和地点上的契合,将历史大事件拉近,让听众感同身受,突出北大的地位和影响。进而,把时间推前,讲到北大人沉重的历史责任。最后,由远及近,知史明鉴,引出同学们未来的希望及讲话者对同学们的希望。此部分采用并列结构,分别从认真、担当、眼界和乐观四个方面提出希望及要求。其间或引用名言,或举实例说明,条理清晰,意旨明确,表达亲切,令人信服。这篇讲话稿的结尾重申、强调了文中的重点词汇"希望",提出"希望,就在各位同学的身上",这种重申和强调,让讲话感情升华,从而抒发祝愿,表达寄托,体现了一个大学校长的深情,体现了一种激情洋溢的信心,体现了一次温暖如春的激励。

第七章　申论写作

【重点提示】

1. 了解申论的概念和常见体式。
2. 领会申论的文体特征。
3. 掌握申论的写作步骤和方法。

第一节　申论概说

申论是应用写作中的公文写作文体,同时也是国家、地方公务员录用考试公共科目笔试的必考科目,是模拟公务员日常工作的能力测试。

2000年国家机关公务员录用考试第一次把申论纳入其中。作为一名政府公务人员,对社会生活的各方面都应该有一定的认识,在面对复杂多变的现实情况时,要具备较强的分析问题、解决问题的能力。善于透过现象看本质,抓住事物发展规律,从政府和人民利益的角度提出可行性方案,并对方案进行论证。所以,申论考试正是从政府机关工作的现实需要出发,针对考生阅读理解能力、综合分析能力、解决问题的能力和文字表达能力设计的一种考察方法。申论考试所提供材料通常涉及一个或多个社会问题或现象,为了照顾各个专业的考生,材料大都具有普遍性和非专业性。

一、申论的文体追溯

(一)追本溯源

申论作为一种应用文体,是有其历史渊源的。它在一定程度上借鉴了我国古代考试中"策论"的一些做法和经验。策论最早来源于汉代,又称"对策",是汉代出现的察举制度的一种考试方法。汉文帝二年(公元前178年)下诏举贤良方正能直言之士,十五年再诏举贤良能直谏者,并亲自策试,参加对策者不下百人。具体方法就是把策题写在简册上,使应举者作文作答,应举者的意见写在竹简上,然后把竹简用绳子穿联起来,送交皇上审阅,所以就叫做"简策",而这种选拔方法则被称为"策试"。策问即君主向民众征询意见,策题一般以政事、经义等为主;答策则是"应诏陈政",发表政见。策论具有征询政见与考核才识的双重作用。

汉文帝以后,这种方式有所改进,《汉书》权威注家颜师古说,汉代实行的"策试"有两种方式:一种叫"对策",一种叫"射策"。"射策者,谓为难问疑义书之于策,量其大小属为甲乙之科,列而置之,不使彰显。有欲射者,随其所取得而释之,以知优劣。射之,言投射也。对策者,显问以政事经义,令各对之,而观其人文辞定高下也。"(见《汉书·萧望之传》注)两种方式的不同之处在于,一种是把若干问题密封起来,抽签作答(射策);一种是公开提问,当场作答(对策)。汉代大臣有些是通过"射策"选拔上来的,如倪宽、萧望之等;有些是通过"对策"选拔上来的,其中董仲舒名气最大。而不论射策还是对策,都是应试者针对相应的问题,在竹简上逐条应对作答。

刘勰在《文心雕龙·议对》中,对这种文体特点作出了精辟的概括:"对策揄扬,大明治道。使事深于政术,理密于时务,酌三五以熔世,而非迂缓之高谈;驭权变以拯俗,而非刻薄之伪论;风恢恢而能远,流洋洋而不溢,王庭之美对也。"这说明,策论要宣扬治国之道,深谙政治变化,符合时代和社会的需要,不能纸上谈兵或浅薄虚假。

策论在结构上可分为三部分:概括材料部分、分析议论部分、对策部分。

概括材料部分用陈述的方法,引述所给材料,目的是引出存在的问题。分析议论部分,主要是分析这些问题存在的原因,并围绕原因展开议论。对策部分,针对原因和分析的结果提出相对应策略。对策要对应原因。

申论借鉴了"策论"的写法,但相较于"策论"在内容上更具有现实针对性,在形式上比"策论"更加灵活多变。"策论"大多要求应试者论述一些重大问题,即论证某项国家政策的合理性和可行性,侧重于对应试者解决问题能力的考查,如一些策论题目:"典学传心"、"去奢崇俭"等。申论则要求应试者从一些反映日常生活的材料中去发现问题并解决问题,比较全面地考查应试者搜集和处理各种现实生活问题的素质与潜力,充分体现了信息时代的特征,也适应当今国家公务员实际工作的需要。

(二)公务员写作考试

考试录用制度的建立是我国人事管理体制改革和干部人事制度改革的重要举措。1994年第一次举行中央国家机关公务员录用考试,当时只考"综合知识"。1996年,为中央国家机关,如国家海关总署等单位招考公务员而进行考试的试卷,开始分"综合知识"和"写作"两大部分。写作部分的试题是侧重应用的两道题:一题是给出一组相关的资料——三则有关演出方面的新闻,让考生经过分析综合加工提炼,写出一则综合新闻,题目自拟。另一题是命题作文,题目是《理想位置与社会需求》,要求毕业生谈清自己所追求的理想的就业岗位与社会需求的关系,即考生的理想与社会现实、考生追求的目标与社会需要之间的矛盾统一的关系。从题目设定上不难看出,公务员写作的考试从一开始就强调应用性。

1998年的命题还是"综合知识"和"写作"两部分,但在命题上强化了"写作"有别于一般意义上的作文的应用性和能力测试性。这年的命题,已由普通的命题作文和材料作文向一组"数据性"信息上转化。

2000年的命题,对题型进行了全面深入的讨论。在广泛借鉴古今中外选拔人才有关"写作"方面考试方式的基础上,最后定名为"申论",并确定了其基本形式和结构。

二、申论的共识范畴

(一)申论的概念

概括地说,申,即申述、说明;论,即分析和论述事理。所谓申论,就是针对给定材料申述自己的观点并加以论证的一种文体。

刘勰的《文心雕龙·论说》中指出:"论也者,弥纶群言,而研精一理者也。"可见凡融会贯通种种见解而深入阐述道理的文辞,都可称之为"论"。总括内容予以概述的称为"概论",纵论时事政治的称为"政论",评优劣、论得失的称为"评论",考辨历史的称为"史论",等等,每种"论"各有特点。

"申论"也正是这样,有着明显区别于其他诸论的特点。申论要求准确把握所给材料的客观事实,概括出要求作答的问题并作出必要的说明、申述,然后在此基础上发表中肯的见解,提出解决方案,进行论证。虽然它以"作文"的形式表现出来,但它从内容、方法及其产生的测评功能其实涵盖了作文和策论的基本方面,是一种综合性的文字表现形式,具有论说文的性质。

申论是模拟行政。它不能凭主观好恶选材,它本质上是一种选拔公务人员的专门考试形式。也就是说,一个人的写作水平并不等同于他的申论能力,有的考生追求把申论写得个性张扬或充满艺术想象,这就偏离了公务员选拔的基本要求,应该用政府工作人员、部门公务人员身份去认识、分析和解答。

(二)申论的常见体式

从历年来国家公务员考试申论的题目中我们可以发现,每年题目的数量不是固定的,三道题,或五道题,题目的要求也各有不同,有要求写概述、报告,有要求写电视讲话稿等。无论题型如何变化,其实还都是围绕申论考试的基本要求展开的。根据国家公务员考试大纲的要求,申论主要测试考生对给定材料的阅读理解能力、分析概括能力、提出和解决实际问题的能力以及文字表达能力。基于这种要求,我们可以把历年申论题型归纳为以下几类:

1. 概括材料型

从 2000 年以来的申论考试真题来看,要求概括的内容主要有以下几种情况:

(1)概括主要问题。2000 年试题第一题即属于这种类型,题目要求考生用不超过 150 字的篇幅概括出所给材料反映的关于污染带来的主要问题。

(2)概括主要内容。2001 年试题第一题即属于这种类型,题目要求考生概括出所给材料关于 PPA 风波这一事件的主要内容。2006 年试题第一题,题目要求假设你是一位新录用的公务员,请用不超过 500 字的篇幅,概述 D 部长谈话的主要内容,以供领导审阅。

(3)概括主要后果。2002 年试题第一题即属于这种类型,题目要求考生用不超过 200 字概括出所给材料反映的网络带给社会生活的影响,也就是后果,当然包括正反两个方面的结果。

(4)综合性概括。2004 年试题第一题即属于这种类型,题目要求考生认真阅读给定资料,概述"我国汽车工业的现状和发展趋势",字数不多于 1000 字。所谓概述我国汽车工业的现状和发展趋势,其实就是综合性概括给定资料的主要内容(我国汽车工业发展的现实状况)、主要问题(目前汽车工业面临的挑战)、主要后果(汽车工业的发展带来的新问题)等几方面。

2. 提出对策型

提出对策题测试的正是考生提出和解决实际问题的能力,这种题型在形式上主要有三种:

(1)独立成题。2000 年试题第二题即属于这种类型:以省政府调研室工作人员的身份,用不超过 350 字的篇幅,提出解决给定材料所反映问题的方案。要有条理地说明,要体现针对性和可操作性。2001 到 2003 年的此类题型沿用了 2000 年的思路。2007 年黑龙江省公务员考试申论 B 类试卷中,申论第二题要求:结合阅读资料,从维护外来工权益的角度,就"如何解决外来工面临的诸多困难、改善外来工就业生活环境,提出对策建议,并进行论证"。要求从政府制定政策的角度,就如何克服资料所反映的种种弊端提出对策、建议。这是提出对策题中最简单的形式。

（2）选择分析。2005年试题第二题即属于这种类型：给定资料中提到扶贫资金被挤占挪用的问题，下面列出了解决这一问题的五项措施，其中不正确的是哪几项？请写出这几项的序号，并分别说明为什么不正确。说明的字数不超过200字。材料已经给出了对策，要求考生有辨析问题的能力。

（3）放入文章。2004年试题第二题即属于这种类型：假设给定材料中有关我国城市交通拥堵的问题在你市都存在，你作为市交通主管部门的负责人，请根据给定材料，写一份"关于我市交通拥堵情况的报告"。要求简要介绍情况，恰当分析原因，提出全面、明确、可行的对策，字数不多于1500字。这里的提出对策没有独立成题，而是要求把它作为"情况报告"的一部分，这就对对策的针对性和可行性提出了更高的要求。

3. 引申论证型

（1）论说文。

引申论证题是申论考试中最后一道题。文章的形式主要是论说文，或者给定题目，或者自拟题目，字数一般在800—1200字之间，要求考生对有关问题及其对策进行论证。

2005年试题第三题第二小题：请以"评解决我国农村农民问题的两种思路"为题，写一篇800—1000字的文章。要求观点明确，分析具体，条理清楚，语言流畅。

2006年试题第三题：请你就我国政府如何提高应对突发公共事件的能力，写篇文章，说出自己的看法。要求：自拟标题，观点明确，联系实际，分析具体，条理清楚，语言流畅。字数在1000—1200字之间。

（2）讲话稿。

申论试题的形式不是一成不变的，有时试题也对文章的格式提出特殊要求，如2003年试题第二题：下面提供了两种讲话情境，请任选一种，为设定的发言人拟出一篇现场讲话稿或电视讲话稿。要求：根据选定情境，自拟标题。讲话稿不少于1000字。形式虽有所变化，但万变不离其宗，讲话稿的写法除了开头、结尾处的一些特殊要求外，和一篇普通论说文没有太大差别。也就是说，无论申论的形式如何变化，都对内容影响不大。

三、对申论的几种误解

(一)关于"申而论之"

关于申论的来源，大多出版物引证申论一词取自《论语》中孔子所说的"申而论之"。其实，《论语》中出现的"申"字，一处是："子曰：'吾未见刚者。'或对曰：'申枨。'子曰：'枨也欲，焉得刚？'"(《论语·公冶长篇第五》)另一处是："子之燕居，申申如也，夭夭如也。"(《论语·述而篇第七》)所以说，"申而论之"出自《论语》是不正确的。

"申而论之"见于清朝编撰的《四库全书·御制读史记儒林传》："直以为文王后妃时所作盖本毛苌之义，可谓具有卓识而未言三家之失抃传讹兹故申而论之。"该提法又见《四库全书·钦定日下旧闻考卷八十》："恐后人之谬为比拟，是以申而论之。"两处申而论之，与今天的申论一词意思基本相同。

(二)把"申论"等同于"给材料作文"

给材料作文，是根据所给材料和要求写文章的一种作文形式，是高考语文写作的主要题型。自1977年恢复高考以来，绝大部分题型是给材料作文的形式。在这种写作形式里，所给的材料是考生作文时依据的文字信息，而写作要求则是考生作文所遵循的规则要求。

给材料作文的材料有很多不同的形式，常见的有一篇文章、一个事件、一条新闻、一则寓言或一个成语、一个典故等等。它的要求也是各式各样的，可以写成记叙、议论、说明等不同文体。依据材料写议论文的写法，与一事一议的议论文或是读后感的写法大致相同。

申论借鉴了给材料作文的命题形式。它也是由两部分组成，一是给定材料，二是作答要求。二者的写作思路也是相通的：先概述材料，然后提出中心论点，再围绕中心论点展开论述，接着提出解决问题的办法，最后结尾，呼应开头。

不过二者在概括的角度、方法和议论的话题等方面却有很大的不同。给材料作文概括的角度可以是多方面的，但是从申论的角度来概括的话，就要考虑政府的需要和公务员工作的实际情况。而且申论所给的材料一般都是政治、经济、社会范畴的，材料更为复杂，阅读量和概括问题的难度也更大。

因此，把"申论"等同于"给材料作文"的观点是错误的，二者有相似之处，申论在某种程度上借鉴了给材料作文的一些特点，但毕竟是两种不同的形式，不能画等号。

第二节　申论的结构特征

一、申论的文体特征

申论有着明显区别于其他文体的特点，具体从以下几点分析：

（一）模拟性

申论考试的模拟性包括模拟角色、模拟情境、模拟程序。就是以一名公务员的身份，在材料提供的情境中，按照行政程序去分析问题，按照行政程序去解决问题。

申论考试所给的背景材料都是经过初步加工的，但这些材料头绪不是很清楚，条理顺序也比较混乱，有待考生阅读后进行筛选、加工、概括、整理。不论是在政府的哪一个部门，这些都是公务员平时的主要工作。所以要求考生必须从公务员的角度思考问题，必须从政府责任和管理角度认识问题。如公车改革问题，从一般的角度评论，可以评论官员官本位思想严重，评论他们腐败，评论公车造成巨大浪费等。公务员不能从指责角度考虑和认识问题，而是从行政改革角度、制度建设角度，从解决问题角度认识问题、展开论证，提出可行的改革方案。这就是本着对社会负责、对人民负责的积极态度来看问题，发表自己的看法和观点，并提出解决问题的方法，做到不偏不倚，客观公正。

（二）广泛性

申论考试特别注重对考生的分析、判断、解决问题的能力等综合素质的测评。为反映这一要求，申论所给定背景材料涉及了政治、经济、法律、教育等诸多方面的内容,涵盖范围极其广泛,内容多为人们所熟知,即那些涉及国家建设或普通民众的焦点或热点问题,而且所反映的问题大部分已有定论。例如人们目前关注的网络带给社会生活的影响、城市交通问题、外来工待遇问题、保护环境与经济发展的关系等多种问题,都作为申论试题的选题范围。一般说来,选择"中观"的而不选用"宏观"和"微观"的材料。因为太宏观的问题,让考生在所给定的短时间内解决是不现实的。太微观的问题,不具有代表性和可重复性,对于测查考生是否具有公务员的基本素质不具有典型意义。

(三)针对性

申论考试的目标明确,针对性非常强,即主要考查考生分析、概括、解决问题的能力。这些能力主要通过对背景材料的分析、概括、论述体现出来,从所提出的方案对策是否具有针对性和可行性体现出来。因此,考生应认真地阅读给定材料,抓住重点,才能有针对性地回答和论证问题。

(四)灵活性

1. 题型变化多样

申论一般是两道或三道大题,在试题的设计上具有灵活多变的特点,如在议论部分,采用过命题作文的形式,也采用过自命题作文的形式。就文体形式而言,概括部分可能是记叙文、议论文、说明文、应用文中的任何一种形式,也可能是多种文体形式的综合;对策部分一般是应用文写作;第三部分大都是议论文写作。可见申论考试既考查了普通文体的写作能力,也考查了公文写作能力,题型非常灵活、实用。

2. 答案的不确定性

申论一般只有基本的答题范围和要点,无论是提出对策部分还是对对策进行论证,都不会有固定、唯一的标准答案,便于考生发挥。比如对策部分,这部分要提出解决问题的办法,这个办法要有针对性和可行性。但针对性和可行性是相对的,在不同地方以及发展的不同阶段,解决问题的方法就不一样,而且有的目前还没有一个确切合理的方案,因此要对若干方案进行比较论证后才能确定。又如论证部分,提出什么问题,从哪些角度论证,采取什么方法和结构,也不会有一个具体、唯一的标准。正因为没有标准答案,不同的考生完全可以根据各自的特长来展示能力和水平,也有利于选拔者挑选到合适的人才。

二、申论试题的形式结构

申论试题由注意事项、给定材料、作答要求三部分组成。

(一)注意事项

提示考生答题时限、答题要求,并给予指导性建议。

2008年中央国家机关公务员考试申论科目的注意事项:

1. 本试卷由给定资料与作答要求两部分构成。考试时限为150分钟。其中,阅读给定资料参考时限为40分钟,作答参考时限为110分钟。满分100分。

2. 第一题、第二题所有考生都必须作答。

第三题、第四题仅限考行政执法类、市(地)以下综合管理类职位的考生作答。

第五题、第六题仅限考省级(含副省级)以上综合管理类职位的考生作答。

未按上述要求作答的,不得分。

3. 请在答题卡上指定位置填写自己的姓名、报考部门,填涂准考证号。

考生应在答题卡指定的位置作答,未在指定位置作答的,不得分。

4. 监考人员宣布考试结束时,考生应该立即停止作答,将试卷、答题卡和草稿纸都留在桌上,待监考人员允许离开后,方可离开。

(二)给定材料

给出4000—6000字左右的资料,中央国家机关申论考试的材料有时会达到8000字,材料为初步加工的,内容涉及政治、经济、法律、文化等各方面的社会热点或大众传媒的焦点问题,具有普遍性和非专业性,不会对某种专业知识特别倾斜。

（三）作答要求

要求考生在阅读给定材料后进行作答。一般包括概括总结、分析归纳、提出对策和论证表述四个部分，或者是其中几个部分的组合。

2008年中央国家机关公务员考试申论科目的作答要求：

1. 在怒江开发水电资源问题上有重大争议。请根据"给定资料1—8"指出争议的焦点是什么，并对主张怒江水电开发和反对怒江水电开发的理由分别加以概述。（20分）

要求：指明"焦点"，概括全面，条理清楚，语言流畅，不超过500字。

2. 请根据"给定资料9、10"，分析这两个资料对搞好水电开发提供了哪些重要启示？（15分）

要求：分析简明扼要，条理清楚，不超过200字。

3. 本题仅限报考行政执法类、市（地）以下综合管理类职业的考生作答。

（1）"给定资料7"引了上海某研究所G所长的话："美国人把搁浅的鲸鱼推入大海，这值得赞扬；鲸鱼被非洲难民捕食，这也应赞扬，因为它救活了一群人"，请说明这表达了G所长怎样的观点。（10分）

要求：简明、准确地阐释观点，不超过200字。

（2）"给定资料6"引述了某学报C主编提出的意见，请你站在水电规划部门的立场，对C主编的意见做出答复。（15分）

要求：有条理写出答复内容，有理有据，不考虑行文格式，不超过300字。

4. 本题仅限报考行政执法类、市（地）以下综合管理类职业的考生作答。

请以"从怒江水电开发说开去"为题，写一篇文章。（40分）

要求：（1）结合给定材料，自选角度。（2）符合题意，观点明确，内容充实，结构完整，语言流畅。（3）总字数800—1000字。

5. 本题限报考省级（含副省级）以上考生综合管理类职位的考生作答。

"给定材料 11"列出了其职能部门准备对反对意见给予答复的基本内容,请指出这样答复存在哪些明显问题,并就存在的问题分别说明怎样修改补充。(25 分)

要求:(1)分条作答,指出一个问题,接着写出修改补充的内容。(2)条理清楚,表达简洁流畅,不超过 500 字。

6. 本题限报考省级(含副省级)以上考生综合管理类职位的考生作答。

请以"人与自然"为题,写一篇文章。(40 分)

要求:(1)参考给定材料,观点明确,内容充实,结构完整,语言生动。(2)对在"人与自然"问题上的某种错误倾向,应恰当阐述,给予澄清。(3)总字数 1000—1200 字。

第三节　申论写作指引

申论考试最大的特点就是阅读量大、时间有限、写作任务重。近两年国家公务员考试申论的给定材料字数增加,比如 2008 年的考试给定材料多达 7000 字,考生需要在阅读资料并把握其主旨的基础上写出 5 篇字数不等的文章。这对考生来说是相当艰巨的任务,要想在 150 分钟的考试时间内完成具有很大难度。因此,申论考试是一场阅读速度、答题技巧和应考心态的大比拼。我们必须掌握一定的备考和临场应试的技巧,才能在真正的考试中做到从容不迫,取得自己满意的成绩。

一、申论的备考方法

申论考试,备考非常重要。因为申论作为一种特殊的写作形式,与传统的写作有很大不同。在备考时应重点把握申论写作的一些材料观点、措施,掌握申论的一些基本题型,特别是申论各种题型的作答规律和作答方法。

(一)关注热点问题

自 2000 年申论开考以来,无论是中央国家机关还是各省市的申论试卷,都是选取具有普遍意义的社会现实问题或某一时期的社会热点问题作为考试的背景材料。这已成为不变的命题原则。因此,考生在平时生活中应该格外留心、热切关注社会现实问题与热点问题,应多读一些载于报刊、电视、广播上的有关报道与评论,特别是国内一些权威媒体,如中央电视台一套、中国人民广播电台一套、《人民日报》、新华网等发起的大讨论涉及的论题。而且还应勤于动脑、善于思考,直接为各种社会问题设计一下处理方案,并力求拿出自己的深刻而独到的见解。这样的阅读与训练,对于锻炼思维、开拓写作思路,都会有很大帮助。

(二)熟悉考试题型

2004 年以前,国家公务员考试的申论题型固定在三种基本题型上,即:概括材料题、提出对策题和引申论证题。因为题目的要求十分明确具体,所以在审题上没有多少难度。

2005 年以后,国家公务员考试的申论"作答要求"呈现出越来越多样化、复杂化的趋势,有时是 4 题,有时是 5 题,作答要求的表述也花样翻新。其实不论申论的题型如何新颖,都不外乎它的三种基本形式的变化。考生要熟读历年来考试真题,了解题型基本特点。

(三)多读申论范文

近年来社会上出现的各种版本的申论写作教材中或在网络上,收录了不少往年的申论优秀答卷,有的教材还附上了评析文章。新华社主办的《半月谈》里的"半月评论",《人民日报》的"人民论坛",光明日报主办的《文摘报》里的"微型论坛",新华网、人民网的热点网评等,其中的很多文章都是比较典型的申论范文。这对于申论备考者来说,都是十分珍贵的资料,有助于考生熟悉申论写作套路,培养申论语感,从别人的文章中吸取营养和借鉴方法。

(四)加强实践训练

考生要反复研读历年真题,并模拟考试情景,设定时间,进行写作实践训练,在训练中找一些"实战"的感觉,也可以做一些模拟训练题。只有加强训练,才能切实有效地提高写作速度与写作质量,才不至于临场失措、手忙脚乱。

二、申论写作现场

申论考试的整个过程可以归纳为审读材料、概括要点、提出对策、进行论证四个环节。这四个环节可以说是环环相扣,缺一不可。

(一)审读材料

这是申论考试的基础环节,这个环节不用文字在考卷上直接反映,但却是完成其他三个环节的前提条件。只有彻底地弄懂给定材料所反映的主要问题,才能准确地概括材料,进而提出可行的解决问题的对策,最后利用给定材料,抓住主要问题,全面论证。审读材料分三步进行:

1. 审清要求

面对一张申论试卷,要做的第一步就是审题,包括"注意事项"和"作答要求"。审题的目的在于真正弄清回答什么问题,只有明确了问题,在阅读材料时才能做到有的放矢,有效阅读。尤其是对作答要求的解读,要字斟句酌,咬文嚼字,彻底弄清题意,严格按照要求答题。审题时,要注意以下两个要领:

(1)看准"作答要求"中的关键词语

例如 2000—2002 年中央、国家机关公务员录用考试申论试卷的第三题:

2000 年:就给定资料所反映的主要问题进行论述……

2001 年:根据给定资料,自选角度进行论述……

2002 年:就所提出的对策建议进行论证……

其中,加下划线的为关键词语,从这几个关键词语上我们可以看出:2000—2002 年申论试卷要求写作的这三篇文章,其写作角度和论述对象都是不同的。如果忽视了这些关键词语,只是笼统地理解为"要求写议论文",却不弄清楚"议论什么",那么写出的文章则很难符合要求。

(2)发现"作答要求"中的隐语

例如 2003 年中央、国家机关公务员录用考试申论试卷的第一题:

给定资料进行分析,从政府职能部门制定政策的角度,就如何

"减少事故,保障安全",提出对策建议,供领导参考。要求:分析恰当,对策明确、可行;条理清楚,语言通畅。字数不少于600字。

虽然这里也如2000—2002年申论试卷的第二题要求让考生提出"对策",但是这里要写的"对策",与前三年的"对策"却存在着"文体性质"上的巨大差异。前三年的"对策"部分,不过是一个几百字的说明性质的文字片断;而这里的"对策"却是一篇公文。尽管试卷没有明确要求写成哪一种文体,但是其"隐含条件"中,却暗含了文体性质:题目要求以"政府职能部门"的身份所提出的"供领导参考"的"对策建议",实际上就是公文中"就重要问题提出见解和处理办法"的"上行意见"。由此可见,答题之前,必须认真审题,完全领会出题人的意图,否则,便不得要领,无法获得阅卷人的认可。

2. 阅读思考

审清题目的要求之后,接下来就应该带着题目中要求的问题对给定材料进行阅读。从材料的内容上看,申论的给定材料主要有以下两种:第一种是材料集中反映社会生活中有较大影响而又亟待解决的问题,材料以客观陈述为主,具有"案例"的某些因素。第二种,材料围绕某一社会热点问题多方面摘录、拼贴而成,可能是影响重大的突发性事件,也可能是长期得不到解决的社会难题。它不是一篇完整的文章,每个材料的顺序往往是杂乱的,没有严格的时间顺序和逻辑顺序,阅读难度很大。所以要掌握正确的阅读方法。

(1) 带着问题阅读

阅读的目的是为了做题,所以要有选择的阅读,选择那些与作答相关的材料。针对作答的题目对材料进行整体把握和分析以及重点段落的阅读。要弄清:第一,材料的性质;第二,材料的主要倾向;第三,材料反映的主要内容。这样才能对材料从总体上有个把握,分析出来问题出在哪里,找到问题的关键。

(2) 速读与精读结合

速读即快速通读全文,也是第一遍阅读。目的是为了初步了解材料内容,从整体把握材料,找出重点段落。速读时要注意一些表示逻辑关系的词语,如:"首先"、"其次"、"最后"、"总而言之"等。这些词语暗示了材料之间的逻辑关系,所以应适当做一下标记,以便精读时能通过这些词语来寻找段落间的内在的联系。还应该把握关键句。关键句是指示文章段落大意的句子或是提示文章主旨、观点的句子,它们一般是文章或段落的起始句、结束语、概括句等。

精读是在速读的基础上的第二遍阅读,其目的是深入理解材料内容,从问题的表面来发掘问题的本质,由对材料的感性认识上升到理性认识,进而提炼材料所表达的主旨。因此,精读应该重点阅读反映材料主旨的段落。带着问题有针对性地进行细读,把握材料的细节,判断和推敲材料的言外之意。

仔细阅读材料中的第一、二段和最后的段落,这些段落往往是材料的倾向性所在。可以在这些段落旁边写下段落大意。

要特别注意材料中出现的一些核心词,比如关乎事实、原因、结果、经验、教训、方案、措施等方面的词,这些词往往涉及材料事件的问题分析、对策方案等重要信息。

有时一些问题的答案就在材料之中,要特别注意专家、职能部门、政府官员的讲话和看法,有的答案就在他们的看法里。还有很多概述性质的题,如概述我国汽车工业发展状况及趋势,概述安全生产事故频发的原因,概述扶贫的两种措施,可以直接在材料里找到答案。

3. 分析归纳

分析材料就是在总结段落大意的基础上,通过对材料进行分类组合,理顺材料间的逻辑关系,进一步理清答题思路,为答题做准备。

所有的材料,看似相对独立的各段材料,其实都是围绕一个共同问题提出来的。它们有的是这个问题的表象,有的是对现象进行的分析,有的是产生的后果。所以必须对材料进行分类,把关系相近的材料归为一类,理顺它们之间的逻辑关系。

根据解决问题不同的需要,归类的方法也有所不同。可以是横向归类:如各种现象、各种原因、各种观点、各种措施等;可以是对立关系:如正面和负面、积极和消极、经验和教训等;可以是纵向归类:如提出问题、分析问题和解决问题,事件的发生、发展和结果等。要做到具体问题具体分析。

(二)概括要点

概括材料题是申论考试的必考题型。它能够全面考查考生分析、归纳、理解、概括能力。这是个承上启下的重要环节。它一方面是阅读环节的小结,另一方面又影响提出的对策是否具有针对性,影响论证是否有可靠的理论基础。具体有以下几方面要求:

1. 角度准确,范围明确

概括的角度是指考生需要作答问题的方向和侧重点。就是想从哪个方面反映什么样的问题,究竟是概括材料反映的主要问题还是材料的主要内容。对内容的概括应从哪些方面进行?对问题的概括应从哪些方面进行?在材料的归类、取舍上都是不一样的。只有准确定位概括的角度,才能进一步围绕题目要求理顺材料的逻辑关系,为作答奠定基础。

概括时只能从给定材料中进行概括,而不能跳出材料之外,任意发挥。还要根据题目的要求定位材料,比如面向全部材料的概括与仅针对部分材料的概括是不一样的。

2. 要素清楚,线索清晰

概括一般采用叙述的表达方式,而叙述要素包括:人物、事件、时间、地点、原因、结果等。其中,人物和事件是叙述的核心,在叙述中,它们是不可或缺的。时间和地点是人物活动和事件发生、发展的环境和舞台,在通常的叙述中应将时间、地点交代清楚,但有时也可省略。原因和结果是事件的起讫点,有了这两个要素,叙述才完整,交代才清楚。

有了概括的要素,要使它们成为一个有机的整体,需要一定的顺序来组织,可以按逻辑顺序,也可以按时间顺序或空间顺序。还需要有一条贯穿全文的线索,考生应学会如何运用线索来选择、组织、加工材料,从而统贯全篇,使文章条理清晰、结构严谨。

3. 主旨突出,详略得当

概括材料时要处处从表现中心主旨的角度来考虑,重点要突出,根据概括题目不同的要求,突出不同的重点。

详略得当就是材料的选择和剪裁的艺术。无论写哪种文体的文章,都应主次分明、详略有序。详略处理的标准,就是根据文章所要表达的内容和主旨的需要,要紧扣中心内容选择剪裁,力求集中笔墨,把主旨准确又深刻地表现出来。

4. 语言精炼,字数达标

在申论作答时,对字数要求非常严格,要想把几千字的给定材料概括为两三百字,是很有难度的。因此,考生在概括时,语言一定要准确、简洁、规范、精炼,切忌东拉西扯、废话连篇。一定要把握好字数,否则因为超出限定字数或字数过少而被扣分是得不偿失的。

(三)提出对策

这是申论考试的关键环节,要求考生在阅读、理解给定材料的基础上,发现问题并提出解决问题的方案和对策,考查的是考生思维能力、创新意识、应变能力和解决问题的能力。它给考生提供了充分发挥主观能动性的空间,考生可以根据自身的阅历知识,对同一问题发表不同的看法和主张。对策要体现针对性和可行性。

一般来说,要作答"提出对策"方面的问题,包含以下步骤:

1. 模拟身份,准确定位

申论考试的提出对策部分内容很可能模拟行政机关在工作中遇到的实际问题。考生在应试中必须看清题目对自己虚拟身份的要求,只有定好身份,才能从恰当的角度提出问题和解决问题。比如2000年国家公务员考试第二题:以省政府调研室工作人员的身份,提出解决给定资料所反映问题的方案。这个身份没有承担专项职能和独立解决问题的能力,只能为省政府领导机关和职能部门在决策时提供参考。如果以政府领导机关的口吻和名义向所辖职能部门下达指令,就属于身份失当。不同的身份所提出方案的角度和内容都是有区别的,所以当考生明确身份之后,思考问题的角度,甚至包括语言都要与自己的虚拟身份相吻合。

2. 发现问题,分析原因

对策是针对问题的,问题从哪里来,从给定材料中来。所谓"问题",其实就是存在的"毛病"或不足,所以应该在概括材料内容的基础上,进一步分清层次,理顺关系,分清主次,把握主要矛盾,确定解决问题的关键点。同时,也要注意把握其他问题以及问题的不同侧面。

找到问题的关键后,就要分析与问题有关的各种信息,把你认为是导致问题发生的各种因素列举出来,然后通过排除法和假设法对可能因素逐个推敲,最后把主要原因找出。

3. 开阔思路,提出对策

问题的产生有多种原因,有主要原因,有次要原因。要想解决问题,就得针对不同原因提出不同的解决方案,所谓"一把钥匙开一把锁",要做到对策有针对性,就得具体问题具体分析。有时解决一个问题,往往也有多种方法,可以尝试从多个角度提出对策。

要善于"换位思考"和"情景体验",发动想象力,虚拟发生问题的情境,并把自己置身于问题的矛盾冲突中,设想变换考虑问题的身份和角度,常会有新的发现和灵感。

有时对策的答案往往已经在给定的材料中,有些以政策法规的形式表现出来,有些以专家建议的形式表现出来等等。要善于发现和挖掘,在阅读材料时多加注意,都是可以概括出来的。考生还应特别注意发现材料中的政策导向,它表明了政府和职能部门对问题的基本态度,我们提出的对策必须符合党和政府制定的方针政策。

要进行"方案评估",就是对提出的措施进行评估,看其是否具有可操作性。方案评估的两个指标就是看它的社会效益和经济效益,能否保证解决提出的问题,付出的代价和产生的副作用尽可能少,获得的收益尽可能多。

4. 选定对策,作答成文

应该说前几个步骤是准备过程,也就是"打腹稿"。确定了解决问题的对策后,就应迅速成文。

(1) 分条列款

提出对策的作答模式一般都是分条列款式。前面加上一点说明性文字,表明解决的问题或达到的目的,然后将每一条措施当作一个自然段,用条款的形式表现出来。

条款之间要有严密的逻辑关系。比如,先眼前,后长远;先落实,后监督;先主要,后次要等等。

(2) 虚实结合

所谓的"虚",指解决问题的根本措施,从宏观角度来谈;所谓的"实",指解决问题的具体措施。要虚实结合,方案的提出要明确、详细,不能只说一些口号式或毫无意义的空话。考生必须对每一条措施都提出具体的实施意见并说明理由、要求、注意事项等。

(四)进行论证

这部分内容是申论考试的最后一个环节。它要求考生充分利用给定材料,抓住主要问题,全面阐述和论证自己对给定材料所反映的主要问题的基本观点以及解决问题、落实措施的方案。它的字数要求最多,分值也最高,能全面考查考生的分析归纳能力、提出和解决问题能力以及逻辑思维能力、语言文字表达能力。

由于阅读量和写作量大,考试时间又非常紧张,考生不可能像平时写文章那样有充裕的构思、写作和修改时间。怎样才能在规定的时间内尽可能高质量地完成呢?可以把论证过程程序化,依照一定的程序操作,这样可以节省时间,达到事半功倍的效果。

1. 认真审题,明确要求

作答之前,首先要仔细审读要求,明确试题要求论证的限制条件,包括内容、文体、身份、字数等。

2003年国家公务员考试的题型与往年稍有不同,题目要求为设定的发言人拟出一篇现场讲话稿或电视讲话稿。这种文体形式不等同于一般的议论文性质,需要考生区别对待。

2. 分析问题,论点鲜明

申论论证由论点、论据和论证三个要素组成。论点是考生在论证中所要阐明的观点,是对所要解决的问题提出的见解和主张,表明考生的立场。一篇文章是否能站得住脚,首先就表现在它的论点上。

论点从材料中获得,从审读材料所发现的问题中来。考生通过对材料所反映的问题现状、问题原因进行把握,全面分析,从中选取符合作答要求,具有实际意义又最能发挥自己特长的方面作为论点。论点的提取有以下几点要求:

(1)论点要正确

论点正确就是指论点要符合马克思主义的基本观点,符合科学发展观的理论,符合当前政府的方针政策,符合法律规定。要坚持正确的政治方向,符合党和人民群众的根本利益。

论点是否正确,反映考生的政治觉悟和基本政治素养。

(2)论点要准确

准确的意思就是指论点要针对给定材料所反映的主要问题,揭示问题的根本原因,揭示事物的本质。给定材料已经限定了考生的基本态度和主导倾向,切忌片面地针对材料某个段落或偏向事件的某一方面看问题,更不能跳出材料之外找论点。

(3)论点要鲜明

论点鲜明是指论点态度要明确,赞成什么,反对什么,都要立场鲜明,而不能含糊其辞、模棱两可。要抱着积极的、解决问题的态度,摆出自己的观点,而不是责备、批判、发牢骚。

题目是一篇文章的旗帜,一个好的论文题目必须准确精当、生动贴切、内容丰富而具体地表明作者论述主要问题的基本立场。只有这样的标题,才能给人先声夺人的气势,吸引阅卷人的注意力。

3. 引用材料,有理有据

论据是被引用来证明论点的事实材料和科学理论。提出论点后,要用事实和道理证明论点的正确性。论据是论点的支撑,在论证中同时引用事实和理论材料作为论据,就是通常所说的"摆事实,讲道理"。

事实材料包括给定材料中的典型事例、概括的事实、统计数据等。

理论材料应该是经过实践检验的,为世人所公认的。如马列主义、毛泽东思想、邓小平理论、"三个代表"重要思想、科学发展观等,都是经过实践检验的,具有强大的说服力和公信力。再如自然科学中的原理、定律,经典著作中的引文,权威性的言论,常识、成语、谚语等,都可以作为论据。不论引用事实材料还是理论材料,都要谨慎,不能断章取义、牵强附会,最重要的论据是为论点服务的,还应紧扣论点,做到材料与观点的统一。

4. 选用方法,论证说明

选用方法就是选用恰当的论证方法。论证方法就是把论据材料与论点联系起来的逻辑方法。论点是解决证明什么的问题,论据是解决用什么证明的问题,论证是解决怎样证明的问题。

要证明自己的观点,不能把证据材料和观点机械地堆砌在一起,而是运用适当的论证方法,建立其论点与论据之间的逻辑联系。常见的论证方法有多种,一篇文章的不同段落可能会用到不同的论证方法,所以应该加以掌握:

(1)例证法

例证法是用具体事例来证明观点的论证方法。所谓"事实胜于雄辩",它是应用最广泛、最有成效的一种论证方法。运用例证法要注意,仅仅摆事实是不够的,在举出事例的同时,要及时地加以分析、论证,使论据和论点融为一体。而且选用的事例一定要真实,并具有典型性和代表性。

(2)引证法

引证法是引用理论论据进行论证的方法。引证法可分为直接引用和间接引用。引用原文的,称为直接引用,应当加引号,表明未作改动。原话较长,做了压缩、概括的,称为间接引用,不能加引号。间接引用一定要符合原意,概括准确。

(3)因果论证法

通过分析问题、剖析事理,揭示论点和论据之间的因果关系,从而证明论点。因果论证可以由果及因,或由因及果,还可以因果互证。

(4)归谬法

又叫引申论证法。是由反面论点引出错误结论来说明道理的方法,就是先假设对方错误观点是正确的,然后推导出一个荒谬的结论来,从而证明对方的论断是不能成立的。

(5)对比论证法

对比论证就是把两种矛盾或对立的现象、观点加以对照比较,从正反两方面进行说明,从而揭示事物的本质。运用对比论证比单从正面论证更有力度,观点更鲜明,能给人深刻的印象。

当然,论证方法还有很多,这几种是比较常用的。我们在论证时要采取灵活策略,可以几种论证方法综合运用。不论运用哪种论证方法,这只是一种手段,目的还在于表明观点,说清问题。

5. 理清思路,作答成文

经过上述提出论点、找到论据、运用论证方法等一系列准备环节后,进入作答成文阶段,这个阶段是最关键的环节,想的再好,若不能把所想用准确的语言表述出来,也是没有任何意义的。

作答成文时,首先要注意书写规范、标点正确、用词恰当、言语通顺,这是写文章的最基本要求。还要注意成文的几个环节:

(1)拟定题目

题目是一篇文章的旗帜,一个好的论文题目必须准确精当、生动贴切、内容丰富而具体地表明作者论述主要问题的基本立场。为了强调和突出论点,申论论证的大标题往往就是中心论点。只有这样的标题,才能给人先声夺人的气势,吸引阅卷人的注意力。

(2)列好提纲

在写正文之前,拟定一个简明的提纲是非常必要的,提纲要符合申论论述问题的基本结构,对全文进行谋篇布局。可以按照提出问题、分析问题、解决问题三个方面来拟定。

(3)安排结构

安排结构,就是指对怎样开头、过渡、展开、结尾进行合理布局。

首先考虑的就是开头,虽然它在整篇文章中所占篇幅并不大,但却是至关重要的。尤其是在考试作文中,它常能起到调动阅卷人情绪的重要作用。譬如,阅卷人批阅了大量文稿,正当头昏脑涨之时,你的一则精彩的开头,犹如一杯清凉的绿茶,也许会立刻让他神清气爽,眼前一亮。古人有"凤头、猪肚、豹尾"之说,"凤头"用来形容文章的开头,就是说开头要精致凝炼。申论开头常采用引申法。"引"即引用原文材料,总结性地概括命题,由命题自然进入论题。

接下来要分析过渡,就是对引用材料加以分析,表明自己的态度和倾向性,从而过渡到"申","申"就是在段尾用一句话把文章的中心论点表达出来。

展开的部分就是针对提出的论点,用论据进行分析。先分析原因,原因从材料中来,把复杂的问题分类并有机组合,为接下来的提出对策做铺垫。下一步就是联系材料和社会实际,提出对策。提出对策一定要务实,结合相关法律和政策,科学论证,客观地拿出方案,方案要具有可操作性。要一个萝卜挖一个坑,原因和对策相对应。这个部分要注意层次分明、条理清晰。首先,层次之间要有前后顺序,哪个部分在前,哪个部分在后,要有主有次,有条不紊。其次,层次之间存在着某种内在的联系,或承接,或转折,或因果,或并列,都必须根据表现主题的需要加以酌定。层次的确定,段落的划分,前后的过渡,也都要安排得恰当、得体,层次之间界限要清楚,不能彼此重复或相互矛盾。一旦层次不清、逻辑混乱,论述问题的思路就会受到影响。

俗话说"头难开,尾难结","编筐编篓,全在收口"。结尾是对论点的总结和升华。好的结尾必然使文章结构更加严谨完整,内容和主旨更加突出、鲜明。结尾要落实三大照应:照应题目,照应开头,照应原材料。为了让阅卷评委更清楚地理解文章的论证思路,我们可以在结尾对全文论点做一个简洁的总结,以突出论点。

三、申论的四种大忌

(一)忌偏激

即忌想法偏激,心态不正。有的考生受生活环境、思维模式的影响,在答题时喜欢表达过激的观点和思想,或所站立场不公正,只代表问题的一方说话,不能客观公正地看待事物和处理问题。申论写作应体现出考生服务社会、服务人民的积极思想,切忌犯政治性错误。

(二)忌跑题

即忌脱离给定材料,自己假设前提作答,或内容与主题相互脱离。这种情况在考生作答第一题(概述主要内容或主要问题)和第二题(提出解决问题对策)时最为常见。特别是作答第二题时,常有考生提出"如果有什么情况发生,就怎么办"、"如若这样不行,就那样处理"的措施,脱离材料中所蕴含的既定主题的要求,随意假设前提,看似考虑全面,实则不知所云。另一种情况,就是离开题目给定的身份答题。一般来说,申论要求考生作答和解决的问题大部分属于政府职能部门的一般性公务问题,考查的是考生是否具备公务员应有的发现问题、解决问题的基本素质,而绝不会突出某一个具体专业或岗位的专业化知识。然而,与此要求相违背的是,很多考生往往习惯于自身角色定位,缺少模拟思维,对考题要求视而不见,抛开虚拟身份,执著于自身长期工作的实践或专长。其结果只能是分析论证再精辟独到,也与标准相去甚远。

(三)忌杂乱

即忌考生作答主题不突出,内容杂芜,层次不清,逻辑混乱。部分考生谋篇布局缺乏整体思维,分析材料时分不清主次、轻重;或者概述问题不集中,陷入零散的境地中,面面俱到却又蜻蜓点水,抓不住要害;或者提出对策时,系统性不强,层次模糊,逻辑混乱;或者论证方案时,取小舍大,本末倒置。整个作答前后杂乱,不能抓住既定主题,一气呵成。

(四)忌虚华

即忌对主要问题的判断不透彻,文章堆满了不能解决问题的华丽辞藻。有的考生不能抓住问题的根源,找出其症结之所在,对问题的概述含糊其辞。所提出的对策泛泛而谈,脱离实际,缺乏针对性和可操作性。

【自测训练】

2009年国家公务员考试《申论》试题(原题略)。

【名篇赏析】

从打破"城乡壁垒"到突破"创新瓶颈"
戴斌(广州新东方公务员考试研究中心教研组组长)

在十七届三中全会前夕,胡锦涛总书记先后两度到河南和安徽考察,引发我们许多思考。三十年前的十一届三中全会打开了中国改革开放的大门,制度的改革和创新,使得农村的农业生产和城市的工业化进程都得到质的飞跃。三十年后,当我们与世界越来越紧密结合的今天,"次贷危机"、"粮食危机"无一不触动着我们敏感的神经,在应对金融危机带来的冲击的时刻,创新同样成为了中国应对挑战的重要武器。

如果说三十年前的创新是"初次创新",那么今天我们该如何实现"二次创新"呢?对此,我们首要的切入点应该是中国的国情——中国是一个农业人口占绝大多数的国家,中国的问题说到底是农民问题。人们常说"民以食为天,国以农为本"。没有农民的富裕,就不可能有全国的富强;农民切身问题得不到保障,就不会有真正的社会稳定与和谐。所以我们在"执政为民"的过程中,首先就要考虑到就是"执政为农民"。因此,胡总书记到河南和安徽考察时不但重申农村政策基石不变,还准备允许对土地进行流转,也就是更加开放。许多外国媒体解读为"新土改"。

新的土地政策将成为打破"城乡壁垒"的一把"金钥匙",不仅对农村是个福音,对城市居民也可能是个好消息。城市的人们也可以到乡村去做农民,享受"采菊东篱下,悠然见南山"的舒适与惬意,农民也可以摆脱土地的羁绊,成为城市中的打工族,极大缩小了城乡贫富差距。

是什么使打破"城乡壁垒"成为有可能实现的目标?其中最为关键的便是"创新"二字。从中国最早出现的城乡分离(西周时期的"国"、"野")开始,千百年来,国人所固守的壁垒森严的"农村即农村,城市即城市"的传统思维,极大约束了城乡的统筹发展。也只有履行"自主创新"的国策才能打破这种固有的思维模式。但说到这里,许多人或许会问,创新确实可以解决许多实际的难题,但实施的过程中,自主创新会不会遇到"瓶颈"呢?

就目前而言,我国在推行"自主创新"过程,确实存在诸多瓶颈。瓶颈之一便是"产业升级"。从材料中的东莞林老板的例子中,我们会深刻发现,传统的依靠廉价劳动力从事加工制造的传统生产模式,由于技术含量低,已经极大地制约了创新的动力。生产模式不改变,增强创新的"动力"就会成为一句空谈。因此,政府可以从税收优惠、贷款利息优惠及土地审批优惠等三个角度,引导企业进行改造升级,提升创新的"动力"。

而从材料中的香港徐老板的例子中,我们会发现创新的另一个瓶颈便是"人才的缺乏"。诚然,产业结构调整需要人才队伍的支持。对此,我们的有关政府管理部门应重视引进人才,并注重培育使用人才,逐步形成和完善人才集聚机制。同时,注重对企业在岗员工的培训,发展职业教育。

在新的形势下,像材料中日本稻盛和夫的例子已告诉我们自主创新是实现可持续发展的关键所在,而材料中Y集团扩张的例子,已折射出"创新"已成为我们中国企业不容回避的话题,因为"不创新"的后果便是被极大挤压市场空间。在机遇与挑战面前,我们应该处理国内和国际两个大局,用"自主创新"为三十年改革开放的丰硕成果"保驾护航"。

2009年国家公务员申论考试涉及多个时事热点,考查范围具有宏观性的特点。考生要想在申论写作中获得高分,关键在于找到多个时事热点话题的内在逻辑关系,例如"粮食问题"和"产业升级"这两大话题,看似毫无关联,实际上其中关键的串联部分便是"创新"二字。范文中以"粮食危机"的国际背景和问题根源"城乡壁垒"作为切入点,以"创新"为中间桥梁,自然过渡到"产业升级"这一话题。文中夹叙夹议,穿插解决对策和方案,并在文章写作过程中按照题目要求,紧密结合申论的给定材料,从多角度论证这一系列社会问题。做到了观点鲜明、层次清晰、论理透彻、对策可行,不失为一篇佳作。

后　记

　　写作能力代表一个人的文化程度,代表一个人对某种技能的认知高度,代表一个人对世界的理解深度。大学写作堪称中文教育的牛鼻子,牵一环而动全身。不可否认,应用极广、影响极大的几本通行写作教材在这些年的大学写作教学中的确发挥了难以替代的作用,但我们也从中发现了不少问题:有的课程定位模糊,培养目标不明确;有的与中小学写作教学理论衔接不好,已在中小学写作教学讲过的依然在讲,此前一些没提到过的反而不提;过于追求文体周全,只考虑体系的严整,却忽视了有所侧重,致使每部分理论都语焉不详,否定了基础写作"一通百通"的重要性;有的好看却不好用,更适合作查阅文本而非讲用文本,内容设计与大学写作教学课时安排极不匹配,很难对照执行,这些"写作教程"呼之为"写作学理论"也许更合适。我们在调查时还发现,许多院校都自编一本教材与通行教材配合使用,使用通行教材一是讲授写作理论的需要,二是一些检查、评估部门惯于把它们作为指定教学用书,而用自编教材则是依托教学实际,真正符合培养学生创新思维与写作能力的需要。

　　那些生硬、抽象的教学用书表面看条理很是清楚,教师讲授起来也很是方便,而实际上却正好背离了写作课程的特殊宗旨。写作更多的时候不是"说"出来的,而是"做"出来的,在理论上花费的时间不宜过多,否则会在一定程度上束缚写作者的手脚。写作课程毕竟不是单纯的写作学,它更该是文章构成法;我们的目的不是构建写作理论体系,而是要掌握实践本领。有的教材是学者体系,不是作者体系,理论纸上得来,忽视创作规律和写作的现实发展,没有身在现场、经验鲜活的作家、记者、秘书参加进来,这样的理论能否指导实践极为可疑。这暴露了学与用、理论与实践的严重脱节,显然是应试而不是"应世",这种做法在全社会都在强调应用型人才培养的大趋势下,显得特别不合时宜。

本书力求依托全国大学写作学科建设的全局观来编写,而以文学写作为根基,把其他文体视为延展;选择最有代表性的15种文体,求精不求全,强调针对性、实用性、可操作性;用"自测训练"巩固、检验、提高写作能力,同时采用文体名篇开阔眼界,提供模版。本书编写者都是其承担文体写作、研究的忠诚实践者、持续关注者,又大都是写作精品课程的主讲教师,深知来自教学一线的吁求,也深知如何扭转一种僵局。本书可作为各个层次的写作教材,可作为写作教学、研究的参考书,也可作为一般读者的手边读本。

本书的编写分工:

第一编"文学文体"中分别是邢海珍:诗歌写作;高方:散文写作;任雅玲:小说写作。

第二编"议论文体"中分别是林超然:文学评论写作;王清学、坑娟娟:社会评论写作;任雅玲:学术论文写作。

第三编"新闻文体"中是张爱玲:消息写作、通讯写作。

第四编"应用文体"中分别是唐国忠:计划写作;张欣菊:总结写作;姜深香:调查报告写作;高方:演讲稿写作;张可佳:事迹材料写作;王海峰:讲话稿写作;王丹阳:申论写作。

感谢众位合作者的辛勤劳动与职业精神,感谢我供职的玉林师范学院的提携与爱护,感谢南开大学出版社的精心筹划与大力扶持!

尽管编写人员已尽其所能,但限于水平,书中不足肯定所在多有,在此诚请专家不吝赐教。

林超然

2023年2月7日